普通高等学校“十四五”规划市场营销专业新形态教材

# Channel of Distribution Management

# 分销渠道管理

◉ 主 编 张广玲 王辉

華中科技大學出版社
http://press.hust.edu.cn
中国·武汉

## 内容简介

本教材采用理论与实务相结合的方式，从案例出发，引导读者了解、认知分销渠道的基本理论和知识体系。本教材包括分销渠道的基本原理、分销渠道组织、分销渠道设计与管理、分销渠道的发展趋势四大部分，具体包括：分销渠道概述；分销渠道战略；分销渠道结构与设计；分销渠道成员的选择、激励与绩效评估；分销渠道权力、冲突与控制，分销渠道中的产品、价格、促销、物流与信息管理，分销渠道的扁平化趋势，网络分销渠道等内容。

本教材内容丰富，体系完整，既可作为高等院校市场营销专业学生的教材，也适合企业管理的实践者使用。

**图书在版编目(CIP)数据**

分销渠道管理/张广玲，王辉主编. —武汉：华中科技大学出版社，2012.6(2024.1 重印)
ISBN 978-7-5609-8029-4

Ⅰ. ①分… Ⅱ. ①张… ②王… Ⅲ. ①企业管理-销售管理-高等学校-教材 Ⅳ. ①F274

中国版本图书馆 CIP 数据核字(2012)第 108048 号

**分销渠道管理**　　张广玲　王　辉　主编

策划编辑：陈培斌　周小方
责任编辑：刘　亭
封面设计：刘　卉
责任校对：张会军
责任监印：周治超
出版发行：华中科技大学出版社(中国·武汉)　电话：(027)81321913
武汉市东湖新技术开发区华工科技园　邮编：430223
录　　排：华中科技大学惠友文印中心
印　　刷：武汉邮科印务有限公司
开　　本：787mm×1092mm　1/16
印　　张：15.75　插页：2
字　　数：383 千字
版　　次：2024 年 1 月第 1 版第 5 次印刷
定　　价：48.00 元

华中出版

本书若有印装质量问题，请向出版社营销中心调换
全国免费服务热线：400-6679-118　竭诚为您服务

普通高等学校“十四五”规划市场营销专业新形态教材

# 编委会

# 主编作者简介

**张广玲** 女，管理学博士，武汉大学经济与管理学院教授，博士生导师。现为中国高等教育市场营销学会常务理事，湖北省市场营销学会副会长、常务理事。主要从事市场营销战略、分销渠道管理和顾客行为等方面的教学与研究工作。在相关杂志上发表论文30多篇，出版著作4部，主持国家自然科学基金项目、教育部人文社会科学研究项目、湖北省软科学项目及武汉市科技创新项目多项。

**王 辉** 博士，湖南中医院大学管理与信息工程学院教师。主要从事市场营销学、营销渠道、消费者行为学的教学与研究工作。曾在经济类、管理类核心刊物上发表论文数十篇，参与国家自然科学基金项目、教育部人文社会科学研究项目、江西省软科学项目、江西省教育规划课题、武汉市科技局软科学项目多项。

# 总　　序



在经济全球化背景下，随着市场经济的发展，一切面向市场的组织都必须投身于市场经济大潮之中，按照市场经济的规律，搞好自身的经营和管理。社会经济的这一发展趋势，使得会经营、懂管理、善策划的市场营销专业人才成为了市场的宠儿，社会对市场营销专业人才的需求逐年递增。

市场营销专业是随着市场经济的发展而建立和不断发展起来的新兴专业，迄今为止，还不到100年的历史。随着营销实践的发展，市场营销的内涵及其对与之相关联的营销人才知识体系的要求也在不断发展和变更：市场营销已由单纯的销售产品实施过程发展到营销的战略和策划过程，由单纯的产品营销发展到品牌营销，由单纯的实物产品营销发展到服务产品的营销，由单纯的交易性营销发展到交易与关系相结合的全面营销，由单纯的微观营销发展到宏观与微观相结合的全方位营销。

从我国的情况来看，1978年开始引进市场营销课程，1992年才正式将市场营销专业列入本科招生目录。十几年来，随着社会对市场营销专业人才需求的增长，开设市场营销专业的院校已从最初的一部分综合大学、财经院校，发展到理、工、医、农、艺、体等各类院校，以及各类职业技术院校；人才培养的层次也由原来的本科、专科，发展到硕士、博士（重点院校自主招生或作为专业方向招生）层次。由此，我们抱着根据学科的发展及社会对市场营销专业人才的需要来重新规划营销人才培养体系，设计市场营销专业系列教材，为新型的市场营销专业人才的培养提供工具的目的，编写出版了这套“21世纪市场营销立体化系列教材”。

本系列教材的编著力求凸现如下特点。

第一，按照社会对营销人才知识体系新的要求设计系列教材。内容既包括交易营销方面的理论和知识，又包括关系营销、服务营销、品牌营销、营销策划等方面的理论和知识。

第二，引进营销方面的最新的理论和成果。系列教材的作者在编著过程中，都力求吸收国内外的最新成果，体现营销发展的最新动向，力求教材内容上的创新。

第三，加强案例分析。教材的每章都以小案例导入，并配备了大量的本土案例加以说明，力求理论联系实际，学以致用。

第四，创新教材形式。本套教材拟以现代教育技术为支撑，为读者提供一套“纸质教材与电子课件、网络课程”相结合的新型的立体化教材。

本套教材由从事多年本学科教学、在本学科领域内具有比较丰富的教学经验的教师担任各教材的主编，并由他们组成本套教材的编委会，为读者提供以《市场营销学》、《国际市场营销学》、《市场研究理论与方法》、《消费者行为学》、《销售管理》、《广告管理》、《新产品管理》、《渠道管理》、《营销策划》、《品牌管理》、《服务营销》、《网络营销》为主体的系列教材。

在系列教材的写作过程中参考了大量的国内外最新研究和实践成果，各位编著者已尽可能在参考文献中列出，在此对这些研究者和实践者表示真诚的感谢。因为多方面的原因，如果有疏漏之处，作者表示万分歉意，并愿意在得知具体情况后予以纠正，在此先表示衷心的谢意。

编撰一套教材是一项艰巨的工作，由于作者的水平有限，本套教材难免会有疏漏和谬误之处，真诚希望广大读者批评指正，不吝赐教。

2013 年 7 月 10 日

# 前　言

PREFACE

在市场竞争日益激烈的今天，企业间的竞争更多地转化为分销渠道竞争，“得渠道者得天下”成为企业获取竞争优势的重要方式。分销渠道是企业争夺市场份额和利润的最前沿阵地。对生产企业而言，控制了渠道也就意味着掌握了市场的主动权。但随着大型零售商的崛起，零售商的话语权也越来越大，控制与反控制、冲突与平息、瓦解与重购，整个渠道始终处在一个“平衡—失衡—平衡”的动态循环之中。

分销渠道作为市场营销活动中最复杂、最活跃的环节之一，涉及上下游渠道成员和消费者等多方面的利益，如何协调各方面的利益关系，加强渠道成员间的合作，发挥渠道作用，是当前渠道关系管理的难点，也是渠道管理的主要任务。

在电子商务快速发展的今天，网络分销渠道给传统的分销渠道管理带来了巨大的挑战，新渠道、新模式、新的成员关系，促使人们不断地思考、不断地构建新的管理理念和管理方式，为合理配置资源、为构建新渠道关系和网络、为渠道创新管理提供思路和方法。

分销渠道管理作为市场营销管理的一门分支学科，是市场营销专业的学生和专业人士研究市场营销的重要内容。本书构建了分销渠道管理的“原理—组织—管理—发展”的理论结构体系。全书共分为 4 部分 10 章。第一部分为分销渠道管理的基本原理，涵盖第 1 章、第 2 章、第 3 章的内容，主要阐述了分销渠道在市场营销中的地位与作用，分销渠道的结构与类型以及分销渠道的战略规划。第二部分为分销渠道组织，包括第 4 章、第 5 章，重点介绍了分销渠道的组织成员、如何选择与激励分销渠道成员，以及对分销渠道成员如何进行绩效评估。第三部分是分销渠道的控制与管理，包括第 6 章、第 7 章、第 8 章。为了保证分销渠道的恒久畅通，本部分主要阐述了分销渠道中的权力、控制与冲突管理，以及分销渠道的协同管理，即分销渠道中的产品管理、价格管理、促销管理、物流管理、信息管理等内容。第四部分为分销渠道的发展，包括第 9 章、第 10 章，主要对分销渠道扁平化趋势及新兴的网络分销渠道进行了介绍。

本书体系独特，内容全面，完整的理论知识体系涵盖了分销渠道的基础理论和前沿知识。本书实用性较强，通过每章前的引例、文中的小案例和每章末的案例研讨，突显了分销渠道管理理论在实践中的应用。本书可作为高等院校市场营销、工商管理专业的本专科教材，也适合于营销从业人员自学参考使用，还可供对分销渠道感兴趣的各类专业人士学习参考。

本书由张广玲、王辉主编。参加编写的有武汉大学张广玲、王辉、易澄、朱晓丽；华南农业大学珠江学院郭志贤。具体分工如下：张广玲(前言，第 1、2 章)，王辉(第 3、4、5、10 章)，郭志贤（第 7、9 章），易澄(第 6 章)，朱晓丽(第 8 章)。张广玲教授负责整个教材的编审工作，主编王辉协助设计教材的框架结构，为教材的顺利出版做出了较大的贡献，在此表示感谢。

在本书编写的过程中，参阅了不少国内外相关文献，获得了很多的启迪和帮助，华中科技大学出版社在本书的编写过程中也给予了大力支持和帮助，在此一并感谢！由于时间仓促，加上编者学识和能力有限，书中存在不足之处在所难免，敬请广大读者批评指正。

**编　者**

CONTENTS

# 目　录

# 第 1 章　分销渠道概述

## 学习目标

★理解分销渠道在营销 4P 组合中的地位
★认识分销渠道在企业战略中的重要性
★了解分销渠道的基本内涵、特征
★明确分销渠道管理的目标与任务

## 引　　例

### 用事实说话——渠道对企业的重要性

有两家音箱制造企业，老板对于渠道不同的理解使企业在面对金融危机时处境完全不同。A 企业的产品主要是专业舞台音响，老板在行业内摸爬滚打多年，企业销售额最近几年稳定在 2 亿元左右，产品有一定技术含量。但企业没有建设自己的销售渠道，前几年产品主要出口到国外，利润很不错，每年 3000 万元左右。最近两年企业销售额没下降，可是利润下滑比较厉害。老板面对企业现状有些茫然，一方面想把企业继续做大，可是却找不到合适的办法。一方面也想找其他单位合作，可是又有些不甘心。

B 企业的主要产品是电脑音箱，产品技术含量不高，与竞争对手倾向于同质化。企业领导人比较年轻，能够接受最新的管理方法，企业内部流程很科学，管理效率较高。最主要的是企业建立了自己的销售渠道，有自己的专卖店。企业最近几年销售额和利润一直保持高速增长。金融危机来临，企业收缩战线，只保留品牌和渠道，而将设计和生产的部分转给了其他企业，所以公司业绩不但没有下滑，反而面临新的增长。

A 企业老板是行业资深人士，对行业理解比较深，企业也取得过成功，但最近面临一些发展中问题。A 企业老板原来对品牌、技术、生产比较重视，但对渠道的重视不够。产品销售控制在别人手里，市场环境好的时候可以很轻松地赚几千万，但市场不好的时候，企业就很被动。现在建立自己的渠道，需要很大投入，而且面临激烈竞争。前些年企业发展过程中，老板如果重视渠道建设的话，或许现在就不会这么苦恼。B 企业的老板有一定抱负，希望自己的企业未来在行业里成为领头羊，对渠道很重视，企业的发展一直很稳健。B 企业一直坚持两条腿走路，做好国内市场的同时积极发展国外市场，和经销商建立了稳固的关系。与客户零距离接触，对市场的反应也快。

现代企业对渠道都很重视，比如，耐克只负责研发和市场。对于消费品类企业，产品本身同质化强，渠道对于企业的重要性可以用一句话来概括，那就是：没有渠道，就没有产品的销售和品牌的传递。当年格力与国美大动干戈，也是渠道之争，一个企业有了适合自己的渠道才能做大做强。

分销渠道是连接生产商与消费者之间的桥梁，它控制着商品的流通，左右着商品价值的实现，因此，企业要做大做强市场，就像“要想富，先修路”一样，必须先修建自己的路——渠道。

# 1.1 分销渠道内涵、特征及其功能

## 1.1.1 分销渠道的概念

### 1. 分销

美国西北大学教授麦卡锡的著名“4 P”组合指的就是产品(product)、价格(price)、通路(place)、促销(promotion)，可见，分销是企业市场营销组合策略的一个重要组成部分。企业除了通过各种手段和措施使所生产的产品广为人知外， 还必须借助某些组织和机构，以适当的方式和手段，在适当的时间和地点将产品准确地送达到消费者手中。所以，产品从生产商到消费者的传递过程中所涉及的一系列活动，就是商品分销。

### 2. 分销渠道与营销渠道

在市场营销理论中，有两个与渠道有关的术语经常被不加区分地交替使用，这就是营销渠道和分销渠道。那么，营销渠道与分销渠道是否是同一个概念呢？

大部分学者认为营销渠道和分销渠道是两个相同的概念。营销渠道，也就是分销渠道，是指促使产品或服务顺利被利用或消费的一整套相互依存的组织，即与公司外部关联的，达到公司分销目标的经营组织。

但是营销学大师菲利普·科特勒认为它们是两个不同的概念。他认为：“营销渠道是指配合某种产品或劳务的生产、分销和消费的一整套所有企业和个人。”因此，营销渠道包括某种产品或劳务的供产销过程中所有的企业和个人，如资源供应商、生产者、商人中间商、代理中间商、辅助商(如运输企业、金融机构、广告代理商、市场研究机构等)，以及最后的消费者或用户等。而：“分销渠道是指某种产品或劳务从生产者向消费者移动时取得这种产品或劳务的所有权或帮助转移其所有权的所有企业和个人。”因此，分销渠道主要包括生产商(分销渠道的起点)、商人中间商(因为他们取得所有权)和代理中间商(因为他们帮助转移所有权)、辅助商以及最后的消费者，但是不包括供应商。我国学者李飞在其《分销渠道设计与管理》一书中，也对分销渠道、营销渠道、流通渠道的范畴进行了界定，并指出，分销渠道是指商品所有权从生产者或商人手中转移至消费者手中所经过的路径。营销渠道是指采购原材料和销售成品引起的所有权转移所经过的路径。分销渠道是营销渠道的重要组成部分，仅指销售渠道，而营销渠道既包括销售渠道，也包括采购渠道。他还指出商品流通渠道与分销渠道、营销渠道没有本质上的区别，只是所属学科和分析问题的角度略有差异。因此，分销渠道和营销渠道的区别可以用图 1-1 表示：

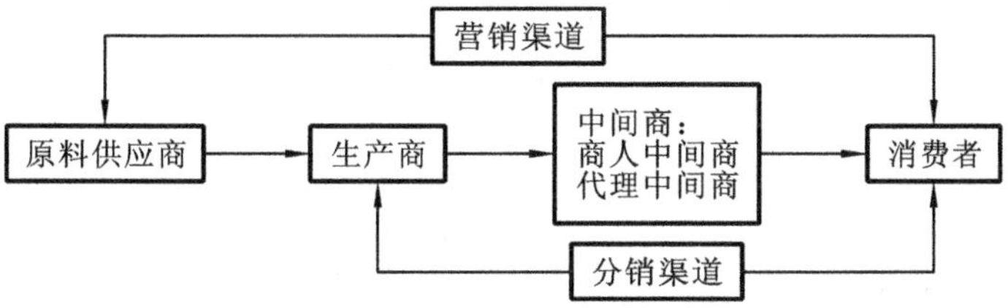


图 1-1　分销渠道与营销渠道的区别

本书也认为营销渠道与分销渠道是两个不同的概念。营销渠道，是指配合生产、分销和消费某一生产者的产品或服务的所有企业和个人，包括某种产品供、产、销过程中的所有有关企业和个人，如供应商、生产商、商人中间商、代理中间商、辅助商及最终消费者或用户。分销渠道，是指促使产品或服务顺利地被使用或消费的一整套相互依存的组织，包括产品或服务从生产者向消费者转移过程中，取得这种产品或服务的所有权的商人中间商，或者帮助所有权转移的代理中间商，还包括处于渠道起点的生产商和处于渠道终点的最终消费者或用户，但不包括供应商和辅助商。

## 1.1.2　分销渠道的特征

分销渠道在商品市场上扮演着重要的角色，它是市场营销学中的重要组成部分，它主要有以下几个特点。

### 1．分销渠道的起点是生产者，终点是消费者

生产商是起点的特点把分销渠道和营销渠道区别开来：营销渠道的起点是供应商，而分销渠道的起点是生产者。分销渠道之所以存在，就是因为它可以把生产商生产的产品在合适的时间、合适的地点，以合适的价格卖给消费者。因此分销渠道始于生产者，直接或者经过一系列中间商把产品或服务传递给分销渠道的终端——消费者。

### 2．分销渠道具有相对的稳定性

首先，由于分销渠道的建立比较复杂，需要投入大量的人力、物力和财力；其次，建立分销渠道不是一朝一夕的事情，比如生产者与某中间商建立了经销关系，并将商品卖给某个中间商后，这种经销关系很难马上改变。另外建立一个新的分销渠道也需要一定的时间去让消费者知道，撤掉或改变已有的分销渠道也会给消费者带来不便。因此，分销渠道一旦形成，便具有相对的稳定性。这也是为什么生产商在变更渠道时非常谨慎，渠道变更很容易导致市场的动荡。例如宏碁，早在 1993 年内地的电脑公司都还默默无闻的时候就进军了内地市场，但 12 年之后，联想已成为中国第一、世界第三时，宏碁在中国内地市场的业务仍然处于摸索阶段。12 年的时间，造就了联想、方正、七喜等

国内电脑品牌，也让 IBM、惠普、戴尔等国际企业获得了巨额利润，但宏碁却一直居于二三流的位置。宏碁是败在渠道上，败在对分销渠道朝三暮四和激进的变革上。

### 3. 分销渠道是一条特定的流通路线

渠道成员在完成分销基本功能的同时就实现了一系列的分销渠道流程。图 1-2 概述了九种分销渠道流程：实物流、所有权流和促销流是向前流动；订货流、资金流是向后流动，分别由渠道中的后一成员流向前一成员；谈判流、融资流、风险流和信息流是双向流动，相互发生在渠道的每两个交易成员之间。

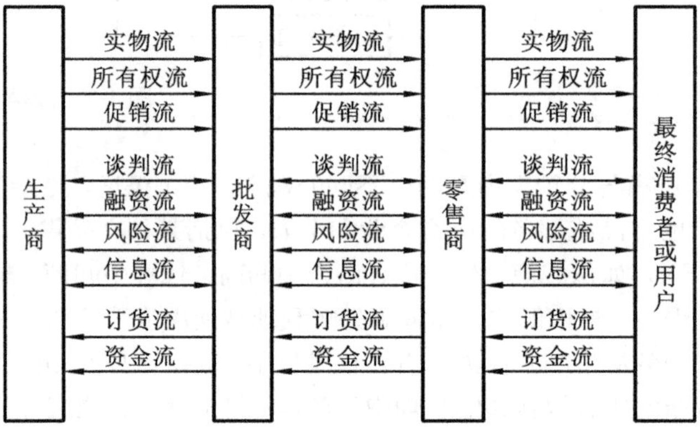


**图 1-2 分销渠道中的流程**

(1) 实物流。

实物流也被称为物流，是指实体产品或服务从生产者转移到最终消费者或用户的过程。其主要表现形式是运输和储存。例如汽车厂在汽车成品出厂后，根据代理商的订单交付产品给代理商，再运交顾客。若遇到大笔订单的情况，也可能会由仓库或工厂直接运给顾客。在这个过程中，需要用到一种以上的运输方式，如铁路、公路、水路等。运输和储存都会产生成本，因此合理组织商品的储运是提高分销渠道效益的关键性工作。

(2) 所有权流。

所有权流也被称为商流，即产品所有权从一个分销渠道成员手中转移到另一个分销渠道成员手中的过程。产品的所有权也是从生产者手中最终移至消费者手中，尽管所有权的转移与实物转移可能不是同步的，但二者的流动方向是一致的。通常，所有权的转移是以是否付款来决定的，比如批发商付款给生产商后就取得产品的所有权，在零售商付款之后，产品的所有权就转移给了零售商，分销渠道终端的最终消费者或用户付款后，就得到产品或服务的所有权和使用权。如果生产商通过代理批发商销售产品，而代理批发商不付款买产品，其收益是通过帮助转移产品所有权而取得的佣金，而非买卖差价，此时代理批发商就没有取得产品的所有权。

(3) 促销流。

促销流是通过广告、人员推销、销售促进、公共关系等方式由一个渠道成员向另一个渠道成员施加影响的过程。所有的渠道成员都有对顾客促销的职责，它们既可以采用广告、公共关系和销售促进等针对大众促销的方法，也可以采用人员推销这种针对个人的促销方法。

(4) 谈判流。

谈判流是指为了转移所提供产品的所有权，分销成员在品种、价格、促销等方面进行谈判并达成最后协议的过程，是一个双向流程。谈判流贯穿于分销渠道的全部。一些渠道成员，如生产商代表处和销售商代表处，专门负责谈判，并不办理商品实体和所有权的转移。

(5) 融资流。

融资流是指分销渠道各成员间伴随所有权转移所形成的融通资金的活动过程。分销渠道的融资流有向前流动和向后流动两种形式。如果渠道成员间采用现货销售的方式，即一手交钱，一手交货，则是融资向后流动的例子。而如果先拿货，后付款，则是融资向前流动。

(6) 风险流。

风险流是各种风险在分销渠道成员之间分担或转移的过程。分销渠道的风险包括在交易过程中的产品过时、报废、丢失、返修率过高、违约、保险和税金以及由于失火、洪水、季节性灾害、经济不景气、竞争加剧、需求萎缩带来的滞销等因素造成的风险。风险流是双向流动的。

(7) 信息流。

信息流是指信息在分销渠道各成员之间相互传递的过程。通常分销渠道中相邻的机构间会进行双向的信息交流，而互不相邻的机构间也会有信息交流。信息流属于双向流动的流程。一方面，生产商会从中间商那里知道消费者的需求、对产品或服务的反应等信息；另一方面，生产商的产品特点、价格、使用方法等信息也会通过分销渠道传递给消费者。

(8) 订货流。

订货流是指渠道成员定期或不定期向其上一级的分销渠道成员发出订货指令而形成的流程。这里的订货可以是顾客直接发出，也可以是某中间商为保持适量库存以应付潜在需求或为减少未来价格上升而导致成本费用的增加而发出的。订货流是向后流动的流程。

(9) 资金流。

资金流是指货款在各分销渠道成员之间的流动过程，包括付给运输企业及仓库的款项。例如客户通过银行向零售商支付货款、零售商向批发商支付货款、批发商把货款给制造商。资金流是向后流动的流程。

应用案例　**娃哈哈的实物流和资金流**

**娃哈哈的实物流**

娃哈哈的实体分配策略有其独到之处。为了减轻经销商的负担，公司还承担着货物的运输工作；铁路运输保证货物发至批发商所在城市的火车站；公路运输则保证发货至经销商的仓库。

公司对各经销商的发货量，一般依照订单的数量。但由于饮料业具有明显的季节性，销售旺季时，产品往往供不应求，而销售淡季时，产品又滞销。在这种情况下，公司通常的做法是根据经销商以往的经销业绩，按相对比例配置货源，酌情增减发货量。同时，公司要求经销商在淡季保证一定库存，一方面减少公司淡旺季销售落差，另一方面缓解旺季货源不足的压力。为此，公司采用优惠价发货的政策鼓励经销商的这种行为。

**娃哈哈的资金流**

创建初期的娃哈哈因为企业实力不强，产品声誉不高，品牌尚无号召力，所以采取售后付款结账的方式交易，这为产品顺利进入市场奠定了基础。

但自1994年开始，娃哈哈开始实行保证金制度。所谓保证金制度，就是公司要求经销商开始经销公司产品时，交纳一定金额(通常大于或等于货款)的保证金，而公司付给经销商高于银行存款的利息，经销商不论大小全部实行保证金制度，娃哈哈对经销商供应的商品实行月结制度，月末结算时，若经销商未能及时支付货款，公司则直接从保证金中扣除，而作为经销商可以日后及时补交保证金到原来的水平。否则对于经销商来说，一方面存在被终止供货的可能；另一方面若保证金补交迟了，则无异于自动放弃丰厚的利息收入。这种制度一方面保证了娃哈哈的资金流，另一方面，也降低了企业的经营风险。

思考：

谈谈娃哈哈实施的库存与送货管理策略的好处。

(资料来源：编者根据相关资料整理而成)

### 4. 在分销渠道中，产品所有权最少要被转移一次

例如，制造商将其产品直接销售给最后的消费者，而不经过任何中间商，那么，产品的所有权也转移了一次，即从生产者转移到消费者。但通常，生产者要通过一系列中间商将其产品传递到消费者的手中，那么产品的所有权也可能转让几次。例如，产品通过生产商→批发商→零售商→最终消费者这个分销渠道传递给消费者，那么，产品的所有权也经过了相同的路径；而如果产品的流通路径是生产商→代理商→批发商→零售商→最终消费者，生产商通过代理商转卖，这是间接转移产品所有权，因为代理商对产品没有所有权，只是代客买卖，把产品所有权从生产商手中转移到其他中间商手中，那么在此路径中，产品所有权转让了三次，其路径为：生产商→批发商→零售商→最终消费者。

### 5. 分销渠道中各成员有明确的职责分工

比如在“生产商→批发商→零售商→最终消费者”这一渠道中，生产商的职责是负责生产商品，批发商的职责是将商品集中再分散，起着集散商品的作用，并为零售商提供服务，而零售商的任务是在合适的时间和地点为最终的消费者服务。当然，这些或者别的职责可能还会以合同的方式加以规范和细化。

## 1.1.3 分销渠道的功能

分销渠道的功能主要是实现产品的转移，在这一过程中，需要各分销成员的共同努力，完成产品的一系列价值传递活动，从而增加产品的价值。分销渠道的主要功能如下。

(1) 调研。即收集、整理、分析和传递有关现有与潜在的消费者、竞争者及营销环境等相关信息，并制定分销渠道计划，帮助产品从生产领域向消费领域转移。

(2) 促销。通过各种促销手段，以消费者乐于接受的、富有吸引力的形式传递有关信息，并进行说服性的沟通。

(3) 洽谈交易。按照互利互惠的原则，供销双方彼此协商，达成产品价格和其他条件的协议，共同实现商品所有权的转移。

(4) 分类产品。协调生产商和消费者之间的矛盾，按消费者的要求整理产品，对产品进行分装、分级、调配等活动。

(5) 寻找顾客。为生产商寻找潜在的顾客，解决买卖双方的矛盾，并提供合适的服务。

(6) 实体分配。提供供应品的储存和运输，保证正常的供货。

(7) 财务融资。补偿渠道的成本，收付货款，提供财务支持和消费信用。

(8) 风险承担。在执行分销任务过程中，承担商品销售、市场波动所带来的相关风险。

分销渠道的这些功能，在产品的转移过程中必须被执行，但具体功能的执行，可能由一个或几个成员共同承担。这里要注意的是，在分销渠道中，某种机构可以被代替或取消，但这些机构所执行的功能不能被取消，这些机构一旦被取消，它们的功能将向前一个环节或向后一个环节转移。

## 1.2 分销渠道的重要性

### 1.2.1 “得渠道者得天下”之说的原因

以前，很多企业认为分销渠道是无关紧要的，但是在经历了产品、价格竞争之后，许多企业逐渐认识到分销渠道的重要性。尤其在科技进步的今天，激烈的市场竞争和强大的技术变革使得分销渠道变得愈发重要，甚至出现“得渠道者得天下”之说。为什么会出现这种情况呢？这是因为：

#### 1. 运用产品、价格、促销策略使企业难以获取持续的竞争优势

持续的竞争优势是指企业的竞争对手无法快速模仿或轻易模仿的竞争优势。近年来，企业发现运用营销组合 4P 中的产品、价格、促销这些战略来获得竞争优势已经变得越来越困难。其一，从产品策略的角度来看，技术迅速地从一家企业移到另一家企业，而且全球竞争使得竞争者容易获得产品设计特性和质量相等的筹码，任何企业依赖其产品有别于其他竞争对手的能力已变得极其难以维持。其二，在互联网时代的今天，企业想通过价格策略获取持续竞争优势甚至比产品策略获得竞争优势的可行性更小，它会将企业导向残酷的价格竞争，最终导致两败俱伤。其三，使用促销来获取持续竞争优势也是一种不可靠的策略。一方面，促销更容易被竞争者快速地模仿，比如一个富有创意、制作精美的促销广告出现后，很快也很容易被竞争者模仿。另一方面，大量的广告和其他促销形式严重遮蔽了消费者的视野，这严重削弱促销信息的影响力。数以万计的促销信息通过电视、广播、报纸、杂志、网络，在抵达目标受众之前会发生相互碰撞，即使是经过精心制作的促销信息，其生命也极其短暂。所以，面对如此密集的、混乱的信息，通过促销来维持竞争优势已经变得不可能了。

对于竞争对手来说，渠道难以在短期内模仿，相比产品、价格、促销等策略，企业通过分销渠道来获取持续竞争优势的可能性就更大，这是因为：第一，分销渠道的建立与运行是长期的、复杂的，其涉及分销渠道的组建与设计，分销渠道成员的选择、激励与评估，以及对分销渠道的控制与管理等问题。而这些需要企业进行长期的努力和大量的投资来形成和维持分销渠道系统。即使竞争对手想使用分销渠道策略与企业相抗衡，也需要付出长期的努力。第二，分销渠道战略通常需要一个组织结构，而这导致分销渠道不容易调整。分销渠道建立起来后，在长期的运行中会逐步形成比较固定的渠道模式，要对分销渠道模式进行调整和形成新的渠道关系的难度比较大，调整成本也比较高。因此，竞争对手在短期内很难调整自己已有的分销渠道，来模仿别人的有效分销渠道。第三，分销渠道的建立是基于关系和人的。分销渠道是由一系列组织构成的网络系统，其成功的运行需要依赖各个组织的良好合作，以及各组织中的人员的大力协作，共同建立并保持良好的渠道关系，而良好的渠道关系是不容易建立和维持的。因此，一家企业建立起来的有效渠道关系，竞争对手在短期内是很难模仿的，对获取持续竞争优势来说，分销渠道比产品、价格、促销更能提供潜在力量。

### 2. 中间商对渠道的控制不断增强

近年来，随着市场营销环境的变化，一些大中型中间商的实力不断上升，使得渠道成员间的力量对比发生了变化，渠道权力从产品的生产商逐渐转移到了中间商，中间商对分销渠道的控制在不断加强。例如，自改革开放到 20 世纪 90 年代中期，家电生产商在分销渠道中一直处于主导地位，而中间商的力量很弱，往往从属于家电生产商。但随着买方市场的形成，整个家电行业的重心发生了改变，由原来以生产商为中心转向以消费者为中心，中间商对顾客资源的拥有，使得家电行业的主导权正由生产环节向流通环节转移，分销商在渠道中的地位日益上升，尤其以国美和苏宁为代表的传统零售商、以京东为代表的网络零售商对渠道的控制力不断增强。从全球来看，沃尔玛、家乐福、7-11 等大型零售商也变得愈来愈强大，在各类产品的销售中成为引人注目的渠道控制者。这种发展趋势迫使生产商开始重视分销渠道，正在寻求一种有效的分销渠道策略来更好地处理与这些强大零售商之间的关系。

### 3. 分销成本已成为产品成本的重要组成部分

在过去，企业主要把精力放在削减生产成本和内部运营成本上，并取得了一定的成功。组织再造、组织重组和扁平化的实施在产品成本方面起到了一定的作用。但是分销成本也是产品成本的一个重要组成部分，居高不下的分销成本会对产品价格产生较大的影响。如表 1-1 所示，分销成本往往在价格中占很大比例，有些产品的分销成本甚至超过了生产成本，如汽油的生产成本仅占产品价格的 19%，而分销成本则高达 28%。包装食品的分销成本占产品价格的 41%，已经超过了生产成本。较高的分销成本引起了企业的关注，压缩产品成本的工作开始向分销渠道方面延伸。作为成本控制的一个新领域，降低分销成本使得企业更加关注和重视分销渠道。

表 1-1　最终产品价格中的各种成本所占的比例

| 产品种类 / 成本来源 | 汽　车 | 软　件 | 汽　油 | 传 真 机 | 包 装 食 品 |
| --- | --- | --- | --- | --- | --- |
| 生产 | 40% | 65% | 19% | 30% | 33% |
| 分销成本 | 15% | 25% | 28% | 30% | 41% |
| 原材料和零部件 | 45% | 10% | 53% | 40% | 26% |

## 1.2.2　分销渠道的重要性

分销渠道的重要作用就是把产品更加有效地从生产者的手中转移到目标消费者的手中。在这个过程中，发挥重要作用的是各类中间商。各类中间商凭借自己的各种关系、经验、专业知识以及活动规模，将比生产企业自己干得更加出色。因此，在企业营销过程中，分销渠道的存在有着非常重要的作用。

### 1．利用分销渠道，可以降低交易次数与交易成本，提高交易效率

如果生产者直接向需求者销售产品的话，要同时与众多居住相当分散、需求千差万别的消费者打交道。这无论从时间成本、人力成本上，还是企业自身实力上看，都是不可思议的事。但如果由批发商、代理商进行交易，就可以将产品分销到广袤的市场区域。所以，生产商借助中间商进行销售，可以大大减少交易次数，提高交易效率，降低交易成本。图 1-3 显示了利用中间商实现的经济效益。由图 1-3 可以看出：图 1-3(a)显示了 3 个生产商，每个生产商利用直接销售分别接触到 3 个消费者，这个系统需要 9 次交易联系；图 1-3(b)显示了 3 个生产商通过同一个中间商和 3 个消费者发生联系，这个系统只需要 6 次交易联系。可见，通过中间商可以减少交易联系的次数，从而减少了交易费用。

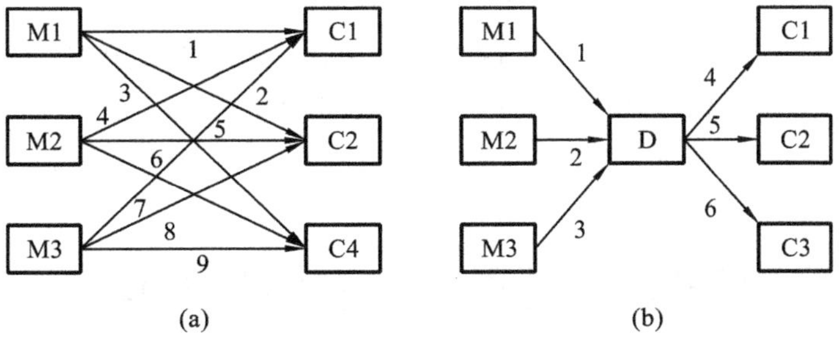


图 1-3　分销渠道(中间商)的经济效益

### 2．利用分销渠道，可以消除产销之间的障碍

(1) 消除生产与消费之间在商品数量上的矛盾。生产商进行的是大批量的生产，但是消费者的消费是零散的，生产商生产的数量众多的产品需要分散到消费者中去，而中

间商可以把企业生产的商品集中起来，然后化整为零，从而解决生产与消费之间在数量上的矛盾。

(2) 调节生产与消费之间在品种、规格及花色上的矛盾。一方面，由于生产的专业化，生产企业生产的商品品种、花色等都是有限的；另一方面，消费者的消费需求因年龄、文化、职业、爱好的不同呈现多样性的特征。因此，生产的单一性与消费者的多样性之间就存在着矛盾。中间商可以将各种不同品种、规格、花色、等级等的商品，分别搭配起来，满足不同市场、不同消费者的需求。

(3) 消除生产者和最终消费者在时间上的矛盾。一般来说，生产和消费之间存在着时间差，比如，有些商品是常年生产、季节消费的，如服装厂生产的商品，还有些商品则是季节生产、常年消费的，如农副产品等。这样生产与消费在时间上的不同，客观上就导致了生产与消费的矛盾。通过分销渠道，将生产商生产的产品储存起来，待消费者需要时以满足其需要。这时分销渠道起到了“蓄水池”的功效，消除了生产者和消费者在时间上的矛盾。

(4) 消除生产者和最终消费者在空间上的矛盾。生产地和消费地一般都不在同一个地方，不可能让客户从消费地跑到生产地去购买东西，这样不方便也不现实，费时、费力、费钱。通过分销渠道，将产品运送到离消费者较近的地方，只有这样才能体现出分销渠道的价值。

### 3. 利用分销渠道，可以传递生产者和消费者之间的信息，加强沟通

一般来说，由于产品种类的丰富多样和消费需求的多样化，生产者不可能完全知晓消费者的需求、购买规律、购买习惯、购买力等信息，而消费者可能因为地域的阻隔、商品知识的匮乏而无法做出有效的判断，这需要中间商在两者之间进行沟通、传递信息，所以，中间商在此起到了信息传递的桥梁作用。中间商可以利用接近终端网点多、信息灵敏等优势，将搜集到的市场信息反馈给生产企业，从而指导生产企业按市场需求进行生产；同时，也可将竞争对手的信息提供给生产者。这些都为企业制定决策提供了依据。

### 4. 利用分销渠道，可以充分发挥渠道成员间的协同作用

通过分销渠道资源，可大大节省交易成本，发挥渠道成员间的协同作用。包括分摊广告成本、共享信息、确定合理的库存量、合用订货系统、使用物流基础设施、共同采购、配送、内部融资等。通过渠道成员的合理分工，大大提高了商品营销速度，拓展了销售空间，覆盖面也越来越广。

## 1.2.3 分销渠道在市场营销组合中的地位

分销渠道与产品、价格、促销一起构成市场营销组合的四大要素。分销渠道的任务是在合适的时间、合适的地点，以合适的价格将合适的产品卖给消费者。离开了分销渠道，再合适的价格、再好的广告宣传、再好的产品也不可能从生产领域转移到消费领域。下面从三个方面来认识分销渠道在市场营销组合中的作用，即分销渠道对产品策略、价格策略、促销策略的影响。

### 1. 分销渠道策略对产品策略的影响

企业的产品策略包括产品的整体概念、产品组合策略、新产品开发、产品的生命周期、产品品牌策略、产品包装策略等。

首先，分销渠道会对产品组合产生影响。产品组合是指企业根据自身实力所确定的产品结构或经营的产品范围，它通过产品组合的广度、深度和关联度三个方面反映出来。企业的产品组合是否有效，能否达到企业的预期销售目标，与选择什么样的分销渠道有很大的关系。分销渠道对产品线延伸起着重要的作用。例如，在产品组合决策时，向上或者向下延伸产品线，可能会与经销商的利益发生冲突。企业的产品线向下延伸，意味着企业的产品要由原来的高档次向低档次转移，以吸引低层次的消费者；向上延伸，意味着企业的产品要由原来的低档次向高档次转移。对企业来说，这两种形式都存在着风险。生产商将面临不熟悉的市场、竞争者或新的经销商。企业要想在产品延伸过程中取得成功，除了在前期的市场调查中确定目标市场的需求外，还需要选择合适的分销渠道。例如，在美国市场上，本田公司主要是生产和销售经济型轿车，但高档轿车的丰厚利润一直吸引着本田公司。经过几年的努力，公司终于开发了凌志轿车。但如何将这款车推向市场，并让消费者接受它，是本田公司面临的问题。因此，本田公司除了在广告、价格和产品本身进行创新外，在分销渠道上一改过去的传统渠道，完全采用新的渠道模式，实行专卖店经营，以全新的面貌展现在消费者面前。这种渠道模式很快得到了美国消费者的认同，使凌志轿车迅速成为高档轿车中的佼佼者。

其次，分销渠道会对产品品牌产生影响。对日用商品来说，产品的品质与零售商的选择有着直接的关系。同样的产品在不同的商店出售，给消费者的感觉是不同的。比如一件精品服装放在专卖店里出售，给人的印象是高档的；但是如果把同样的服装放在地摊上、杂货店中出售，这件精品服装则变成低档次的商品了。可见，不同分销渠道的选择会导致人们心目中截然不同的品牌形象。一般来说，在大型的百货商店、专卖店出售的商品，代表的是一种高品质、高价格和高档次；而在地摊或杂货店出售的商品，则代表的是一种低品质、低价格和低档次。分销渠道的选择也是品牌定位的一部分，当一件产品定位于高档产品时，就注定它有比较高的价格和在比较高端的购物场所销售，而不能在地摊、杂货店等地方出售。与竞争对手不同的渠道选择也可以给品牌带来差异化，而这差异化也很可能是品牌的一种竞争优势。戴尔改变了过去那种通过零售渠道销售个人电脑的做法，直接面向顾客销售，并按订单组织生产，创造了一个生产和销售个人电脑的全新渠道，使它的产品迅速与竞争对手区分开来。因此，分销渠道策略的不同，对产品品牌策略的影响也是不一样的。

第三，分销渠道对产品生命周期的影响。产品生命周期是指产品进入市场到退出市场时经历的各个阶段。产品生命周期可以分为导入期、成长期、成熟期和衰退期，如图1-4。在产品导入期，顾客对产品还不是很了解，实际购买产品的人比较少。生产者为了扩大销路，不得不投入大量的促销费用，对产品进行宣传推广。这时候，生产商就需要得到渠道成员的支持，尽可能说服经销商经销其新产品，这样新产品才可能在较短时间内进入市场，扩大知名度。同时，经销商通过产品的摆放、演示，可以促进产品的销售。在产品的成长期，消费者逐渐接受产品，销售量快速增长。与此同时，竞争者看到有利可图，也纷纷进入市场参与竞争，使同类产品供给量增加，价格随之下降。这时在渠道的管理和选择上，应尽可能提高市场的覆盖率，多增加销售渠道，与渠道成员建立良好的合作关系。在成熟期或衰退期，渠道的增加或减少，对产品的销售起到极大的作用，对整个企业的经营业绩作用巨大。

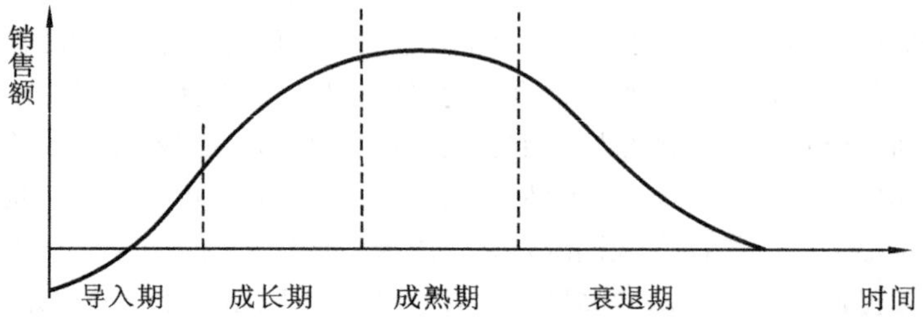


图 1-4 一般产品生命周期图

#### 2. 分销渠道对价格策略的影响

价格是消费者做出购买决策的重要影响因素之一。商品价格除了和自身的品质等因素有关外，还要受到分销渠道的影响。这表现在以下几个方面：一是企业对中间商的价格折扣。一般来说，分销渠道成员如果能够或愿意提供给生产者或消费者某些交易职能，如推销、服务、储蓄、记账等，企业就给予中间商一些价格折扣，以鼓励中间商多承担某些服务功能。同时，根据中间商购买商品数量的大小，可以提供给中间商数量方面的折扣。二是分销渠道的长短和运输方式，也会对商品价格产生影响。若分销渠道长，涉及的渠道成员多、环节多，则流通费用就增加，成本也增加，导致价格很难降低。例如，宝洁公司为了将旗下肥皂打入日本市场，就用了较长的分销渠道。首先它把肥皂卖给进口批发商，再转手卖给当地批发商，最后才到零售商手中。经过这些分销层次后，肥皂的零售价格比进口价格高出 2~3 倍。可见，渠道的长短，运输方式的不同，对商品价格是有很大影响的。

#### 3. 分销渠道对促销策略的影响

促销策略是市场营销组合策略中的重要组成部分。在促销策略中，分销渠道扮演着重要的角色，比如，在很多时候，人员推销不是生产商直接派下去的人，可能是中间商的销售人员。另外中间商还可以利用自己的销售网点，宣传商品，展示商品，达到促销的目的。中间商推销商品的能力，对生产者促销计划的实施，有着重要的影响。

## 1.3 分销渠道管理

### 1.3.1 分销渠道管理的内涵

从生产企业的角度来看，分销渠道管理是指生产企业为实现分销目标，通过选择、激励、评估、协调与控制，整合分销渠道中所有渠道成员的行为，以确保渠道成员间相互协作的管理过程。分销渠道管理的目的在于对分销渠道进行适当的控制，提高分销渠道的有效性，实现生产企业的分销目标和整体目标。根据分销渠道管理的定义，可以从以下几个方面来充分了解分销渠道管理的内涵。

#### 1. 分销渠道管理是一种跨组织管理

尽管有生产企业将产品销售给消费者，但大部分企业仍利用中间商来分销产品。在大多数情况下，分销渠道是由一个生产商与其外部的多个中间机构组成的一个网络系统，因此，分销管理更多的是组织间的管理，它涉及生产商对其他中间商的管理。而这些中间商并不隶属于生产商，这些中间商与生产商之间是平等的，它们之间不是主从关系，而是交换和合作关系。所以分销渠道管理在很多方面都突显出与企业内部管理不同的特点。比如，从管理方式来看，一般企业内部管理可以依靠制度和权威来进行，而分销渠道管理更多依赖利益、契约和规范。

#### 2. 管理对象是所有分销渠道成员，重点是对中间商的管理

分销渠道由一系列成员构成，它包括生产商、中间商、最终消费者以及辅助机构等。尽管这些成员是分销渠道管理的对象，但生产商在分销渠道管理中更注重对中间商的管理。因为分销渠道的主要业务是购销，主要涉及产品所有权的转移，而批发商、零售商、代理商等中间商与产品所有权相关，他们取得产品所有权或帮助所有权转移。因此，对分销渠道成员进行管理时，企业更侧重对中间商的管理。

#### 3. 管理目的是实现生产商的分销目标

分销渠道是为了实现分销目标而存在的，生产商对分销渠道所开展的全部管理活动也服务于分销目标。分销目标反映了分销渠道在实现企业整体营销目标过程中所起到的重要作用。一旦企业的分销目标发生了变化，其分销渠道结构、渠道组织模式及企业对分销渠道的管理方式都会随之发生变化。

#### 4. 管理内容丰富

分销渠道管理内容包括中间商管理、分销渠道系统管理、渠道冲突管理以及分销渠道的调整，其中对中间商的管理包括选择分销渠道成员、培训分销渠道成员、激励分销渠道成员和评估分销渠道成员。

### 1.3.2 分销渠道管理的必要性

当企业通过产品、价格、促销来获得竞争优势越来越困难时，很多企业将目光聚焦于通过分销渠道制胜。因此，如何布局分销渠道，创建比竞争对手更加有效的分销渠道，如何降低分销渠道成本等问题显得至关重要。而企业的分销渠道成员众多，涉及区域广泛，且各成员具有独立利益，这就使得分销渠道管理变得十分复杂。如果不进行有效的管理，整个分销过程就如同一盘散沙，每个渠道成员的行动方向就可能不一致，甚至相互抵触。因此，分销渠道管理在现代营销活动中的作用日益提高。具体来看，分销渠道管理的必要性表现在以下两个方面。

#### 1. 规范和协调分销渠道成员的行动

一个组织要想有效地运行，最基本的要求就是各部门、各人员各司其职。分销渠道

也是一样，它的各个成员都有各自的任务和角色：生产商的主要任务是生产产品，其生产出来的产品需要通过分销渠道销售出去；中间商的重要职责之一是帮助制造商实现商品的转移，即从制造商手中转移到消费者的手中；运输部门的任务是将产品实体从生产地运送到消费地；而消费者则通过购买产品，得到商品的使用价值。而由于分销渠道成员之间目标的不一致或者对经济前景的知觉差异，以及存在利益的冲突而可能会产生渠道冲突。渠道冲突可能会推动与成员关系的发展，但如果这种冲突没有得到有效管理与控制，很可能会破坏同渠道成员的合作，损害渠道利益与形象，从而导致分销系统的瓦解。

每个渠道成员的任务和职责都不同，每个成员都希望利益最大化，这样渠道成员间不可避免地会产生冲突，降低渠道运作效率，因此分销渠道管理的任务就是要发挥渠道成员的特长，协调每个成员的利益，保证渠道任务的完成，提高分销渠道运营的整体效率。

### 2. 发挥分销渠道的竞争优势

以分销渠道参与竞争，是现代企业获取竞争优势的有力武器。分销渠道竞争优势主要是指成本优势，即通过寻找合适的中间商，充分利用中间商的网络资源，以较低的成本销售产品。根据麦肯锡公司的一项分析资料显示，分销渠道费用通常要占商品零售价格的 15%～40%；另外，日本的一项研究结果表明，在一般商品的价格中，50%是制造费用，另外的 50%是渠道费用。可见，降低渠道成本已经是企业管理的重要内容，通过对分销渠道进行管理，可以提高渠道的运作效率，降低分销成本。此外，渠道优势还体现在与顾客的接触面方面。

## 1.3.3 分销渠道管理的任务

分销渠道管理的主要任务有：决定分销渠道的模式，选择分销渠道成员，激励分销渠道成员，协调分销渠道成员关系、解决分销渠道冲突，调整分销渠道等。

### 1. 决定分销渠道的模式

决定分销渠道的模式主要是指企业是选择直接渠道模式还是间接渠道模式来销售产品。如果选择间接渠道模式，还需要考虑分销渠道的长度、宽度和广度设计。分销渠道模式的选择，受企业的经营规模、商品的特性、市场的集中程度等影响。一般来说，日用消费品市场分散，消费者的购买方式是零星购买，产销之间存在着品种、数量、地区上的矛盾，解决这种矛盾的方法，就是选择一个合适的中间渠道模式。有些产品如某些工业品，则适合选择直接销售渠道。

### 2. 选择分销渠道成员

生产企业对中间商的选择，要考虑中间商的市场拓展能力、市场信誉、所拥有的网络资源等；同时，企业还要考虑自身的规模、市场范围、资金实力、产品的市场定位等条件。只有选择与自身条件相适应的中间商，企业才能有效地开展营销活动。如果一个规模很小的企业，选择一个规模很大的中间商，这样小企业的产品很有可能在中间商的产品中占有的份额很小，对中间商的影响很小，那么，中间商不一定会卖力地为企业推销产品。从这个意义上讲，选择合适的中间商对企业来说是非常重要的。

#### 3．激励分销渠道成员

生产商不仅要选择中间商，而且要经常激励中间商使之尽职。要激励分销渠道成员，生产商必须了解各中间商的不同需求。激励分销渠道成员的方式主要有：①提供物美价廉、适销对路的产品，从根本上给中间商创造良好的销售条件；②为中间商提供较高的毛利，使之保持较高的销售积极性；③对业绩好的渠道成员发放奖金，鼓励推销竞赛；④给予一定的资金支持；⑤加强销售服务等。激励与惩罚是相辅相成的，在进行正面激励的同时，企业也有必要采用一些惩罚措施以约束中间商行为。这些惩罚措施主要有：①降低毛利，对于缺乏合作精神的渠道成员，降低它们的毛利；②控制货源，降低交货速度；③停止一些优惠政策；④终止合作关系等。

#### 4．协调分销渠道成员关系、解决分销渠道冲突

协调分销渠道成员之间的关系是分销渠道管理中的重要内容。由于渠道在运行过程中，涉及各个利益主体，各渠道成员经常会因为目标不相容、信息不顺畅、沟通不及时发生冲突。分销渠道管理的任务就是要协调渠道成员之间的关系，及时解决成员间的矛盾，保证渠道的正常运转。如果渠道成员之间发生恶性冲突，分销渠道的整体效率将会受到影响。对渠道成员关系进行控制的重要手段就是使用渠道权力。权力是一种潜在的影响力，在分销渠道背景下，权力指一个渠道成员 A 使另外一个渠道成员 B 去做它原本不会去做的事情的一种能力。关于渠道权力的来源有两种说法，即权力基础说和依赖-权力说。权力基础说认为，渠道权力来源于六种基础：奖赏权、强迫权、法定权、感召权、专家权和信息权。而依赖-权力说认为，渠道权力的本质是依赖性。当 A 依赖于 B，那么在一定的程度上，B 就对 A 拥有权力。相反，如果 B 依赖于 A，那么 A 就或多或少对 B 拥有权力。制造商可以运用渠道权力来管理分销渠道冲突。

#### 5．调整分销渠道

根据对分销渠道效率以及实际背景比如企业的实力、市场环境和竞争对手等的分析，决定是否对分销渠道进行修改。如果市场或者企业等发生重大的变化，可能还需要考虑增加或重建分销渠道。比如企业推出一种新产品，但是通过已有分销渠道不能够比较好地传递给目标客户，那么可能就需要考虑采用新的分销渠道。

### 1.3.4　分销渠道管理的主要步骤

渠道设计、渠道组织、渠道激励和渠道控制等职能，主要通过渠道管理来实现，而渠道管理的过程可以分为：渠道的调查与分析、渠道目标的确定、渠道策略的确定、渠道策略的实施、渠道的控制、渠道效率的评估、渠道和渠道策略的调整或重建 7 个主要步骤。其中，前三步主要对应于渠道的设计职能，渠道策略的实施主要对应于渠道的组织和激励职能，后三步则主要对应于渠道的控制职能。

如图 1-5 所示，虚线框“企业总体战略与营销战略”及与其连接的虚线和箭头，表示企业的渠道管理要以企业的总体战略和营销战略为前提，主要贯穿于前三个环节之中——渠道的调查与分析要围绕着如何最有效地实现企业的战略目标而进行，渠道目标

要根据企业的战略目标和营销目标来确定，渠道策略要根据企业的发展战略、竞争战略和营销战略来制定、评价和选择。

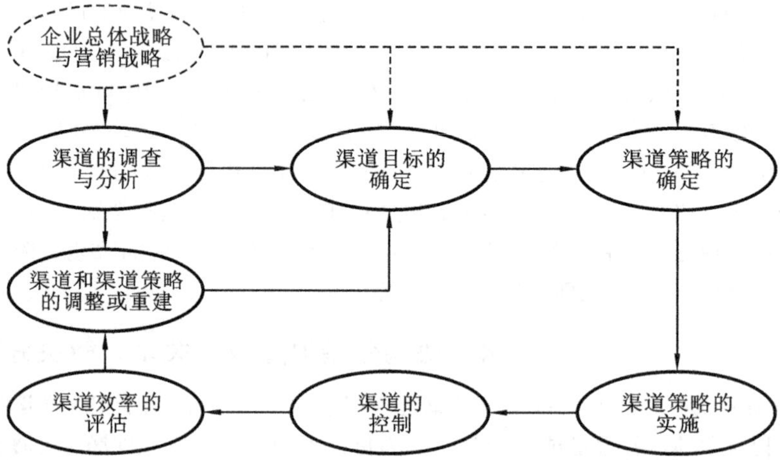


图 1-5 渠道管理的主要步骤

## 1. 渠道的调查与分析

渠道调查与分析的主要内容是了解企业的分销渠道环境，包括宏观环境和微观环境，进而为企业的分销渠道管理提供真实可靠的信息。其主要内容包括：①企业渠道外部环境的调查与分析；②企业渠道内部环境的调查与分析；③企业渠道的 SWOT 分析，即以企业渠道的优势(strength)、劣势(weakness)、机会(opportunity)与威胁(threat)为分析框架，对以上关于企业渠道内外部环境的调查分析结果进行整理，作为确定渠道目标和渠道策略的依据。

## 2. 确定渠道目标

企业的渠道目标，是指企业为了实施总体战略和营销战略，希望通过渠道管理活动在一定时间内达到的结果。渠道目标的确定，实质上是确定企业渠道管理活动的方向和目的，主要包括确定目标市场、确定可量化目标和确定不可量化目标三个方面的内容。确定目标市场，主要是回答企业通过渠道管理活动为谁服务和怎样服务的问题；确定可量化目标，主要是决定企业通过渠道管理活动要达到的经济利益指标，如销售额、利润额、市场占有率、市场覆盖率等；确定不可量化目标，主要是决定在完成可量化目标时，企业要兼顾的其他难以量化的内容，如目标顾客与渠道成员的满意度、渠道发展、渠道合作、渠道氛围等。不可量化目标虽然难以测量，且大多数企业可能不把它们当作渠道目标提出来，但它们对于可量化目标的实现却有着重要的影响。

## 3. 确定渠道策略

企业的渠道管理人员要根据企业的总体战略、营销战略和渠道目标，确定企业的渠道策略。确定渠道策略一般可分为三步：①制定多套可行的渠道策略；②对每一套可行的渠道策略进行评价；③在评价的基础上，综合考虑各种方案的优劣，选择一套渠道策略或将多套渠道策略进行组合。确定渠道策略涉及很多方面，如渠道结构的决定、销售终端的选择、渠道参与者的决定、渠道覆盖面的决定、物流配送规划、渠道联盟方式的决定、信息沟通方式的决定、渠道控制方法的决定等。

### 4. 实施渠道策略

实施渠道策略，首先是组织问题，其次才是领导、激励与协调问题。涉及的内容包括：渠道成员的选择、渠道成员之间渠道功能的分配、渠道成员权利与义务的规定、合约的签订和执行、物流配送计划的实施，以及渠道这一超级组织的领导、激励和协调。渠道策略的实施，是企业渠道执行力的体现。再好的渠道策略，如实施不当，也难以达到企业的渠道目标。

### 5. 控制渠道

控制渠道包括两个方面的内容，其一是对渠道策略能否在实施中得到有效贯彻进行监督和调控；其二是对中间商渠道中各渠道参与者可能从事的投机行为进行监控。第一个方面的渠道控制，虽然也会涉及其他渠道成员，如生产商对各级中间商的存货水准、仓库、地位及运输方式等进行评价、分析，并提出改进意见，但是从根本上讲，它是站在一个企业的角度对渠道策略实施的过程进行控制，是企业内部控制。第二个方面的渠道控制，与一般的组织内部控制有很大的区别，它要对中间商渠道中其他渠道参与者的投机行为进行控制，属于渠道控制中特有的跨组织控制问题。

这两个方面的控制互相补充。第一个方面的渠道控制是要从企业自身的角度保证企业的渠道策略在实施中得到有效贯彻，第二个方面的渠道控制则是要保证企业的渠道策略在实施中得到合作伙伴的有效配合。一般而言，前者相对容易些，因为它主要涉及的是组织内部控制问题，后者则非常困难，因为它涉及的是跨组织控制问题。

### 6. 评估渠道效率

渠道效率就是渠道活动的投入—产出比。与渠道目标相对应，渠道效率也有可量化和不可量化两种。可量化渠道效率由经济利益指标测量，如销售额、利润额、市场占有率、市场覆盖范围等；不可量化渠道效率则可以通过一些主观判断或认知来测量，如目标顾客与渠道成员的满意度、渠道发展、渠道合作、渠道氛围等。

对渠道效率的评估，就是将上述渠道效率的可量化指标及不可量化指标与企业过去的表现相对比、与竞争者的表现相对比、与企业的渠道任务相对比，由此找出企业渠道的差距和问题所在，为渠道和渠道策略的调整提供依据。

### 7. 调整或重建渠道和渠道策略

渠道管理过程的最后一步，是在必要时对渠道以及渠道策略做出调整。渠道和渠道策略的调整可以是局部的——只调整和改进某个或某些环节，也可以是全面的——对企业的整个渠道或渠道策略进行重建，比如调整渠道结构、调整渠道政策、调整渠道关系、调整局部市场区域的渠道以及更新整个渠道网络。

渠道和渠道策略的调整，既是渠道管理过程的最后一步，也是新一轮渠道管理活动的开始。它一方面要以渠道效率评估为依据，另一方面也需要向新一轮渠道的调查与分析提供信息，形成新的渠道目标和渠道策略。企业的分销渠道管理由此循环往复，不断地进行下去。

## 1.3.5 分销渠道管理的新动向

目前分销渠道管理问题正受到社会的普遍关注。对企业分销渠道中的物流、信息流进行高效协调和集成是分销渠道管理成功的关键。那么，现代管理面临的以下几个重要转变将会为企业进行分销渠道管理的实践活动提供重要的指导作用。

### 1. 从功能管理向过程管理转变

传统的渠道管理将分销渠道中的制造、仓储、销售、配送等功能活动分割开来，独立运作，而这些功能都具有各自独立的目标和计划，这些目标和计划经常冲突。现代管理就是将分销渠道中的各种功能活动有效集成，实现以提高顾客服务水平以及顾客价值最大化为目标的面向过程的管理。不仅在企业内部要向过程管理过渡，在企业外部，管理渠道中的各个合作伙伴的业务活动，也需要从功能管理向过程管理过渡。

### 2. 从利润管理向营利性管理转变

传统的渠道管理将利润作为企业管理的重点，但现代管理认为利润管理是很粗放的，因为利润只是一个绝对指标，并不具有可比性，应该用相对指标来衡量企业的经营业绩，而营利性就是一个相对指标。所以国外企业界现在强调要进行营利性管理。这种营利性是建立在“双赢”基础上的，只有分销渠道中各方均具有较好的营利性，企业自身的营利性才有可能得到保证。

### 3. 从产品管理向顾客管理转变

在买方市场上，是顾客(而不是产品)主导企业的生产、销售活动，因此，顾客是核心，顾客是主要的市场驱动力。而分销渠道上非常关键的一环就是顾客。在买方市场上，分销渠道管理的重心是由生产者向消费者倾斜的，因而顾客管理就成为分销渠道管理的重要内容。

### 4. 从交易管理向关系管理转变

传统的分销渠道成员之间的关系是交易关系，考虑的主要是眼前的既得利益，因此，不可避免地出现渠道成员之间为了自身利益而损害他人利益的情况。现代管理理论认为，可以找到一种途径，能同时增加分销渠道各方的利益。这种途径就是要协调分销渠道成员之间的关系，并以此为基础进行交易，以使分销渠道整体的交易成本最小化、收益最大化。特别是当企业之间的竞争转变为供应链之间的竞争时，只有倡导竞合精神，企业才能求得最佳的生存与发展空间，获得最大的市场份额或利益。这种“双赢模式”，要求从传统的销售关系中“非赢即输”的单纯交易关系转变为更具合作性共同为谋求更大利益而努力的关系。

## 本章小结

分销渠道与市场营销渠道是不同的两个概念。分销渠道是指商品所有权从生产者或商人手中转移至消费者手中所经过的路径。营销渠道是指采购原材料和销售成品引起的所有权转移所经过的路径。分销渠道是营销渠道的重要组成部分，仅指销售渠道，而营销渠道既包括销售渠道，也包括采购渠道。

分销渠道与产品、价格、促销一起是市场营销组合的四大要素。但是分销渠道的重要性并不局限于它对产品的传递，分销渠道还会对营销组合中的其他要素产生影响，即分销渠道还会对产品、价格、促销和整体效益产生影响。分销渠道可以减少交易次数、调节产销矛盾以及搜集市场信息等。另外，分销渠道有调研、促销、洽谈交易、分类产品、寻找顾客、实体分配、融资和风险承担等功能。

分销渠道管理是指生产企业为实现分销目标，通过选择、激励、评估、协调与控制，整合分销渠道中所有渠道成员的行为以确保渠道成员间相互协作的管理过程。分销渠道管理的过程可以分为：渠道的调查与分析、渠道目标的确定、渠道策略的确定、渠道策略的实施、渠道的控制、渠道效率的评估、渠道和渠道策略的调整或重建 7 个主要步骤。

## 关键术语

| | | | |
|---|---|---|---|
| 分销渠道 | 营销渠道 | 实物流 | 所有权流 |
| 促销流 | 谈判流 | 风险流 | 订货流 |
| 资金流 | 信息流 | 分销渠道管理 | |

## 思考题

1. 为什么分销渠道在 4P 组合中发挥着重要作用?
2. 分销渠道有哪些特点?
3. 举出一个企业的分销渠道的例子，具体分析它的分销渠道的作用和所承担的功能。
4. 分销渠道管理的特点及主要步骤有哪些?
5. 请分析分销渠道管理的发展趋势。

## 参考文献

[1] 张广玲. 分销渠道管理［M］. 武汉：武汉大学出版社，2005.

[2] 雷培莉，李五四，孟繁荣. 分销渠道管理学［M］. 北京：经济管理出版社，2003.

[3] 菲利普・科特勒，营销管理[M]. 梅清豪，译. 11 版. 上海：上海人民出版社，2003.

[4] 常永胜. 营销渠道：理论与实务[M]. 北京：电子工业出版社，2009.

[5] 刘伟宇. 分销渠道理论及其中心演变[J]. 设计与经济研究，2000(9).

# 案例研讨

## 加多宝的渠道铁军

一支令人敬畏的队伍在凉茶世界的“红绿战争”中，发挥了至关重要的作用。通过电视、网络，尤其是现实的商业世界，人们能真切地感受到这支队伍爆发的能量。这个队伍就是——加多宝渠道。只有了解了加多宝渠道队伍，才算真正了解了加多宝营销，了解了加多宝。

**一、“百事式”渠道演化**

“我们是从 2006 年开始做王老吉的，2012 年继续跟着做加多宝。”在北京东五环外的一个偏僻大院，刘颖对《中外管理》的记者说。刘颖正是庞大的加多宝渠道队伍中的一员。在这个不足 1000 平方米的院子里，西边并排停放着四辆面包车和一辆卡车，东侧则是一个约 200 平方米的仓库。刘颖和丈夫的事业就是从这个院子里开始的。20 世纪最后几年，他们做起了酒水生意。其时，加多宝与羊城药厂(当时王老吉商标的所有方)签约还没多长时间。在接下来的几年里，加多宝生产的王老吉凉茶销售业绩平平，只在广州地区有些影响。

2003 年春节，加多宝开始对“王老吉”品牌明确定位：“预防上火的饮料”。此后，其销量迅速增长。在 3 年后的 2006 年，加多宝开始走出南方，首先集中资源进攻北京市场，为此将餐饮渠道作为开路先锋单兵突进。为了搞定北方消费者，大量免费试喝活动次第展开，也是从这时起，人们逐渐对加多宝铺天盖地的广告宣传习以为常。仅 2007 年，加多宝在北京市场的营销投入就高达 5 亿元。

刘颖几乎经历了加多宝的整个北京市场开拓历程。2006 年，她成为加多宝集团餐饮渠道的一名邮差商。“邮差”一词，是加多宝对那些有运输能力的分销商的特定称呼。餐饮渠道是 2003 年“王老吉”被明确定位后，在原来餐馆供货的基础上发展而来的。之后的几年，加多宝的渠道开始迅速“进化”，借鉴了百事可乐的渠道模式——将渠道细分为 KA(即：key account 重要客户渠道)、批发、小店、餐饮和特通五大部分。KA 和特通是新设渠道，前者服务于大超市和商行，后者则供应学校、网吧、车站、宾馆、KTV 等。原来供应杂货铺、小卖部、餐馆和批发市场的传统渠道也都改编成小店、餐饮和批发三条渠道。

**二、打磨成形**

最初进攻北京市场，加多宝的销售渠道是混合式的。其中一部分是酒水经销商的资源，还有一些则是酒水经销商和加多宝业务员一起开拓的。而不管资源是谁的，都由经销商和“邮差”负责送货，而加多宝负责对终端的维护。当餐馆等终端需要进货时，他们会联系到加多宝业务员，业务员则联系经销商或“邮差”。据刘颖介绍，这种协调关系一直保持到现在。在加多宝的其他渠道里，业务员与经销商之间也是这种关系。

在 2007 年拿下北京市场后，加多宝的整个北方市场风向大转，到了下半年，其销售总额已经超越中国饮料市场上其他所有碳酸饮料品牌。同年加多宝将全国市场划分成核心、高潜力、发展、开拓和策略五种类型，有步骤的各个击破。2008 年 3 月，中国行业企业信息发布中心授予“王老吉”品牌“2007 年度全国罐装饮料市场销售额第一名”的称号。经历了 2008 年奥运会和 2008 年汶川地震后，“王老吉”逐渐成为一个全国性饮料品牌。

此后，加多宝将每个渠道又按照地域进行了细分，现在基本形成 5 大销售公司下辖 50 个销售大区，50 个销售大区下辖 500 多个办事处的格局。在每个大区，又有特大城市、省会与沿海发达城市、地级市、县镇和乡村共5个级别。每个城市只有一个总经销商，总经销商下面再发展多家“邮差”，如：餐馆邮差、的士邮差和批发邮差等。截至2012年被迫改换品牌时，加多宝在全国范围内已无空白市场，真正实现了全国覆盖。

**三、“换牌”绞杀战**

刘颖供应着加多宝在大院附近约200家以川菜、湘菜、火锅和烧烤为主的餐饮渠道。她及其团队正是加多宝庞大渠道网络中经销商和邮差商的一个缩影。加多宝之所以给人一种无处不在的感觉，正有赖于这些“邮差”、经销商和加多宝销售团队编织成的无缝营销渠道。“大到国际酒店、大型商超，小到市井街巷的小卖部，都有我们的铺货。”在接受《中外管理》记者采访时，王月贵如是说。作为加多宝集团品牌管理部副总经理，他毫不掩饰对这个网络的自豪感。

这一渠道网络的能量，在开始于2012年上半年的“王老吉”争夺战中得以充分证明。品牌更换通常是一件充满风险的事情，但像刘颖一样的“邮差”和经销商大都没有因这种风险感到焦虑和躁动。刘颖说，那段时间她的生意几乎没有受到影响。她认为，有两方面的原因：一是加多宝较早在产品包装上印有“加多宝”字样；二是商战期间，活跃的加多宝业务员经常到终端拜访，通过广告张贴和促销让利等活动稳住了餐馆等销售终端。当2012年6月1日加多宝推出新品时，刘颖回忆说：一切如常。

零点咨询公司的一项调查显示：到2012年10月，消费者对“加多宝凉茶”的知晓率高达99.6%。“加多宝在很短时间内取得这样的成绩，在中国乃至世界营销史上是罕见的。”多宝营销首席顾问、加多宝原市场部总监曲宗恺在接受《中外管理》记者采访时说。

百事可乐细分了通道，娃哈哈细分了区域，而加多宝将两个典范结合在一起之后，迸发出难以想象的能量。

**四、直击一线**

与刘颖不同，年过五旬的老张看上去像个快要掉队的批发商。在北京东南最大的北京盛华宏林粮油批发市场，他的货大多数卖给了“串串”，也就是依靠倒卖差价生存的小批发商。在加多宝的渠道网络中，这样的批发商是少数分子，既不受重视，也不受欢迎。相比之下，加多宝更喜欢北京事必达科贸有限公司这样的饮料批发商。它位于北京市崇文门一个并不显眼的院落里，却有可靠的物流，也有稳定的客户，但最让加多宝看重的是其“送货上门”的能力，也就是直接送达机关、团体、餐饮、高校、医院等单位的能力。

实际上，在把加多宝凉茶推向终端这一行动中，老张和事必达并没有本质区别，不过，两者背后却暗含着巨大的管理问题。像老张那样的经销商，并不能保证加多宝的产品尽快进入终端，产品一直在市场上流通就不好控制价格和信息。因为渠道层级太多，无法准确、及时获得一线市场变化情况。在这个渠道网络上，像老张一样的批发商其实拉长了整个渠道链条，削弱了加多宝对渠道的控制力。也因此，加多宝特别重视扶持像事必达这样的二级批发商，让二级批发商直接对接加多宝与终端市场。这就是为外界所称道的加多宝渠道扁平化。渠道扁平化是1990年代从台湾地区兴起的一种渠道操作模式，其总体思路是：简化产品销售的中间环节，保障产品从生产商到消费者间供给系统的高效运作。

渠道扁平化的结果，就是在加多宝的渠道体制中实现总经销制。即一个地区有一个总经销商，往下只发展多个“邮差”和二级经销商。总经销制的特点是：一个渠道中总共只有两级经销商，压缩了渠道费用，加强了信息与价格控制。

**五、“霸占”渠道**

在刘颖的老家河南，送进终端的广药“王老吉”比“加多宝”每箱便宜2元。“听到这消息后我们也想了解一下，可是‘王老吉’的业务员在哪里呢？”刘颖坦陈，2012年“王老吉”较低的批发价格的确让她心动过，可是最终没能使她倒戈。用刘颖的话说，这个圈子的人赚的都是薄利，有时候对短期的利润趋之若鹜，但到关键时刻还是得通盘考虑。更何况能够介绍广药“王老吉”情况的业务员还迟迟不见身影。

那么，像刘颖一样的经销商和邮差是怎么黏在加多宝这张大网上的呢？王月贵说：“对于渠道商、经销商来说，更看重产品的内涵、发展潜力。只要产品更具内涵、更具有发展潜力、更受消费者认可，就能给渠道商和经销商更丰厚、持久的回报。”说法虽然简单，但寓意深刻。利润永远是最好的激励手段，实际上销售加多宝产品的利润一直高于同行。

即使撇开利诱不论，加多宝利用程式化协议掌控渠道的能力也是首屈一指的。合同化是加多宝渠道管理的最基本方式，双方的权利、责任、风险和合作规范等都通过合同加以约束。比如：串货，也就是跨区域销售，一旦发现按协议约定当月销售奖励将为零。完成协议约定的，如开发客户和陈列等指标，则会有相应的奖励。

加多宝另一个常用来掌控渠道的办法则是向经销商和“邮差”压货。按照加多宝的说法，经销商和客户的库存保持在客户周销量的1.5倍是安全库存。但过去的一年中，加多宝的压货远超这个数字。“压了货你就没有精力去做其他产品，你得想着把手头的货销出去。”刘颖说。

加多宝渠道管控中最主要的，还要算渠道信息收集。一位不愿透露姓名的业务员A女士告诉《中外管理》杂志记者，她的日常工作就是拜访终端，工作内容是理货、清点库存、开发客户和记录数据。像她一样的业务员每天大约拜访40个终端，每个终端每周1~2次，有时候还须帮店主直接维护客户关系。每个终端的服务台都有一张加多宝的“客户服务卡”，不但记录着对接业务员和主管的姓名和电话号码，还有业务员和监督员每次拜访的时间等记录。每个业务员每天的路线都是提前设定好的，并且都提前做成图表，以备主管和更上一级查询。相比于那些把渠道管理“扔给”合作伙伴的企业，这样对业务员严密而直接的管控，是加多宝渠道管理的一大特色。

每到月中和月末，业务员要上报掌握渠道的客户资料，文员将这些数据录入加多宝的RMS系统线。一位曾在加多宝工作多年的员工说：各级都可以通过RMS系统线对市场情况了如指掌，小到某社区的一家小店的变化，大到分区业绩变动。这样的渠道掌控能力，无疑是“可怕”的。

**六、掌控力的奇迹**

在A女士的考核指标中，除了日常拜访外，另一个重要的项目是开发新客户。加多宝是一家自己跑业务的公司，直接帮助经销商和“邮差”开发餐饮客户和小店客户。那些经销商和“邮差”原有的客户，业务员也必须与其建立关系，比如：在餐饮渠道经销商和邮差服务的终端，80%是掌握在加多宝手中的。

与其他饮料企业不同，加多宝非常重视外部经销商与公司内部销售团队的合作。从A女士的日常工作中也可以看出，在加多宝的渠道网络中，经销商更多承担物流角色，而加多宝则对主要终端安排固定人员定期拜访、维护。客户在这个网络中是共享的。加多宝业务员和经销商一起进行网络的建设与完善，一起管理物流和促销。

大规模制造和低效率分销的矛盾使大企业尝试自己掌控渠道，十几年对渠道精耕细作，这是加多宝渠道运营练就的内功。从“王老吉”商业争夺战一开始，就有观察家认为，加多宝命悬一线。但一年过去了，加多宝在创造了“王老吉”营销奇迹后，又再次被公认为创造了属于自己的营销奇迹。而奇迹的背后最沉默又最扎实的一批人，就是加多宝十多年打磨出的渠道队伍。

资料来源：慧联网

## 案例思考题

1. 请阐述分销渠道对于加多宝的重要作用。
2. 试分析加多宝的分销渠道决策对企业渠道决策与管理的启示。

# 第 2 章　分销渠道战略与模式

2

## 学习目标

★了解分销渠道战略的含义

★理解分销渠道战略的特征

★熟悉影响分销渠道战略模式选择的因素

★掌握分销渠道战略框架

★熟悉分销渠道模式

## 引　例

### 中国酒类企业的渠道模式

中国酒类行业的渠道可以说是所有行业中最不平衡、最不统一的。有的企业在渠道建设中投入了几千名业务人员，有的企业虽然年销量几十亿元却只有区区二三十人，有的企业早就进入精细化营销时代，有的企业却还在像做贸易一样的销售。这种差异，有的是源于酒类企业的产品以及企业具有不可取代的优势，有的是由于经销商的实力档次差距太大而呈现参差不齐的渠道类型。

在酒类行业，存在以下几种分销渠道模式：

**1. 分销协作模式**

分销协作模式是一种有中国特色的渠道模式，是那种既对传统批发越来越感到失望，又对深度分销具恐惧感，认为深度分销难以操作、不具备深度分销基础条件的企业最可实施的中间方式。这种模式的好处，就在于能够更好利用渠道资源，在一些非重点区域或者是偏远地区，扶持经销商来共同运作市场。

**2. 深度分销模式**

深度分销模式是在重点区域实施精耕细作，不留市场空白点的一种渠道模式。如雪花啤酒，在品牌不具优势的情况下，在全国市场深度渗透，并且还实现了十三年取得销售量全球前五名、十五年全球单品销量第一的令人咋舌的成绩！

**3. 专卖店模式**

白酒业的专卖店模式的形成与发展是行业的必然，由于白酒假酒泛滥的原因、品牌形象的需要，烟酒专卖店近年发展迅速，不但企业自己开设，一些经销商也试水经营，专卖店成为一种重要的渠道运作模式。

茅台、五粮液、国窖 1573、剑南春等都在全国开设专卖店，有此地方品牌的白酒企业也在各个地区实行专卖店模式，取得了好的销售业绩。

专卖店模式，由于需要一定的投入以及需要一定的商圈要求，所以，现在还会受到一些发展的限制，但随着品牌意识的加强，该模式会越来越普遍。

**4. 传统批发模式**

传统批发模式虽然会被很多其他行业的企业视为将来渠道模式的怪物，但在白酒业，它还会长期存在。

传统批发逐渐被企业所诟病并不是因为此种模式对产品销售不好，而是该种模式运作粗放，缺乏管理，从而不易对产品流向、价格等进行管控。只要将管理植入该模式，同时进行合理规划，该种模式其实是最省钱省力的方式。特别是在一些企业的业务运作难以涉及的边远偏僻地区，传统批发模式还将长期存在并发挥重要作用。

**5. 其他模式**

白酒业的渠道模式，当然还有团购、网购、俱乐部、品鉴会等一些渠道应用形式，北京的海福鑫刚上马网售，就能年销售 200 万元，表明了网售模式的巨大发展空间；茅台在高尔夫这个渠道实行特品销售，加价不少却还销量不俗；品鉴会借鉴了红酒模式也在国内重点城市开展得如火如荼……其实，白酒企业只要脚踏实地地根植市场、深耕市场，就一定能取得渠道销售的好成绩！只要愿意研究市场，就能开发出适合自己的好模式，实现以前不可能实现的跨越！

(资料来源：谭长春，中国管理传播网，2010-4-30)

## 2.1　分销渠道战略

### 2.1.1　认识分销渠道战略

#### 1. 分销渠道战略的内涵

分销渠道战略是指生产商或其他渠道成员为实现分销渠道任务和目标，针对各种变化的市场机会和自身资源而制定的一整套带有长期性、全局性、方向性的指导方针。渠道战略的制定和实施要符合企业总体战略的要求，并要和企业其他子战略相互配合。

#### 2. 分销渠道战略的意义

(1) 有助于提高分销效率和效益。

分销渠道战略可为市场营销组合策略的其他部分提供协同作用，有效地将产品传递到目标市场，实现更佳的市场效益。要实现企业目标，仅有好的产品是远远不够的，需要有效的分销渠道系统来配合，及时洞察产品的市场变化情况，对未来的渠道形式进行调查研究，审时度势地调整渠道，制定渠道战略，并用其来指导各级成员的运作。只有通过分销渠道的战略实施，才可以最终保证公司的战略目标得以实现，获得较高的分销效率和效益。

(2) 有助于增强企业的应变能力。

随着科学技术的迅猛发展，消费者需求越来越复杂化、多样化、个性化，市场不确定性越来越强，面对着这种日新月异的市场环境，必须要求企业对未来的市场及渠道进行准确的预测，制定合理有效的指导性方针，这对各个渠道成员的应变能力都有很高的要求。

(3) 有助于提高企业的竞争优势。

成功的渠道是最难建立的，同时也是最难复制的。当产品、价格和促销都渐渐缺乏“张力”很难获得竞争潜力时，通过分销渠道来建立起一种隐性的持续竞争优势，对于企业核心竞争力的培养有极其重大的意义。

(4) 有助于企业在更大范围内进行资源配置。

分销渠道对于生产企业来说是市场营销组合中唯一的外部资源变量，利用合作和战略联盟等方式把这些资源整合起来，赢得渠道成员的大力配合，是企业弥补自身资源不足的重要手段。生产商与渠道成员之间由过去的互利共赢的合作关系，发展到现今这种“你中有我，我中有你”的互利共生的战略关系， 因此，生产企业实现其市场目标越来越离不开分销渠道成员的合作。

(5) 有助于“战略网”的形成。

制定统一于营销战略和企业总战略的分销渠道战略，可以最大限度地发挥渠道资源的作用。努力建立一个拥有一流分销水平和先进的相关配套设施的分销系统对于战略网络化有积极的作用。

## 2.1.2 分销渠道战略规划程序

分销渠道战略设计的主要步骤可以分为四步：①战略定位。即对与企业总体战略相关的渠道战略的宏观、微观环境进行分析。②明确分销渠道目标。在战略分析的基础上兼顾公司战略与分销目标，即在明确公司战略之后，对影响分销渠道的各种相关因素进行分析，进而确定分销渠道目标。③分销渠道设计，即确定分销渠道结构。分销渠道的设计，要以既能够刺激销售又能达到公司目标的方式来满足消费者的需求，同时，也应考虑其涉及的物流后勤设计。④确定分销渠道战略规划。这一阶段也就是要对第二阶段的分销渠道设计方案进行评估和挑选，最终形成指导分销活动的蓝图。基本框架如图2-1 所示。

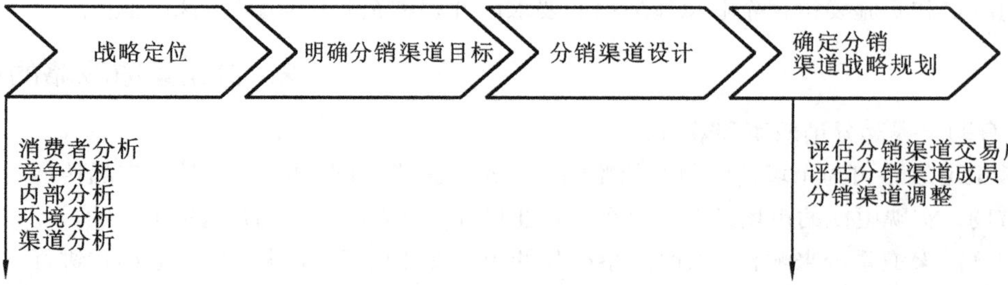


图 2-1 分销渠道战略框架

### 1．战略定位

进行分销渠道战略定位，首先要对与企业总体战略相关的渠道战略的宏观、微观环境进行分析，并在此基础上兼顾公司战略与分销目标，即在明确公司战略之后，对影响分销渠道的各种相关因素进行分析，进而确定分销渠道目标。

1) 公司战略分析

迈克尔·波特在其《竞争战略》一书中介绍了三种能使公司确定行业定位和获得超额利润的基本竞争战略：成本领先、差异化、集中化。每一种战略对市场营销的运作提出了不同的要求，也需要不同的渠道战略予以配合。下面从渠道需要的角度逐一讨论这三种基本竞争战略。

(1) 成本领先战略。这一战略适用于价格敏感型消费者这一细分市场，它要求尽可能地以最低的单位成本来制造和分销产品。赢得总成本最低的公司通常要求具备较高的相对市场份额和超额利润，而一旦获得总成本最低的地位，将对现存的和潜在的竞争者构成强大的威胁。成本领先战略一般总是与低成本制造、技术革命、持续的资本投入等联系在一起。但是，当某一行业的分销成本较高时，创造性的渠道战略同样也可以促成公司在此行业形成低成本定位。

(2) 差异化战略。此战略强调所提供产品或服务的独特性，以满足那些对价格不敏感的消费者的特殊需要。这种独特性可通过产品设计、性能、质量、服务的差异化和差异化分销网络等途径来获取。差异化战略可帮助公司培养知名品牌和顾客忠诚度，从而获取竞争优势。一个通过分销活动来获取差异化的经典案例是汉斯(Hanes)推广 L’eggs这一丝袜品牌。那时，竞争者都拥挤于传统的分销渠道中，如百货公司和妇女服装店，而 L’eggs 却定位在超市和杂货店中，加上新颖独特、便于分销的包装设计，几年内 L’eggs 便成为行业中的领头羊。

(3) 集中化战略。此战略要求公司把注意力集中在一个行业中的某一特殊细分市场(即补缺市场)。成本领先战略和差异化战略都致力于整个行业，而集中化战略则是关注某一独特的细分市场，通过更有效地为某一狭小市场服务获取竞争优势，与那些定位在大市场或市场群的公司抗衡。实施集中化战略的公司也可以通过运用总成本领先战略或差异化战略，或二者的综合来获取竞争优势。不过，值得注意的是，集中化战略的关键在于公司提供的产品和服务对独特的细分市场上的顾客要有强大的吸引力。Snap-on 工具公司就成功地集中职业技工这一狭小市场，通过全国范围内的递送网络将高质量的工具直接运至技工手中。尽管 Snap-on 的产品价格高于其他公司，但公司发现了对产品质量和快递服务有很高要求的这一市场群，从而获得了成功。

2) 市场分析

对分销渠道战略定位的市场分析主要包括两个方面：市场界定与市场细分。

第一，市场界定。

市场界定，即对市场内涵和范围的正确认识是竞争战略成功的关键之一，然而这却是一项十分复杂和困难的任务，因为界定市场有多种说法。不过，人们通常用产品或产品类别来界定市场，如我们经常听到的“汽车市场”和“软饮料市场”。这类市场描述暗示着产品的购买者在需求上不是类似的，因而能以产品为标准来界定市场。事实上，界定市场的标准，第一是顾客的需求，第二是基础技术的类型，第三是服务的顾客群体。

每一个顾客群各自对带有某种差异的产品或服务有着明显的偏好。运用这三个维度，便可以科学准确地界定市场的内涵和范围。例如，要界定厨具的市场，在顾客需求的维度中选取烘、煮、加热三种情形，在技术维度中选取煤气、电、木炭三种，在顾客群体维度中选取机构、餐馆、家庭三种，如图 2-2 所示。

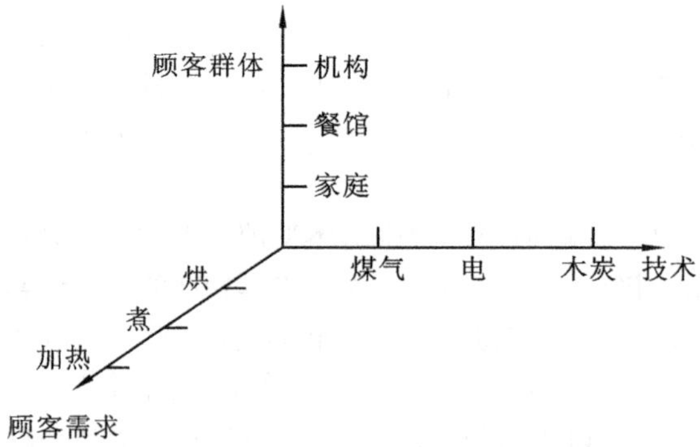


图 2-2 三维市场界定

第二，市场细分。

界定了市场的内涵和边界后，就需要对每个市场根据不同的标准进一步细分，如产品的特征、购买便利性、可用性、服务、渠道战略等，运用这些标准，都可将市场分割成具有某些共同特征的补缺市场，甚至细分到个人，提供定制服务。不过市场细分最终要为战略定位服务，脱离了战略定位，市场细分会变得毫无意义。

目前企业也意识到，它们不可能为市场中所有的消费者服务，至少不能用一种方法为所有的消费者服务。消费者是数不清的，分布又广，他们的需求也随着地理特性、个性特征、资源、购买态度和购买行为的差异而表现出多样性。面对强大的竞争对手，企业需要确定自己能够提供有效服务并获取最大利润的市场，而不是试图在整个市场上进行竞争。

宝洁公司所售的商品的品牌繁多，这些品牌都是基于各种细分市场而设计的，它至少确定了 8 个重要的洗衣剂细分市场，还有为数众多的子细分市场，然后研究开发不同的品牌去迎合每种特定的需求：汰渍(Tide)是多功能的家用洗衣粉，专门对付油渍，洗涤能力极强，可能会漂白衣物纤维；Cheer 是“色彩专家”，它能使衣物不退色、不串色、不起毛；Bold 内含衣物柔顺剂，它能使衣物洁净、柔顺并且气味清新；Gain 是加酶洗衣粉，被定义为能带来干净、清新衣物的洗衣剂；Era 内含去污剂，是去污力强的工具；Oxydol 含有自寻污迹的漂白剂，它将洗衣剂的洗涤能力与无氯漂白剂的增白能力相结合，使衣物更洁白更光亮。在每个细分的市场中，宝洁还进行了更狭窄的细分。比如，你可以购买普通的汰渍(粉状或液状)，也可以购买另外的几种形式：汰渍漂白(Tide with Bleach)、汰渍洁净中漂(Tide Clean Rinse)、汰渍 Mountain Spring 洗衣剂、汰渍高效(Tide High Efficiency)、汰渍纯净(Tide Free)。这些具体形式的细分又具有不同的产品性能和属性差异，这样就可以满足几乎所有的消费者的需求。

3) 竞争者分析

战略定位的第三个过程就是竞争者分析，因为制定战略的目的就是打败竞争对手。竞争者分析的第一步就是对行业结构的审视，这有助于洞察该行业的吸引力和竞争对手。另外要辨别竞争者和评估竞争者的优势和劣势，借此推测竞争对手面临新的经营组织进入该行业时的各种反应。

迈克尔·波特的五力模型(见图 2-3)是分析行业结构的模型，该模型的重点放在引起某一行业竞争密集度的原因上。波特五力模型的五种力量与分销渠道有着密切联系。

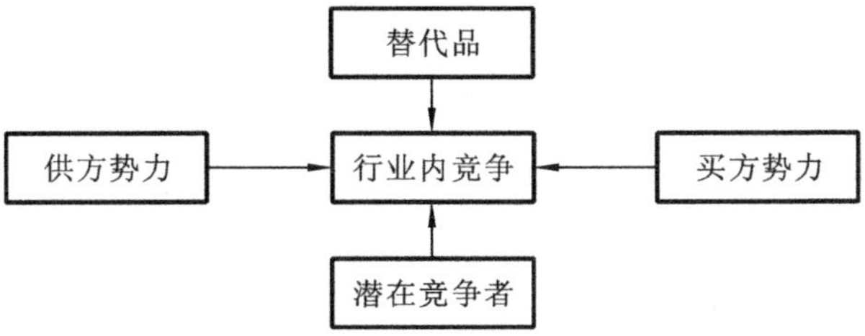


图 2-3　波特的五力模型

行业内竞争状况取决于竞争者的数量、相对规模、战略的类似点、资产和成本的结构以及退出的障碍等因素。一般来讲，被极少数生产商控制的行业竞争强度要弱于所有生产商规模相当的行业；固定成本较高的行业由于生产商对可用资产的追逐而使得竞争强度较高；竞争者各自采用具有较高程度的差异化战略，则该行业竞争强度会变得较低，价格倾轧现象就不易发生；另外，退出障碍的存在，如特殊资产或对顾客的承诺与合同等，也会增大竞争强度。

新竞争者的加入肯定会增加行业竞争的密集度，但若存在显著的进入障碍，潜在竞争者的威胁就可以大大减少。进入障碍一般与成本或技术有关，如进入该行业必须投入大量资本，必须具备较大的经济规模，必须具备某种技术手段，或者该行业的渠道安排难以复制，等等。进入障碍可能使得新加入者无法进入获取成功必经的分销渠道，无法获取顾客忠诚，而不得不退出该行业。

替代品具有相同的功能或能为顾客提供相同的利益，只是外部特征不同而已。因而，它能通过一个价格上限和产品性能基准来影响行业内竞争。如软饮料最先只用玻璃瓶包装，后来，铝罐、塑料瓶都成了玻璃瓶的替代品。一旦这些替代品包装的软饮料与该行业内原包装商品在价格、性能、属性上相差无几，且二者之间的转换成本很低时，那么软饮料行业内的竞争强度将急剧增大。

影响供方势力的因素主要是供应方公司供应原料的能力、对供应商品的要价能力、其产品和服务对价格的影响以及他们的顾客战略。供方势力也直接与供应商数量、注意力、顾客转换供应商成本和可达到性、寻求前向整合的供应商潜力等因素有关。

买方势力是指顾客在该行业中保持低价和谋求更多服务的能力。影响买方势力和影响供方势力的因素类似。当顾客数量有限，或顾客购买量占产量的极大份额，或向后整合的可能性极大时，买者便可以在此行业中保持低价或要求高水平的服务，从而影响生产商的赢利。

4) 内部分析

内部分析也就是对公司内部的资源和能力的优势和劣势进行分析，这一过程对于战略定位非常重要，有助于管理层认识自己，扬长避短，发挥优势，把握机会，规避威胁，从而实现营销战略。SWOT 分析是用来进行内部分析的好办法，一是对企业的资源进行评估，分析企业现有渠道的优势和劣势；二是对企业能力进行分析，分析环境的潜在机会和威胁。重点分析如市场覆盖率、营销业绩、渠道灵活性、渠道控制度等指标，可以很好地了解渠道状况，进而制定相关的渠道战略。

5) 环境分析

环境分析主要涉及一些影响公司战略定位的趋势、机遇、威胁和限制等，包括对社会文化、技术、经济和法律等战略计划必须适应的环境进行分析。

## 2. 分销渠道战略目标设定

对分销渠道战略最基本的要求就是要符合企业的战略目标。在分析包括顾客、竞争者、内部、环境等基本因素后，就能够确定总体战略目标，这也包括为与总战略相适应的分销渠道目标设置参数。

分销渠道是所有的参与者有机结合起来的一个经济共同体，目的是获取各自所需的盈利和投资收益。所以，渠道目标一般以销售量、市场份额、盈利性、投资收益等标准进行衡量。不过，此处从渠道运作的角度来讨论渠道目标，主要包括下面三大目标：市场覆盖率和分销密度、渠道灵活性、渠道控制度。

1) 市场覆盖率和分销密度

市场覆盖率和分销密度是根据企业的市场定位来设置的，有三种市场覆盖水平可供战略制定者选择：①密集分销。密集分销是指在尽可能多的地点分销产品，它与成本领先战略或目标市场的重点放在追求低价和便利的消费群的战略相匹配。②选择性分销。选择性分销是指在有限的地点分销产品，它与差异化战略相匹配。③排他性分销。即只有在非常少的地点分销其产品，它通常与集中化战略相匹配。

2) 渠道灵活性

渠道灵活性是指渠道的结构易于变化的程度。分销渠道的发展必然要在渠道各成员之间形成某种程度的协议或许诺，这些协议是为了确保渠道的稳定性，增进彼此之间的信任。但是当市场竞争环境发生变化时，渠道内部也要进行分化和重组，以往的协议就会成为内部改革的主要障碍。在市场环境变化越来越快的商业社会，尤其是新产品市场，渠道灵活性在分销渠道设计中变得尤其重要。有些行业如软件行业，面临的市场竞争环境具有很大的不确定性，渠道灵活性是其分销渠道设计的重要目标。

3) 渠道控制度

渠道控制度是指企业需要保持对分销行为进行控制的程度。一个企业要想对分销行为进行控制，必须建立渠道控制的目标。制造商通常想控制所有的中间商，以获取更大的销售能力和提高售后服务质量。而中间商也想加强对制造商的控制，从而确保供货的连续性、产品质量的不断改进和更低的价格。当然，对渠道控制的程度与整个公司的战略直接相关。

#### 3. 分销渠道结构设计与选择

分销渠道结构是商品到达消费者手中的渠道路径，而分销渠道结构设计则是对这种路径的安排，即有关创建全新渠道或改进已有渠道的决策行为。具体内容参见第 3 章。

#### 4. 评估与确定分销渠道战略规划

评价分销渠道方案的工具、方法主要有：交易成本分析、关键因素分类法、盈利性分析和数学模型分析。评价渠道成员的主要方式有制造商对中间商的评价、中间商对供应商的评价两方面。分销渠道的调整首先要分析调整的动因，其次才进行调整战略的确定。

## 2.2 分销渠道模式

### 2.2.1 分销渠道模式类型

在分销实际中，企业常常会碰到这样的问题，营销人员做新产品上市营销策划方案时，很多人会习惯性地去套用营销“4P”来思考问题，其中重要的问题包括：这款产品采用什么样的渠道模式来销售？是国包还是省包？是直供地包或者直供零售店专卖？从某种程度上来讲，分销渠道模式是指分销渠道成员之间相互联系的紧密程度以及成员相互合作的组织形式。按分销渠道成员相互联系的紧密程度，分销渠道系统可以分为松散型渠道模式、垂直型渠道模式、水平型渠道模式和复合型渠道模式，如图 2-4 所示。

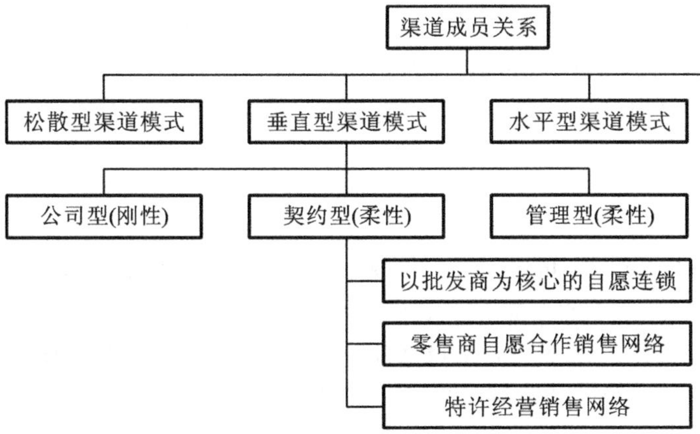


图 2-4　渠道模式类型

#### 1. 松散型渠道模式

1) 定义

松散型渠道模式也称为传统渠道模式，是指渠道由各个相互独立的成员组成，没有哪一个成员能够拥有足以支配其他成员的能力，每一个成员只关心自身的最大利益，共同执行分销功能的一种渠道模式。

2) 松散型渠道模式的优点

从严格意义上来讲，松散型渠道模式还算不上一种较为定型的模式，但对于实力较弱的中小企业来说，参与其中要比单枪匹马、独闯天下强得多。它会为渠道成员提供如下几方面的好处：渠道成员有较强的独立性，不需要承担太多义务，谁都可以凭借实力谋求老大的位置；渠道成员进退灵活，进入或退出完全由各个成员自主决策，根据局势需要可以自由结盟；由于缺少强有力的“外援”，而促使企业不断创新，增强自身实力；中小企业由于知名度、财力和销售力的缺乏，在进入市场时可以借助这种关系迅速地成长。

3) 松散型渠道模式的缺点

临时交易关系，缺乏长期合作的根基；成员之间的关系不涉及产权和契约关系，不具有长期性、战略性，无法充分利用渠道积累资源；最可怕的危险是来自渠道成员对脆弱安全保障机制的盲目信任；渠道安全系数小，缺乏有效的监控机制，渠道的安全性完全依赖于成员的自律。以中国目前的市场状态而言，这种自律无异于放任自流；没有形成明确的分工协作关系，使广告、资金、经验、品牌、人员等渠道资源无法有效共享；缺少投身渠道建设的积极性，渠道成员最关心的是自身利益能否实现及商品能否卖得出去或者能否卖高价，而较少考虑渠道的长远发展问题。

4) 比较适合选择传统分销渠道模式的企业

一是小型企业，小型企业资金实力有限，产品类型与标准处于不稳定状态，不适合采取固定的分销系统形式。例如，今年它生产服装，明年就有可能生产床垫；今年卖米面，明年有可能卖蔬菜，必然要求渠道变革。二是小规模生产企业，由于产品数量太少，不可能形成一个稳定的分销系统。因为大分销商不会与一个经营规模相差悬殊的企业形成紧密型关系，而小分销商也常常寻找大生产商合作。在市场营销不发达的时期，传统的分销模式非常流行，如过去电影分销不叫分销而叫发行，生产商与分销商之间就是利用松散型分销渠道模式进行销售。在生产较为分散的日常用品、小商品生产领域，也普遍存在传统的分销模式。

### 2. 垂直型渠道模式

垂直渠道系统是由生产商、批发商和零售商组成的一种统一的联合体，每个渠道成员都把自己看作是渠道系统中的一部分，关注整个系统的成功。例如，宝洁公司改变以往以经销商为主的渠道模式，通过在各地设立分公司，实现对主要零售点的直接供货和管理，从而建立起由生产商控制的垂直营销系统。垂直营销系统有着高度集中的权利，具有更好的渠道协调职能，能更好地进行渠道领导、分工、协调以及控制。垂直型分销渠道模式包含三种形式。

1) 公司型垂直分销模式

公司型垂直分销模式指一家公司拥有和统一治理若干工厂、批发机构和零售机构，控制分销渠道的若干层次，甚至整个分销渠道，综合经营生产、批发、零售业务。这种渠道系统又分为两类：工商一体化经营和商工一体化经营。工商一体化是指大工业公司拥有、统一治理若干生产单位、商业机构，如美国火石轮胎橡胶公司拥有橡胶种植园、轮胎制造厂，还拥有轮胎系列的批发机构和零售机构，其销售门市部(网点)遍布全国。商工一体化是指由大零售公司拥有和治理若干生产单位。

企业可以通过以下两种方式来建立公司型渠道关系。①生产商设立销售分公司、建立分支机构或兼并商业机构，采用工商一体化的战略而形成销售网络。曾经显赫一时的“三株”、“沈阳飞龙”等都依靠自建网络而取得过巨大成功，但也留下了很多遗憾。②大型商业企业拥有或统一控制众多制造性企业和中小商业企业，形成贸工商一体化的销售网络。如日本的“综合商社”、美国的“西尔斯”都属于这种类型，相对于前者，贸工商一体化则具有更为强大的信息及融资优势。

2) 管理型垂直分销模式

管理型垂直分销模式是指由一个或少数几个实力强大、具有良好品牌声望的大公司依靠自身影响，通过强有力的管理将众多分销商聚集在一起而形成的渠道关系。其特点有如下几个。①系统会形成一个核心。管理型渠道模式形成的基础是将规模大、实力强的企业作为系统核心，分销策略、规划、方向都出自这个核心，各个渠道成员围绕着这个核心从事各种各样的分销活动，自然地构成一个相对紧密、团结互助的分销系统。这比过去松散型的渠道系统，有着更高的分销效率。②渠道成员之间的关系相对稳定。无论渠道关系，还是渠道系统，一旦建立之后，最好保持相对的稳定性，除非到了非改不可的程度。因为每一次渠道的调整与变革都会带来一些损失，甚至出现渠道阻塞。管理型渠道系统是围绕着一个核心企业建立的，核心企业对于每一个渠道来说，都有一定的信誉度和赢利能力，形成了一种互相依存的平衡关系，只要核心企业没有发生大起大落的变化，就会保持相对稳定的成员关系。③渠道成员的目标趋于一致。分销渠道由多个环节组成，整体分销效率的高低，不仅取决于每个成员的分销效率，更取决于每一个成员之间的合作效率。在传统的松散型渠道系统中，各个成员都在追求自己利益的最大化，最终导致整条渠道效率受到影响，使每个成员无法实现利益最大化。而管理型渠道系统的效率评价，不是以个别成员和短期收益为标准，而是以全体成员和长期收益为标准。这样，才能最终保证各成员都实现利益最大化。④实现社会资源的有机组合。

3) 契约型垂直分销模式

契约型垂直分销模式是指不同层次的独立生产商和经销商之间通过法律契约来确定它们之间的分销权利与义务关系，形成一个独立的分销系统。它与公司型渠道模式的最大区别是成员之间不形成产权关系，而与管理型渠道模式的最大区别是用契约来规范各方的行为，而不是用权利和实力。

企业建立契约型渠道关系的好处有以下几个。第一，系统建立容易。对于许多生产企业来说，自己投资组建渠道系统并非是一件容易的事，同时涉及产权关系的兼并、收购，也相对复杂，契约型垂直渠道系统则是在不改变各方产权关系的基础上实行的一种合作，并用契约这种胶合剂使其稳定下来，是建立渠道系统的一种快速而有效的方法，组建成本较低。第二，系统资源配置较佳。契约型垂直渠道系统可以实现较佳的资源配置，使有钱的人出钱，有经验的人出经验，有场地的人出场地。这不是通过新增加生产资料而增加社会财富，更多的是对现有社会资源进行的一种新的排列组合，通过这种排列组合实现最佳的效益和达到 1+1>2 的效果，最终由社会和系统各成员分享。第三，系统具有灵活性。一个系统建立后希望相对稳定，但是随着生产、消费和渠道本身的变化，必然会引起企业自身分销系统的调整。由于契约型渠道系统不涉及产权关系，调整起来相对容易，变更起来也具有一定的灵活性，可以及时修改和补充契约的有关条款，以适应不断变化的市场和分销要求。

在长期的商业实践中，涌现了多种形式的契约型渠道关系，下面将对主要的几种类型进行介绍。

(1) 以批发商为核心的自愿连锁。

在实践中，许多批发商将独立的零售商组织起来，批发商不仅为其零售商提供各种货物，还在许多方面提供服务，如销售活动的标准化、共同店标、订货、共同采购、库存管理、配送货、融资、培训等。这种分销网络往往集中在日杂用品、五金配件等领域。

(2) 零售商合作社。

在这一网络中，网络成员通过零售商合作社这一商业实体进行集中采购、共同开拓市场，共同进行广告策划。成员间最重要的合作是集中采购，这样可获得较大的价格折扣，所得利润按采购比例分配。相对于以批发商为核心组织起来的销售网络，在这种关系网络中成员间的联系程度要松散一些，合作事项也少一些。

(3) 特许经营销售网络。

在西方，特许经营是发展最快、地位最重要的一种模式。它是指特许权授予人与被授予人之间通过协议授予受许人使用特许权授予人已经开发出的品牌、商品、经营技术、经营规模的权利。为此，受许人必须先付一笔首期特许权使用费，换得在一定区域内出售商品或服务的权利，并须遵守合同中关于经营活动的其他规定。因此，这种模式最能体现出契约型关系模式的特点。

并不是每一种产品和服务都适合自己投资建立分销网络，因为这样一方面会增加投资风险，另一方面会陷入多元化发展的泥坑，还有就是可能使产品的分销范围变小。最聪明的银行家是用别人的钱来赚钱，最聪明的商人也应学会用别人的网络来分销自己的产品，这样会化解一部分分销风险。垂直型渠道系统，就是利用他人网络分销产品，而渠道各成员背靠大企业之树也可取得稳定的收益。

### 3. 水平型渠道模式

水平型渠道模式，又称为共生型渠道模式，是指处于同一层次而又无关联的渠道成员，为了充分利用各自的优势和资源而进行的横向联合的渠道系统。水平渠道模式更利于大范围内的资源整合，创造 1+1>2 的协同效应，可以是暂时，也可以是永久合作。水平渠道系统的参与者可以是同行业或相关行业的企业，它可以包括以下三种主要形式：生产商水平渠道模式、中间商水平渠道模式和促销联盟。

1) 生产商水平渠道模式

生产商水平渠道是指同一层次的生产企业共同组建和利用的营销渠道，或共同利用的服务及维修网、订货程序系统、物流系统、销售人员和场地等。比如，2003 年年末，由格兰仕牵头，全国 11 家知名家电生产企业加盟，在北京推出了一项联合促销计划——消费者购买联盟内任一企业的任一产品，均可获赠总价值不超过 5000 元的优惠券，消费者凭优惠券到指定地点购买产品，可享受与优惠券同等面值的折扣。虽然这是“一场短命的联合促销”，但却是国内家电生产企业建立生产商水平渠道系统的一次尝试。

2) 中间商水平渠道模式

中间商水平渠道模式的组织表现形式为：连锁店中的特许连锁和自愿连锁、零售商的合作组织等。它与契约型垂直渠道系统中的特许经营组织和零售合作社没有区别，只是视角不同而已。比如，讲契约型垂直渠道系统中的特许经营组织时，强调的是特许商与授许商之间的关系；而讲中间商水平渠道系统中的特许连锁和自愿连锁时，强调的则是授许商与授许商之间的关系。再比如，讲契约型垂直渠道系统中的零售商合作社时，强调的是生产商、“采购联营组织”和零售商之间的关系；而讲中间商水平渠道系统中的零售商合作社时，强调的则是零售商与零售商之间的关系。

3) 促销联盟

促销联盟是指产品或业务相关联的多个企业，共同开展促销活动或其他有助于扩大销售的活动。主要形式有：共同做广告、共享品牌、共享推销队伍和场所、交叉向对方的顾客销售产品、互相购买产品、共同开展营业推广和公关活动等。促销联盟能使多个企业共享资源，节省渠道成本，提高渠道效率。根据联盟企业提供的产品或服务之间的关联关系，又可分为四种类型：①同类产品的促销联盟，比如由同类产品共同举办的产品展销会、共同做品牌宣传广告等。②互补产品的促销联盟，比如计算机与外置设备、洗衣机与洗衣粉等都属于互补产品。如小天鹅与广州宝洁公司曾建立促销联盟，在高校中组建“小天鹅碧浪洗衣房”。③替代产品的促销联盟。例如，科健手机曾在做买一送一促销时以协和寻呼机为赠品。④非直接相关产品的促销联盟。两种产品没有直接关系，但是两种产品都有以销售优惠为促销方式的意图，于是两家企业自愿联系在一起，一家企业的产品或服务成为另一家企业提供产品或服务时给予消费者的消费优惠。如可口可乐的新包装产品在做有奖销售时，以联想电脑的新款机型为奖品。

水平型渠道模式具有的优势是：通过合作实现优势互补和规模效益，节省成本，快速地拓展市场。但水平型分销渠道模式也具有一定的缺陷：合作有一定冲突和困难。因此，水平型分销渠道模式比较适合于实力相当而营销优势互补的企业。

#### 4. 复合型渠道模式

复合型渠道模式是指根据企业自身在区域的特点和优势，将上述多种渠道模式结合起来进行销售而构建起来的一种渠道模式。这种渠道模式可以延伸为多种复合型渠道模式。如从流通渠道主体的合作关系上来看，它又分为全经销模式、协作模式、配送模式、直销模式等不同的合作形式。

### 2.2.2 中国企业分销渠道模式的发展与趋势

每个行业在特定的时期都会出现一种“流行”的渠道模式，这种渠道模式可以为企业提供该行业或企业特定时期行之有效的渠道驱动力。总结过去 30 多年各行业渠道模式，发现渠道模式的内在规律性比行业差异性要强得多，也就是说，渠道模式具有跨行业差异的普遍规律性。这种规律性体现在以下方面：

首先，不同渠道模式类型的本质是生产商资源配置的博弈，同时也是管理资源对渠道“运作价值链”的动作分解与配置组合。过去 30 多年中国企业渠道模式的变迁主流是生产商主导渠道的各种尝试，如饮料、食品企业渠道模式从最早的大经销商制(客户打包操作)转变到配送商制(生产商操作、客户配合)，反映的是生产商势力对渠道的渗透与掌控。

其次，渠道模式的选择(有效性)受到终端细分程度及消费者行为的影响。比如啤酒在市场采用的“垂直整合分销模式”，以雪花啤酒为代表。这种模式从组织特征上看是一种“大规模复合直控渠道运营系统”(简称“直控渠道模式”)，即经销商、分销商、配送商、直营多种渠道方式共存，每种方式采取的是分产品类型、分区域、分终端的因地制宜方式。这种方式由于啤酒终端形态的复杂性，而成为啤酒品牌厂商的必然选择。

第三，渠道模式涉及资本、渠道价值链(利益分配)、渠道管理等诸多环节。比如连锁加盟模式虽然是一种降低厂家资本投入、快速建立品牌影响、做大销量的渠道模式，但资本市场对于连锁加盟并不完全认同。因为加盟模式意味着渠道利润被加盟商拿走过多，而且由于加盟商的不稳定性，增加了生产商未来业绩波动的风险。如餐饮行业的“小肥羊”，由于其品牌依赖加盟模式建立，加盟店数量超过直营店数量，造成品牌收益较低。上市后，希望用资本收编加盟店，遭到大多数加盟店抵制，营业收入产生波动。后来的餐饮企业，无论是快餐如“真功夫”，还是中餐如“俏江南”，都采用了直营模式。

渠道模式不仅与渠道利益分配、管理有关，也会与资本市场有关，资本对于可持续赢利的渠道模式，要求更加挑剔。渠道模式涉及企业的资源配置、销量驱动力及持续赢利能力，是企业最重要的战略决策之一。即使同一个行业、规模类似的企业，如果选择的渠道模式不能与行业及市场环境相匹配，就一定会被竞争对手超越。

过去 30 多年里，把握渠道驱动力而成功的中国企业，具有强大市场杀伤力的渠道模式经历了五大类型的演变。

### 1. 第一种类型：以生产商与经销商的战略合作为主的渠道模式

这种渠道模式的特点是企业将渠道的重心放在调整与经销商的关系上，对经销商的市场运作以指导、监控为主，一般不对经销商的下线分销商、终端直接干预或控制，生产商一般派驻区域市场的人员较少，以管理型区域经理或办事处为主。

其表现形式有三种，第一种是区域经销商体制：包括全国总代模式，如天音控股；省级经销商(省代)模式，保健品行业较为普遍；以城市为单位的经销商(地代)模式，以饮料、食品类行业居多。第二种是生产商共建区域合资销售公司，以格力为代表，但格力合资公司并非格力的主流渠道形式，实际上，湖北、安徽等地格力合资销售公司屡次发生总经理反水、股东争端与重组等冲突。这说明，在中国不健全的市场与法律环境里，即使用共同投资的形式也难以将生产商和分销商的利益绑在一条绳子上。与格力的股权合资不同，娃哈哈的联销体则是中国式强势生产商“绑架”经销商的成功尝试：每年年初的订货保证金彻底将分销商绑到了娃哈哈的战车上。第三种是连锁加盟，餐饮、饰品、服装等以终端店面为主要销售渠道的企业较多采用。目前连锁加盟模式正在向食品行业渗透，休闲食品(炒货、蜜饯、肉制品)、散装产品(卤味)、水果、农产品(蜂蜜、大枣等)等有所涉及，但是对于以包装食品为主的企业来说，还没有找到有竞争力的品牌专卖店的动销模式(吸引顾客进店)，汇源专卖店连锁计划、蒙牛牛奶零售店连锁计划都无疾而终。

### 2. 第二种类型：生产商主导的渠道扁平化模式

这个模式的特点就是生产商或者直接将大经销商改为按小行政区设置的分销商，即深度分销模式；或者是将大经销商转变为服务分销商及终端的物流配送商。无论哪种形式，采用这个模式的生产商都要派驻大量的销售人员(称为协销员、业务代表等)。生产商主导的渠道扁平化模式，是制胜中国庞大的五层级市场的法宝。但是渠道扁平化模式的人海战术，随着中国劳动力价格上升、劳保制度完善，渠道扁平化带来的销量增长率一旦放缓，企业的人力资源成本就将大幅上升。

### 3. 第三种类型：生产商直控终端模式

这个模式就是生产商不找中间渠道商，而是直接与终端零售商建立采购关系或者自建终端，在食品界有两个企业分别是这两种终端直控模式的成功代表，一个是徐福记，一个是来伊份。

### 4. 第四种类型：生产商直接销售给消费者模式，即真正的直销模式

直销模式包括以下形式：

(1) 多层次传销，合法的如安利、天狮、完美等，其原理是将员工变成经销商、将经销商先变成自己产品的消费者、让员工在人际关系网里现身说法实现销售，由此结成一个沿着人际关系“放射性”延展的销售网络。其建立在五级三阶制原理上的奖励制度，为这个网络的运作提供了强大的利益驱动力，这一模式是销售的一场革命。

(2) 电视购物、目录邮购，这种直销形式已经从销售渠道变成了媒体对资源的垄断，生产商失去了与这一渠道运营商的“议价能力”，优秀的品牌企业开始拒绝进入这一渠道，这是造成目前电视购物产品鱼龙混杂的根本原因。

(3) 电子商务，即网购，正在成长为继现代零售渠道革命后的规模更大的渠道革命。

### 5. 第五种类型：超级经销商，中国渠道势力的崛起

有自建终端型的，如家电行业的国美、苏宁，有区域优质分销资源垄断型的，如食品行业的北京朝批、上海南浦，专营乡镇的经销商东铬商贸等。白酒行业更是超级经销商的天下，每个省都有近乎垄断当地白酒销售渠道的强势经销商，五粮液代理商银基商贸甚至成功登陆资本市场。还有更多垄断细分行业地区市场的“地头蛇型”经销商，如调味品行业，各地区都有一个拥有 60%的优质调味品牌经销权的“小超人”。

中国市场渠道模式的发展趋势体现在以下几个方面。

(1) 商品销售的电子商务化。这是一场渠道革命，几乎所有的产品都将搬到网上进行销售。电子商务这一新渠道及工具，为网购品牌的诞生提供了一次机会，在电子商务这个新兴渠道里，传统的强势企业还没有形成线下市场的品牌垄断，如凡客诚品这样的新兴网购品牌正在以疯狂的速度发展。

(2) 分销外包化。这是对企业资源配置的重大革命，外包对于很多人还是个新鲜事物，但外包的客观环境已经形成，这就是我们说过的企业劳动力成本的上升，以及各行业领导品牌割据(前三位企业行业集中度超过 50%以上)的基本形成。

(3) 系统化销售。企业的销售从业务员驱动转化为“系统驱动”，这是对依赖基层销售人员的传统销售作业模式的革命。嘉士伯香港公司，借助先进的销售管理系统，实现了对香港地区覆盖的销售终端，60%的订单由专业的呼叫中心完成，从而解放了销售主管，大幅提高了销售效率与效益。根据测算，系统化销售将 50%的订单由呼叫中心完成，并由销售系统自动传递，可以减少 40%以上的基层销售人员、总分销成本降低 30%、

销售赢利增加 50%(按同等销售额计算)。

## 本章小结

分销渠道战略是指生产商或其他渠道成员为完成自己的任务和实现自己的目标，针对各种变化的市场机会和自身资源而制定的带有长期性、全局性、方向性的渠道规划。渠道战略的制定和实施要符合企业总体战略和相关的资源环境要求，并要和企业的其他子战略相互配合。制定分销渠道战略有助于提高分销效率和效益，有助于增强企业的应变能力，有助于使企业的竞争优势得到更充分的发挥，还有助于企业"战略网"的形成。

分销渠道战略规划程序包括战略定位、明确分销渠道目标、分销渠道设计和确定分销渠道战略规划四大步骤。

分销渠道模式是指分销渠道成员之间相互联系的紧密程度以及成员相互合作的组织形式。按分销渠道成员相互联系的紧密程度，分销渠道系统可以分为松散型渠道模式、垂直型渠道模式、水平型渠道模式和复合型渠道模式。

## 关键术语

企业战略　　分销渠道战略　　分销渠道模式
松散型渠道模式　　垂直型渠道模式　　水平型渠道模式

## 思考题

1. 什么是分销渠道战略？制定分销渠道战略的意义有哪些？
2. 简述分销渠道战略规划流程。
3. 分销渠道模式有哪些？
4. 简述我国企业分销渠道模式的演变过程及其发展趋势。

## 参考文献

[1] 菲利普·科特勒. 营销管理[M]. 上海：上海人民出版社，2002.
[2] 卜妙金. 分销渠道管理[M]. 2 版. 北京：高等教育出版社，2008.
[3] 张广玲. 分销渠道管理[M]. 武汉：武汉大学出版社，2005.
[4] 常永胜. 营销渠道：理论与实务[M]. 北京：电子工业出版社，2009.

# 案例研讨

## 联想渠道的变革[①]

20世纪90年代末，我国的营销实践进入了“渠道为王”的时代。我国电脑业的老大——联想集团，随着内外环境的变化而不断调整渠道结构和渠道功能，由此成就了它的高速成长。联想的分销渠道是经过10多年的持续努力而日益完善的。十几年以来，联想一刻也没有忘记改良渠道，几乎每年都会有一些小的改进，每3～5年就有大的改进。

目前联想有200余家分销商，3800家合作伙伴，5000个店面，20万人的销售服务队伍，百分之百覆盖全国1～6级市场。联想渠道的成长可以分为以下三个阶段。

**一、传统的代理分销阶段：1994—1997年**

1994年以前，联想渠道在全国各省设立了自己公司派出销售机构——分公司，当时的渠道能力只是简单的铺货和回款，对于产品的最终流向几乎没有了解，对消费者的需求特点缺乏把握，渠道处于粗放型、低功能的初级状态。

1994年，联想放弃直销，转向分销，实行代理制，1994年年底代理合作伙伴为49家。这一年联想的PC(个人电脑)销售量由前一年的2.5万台上升到4.2万台，同比增长70%。经过三年多的发展，1996年年底，联想携合作伙伴夺取中国PC市场第一位置，合作伙伴达到400家，每家代理商年均销售量为570万台。

1997年，为了加强对市场腹地的纵深开发，联想设立了分销商，变一层渠道构架为二层渠道构架，通过伙伴学习和共享前几年发展管理渠道的经验，发动他们发展大量的经销商，使整个大联想的规模得到迅速、空前的扩大。

**二、紧密分销阶段：1998—2005年**

在这个阶段的几件大事是：大联想概念的提出，渠道信息化水平的提升；“1+1”专卖店的建设，渠道功能型转型，电话直销，扁平化改革。

1. 大联想概念的提出

1998年，联想在“龙腾计划”中首次提出“大联想”概念，以商业伙伴的角色定位与渠道伙伴的关系，按照产品线、地域来划分渠道。在“风雨同舟、荣辱与共、共同进步和共同发展”大联想概念的基础上，重点发展了区域大分销商和地区分销商，并成立联想顾委会，联想与分销商由分散到紧密、由短期到长期、由商业到事业，使渠道的利益与联想的利益紧密相关。“大联想”，是联想集团作为它的主体，而外部渠道也将作为肢体的外延纳入主体之内，使之整合成为真正的“一个整体”。

2. 渠道信息化水平的提升

这个阶段联想的渠道信息化水平大幅提升。这个时期标志性事件是ERP(企业资源计划)实施，ERP不仅大大降低了渠道成本，而且提升了联想与渠道成员之间信息交换的数量、质量和效率，联想实施ERP之后，一年总计节约成本6亿多元。

① 编者根据以下相关文献改写：俞油，《客户导向 区域重组——大联想一体化》，《数字商业时代》，2004年第4期；杜建君，《联想渠道变革为什么》，《中国营销》，2004年第7期；邓勇兵，《联想渠道谜团 集成分销能否解局》，《世界商业评论》等。

3. “1+1”专卖店的建设

1998 年伴随着家电企业强调掌握终端、精耕细作、微利搏杀的冲击，联想实施了“联想‘1+1’专卖店加盟计划”，在5个统一(统一形象、统一管理、统一供货、统一价格、统一服务)的基础上，建立了黄底蓝标黑字标志的“1+1”专卖店。从1998年开始试验，到2003年年末，“1+1”专卖店达到2356个。联想“1+1”特许专卖店，可以说是联想企业价值观和渠道理念的缩影，即“关注客户体验”、“渠道扁平化”、“大联想”的集合体。其针对家庭提供PC及相关产品的专业化配置和服务的理念，为联想在家用消费市场的渗透起了关键性作用。联想认为，原来家用计算机的销售，或采用委托代理制，或通过大型百货商场零售代销，并不真正适合家庭用户。计算机的科技含量较高，使用和维护都有一定的难度，商场销售人员无法满足家庭用户专业化服务的需求。因此，联想对家庭用户建立全新的“1+1”专卖店体系获得成功。

4. 功能型渠道策略

2001年，联想推出功能型渠道策略，渠道的功能被分为物流配送、系统集成、客户关怀、运营维护、客户体验和渠道支持共6种。在这6种功能基础上联想建立了5种渠道。具体的操作是：部分地区的分销商转化为增值服务商；代理商和部分地区的分销商转化为增值代理商；经销商转化为地区代理商。在这三种基本渠道的基础上，联想还强化两类渠道的建设，一是系统集成商，二是商用营销服务中心，即现在的商用精品店。

5. 电话直销

2003 年 8 月，联想建立了自己的电话直销队伍。联想做少量的电话直销有两个目的：第一个目的是“积累能力，完善模式”，即在原来经营业绩不甚理想的领域，需要摸索一套相对成功的模式，尽快地把它传授给合作伙伴。第二，目前的确有一些大客户强烈地希望和联想直接交易，联想没有理由拒绝，这些大客户的需求是多方位的，如果没有厂商的直接介入，合作伙伴单独是做不下来的——联想要给战略性大客户多一个选择。

6. 大联想一体化战略

在推出功能型渠道策略之后，联想觉得还缺少一种更强大的推动力，燃料、能量都已经储备好，但是还欠缺点火的引子。为此，联想推出了一个“大联想一体化”的战略。在大联想一体化的战略之下，联想将其组织分为前端和后端两大结构体系：前端是联想集团市场部、大区和渠道三位一体的区域营销体系；后端则是研发、制造及商务运作管理体系。这种结构体系使得内外资源有效调配、能把握客户需求并快速响应、高效运作并降低成本。

**三、集成分销阶段：2005年5月开始**

2005年5月，联想提出渠道改革的新思路：集成分销。集成分销的核心思想就是将联想、渠道看作一个整体，面向客户做一体化的设计，清晰角色定位与分工，加强互动，提高整体运作效率。集成分销战略是柔性企业战略在大联想体系中的自然延伸。集成分销与联想以前的分销体系相比，主要有四个特点：一体化设计、客户制导、专业分工和协同作业。

从大的方面看，联想将客户分成了两大类，一类是指名的大客户，客户主要集中在政教系统、金融、电信等大行业；另一类是其他的个人、家庭、中小企业、中小政教客户。针对两类不同的用户，联想采取不同的渠道架构。

1. 分销零售精耕细作

在个人、家庭、中小企业和中小政教客户市场，联想具有传统优势，在这些市场的销售量也占据了联想绝大部分的销售份额。在这些领域中，联想既要面对国际品牌、国内全国性品牌，也必须面对地方小品牌、兼容机的全面竞争，稍有松懈，就会导致市场份额的大幅度下滑。联想最新的渠道体系架构如图 2-5 所示。从图 2-5 可以看到，联想针对不同的用户，有不同的渠道模式。无论从结构上，还是名称上，新的渠道架构都显得非常清晰明了。

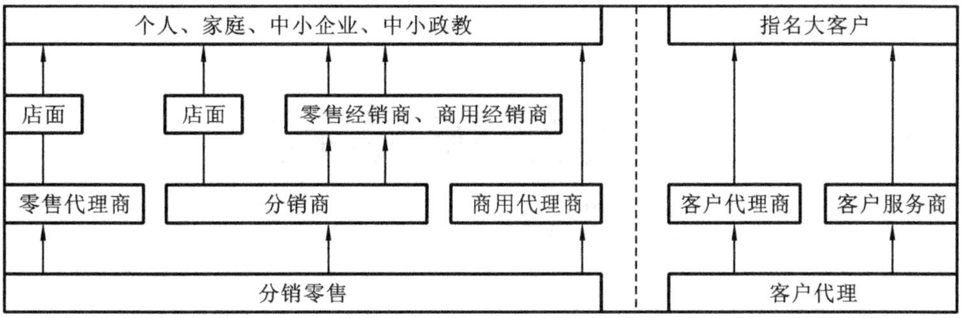


图 2-5 联想渠道体系架构

在联想的渠道体系内，既有以物流和资金流运作见长的分销商，也有掌握行业客户资源的代理商，他们都可以从联想直接提货，但因为面向的客户群体不同，所以基本不会发生业务冲突。同时，联想也没有一味追求渠道的扁平化。对于重点客户，从厂商到客户，中间只有一层渠道，这样能保持快速地响应；而对于遍布全国 1～6 级地区的普通客户，联想则通过分销商和再下一层的渠道去覆盖，以保持对终端市场的渗透力度。

2. 大客户市场精确制导

以前，对于联想做指名大客户的销售，渠道一直心存芥蒂。但是，从联想新的渠道架构图中，可清晰地看到，从联想到达最终客户，并没有任何一条绕过渠道的直接通道，而是一定要通过客户代理商或者客户服务商。至于某个渠道是成为获利较多的客户代理商，还是只做提供物流和服务的客户服务商，就要看渠道在对指名大客户的销售中所发挥作用的大小了。

为了在大客户市场上获得成功，联想做了四个方面的工作：一是坚持一层合作伙伴架构，只有一层架构才能精确制导，才能做到高效率；二是所有的伙伴，无论是代理商还是客户商，都必须清晰锁定有限数量的指名客户，这既是精确制导的需要，也是进行关系营销的需要；三是打通商机管理，通过全程的商机管理，从合作伙伴的客户经理到联想的客户经理，再到联想的后台系统，全部打通并高度集成起来，从而打造一个高效柔性的服务大客户的价值链；四是大力提升经营指名大客户的各项能力。

## 案例思考题

1. 在本案例中，联想的营销渠道有哪几种类型？各有什么特点？
2. 渠道结构设计受哪些因素的影响？公司因素是如何作用于渠道结构的？
3. 渠道结构调整与整合过程中会引起哪些渠道矛盾与冲突？如何解决？

# 第3章 分销渠道结构与设计

## 学习目标

★认识分销渠道结构

★了解分销渠道设计的含义

★掌握分销渠道设计的原则和流程

★明确影响分销渠道设计的因素

## 引 例

**伊人净在上海的销售渠道结构设计**

海南伊人生物技术有限公司(以下简称伊人公司)生产的伊人净，在上海市场的起步时间是2001年10月下旬。进入2002年，在化妆、保健、护理领域，伊人净已经成为继可采之后上海市场的又一个亮点。

伊人净是泡沫型妇科护理产品，剂型新颖，使用方便，但与传统的洗液类护理产品不同，首次使用需要适当指导。上海市健康产品主要的销售渠道是药店、商场、超市(含大卖场)和便利店。其中药店多为柜台销售且营业员一般具有一定的医学知识。一直以来，药店是以国有体制为主，资信较好且进入成本不高，分布面也比较广泛。商场、超市和大卖场蓬勃发展，在零售业中日渐处于主导地位，但其进入成本比较高，结款困难且多为自选式销售，无法与消费者进行良好的沟通。便利店因营业面积小而以成熟产品为主。

伊人公司的营销总监综合考虑上述情况后，设计了合适的销售渠道。具体如下，分步完善渠道结构，优先发展传统国有医药渠道，在有限的广告中指定产品仅在药店销售，保证经销商的合理利润。在产品成熟后发展常规渠道。伊人净快速进入市场，成为女性日常生活的必需品，从而改变了中国女性传统清水清洗和洗液清洗的习惯。渠道结构如下：

第一年度：

公司→区级医药公司→药店和医院→消费者

(连锁药店)

第二年度以后：

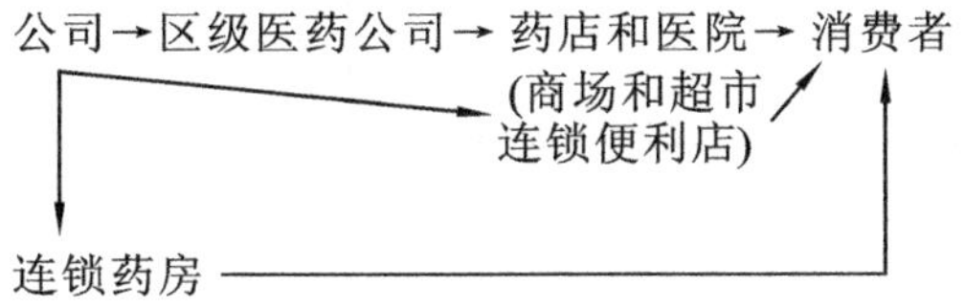


分析思考：伊人公司的渠道结构设计充分考虑了哪些限制性因素？

(资料来源：影响力商学院编著，《渠道为王　销售渠道减少三部曲》(修订版)，北京，电子工业出版社，2012 年版)

## 3.1 分销渠道的结构

对于不同企业来说，各个渠道成员通过对营销功能和流程的不同分工与合作，形成了不同的渠道结构，以满足不同消费者需求，从而实现分销渠道的共同目标和自身目标。分销渠道结构是指分销系统中的成员的构成、地位及各成员间的相互关系。通常，分销渠道结构主要包括渠道的长度结构、宽度结构和广度结构。

### 3.1.1 分销渠道长度结构

#### 1. 分销渠道的长度(层级)

分销渠道的层级，即分销渠道的长度，是指产品或服务从生产商转移到最终消费者所经历的中间环节的数目。商品在分销中经过的中间环节越多，分销渠道就越长，反之则越短。根据中间商层级的多少，相应地把分销渠道称为几层渠道，如零级渠道、一级渠道、二级渠道、三级渠道等。在实践中，层级较多的分销渠道相对比较少，因为渠道层级越多，渠道管理者就越难控制，渠道成员之间也越容易出现冲突。下面简单介绍零级渠道、一级渠道、二级渠道、三级渠道，如图 3-1 所示分销渠道长度结构类型主要有四种：

1) 零级渠道

零级渠道又称为直接渠道、短渠道，是指没有渠道中间商参与的一种渠道结构。零级渠道，也可以理解为是一种分销渠道结构的特殊情况。在零级渠道中，产品或服务直接由生产者卖给消费者，其基本特点是销售的一次性，即产品从生产商到消费者和最终用户之间的销售活动，仅仅只有一次。

零级渠道的特点：①分销渠道上只有处于起点的生产商和终点的用户，没有中间商环节。所以又称为零层营销渠道；②商品在销售到消费者和最终用户之前，商品所有权属于生产商，而商品所有权从生产商直接转移到消费者或最终用户，仅发生一次所有权转移便完成流通；③消费者所获得商品的价值基本上全部来自生产商或者生产性活动，因而生产商获得全部的销售收入和利润；④商品的销售者同时也是生产者，具有双重身份；⑤把商品直接销售给消费者或最终用户的人员是生产商的派出人员或者说是生产商的销售代表，这些人受雇于生产商，不具备独立商人的资格，也不是以消费者或者代理人的身份出现。

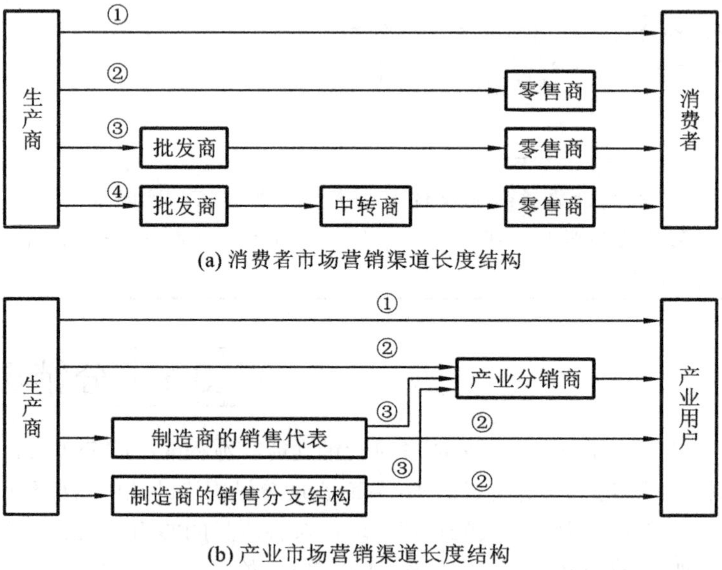


注：①—零级渠道；②—一级渠道；③—二级渠道；④—三级渠道。

**图 3-1　营销渠道长度结构**

零级渠道有三种主要形式：直接销售、直复营销和厂家自办店，如表 3-1 所示。直接销售和直复营销只是两种销售形式，它们只有被生产商使用时，才能称之为生产商的零级渠道，且二者是无店铺的零级渠道。厂家自办店是有店铺的零级渠道，按照门店的功能与性质，可分为以下几种。

**表 3-1　零级渠道的类型**

| 项　　目 | 直 接 销 售 | 直 复 营 销 | 厂家自办店 |
|---|---|---|---|
| 特征 | 人员推销 | 通信销售 | 店铺售卖 |
| 营销方式 | 上门推销<br>办公室推销<br>家庭销售会<br>寄放销售<br>多层传销 | 目录营销<br>直接邮寄营销<br>电话营销<br>电视营销<br>电台报刊营销<br>网络营销 | 连锁专卖店<br>销售门市部<br>销售陈列室<br>销售服务部<br>合资分销店<br>租赁卖场 |

(1) 连锁专卖店。由消费品生产商在各个销售区域设立具有独立法人地位的专门店，经营一条产品线或某个品牌的产品，产品线所含的花色品种较多，如佐丹奴在各地开设的服装专卖店；康柏在各大城市开设的电脑专卖店。这些专卖店往往采用连锁经营方式以提高效率，通常还为顾客提供完善的服务，如诺基亚在各地开设手机专卖店的同时还提供周到的咨询维修服务。

(2) 销售门市部。在消费者市场上，一些生产商设立的门市部本身就是作为企业分支的销售机构，如大学出版社开办的书店、面包房开设的面包店。有的生产商为扩大销售业绩，甚至在消费者相当密集的居民区或者街道设立门市部。一些产业用品生产商则在目标市场设立销售办事处，为当地产业用户直接提供产品。销售办事处本身不具备独立的法人地位，但却是与生产部门相对独立的销售组织，直接分销，这样的销售分支机构类似于公司的门市部。如徐州工程机械有限公司在各大城市都设有销售办事处，在摆放陈列产品的同时，还作为客户洽谈业务的场所。

实际上，在产业用品市场上那些专业性较强的产品(如生产设备、原材料、零部件等)，由于用户相对集中于某些行业或地区，因此生产企业自组分销网具有明显的优势。如美国的金属及矿产品、电器制品、石油制品、汽车及零部件由生产商分支机构销售的比例均超过 50%。而在消费品市场上，一些生鲜食品因其要求尽可能短的周转时间及特殊的储运条件(如冷藏、冷冻设备)，也采用这种模式。如美国最大的肉品公司阿穆尔公司，其产品都是通过其各地的近 300 个分支机构和拥有几万节冷藏车厢的列车储运线直接销售给消费者或零售商，从而实现了销售的集约化，降低了销售成本。

(3) 销售陈列室。一些价格毛利高的、有品牌、周转快的消费品，如金银、珠宝、照相器材、玩具、电动工具，生产商则通过开设销售陈列室的方式，以低于百货公司的价格吸引大量消费者。如周大福金银珠宝店、美能达摄影器材专卖店都属于这种形式。

(4) 销售服务部。像汽车、电脑、照相(摄像)机、手机等一些技术性强且需要技术性服务的产品生产商，通常都在各地设立销售服务部，兼有销售和服务双重功能。

(5) 合资分销店。生产商可以通过自建直销商店来实现商品直接销售(如上述的各种方式)，也可以通过与专业的商业机构合资或购买商业机构股份的方式，利用一定的商店进行直销。如珠海格力空调有限公司就采用过这种合资经营方式，与国内部分省市的商业机构建立格力空调销售公司，进行格力空调产品的直接销售。

(6) 租赁卖场。有些生产商已经培养了一批针对最终顾客或消费者的销售人员。他们在那些规模较大的超市、百货店或者专业店，租赁一块地盘和货架，由自己的销售人员从事销售和服务工作。

2) 多级渠道

(1) 一级渠道，是指在分销过程中包含一个层级的渠道中间商。在工业品市场上，这个渠道中间商通常是一个代理商或经销商；在消费品市场上，这个渠道中间商通常是零售商。比如本田汽车通过 4S 专营店把汽车销售给消费者，分销渠道中就只有一个层级的中间商，因此渠道的长度是一，所以称为一级渠道。

(2) 二级渠道，在分销过程中包含两个层级的渠道中间商。在工业品市场上，这两个渠道中间商通常是代理商和批发商；在消费品市场上，这两个渠道中间商通常是批发商和零售商。

(3) 三级渠道，在分销渠道中包含三个层级的渠道中间商。这类渠道主要出现在消费面较宽的日用品中，比如肉食品及包装方便面等。在 IT 产业链中，一些小型的零售商通常不是大型代理商的服务对象，因此，在大型代理商和小型零售商之间衍生出一级专业性经销商，从而出现了三级渠道结构。

### 2. 直接分销渠道与间接分销渠道

根据在销售产品给最终消费者时是否使用中间商，可将生产商的分销渠道分为直接分销渠道和间接分销渠道。其中，直接分销渠道就是在分销过程中不存在中间商环节，即上面所说的零级分销渠道；间接分销渠道是指在分销过程中存在中间商环节的渠道。直接分销渠道和间接分销渠道各有其优缺点。

1) 直接分销渠道

直接分销渠道是指生产商将产品直接供应给最终消费者或用户，没有中间商介入。直接分销渠道的形式是：生产者——用户。直接分销渠道是工业品分销的主要类型。例如大型设备、专用工具及技术复杂的设备等需要提供专门服务的产品，都采用直接分销，有部分消费品也采用直接分销，诸如鲜活商品等。

直接分销渠道的具体方式概括起来有如下几种：①订购分销。它是指生产企业与用户先签订购销合同或协议，在规定时间内按合同条款供应商品，交付款项。一般来说，主动接洽方多数是销售生产方(如生产商派员推销)，也有一些走俏产品或紧俏原材料、配件等由用户上门求货。②自开门市部销售。这种模式是指生产商通常将门市部设立在生产区外、用户较集中的地方或商业区，也有一些邻近用户或商业区的生产企业将门市部设立于厂前。③联营分销。如工商企业之间、生产企业之间联合起来进行销售。

直接分销渠道的优点在于：①生产商直接分销可以直接面对最终消费者，可以与顾客建立一种直接的关系，让顾客直接与厂家进行互动，能够及时了解消费者的需要及偏好，为消费者提供良好的服务；②直接分销减少了中间环节，可以降低产品在流通过程中的损耗以及付给中间商的费用，减少成本。

当然，直接分销渠道也有其不足之处，具体体现在以下方面。①在产品和目标顾客方面：对于绝大多数生活资料商品，其购买呈小型化、多样化和重复性。生产商尤其是一些财力不够强大的小企业若凭自己的力量去广设销售网点，往往力不从心，甚至事与愿违，提高了企业的经营成本，增加资金耗费及销售的风险，很难使产品在短期内广泛分销，很难迅速占领或巩固市场。而企业目标顾客的需要得不到及时满足，势必会导致目标顾客转移方向购买其他生产商的产品，这就意味着企业失去目标顾客和市场占有率。②在商业协作伙伴方面：商业企业在销售方面比生产企业的经验丰富，这些中间商最了解顾客的需求和购买习性，在商业流转中起着不可缺少的桥梁作用。而生产商自销产品，就拆除了这一桥梁，势必自己去进行市场调查，包揽了中间商所承担的人、财、物等费用。这样，加重生产商的工作负荷，分散生产商的精力。更重要的是，生产商将失去中间商在销售方面的协作，为产品价值的实现增加了新的困难，目标顾客的需求难以得到及时满足。③在生产商与生产商之间：当生产商仅以直接分销渠道销售商品，致使目标顾客的需求得不到及时满足时，同行生产商就可能趁势进入目标市场，夺走目标顾客和商品协作伙伴。在生产性团体市场中，企业的目标顾客常常是购买本企业产品的生产性用户，他们又往往是本企业专业化协作的伙伴。所以，失去目标顾客，就意味着失去了协作伙伴。当生产商之间在科学技术和管理经验上的交流受阻后，将使本企业在专业化协作的旅途中更加步履艰难，这又影响着本企业的产品占用市场份额和实现商业协作，从而形成一种不良循环。

2) 间接分销渠道

间接分销渠道是指生产商利用中间商将产品销售给最终消费者或用户，中间商介入交换过程。间接分销渠道的典型形式是：生产商——批发商——零售商——个人消费者(少数为团体用户)。 现阶段，我国消费品需求总量和市场潜力很大，且多数商品的市场已由卖方市场转向买方市场，竞争十分激烈，我国间接分销的商品比重增大。生产商在市场中通过中间商销售的方式很多，如厂店挂钩、特约经销、零售商或批发商直接从工厂进货、中间商为工厂举办各种展销会等。

间接分销渠道的优点在于：①市场覆盖面比较大。中间商可以调节生产与消费在品种、数量、时间与空间等方面的矛盾，使产品得到广泛的分销。②缓解生产商人力、财力、物力等不足。③间接促销。消费者往往是货比数家后才购买产品，而一位中间商通常经销众多生产商的同类产品，中间商对同类产品的不同介绍和宣传，对产品起着促销的作用。④有利于企业集中资源到自己的优势上。现代商业社会高度发达，专业化分工日益精细，如果企业将自己的有限的资源平均分配到生产和销售的各个环节，可能根本行不通。但有了中间商的协作，生产商可以从烦琐的销售业务中解脱出来，集中力量进行产品的设计与生产等，从而提高生产经营的效率。

间接分销渠道也有其缺点：①生产商获取需求信息的“滞后性”。中间商从生产商手中取得产品所有权后，并不意味着产品就从中间商手中销售出去了，有可能销售受阻。对于某一生产商而言，一旦其多数中间商的销售受阻，就形成了“需求滞后差”，即需求在时间或空间上滞后于供给。但生产商的生产规模是既定的，人员、机器、资金等照常运转，生产难以剧减。当需求继续减少，就会导致产品的供给严重大于需求。若多数商品出现类似情况，便造成所谓的市场疲软现象。②会加重消费者的负担，导致抵触情绪。采用间接分销渠道，其产品成本不仅包括生产成本，还包括付给中间商的费用、流通环节增大储存或运输中的商品损耗等等，如果这些都转嫁到价格中，就会增加消费者的负担。此外，中间商服务工作欠佳，可能导致顾客对商品的抵触情绪，甚至引起购买的转移。③不利于直接与最终消费者沟通信息。如果与中间商协作不好，生产商就难以从中间商的销售中了解和掌握消费者对产品的意见、竞争者产品的情况、企业与竞争对手的优势和劣势、目标市场状况的变化趋势等。在当今风云变幻、信息爆炸的市场中，企业信息不灵，生产经营必然会迷失方向，也难以保持较高的营销效益。

3) 使用直接渠道或间接渠道的标准

(1) 经济的标准。

经济标准是决定渠道时最重要的标准，因为利润是主要的目标。为了评估所选分销商经济的潜力，企业可采用总成本最低的方法，比较不同经销商的各项成本，分析每一项销售费用(诸如仓储、存货、运输)对分销的影响力，选择最合意的渠道。

(2) 控制的标准。

销售业务人员在衡量渠道所面临的许多有关的控制的困难中，就有如下的问题：两个或更多阶层的利己主义，会不会过于相对而产生危险性的冲突？两个或更多阶层的利己主义，会不会协调到结成联盟，以对抗生产商？渠道是否会具有某些特色而引起法律上的问题？

(3) 适用可能性的标准。

有时所选的一种渠道路线，似乎颇为理想，但有潜在的危险，假使这条路线严格限制了生产商的伸缩性，就可能在市场情况变化时，引起许多问题。

(4) 法律对分销的控制。

独家代理或代销协定有可能受到反垄断性质的法律的限制。其主要的考虑为：①生产商是否控制了重要部分的市场？②协定是否将竞争者排挤出了市场？

(5) 直接分销渠道是产业用品分销渠道的主要类型。

这主要是因为：一方面，许多产业用品(如主要设备等)要按照用户特殊需要制造，有高度技术性，生产商要派出销售工程师去指导用户安装、操作、维护设备；另一方面，用户较少，某些行业的工厂往往集中在某一地区，这些产业用品的单价高，用户购买批量大，所以这些产业用品的生产商或其他生产者有必要也有可能把产品直接销售给产业用户。

### 3. 影响分销渠道长度结构的因素

分销渠道长度结构的选择受到很多因素的影响，比如市场、消费者的消费行为、产品、中间商以及企业的实力等。

1) 市场因素

顾客居住的集中促使了市场的聚集，市场的聚集度也会直接影响渠道的长短。如果顾客居住得比较集中，生产商可以通过较短的渠道把产品送达消费者，这样也可以节省成本。如果消费者居住分散，涉及的空间范围广，生产商采取短渠道方法就会花费大量的人力、物力，使分销成本增大，因此需要用比较长的销售渠道，利用批发商、代理商、零售商来分销产品。

另外，市场的发展状况也会影响分销渠道的选择。如果市场上分销商市场比较发达，那么由于企业之间的竞争关系，生产商可以有更大的分销渠道选择余地。最明显的比如物流公司的发达，使得有的企业通过专业的物流公司可以直接降低成本，那么它们就可能把自己的物流业务外包。

2) 产品因素

产品的类型、技术性、标准化程度等都会影响渠道的长度结构。日用品相对耐用品来说，渠道要更长。因为消费者对日用品的消费过程是零星、分散的，需要经常购买。因此，在分销渠道的建设中就要随时保持商品的供应，以方便消费者的购买。另外，由于商品的种类繁多，结构复杂，需求量大，那么需要有比较多的层级的中间商来降低交易的次数和成本。耐用产品是指人们使用或消费要持续一段时间，这类产品通常有价值高、体积大、分量重和使用寿命较长的特征，一般适合较短的分销渠道。典型的产品如住房、汽车、家具及一些家用电器等。

产品的技术性越强，越适合采用比较短的渠道。技术性强的产品比如工业用品、家用电器等，通常需要提供专业性的安装、使用指导和维修服务。如果采用中间商的话，那么需要花费大量的成本来对中间商进行培训，中间商如果因为技术或服务周到性方面存在着不足，很可能会引起消费者的不满。所以企业要采用比较短的分销渠道。在现实中，很多这类企业采用中间商进行销售，但是售后服务仍然由生产商承担。

产品的标准化程度也影响渠道长短的选择。产品标准化程度越高，渠道越长，标准化程度越低，渠道越短。标准化产品的通用性较强，不需要额外的指导和服务，比如，消费者的服装、桌、椅等都是消费者到商场等地购买，而不是直接找生产商购买。而非标准化的产品比如定制的衣服、机器等需要采用较短的渠道。

产品价值对分销渠道的选择也会有影响。产品价值高，价格也就高，如果采用比较短的渠道可以避免每层渠道的费用的叠加，避免把产品的最终价格抬高。例如，空调、冰箱、汽车等价值比较高的产品的渠道比较短，而价值低的产品比如毛巾、文具用品的分销渠道相对来说会比较长。但是也有一些例外的情况，比如现在流行的网络购物这种比较短的渠道，甚至可能是生产商直销的形式卖出的产品也有很多是价值比较低的。

产品特性对渠道长度的选择也会有影响。比如，新鲜鱼类、蔬菜等易腐的产品，过多的中转和路途耗时容易导致产品腐烂，因此这样的产品适合短渠道。而对于一些易于保存、保质期长的商品比如方便面、日化产品等可以采用比较长的渠道，比如“生产商—批发商—零售商—消费者”的渠道。

3) 目标消费者因素

在设计渠道长度的时候要先对目标客户的情况加以了解，比如他们的购物习惯、经济状况等。如果产品针对的消费者习惯于在超市买，那么生产商要考虑将超市纳入自己的渠道，如果消费者习惯于在网上购买，那么可以开通网络直销，当然选择两条以上的渠道需要处理好渠道冲突问题。如果生产的产品针对的是有经济实力的组织型客户，那么可能采取比较短的渠道来与客户拉近距离，而如果产品针对的是普通消费大众，那么可能采用比较长的渠道，方便把产品低成本地传递给众多分散的潜在目标客户。

4) 企业自身因素

渠道长度的选择不仅与目标客户、市场发展、产品本身特性有关，还与企业自身状况有关。即企业的财务状况、管理水平和渠道控制力度会影响渠道长度设计。

企业财务能力会影响企业所选择的渠道长度。渠道成本是企业成本的重要组成部分，不同长度的渠道设计需要花费的成本也不尽相同。一般来说，若采用直销渠道，则需要有足够的资金支付市场调查、广告、推销人员和产品运输等方面的费用，当然电子商务直销渠道模式的费用会很低。而采用长渠道可以借助已有的分销网络把企业的产品和信息等传递给消费者，节省了建立直销渠道的费用。所以，如果企业打算把主要的资金集中在产品设计研发生产上或者企业本身财务状况不是很强大，适宜采用已有的中间商，采用比较长的渠道。

企业的管理水平对渠道的长度设计也会有影响。一般来说，假如生产商在销售管理、储存安排、零售运作等方面缺乏经验，人员素质不适合自己从事广告、推销、运输和储存方面的工作，最好选择较长渠道，借用营销知识、经验、能力更有优势的中间商进行分销。如果生产商熟悉分销运作，具有一定时期的产品销售经验，并具有较强销售力量、储存能力，也可以选择短渠道。

企业的渠道控制能力对渠道长度的设计也有影响。企业对渠道的控制能力是指企业应用渠道权力，对渠道的走向、效益、结构等方面的控制能力。除了客观的控制能力之外，企业对渠道的主观控制意愿也会对企业的控制力产生影响。如果生产商设想对分销渠道进行高强度控制，同时自身又有控制能力，一般采用比较短的渠道。因为这样可以使生产商有更强的主动性，生产商直接控制产品营销的全过程，密切关注产品的销售情况，并可以快速地调整。如果采用中间商，一方面会使生产商的渠道控制权力减弱，市场调查、储存、运输、广告、零售的功能大多由中间商完成，极可能导致生产商受制于中间商；另一方面会使生产商分销受限制。

应用案例

## 阳光公司的渠道设计

阳光公司是一家生产家用豆浆机的企业。在本行业市场普遍增长缓慢的情况下，该公司产品的市场销量仍能保持稳定的增长速度，除了公司的产品质量优良之外，它建立的分销渠道有很大的贡献。

阳光公司的渠道建设也曾走过一段弯路。在公司推出产品之初，主要以设立办事处的形式进行市场开发，少数市场通过分销商销售，取得了良好的销售业绩。后来，公司为了迅速开拓市场，又设立了分销站，公司的办事处与分销商并存。由于办事处是公司的派出机构，业务具有直销性质，而分销商是中间商，两者并存，因而暴露出一些问题。公司由于规模不大，无力独立发展直接分销网络，将希望寄予分销商的努力，而分销商在存在办事处的条件下，失去了开发市场、拓展营销渠道的积极性。结果是渠道效率低下，影响了公司进一步的发展。发现问题后，经认真分析公司的营销目标和实际条件，公司制定了调整营销渠道的策略。公司提出建立销售网络的宗旨是寻求战略伙伴，目标是开发市场，共同发展。

根据公司的自身条件和产品特点，渠道建设采取地区总经销的形式，即根据目标市场的分布，以市为单位，选择一家分销商作为该地区的总经销商。然后公司确定了选择经销商的几项原则，即经销商应当认同本公司及其产品，要具有敬业精神；要具有较强的市场开发能力和经营能力，有相当的实力；经营范围要与公司的产品一致，有较好的经营场所。

根据以上原则，阳光公司对经销商进行了认真的挑选，选出符合要求的经销商。然后与之签订合作分销协议，设立公司产品的专卖店，采用公司统一制作的店头标志。公司要求总经销商不仅要直接零售部分产品，还要建立本地区的二级分销渠道网络，拓宽产品销路。公司向经销商提供促销支持，负责培训经销商的营销人员，建立和健全服务系统，协助经销商工作。

通过上述努力，阳光公司已经发展了160家总经销商，覆盖了全国大部分地区的市场。实践证明，新建立起来的销售网络有力地推动了产品的销售。

(资料来源：世界大学城网)

**思考**

1. 渠道设计要考虑哪些因素?
2. 渠道设计的内容包括哪些?

## 3.1.2 分销渠道的宽度结构

分销渠道的宽度结构，是根据每一层级渠道中中间商数量的多少来定义的一种渠道结构。它是设计分销渠道需要考虑的关键因素之一。合理的渠道宽度，可以使企业的产品有效地到达市场终端，获取市场份额，实现理想的销售业绩，有效地控制运营成本。

### 1. 渠道宽度的类型

分销渠道的宽度可以分为宽渠道和窄渠道。同一层级中使用的中间商多，市场竞争激烈，覆盖面宽，则称该渠道为宽渠道；反之，则称之为窄渠道。具体来说，渠道的宽度结构有三种类型：密集分销渠道、选择性分销渠道和独家分销渠道。

1) 密集分销渠道

密集分销渠道也被称为广泛型分销渠道，就是指生产商在某一地区尽可能多地使用许多负责任的、适当的批发商、零售商销售其产品。采用密集分销的产品，大量是消费者购买频率很高的，需要就近购买的一些商品比如消费品领域中的便利品，如牙膏、牙刷、饮料等产品的销售多采用密集分销的形式。

2) 选择性分销渠道

选择性分销渠道是指生产商在某一地区仅仅通过少数几个精心挑选的、最合适的中间商销售其产品。这样，既可以使产品取得足够的市场覆盖面，又可以比密集分销更易控制和节省成本。它的分销渠道比独家分销宽，比密集分销窄。与密集分销策略相比，选择性分销策略可以使生产商对中间商进行精选，使用效率高的中间商，降低销售成本。另外生产商也更容易与中间商保持良好的关系，使中间商更好地完成生产商所赋予的营销职能。除此之外，这种策略还可以使生产商增强对营销渠道的控制力。在 IT 产业链中，许多产品都采用选择性分销渠道。

3) 独家分销渠道

独家分销渠道指的是生产商在某一地区仅选择一家中间商推销其产品。通常双方协商签订独家经销合同，规定经销商不得经营竞争者的产品，以便控制经销商的业务经营情况，调动其经营积极性。独家分销可以使生产商提高对销售渠道的控制力，刺激中间商努力为生产商服务。但是这种渠道策略对生产商来说风险很大，如果中间商选择不当，就会面临失去这一地区市场份额的风险。在 IT 产业链中，这种渠道结构多出现在总代理或总分销一级。同时，许多新产品的推出也多选择独家分销的模式，当市场广泛接受该产品之后，许多公司就从独家分销渠道模式向选择性分销渠道模式转移。比如，东芝的笔记本产品渠道、三星的笔记本产品渠道等就是如此。

### 2. 渠道宽度设计的影响因素

分销渠道的宽度设计会受产品的性质、市场特征、目标客户购买行为以及企业自身等因素的影响。

1) 产品的性质

产品的重量越大，渠道越窄；产品越轻，渠道越宽。产品价值越大，渠道越窄；产品价值越小，渠道越宽。越是非规格化产品，渠道就越窄；越是规格化产品，渠道就越宽。产品技术性越强，渠道越窄；技术性差的产品则需要采用较宽的渠道。产品生命周期越短，渠道越窄；产品生命周期越长，渠道越宽。耐用性也会影响渠道的宽度，耐用品一般适合较窄的分销渠道；非耐用产品一般适合较宽的分销渠道。

2) 市场特征

市场特征会影响企业对分销渠道宽度的设计。产品渠道的宽度设计要覆盖到所选目标市场，市场规模越大，渠道就越宽；反之渠道就越窄。另外，市场聚集度会影响分销渠道的宽度。如果目标客户居住得比较分散，那么就需要多选择一些中间商来销售产品，满足目标地区消费者购买需求；而如果目标客户比较聚集，那么只需要在聚集点或附近选择少量的分销商就可以达到销售的目的。

3) 目标顾客购买行为

目标顾客的购买行为，比如顾客购买的季节性、购买频率、购买探索度。顾客购买季节性强的产品，生产商在应季时要求短时间达到一定的铺货率，因此适合选用较宽的分销渠道，利用尽量多的批发商和零售商。而对于那些季节性不强的商品，从时间上不要求快速上市、快速销售，因此生产商可以通过窄渠道向消费者出售产品。顾客购买频率越高的产品，越需要利用更多的中间商进行分销；而对于那些购买频率比较低的产品，可以选择窄渠道。比如面包牛奶等在很多超市甚至小商店都可以买到，但是豆浆机等购买频率低的产品就只能到有一定规模的超市才可以买得到。人们在购买日常生活用品时不愿意花费很多时间，跑很远的路途，因此适合较宽的渠道。而对于时装、电器、家具等产品，人们购买时，不惜花费时间和跑较远的路途，因此可选择较窄的渠道。

4) 企业自身因素

如果生产商对分销渠道有高强度控制欲望时，一般采用较窄渠道的做法，生产商直接控制产品营销的全过程，关注产品营销的变化，以便随时进行调整。但是如果生产商不想对分销渠道进行高强度的控制，或是没有能力进行高强度控制，那么可以选择相对较宽的分销渠道。

## 3.1.3 分销渠道的广度结构

分销渠道的广度结构，实际上是分销渠道的一种多元化选择。即生产商的产品需要经过几种类型的渠道。

### 1. 渠道广度的类型

一般来说，渠道的广度结构类型主要有两种，即单渠道和多渠道。

单渠道，指生产商仅利用一条渠道进行某种产品分销；多渠道，指的是生产商利用多条不同的渠道进行某种产品的分销。在实际的分销渠道建设中，大多数生产商采用多渠道系统。多渠道可以给企业带来很多好处：增加市场覆盖面，如增加乡村代理商开拓农村市场；降低渠道成本，如增加新渠道节省了费用，弗里德曼等认为，混合渠道可以使企业的销售成本降低20%~30%；更好地满足顾客需要，如使用专业推销员销售复杂的设备；提高产品交易量，不少企业销售量的70%~80%是由两三条渠道实现的。但采用多渠道也有不利的一面：两个以上渠道对准一个细分市场时，容易产生渠道冲突；新渠道独立性较强，合作困难，不容易控制。

### 2. 分销渠道广度设计的影响因素

分销渠道广度设计也受到一系列因素的影响，比如企业自身能力、市场状况、消费者消费行为等。企业在初创的时候可能没有太大的财力和经验支撑多渠道，可能先是采用单一渠道，随着企业的慢慢成长，处理问题的能力得到增强之后可能会增加渠道销售产品。

市场状况，比如市场上竞争对手的分销渠道设计会对分销渠道广度设计造成影响，如果竞争对手选择了多渠道并且成功，那么企业也可以借鉴经验，甚至可以有渠道选择上的创新。此外，如果市场上中间商的发展很不成熟，那么企业选择多渠道策略可能就比较困难，应选择比较少的渠道甚至是单一渠道销售。

消费者的消费行为也对分销渠道广度设计有着至关重要的影响。消费者通过不同渠道购买产品的习惯要求企业采用不同的渠道去应对，比如网络销售和通过零售商销售渠道并存。

### 3.1.4　分销渠道结构的发展趋势

#### 1．渠道结构扁平化

生产商—总经销商—二级批发商—三级批发商—零售店—消费者，此种渠道层级可谓是传统销售渠道中的经典模式。传统的销售渠道呈金字塔形，因其广大的辐射能力，曾为生产商占领市场发挥了巨大的作用。但是，在供过于求、竞争激烈的市场营销环境下，传统的渠道存在着许多不可克服的缺点，如生产商面对过长的渠道，很难控制下游分销商，从而失去市场的控制力。面对这些问题与挑战，许多生产商正将销售渠道改为扁平化的结构，即销售渠道越来越短、同一层次上的销售网点则越来越多。销售渠道短，增强了生产商对渠道的控制力；销售网点多，则增大了产品的市场覆盖面和销售量。如一些生产商由多层次的批发环节变为一层批发，即生产商—经销商—零售商；一些生产商则在大城市设置销售公司和配送中心，直接向零售商供货。戴尔就是渠道创新的一个典范，也是通过越过二级分销商为代表的渠道中间层实施直销方式，缩短了供应链，从而降低了渠道成本，使产品销售额和利润稳步上升。

#### 2．分销渠道一体化、国际化

买方市场格局的出现，使生产—分配—交换—消费中各个环节的相对重要性发生了历史性的变化，生产商越来越依赖批发商和零售商所能提供的有限市场，于是出现了纵向一体化的形式。为了应付日益复杂多变的竞争环境，许多生产商、批发商和零售商组成统一的系统，以降低交易费用、开发新技术，确保供应和需求。但市场竞争往往表现为整个渠道系统之间的竞争。以日本汽车行业为例，现代的竞争不单是丰田汽车工业公司、丰田汽车销售公司与日产汽车公司的竞争，而是包括经销店在内的丰田集团与日产集团之间的竞争。

地区之间销售渠道形成的差别正日趋减小。20 世纪 50 年代初，美国和欧洲的销售方式存在着天壤之别，但今天的情况则大不相同，超级市场、连锁商店和直复营销等形式在工业发达的国家和地区普遍存在和发展。一些巨型零售机构正把自己的销售网扩大到世界各地，如西尔斯在南美、墨西哥、西班牙和日本设立了自己的网点；马狮集团在欧洲市场零售网络中的影响也日益增大。这种零售商业的国际化发展，反过来进一步增强了生产商开拓国际市场的能力。生产的国际化更加依赖于渠道网络的国际化，各种全球化的垂直营销渠道网络应运而生。

#### 3．随着零售商地位的加强，渠道重心由批发向终端市场转移

20 世纪 90 年代后期，企业大多还是在销售通路的顶端通过对总经销商的管理来开展销售工作。当市场转为相对饱和的状态时，这种市场运作方式的弊端就表现得越来越明显。企业把产品交给经销商，由经销商一级一级地分销下去，由于网络不健全、通路

不畅、终端市场铺开率不高、渗透深度不足等原因，经销商无法将产品分销到生产商所希望的目标市场上，结果生产商产品的广告在电视上天天与消费者见面，而消费者在零售店里却难觅产品的踪影。针对这一弊病，一些成功企业开始以终端市场建设为中心来运作市场。生产商一方面通过对代理商、经销商、零售商等各环节的服务与监控，使得自身的产品能够及时、准确而迅速地通过各渠道环节到达零售终端，使消费者方便买得到；另一方面在终端市场上进行各种各样的促销活动，以激发消费者的购买欲。

#### 4. 分销渠道电子化

在网络经济时代，越来越多的企业开始关注如何利用因特网提供更多的顾客价值，将网络与传统的产业成功结合在一起。随着网络时代的到来，网络营销的出现对传统的分销模式、分销理念形成了巨大的冲击，使得分销商不得不尽快调整思路以跟上新的变化。从发展势头上看，网络终端将成为分销商手中的利器。分销商可以借助原有的分销渠道，继续巩固自身承上启下的地位。承上，可以迎合供应商实行网上交易的需要；启下，可以更好地发展二级供应商和经销商，建立广泛的扁平化渠道。如果分销商能够把网络系统和企业内部的关系信息系统结合起来，就能使管理完全实现电子化。

#### 5. 渠道成员关系由交易型向伙伴关系型转化

传统的渠道关系使每一个渠道成员都成为一个独立的经营实体，以追求个体利益最大化为目标，甚至不惜牺牲渠道和生产商的整体利益。而在伙伴式销售渠道中，生产商与经销商一体化经营，实现生产商对渠道的集团控制，使分散的经销商形成一个整合体系，渠道成员则为实现自己或大家的目标共同努力，追求双赢或多赢。

## 3.2 分销渠道结构设计

### 3.2.1 分析渠道结构设计的含义

分销渠道结构设计是指渠道管理者为实现分销目标，对各种备选渠道结构进行评估和选择，从而开发全新的分销渠道或改进现有分销渠道的过程。这一定义指出分销渠道结构设计的结果是开发新的分销渠道或修订原有的营销渠道，分销渠道结构设计是市场营销者所要面临的一项决策，与营销组合的其他决策(即产品、价格、促销决策)一样，是十分重要的。下面主要从生产商的角度来讨论分销渠道结构设计的相关问题。

### 3.2.2 渠道结构的设计原则

渠道结构设计需要遵循以下几个原则。

#### 1. 客户导向原则

企业欲求发展必须将市场客户要求放在第一位，建立客户导向的经营思想。这就需要企业通过周密细致的市场调查研究，不仅要提供符合消费者需求的产品，同时还必须使分销渠道为目标消费者的购买提供方便，满足消费者在购买时间、地点以及售后服务上的需求。

### 2. 最大效率原则

企业选择合适的渠道模式，目的在于提高流通的效率，不断降低流通过程中的费用，使分销网络的各个阶段、各个环节、各个流程的费用合理化。这能够降低产品成本，取得市场竞争优势并获得最大化的效益。

### 3. 发挥企业优势的原则

企业在选择分销渠道时，要注意发挥自己的特长，确保在市场竞争中的优势地位。现代市场经济的竞争早已是整个规划的综合性网络的整体竞争。企业依据自己的特长，选择合适的渠道网络模式，能够取得最佳的经济效应。同时企业也要注意，通过发挥自身优势来保障渠道成员的合作，贯彻企业自身的战略方针与政策。从营销方面看，设计渠道时还应将渠道与产品、价格、促销结合起来，以增强营销组合的整体优势。

### 4. 合理分配利益原则

合理分配利益是渠道合作的关键，利益的分配不公常常是渠道成员矛盾冲突的根源。因此，企业应该设置一整套合理的利益分配制度，根据渠道成员负担的职能、投入的资源和取得的成绩，合理分配渠道合作所带来的利益。

### 5. 协调及合作原则

渠道成员之间不可避免地存在着竞争，企业在建立、选择分销渠道模式时，要充分考虑竞争的强度。一方面鼓励渠道成员之间的有益竞争，另一方面又要积极引导渠道成员的合作，协调其冲突，加强渠道成员的沟通，努力使各条渠道有序运行，实现既定目标。

### 6. 覆盖适度的原则

企业在选择分销渠道模式时，仅仅考虑加快速度、降低费用是不够的。还应考虑及时准确地送达的商品能不能销售出去，是否有足够的市场覆盖率以支持针对目标市场的销售任务。因此，不能一味只强调降低分销成本。这样可能导致销售量下降，市场覆盖率不足的后果。成本的降低应是规模效应和速度效应的结果。在营销渠道模式的选择中，也应避免扩张过度、分布范围过宽过广，以免造成沟通和服务的困难，导致无法控制和管理目标市场。

### 7. 稳定可控的原则

企业的分销渠道模式一经确定，便需花费相当大的人力、物力、财力去建立和巩固，整个过程往往是复杂而缓慢的。所以，企业一般轻易不会更换渠道模式及成员。只有保持渠道的相对稳定，才能进一步提高渠道的效益。畅通有序、覆盖适度是分销渠道稳固的基础 。

### 8. 控制平衡的原则

企业在选择分销渠道时，不能只追求自身的效益最大化而忽略其他渠道成员的局部利益，应合理分配各个成员间的利益。

## 3.2.3 分销渠道结构设计流程

渠道设计的流程包括6个步骤：识别渠道结构设计的必要性—分销目标建立与协调—明确分销任务—设计可行的分销渠道结构—评估渠道设计方案—选择渠道成员。本节主要讨论结构设计流程的前3个步骤。

### 1. 识别渠道结构设计的必要性

分销渠道结构设计包括设计全新的营销渠道或改进现有的营销渠道这两种情形。当出现以下三种情况时，企业需要从零开始设计全新的营销渠道结构。①公司刚成立时，如上海通用汽车公司创建之时，即面对渠道设计的决策；②合并或购并后产生一个新公司时；③公司进军一个全新的目标市场时，比如海尔公司开辟海外市场、进军欧洲时就必须考虑欧洲市场的渠道结构选择问题。

大体在以下两种情况下，生产商需要对现有渠道结构给予改进：

1) 由于公司内部因素调整

(1) 企业战略发生变化时，如美孚加油站在致力于一项新的渠道战略——向优质顾客提供服务营销渠道战略时，就面临着如何改进现有分销渠道来实现渠道目标的决策。

(2) 现有渠道对新开发的产品不适合时，就应该考虑如何对现有分销渠道进行改进，以实现新产品销售。

(3) 将现有产品投入到新定位的目标市场时，如对已在工业市场销售的产品，现拟投放到消费品市场中。

(4) 对营销组合的其他内容做出重要变革时，如公司由中档产品双向延伸至低档产品和高档产品时。

(5) 对现有渠道检查和评估时发现现有渠道存在问题，则修改现有渠道就成为必要之举。

2) 由于公司外部的原因

(1) 适应分销商的改变，如果分销商已经开始强调自己的品牌，那么生产商就可以寻找其他更能积极推介本公司产品的新的分销商。在这种情形下，注意区分渠道结构再设计和渠道成员的再选择的差异，如调整只涉及一些同类性质的渠道成员的更换，这仅仅是渠道成员的再选择，而一旦涉及渠道等级、渠道成员类型的改变，就属于渠道结构再设计问题了。

(2) 遇到渠道方面的冲突或面临渠道中其他问题的挑战。比如，在某些情况下，矛盾冲突可能很激烈以至于不改变渠道模式就不可能得到解决；若生产商失去了分销商的支持，那么就需要设计一个全新的渠道，而且角色变换与沟通困难可能使渠道管理者必须考虑重新设计渠道。

(3) 商业经营业态的发展，迫使企业根据趋势考虑选择更有效的分销商类型。如随着城市大卖场的蓬勃发展，百货零售业态的相对萎缩，使某些商品如食品、日用消费品等的销售必须考虑调整渠道结构。

(4) 面临来自经济、社会文化、竞争格局、技术进步或法律条文等大环境的改变，需要做出渠道结构的相应调整。

### 2．建立和协调分销目标

分销目标主要是指在顾客渠道需求与企业成本之间的均衡与协调。分销渠道不仅仅是一个产品的销售渠道，也是一个服务的提供渠道，渠道成员为产品提供一系列的附加服务，正是这些附加服务的提供，才能使消费者对产品的购买和消费行为真正得以实现。

分销目标必须与企业总体市场营销目标，以及企业的整体目标一致。为了确保这种一致性，企业必须仔细研究与分销目标有关的企业的其他目标，同时要判定分销目标与其他目标是否一致。

1) 熟悉目标

分销管理人员在识别了分销渠道结构设计的必要性的基础上，要熟悉营销组合中其他市场目标，以及企业的目标、策略。

2) 设立明确的分销目标

在熟悉其他目标的基础上，分销渠道管理人员应确立分销目标，并对其进行明确阐述，从根本上反映分销在达成企业整体市场目标过程中所起的作用。

3) 审查协调性

渠道结构设计过程中的协调性审查主要包括，证实分销目标与企业市场营销组合中其他领域，如价格、产品和促销的目标，以及企业的整体目标不相冲突。构成营销组合中的4类目标彼此之间是存在相互作用的，因此，其中任何一个领域的目标都应与其他领域的目标相协调。例如，在产品领域中强调高质量的目标会同时要求确定一定的价格目标，以承担因产品创造和提高其质量形象而产生的高成本。促销目标也会因此而侧重于向目标市场着重介绍产品的高品质。与此同时，分销目标应确立为在目标客户可能购物的各类市场网点中，及时、便捷地供货。

### 3．明确分销渠道任务

渠道目标确定并协调后，接下来的任务是明确一系列渠道销售任务，为进一步执行做好充分准备。为了提高执行效率，需要根据渠道的不同职能对渠道任务进行分析。渠道任务最基本的要求是具体、明确，最好有量化的指标，主要包括推销、渠道支持、物流、产品修正与售后服务及风险承担等。分销渠道任务的具体内容体现在以下几个方面。

(1) 推销。分销渠道的推销任务包括：新产品市场推广、现有产品的推广、向最终消费者促销、建立销售展厅、确定价格谈判与销售形式等。

(2) 渠道支持。分销渠道的渠道支持任务包括：市场调研、地区市场信息共享、向消费者提供信息、与最终消费者洽谈、选择经销商、培训经销商的员工等。

(3) 物流。分销渠道的物流活动包括存货、处理订单、运输产品、与最终消费者进行信用交易、向消费者报单、处理单据等。

(4) 产品修正与售后服务。包括提供技术服务、调整产品以满足消费者需求、产品维护与修理、处理退货、处理取消订货等。

(5) 风险承担。包括存货融资、向最终消费者提供信用、仓储设施投资等。

### 4．设计可行的分销渠道结构

在设定好为达到分销目标所需要的各项具体任务后，企业营销管理者应考虑分派这些任务的方法，即设计可行的分销渠道结构。从本章第一节的内容可以看出，设计渠道结构一般包含3个方面，即设计渠道长度、设计渠道宽度和设计渠道广度。

在设计分销渠道结构时，首先要明确各种渠道结构的优缺点(具体内容见本章第一节)，在此基础上，要考虑分销渠道结构设计的限制因素：

(1) 考虑产品或服务的不同特点：如产品概念、定价、目标客户、使用方法等；

(2) 考虑现有渠道的特性：如进入成本、商业信誉、专业程度等；

(3) 考虑销售地区的经济环境：如人均收入、景气指数等；

(4) 考虑企业的营销规划：如销售预算和销售目标等。

#### 5. 评估渠道设计方案

每一个渠道结构设计方案都可能是企业将产品与服务转移到最终消费者的通路。而在设计了看起来合理的渠道结构后，必须评估渠道结构设计方案，并选择出最能满足企业发展目标的渠道结构设计方案。

假如某生产企业希望其产品在某一地区取得大批零售商的支持，现有两种方案可供企业选择：第一种方案是向该地区的销售点派出若干名销售人员，除了付给他们基本工资外，还根据销售业绩付给佣金以资鼓励；第二种方案是利用该地区生产企业的销售代理商(该代理商已经和零售商建立了密切联系)，要求销售代理商派出若干名推销员，推销员的报酬按佣金制支付。这两种方案可能导致不同的销售收入、成本和收益。因此判断一个渠道设计的好坏需要遵循一定的标准。

#### 6. 选择渠道成员

(具体内容见第五章)

## 3.3 分销渠道结构评估

### 3.3.1 分析渠道结构模式的经济性

评价渠道模式的优越性和合适性的最佳方法就是评估它的获利能力，这就需要判断不同渠道系统的收入、资金和成本，进而评价其经济性。

1) 交易成本分析

交易成本分析就能通过选出成本最低的渠道结构作为分销组织的最佳选择。交易成本指的是获取信息、讨价还价、监控分销活动的执行等活动所花费的费用。交易成本分析理论认为：在理想的市场经济条件下，由于竞争的作用使得与外部公司建立契约关系的交易成本最小。因而最好通过外部渠道成员来实现公司的经济目标和可变性目标。此分析的关键就是辨别渠道结构对交易成本的影响。

在企业直接销售和利用代理商、经销商进行销售之间进行选择就需要进行交易成本分析。渠道安排最终是为了让所有成员都获取利润，如果企业自己执行分销职能的成本比依靠其他公司的低，就可以选择垂直整合的渠道安排，反之亦然。如果每一个分销职能的成本都可以进行这种内外比较，那么企业就可以在以下方面做出选择：其人员推销活动是由自己的销售部门进行还是雇佣独立的销售机构来完成；其产品运输是由自己的卡车队还是由第三方运输代理来实现；运用公共仓库还是建立私人仓库。交易成本分析从经济和行为的角度为这些选择提供了工具，成本最低的分销渠道结构就是组织的最佳选择。

2) 盈利性分析

盈利性分析是一个比较不同渠道结构下的成本和销售业绩的强有力的分析工具。但是没有具体的渠道运作经验，要准确估算出不同渠道方案的销售量和成本是很难的，此时就要对企业和行业的成本结构进行深入调研，预测各方案的盈利性。直接产品盈利分析(Direct Product Profitability，简称 DPP)在许多行业中得到了运用，直接产品盈利分析的基本观点是：所有影响分销渠道中产品成本的因素都应该记入到产品盈利分析中来。从中可以看出 DPP 分析的难度，即收集处理信息的范围太广。图 3-2 显示了一个直接产品盈利分析框架，它是由美国食品营销机构在 1985 年设计的一个能广泛用于全行业批发商和零售商的分析框架。

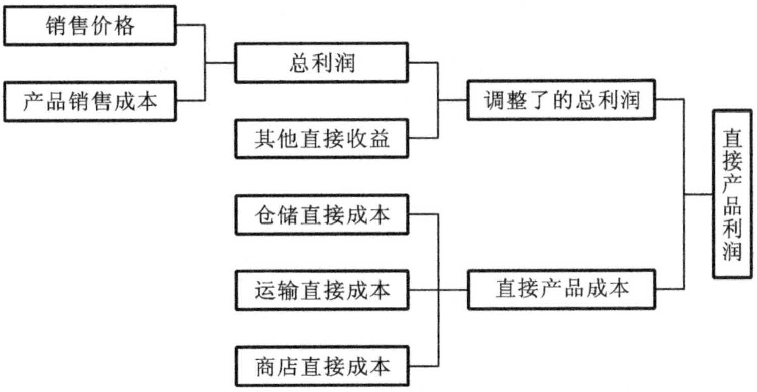


图 3-2　直接产品利润分析

直接产品利润分析中，三个直接成本(涉及仓储、运输、商店三个环节)的计算是关键。首先要确定成本的构成因素，这些因素有的测量特定活动所需的时间(卸载、产品归类等)，有的则测量运作成本(如仓库租金、运输费用等)。其次是测量“产品输入”，即确定一些诸如产品总体积、每箱产品的数目、运送流程等信息。然后确定产品分配因素。产品分配因素是指影响每一流程成本的产品属性，这些因素包括产品的体积、重量、成本、递送、包装、传送频率，最后计算出三个直接成本。

## 3.3.2　分销渠道的可控性分析

产品的流通过程是企业营销过程的延续，如果生产商不能对其运行有一定的主导性和控制性，分销渠道中的物流、商流、促销流、信息流、资金流就不能顺畅有效地进行。因此，评估渠道方案，还要兼顾对渠道控制能力的评估。对分销渠道的适度控制，是确立企业竞争优势的重要武器。在市场环境迅速变化和竞争日趋激烈的情况下，很多企业的生存发展情况在很大程度上取决于分销渠道系统的协调和效率，以及能否最好地满足最终消费者的需求。

垂直整合提供了渠道控制的益处，分销活动能被很好地协调和统一，以最少重复获得高效的分销能力。垂直整合也有助于营销功能的持续执行和控制。但是，垂直整合通常需要大量的资金投入来培养和发展其分销能力，如库存、设备、运输、人力资源等所有分销互动所需要的环节都需要企业独自承担经费，另外垂直渠道整合还会严重制约企业在不断变化的环境中的可变性、灵活性。

与渠道垂直整合相对应的另一种极端情况是完全依赖其他独立的渠道成员来分销产品。这种组织安排得益于渠道分工的深化，专业化分工可以使分销活动更有效率且成本更低，但这种组织安排使企业无法控制渠道，同时各贸易伙伴之间的差异和潜在的冲突也不可调和，这些差异最终可能导致渠道冲突，从而降低整个分销系统的效率。

### 3.3.3 分销渠道的灵活性评估

随着市场环境的不确定性越来越大，市场竞争也日趋激烈，分销渠道如果不能根据市场条件的变化进行及时合理的调整，就无法有效地保护现有的市场和开拓新市场，也无法创造具有独特渠道特色的竞争优势条件。评估分销渠道的灵活性变得尤其重要，每一个渠道方案都会因为生产商某些固定的契约承诺而遭受损失。例如，当某一生产商决定利用中间商推销产品时可能要签 5 年的合同，这段时间内及时采用其他销售方式更有效，但生产商也不得任意取消中间商。因此生产商在设计渠道方案时必须考虑分销渠道的环境适应性和可调整性问题。

评估渠道灵活性主要是看生产商可以选择的中间商的种类及数量的多少，以及合同契约时限的长短。生产商可调整的中间商越多，经销时限越短，渠道调整与改变的灵活性就越强，但也会因此而失去渠道的稳定度。如何实现稳定性与灵活性的统一，就是渠道设计者要考虑的适应性标准。在产品市场迅速变化时，渠道设计者需要寻求适应性更强的渠道结构，既能有效地实现渠道的分销职能，又能随时根据环境变化调整渠道结构，以满足不断变化的产品市场需求。

## 本章小结

分销渠道结构，可以分为长度结构(即层级结构)、宽度结构以及广度结构三种类型。分销渠道的长度是企业分销渠道中中间环节的数目，分销渠道长度分为直接渠道和间接渠道，直接渠道是不存在中间商的，产品直接由生产商卖给消费者，间接渠道是存在中间商的渠道。渠道宽度结构，是根据每一层级渠道中间商数量的多少来定义的一种渠道结构。具体来说，渠道的宽度结构有三种类型：密集型分销渠道、选择性分销渠道和独家分销渠道。渠道的广度结构，指企业采用的渠道数量的多少，根据采用渠道数量的多少可以分为单渠道和混合渠道。渠道结构的设计会受到很多因素的影响和作用。

分销渠道结构设计是指渠道管理者为实现分销目标，在对各种备选渠道结构进行评估和选择，从而开发全新的分销渠道或改进现有分销渠道的过程。在进行分销渠道结构设计时应该遵循客户导向原则、最大效率原则、发挥企业优势的原则、合理分配利益原则、协调及合作原则、覆盖适度原则、稳定可控原则、控制平衡原则。分销渠道结构设计的流程包括 6 个步骤：识别渠道结构设计的必要性—分销目标建立与协调—明确分销任务—设计可行的分销渠道结构—

评估渠道设计方案—选择渠道成员。

## 关键术语

渠道长度　渠道宽度　分销渠道广度　零级渠道
直接渠道　多级渠道　间接渠道　渠道结构设计

## 思考题

1. 分销渠道的长度结构有哪些基本的类型?
2. 分销渠道的宽度结构有哪些基本的类型?
3. 分销渠道的广度结构有哪些基本的类型?
4. 直接分销渠道和间接分销渠道各自有哪些优缺点?
5. 分销渠道结构设计的标准有哪些? 具体有哪几步流程?
6. 请找出一个公司，分析其分销渠道的结构。

## 参考文献

[1] 李先国. 分销渠道管理[M]. 北京：清华大学出版社，2007.
[2] 雷培莉，李五四，孟繁荣. 分销渠道管理[M]. 北京：经济管理出版社，2003.
[3] 影响力商学院. 渠道为王：销售渠道减少三部曲(修订版)[M]. 北京：电子工业出版社，2012.

## 案例研讨

### 诺基亚的“渠道门”

2009 年 8 月 4 日，北京东三环富力万丽酒店内热火朝天，有超过两百家经销商和二十多家媒体参加的经销商声讨诺基亚大会如期举行，这标志着自 2009 年 5 月底发生的诺基亚渠道门事件已经呈愈演愈烈之势，从当初个别省级区域的经销商与诺基亚的渠道冲突已蔓延至全国范围。

**诺基亚的渠道模式解析**

既然是诺基亚的渠道门事件，那么就有必要深层次剖析诺基亚的渠道模式。在中国的手机销售市场上，各种销售模式林林总总。几乎每一个大的手机品牌都是采用不同的分销渠道。而在这其中，诺基亚的分销渠道模式是最为庞杂繁复的。

在中国，诺基亚手机的分销渠道主要分为四大类：全国直供分销平台；全国代理商，是诺基亚部分机型的全国代理商、分销商，不含移动定制版，例如中邮普泰、天音和联强等渠道公司；直供零售商，分为全国性的(NDRP，如国美、苏宁)和省级的(PDRP，如福州的南凯、泉州的华远)；还有分布在全国的 20 余家诺基亚的专卖店。诺基亚发货后，就由渠道根据市场需求自行控制价格体系。但是为了进一步深耕市场，销售渠道下沉，诺基亚又组建了另一种更为臃肿的渠道——省级直控分销平台(也称FD模式)，FD模式下又设有为数众多的二级代理商(又称WKA)，这些二级代理商就是前文提及的经销商，而此次诺基亚的渠道门事件就是由于FD模式产生的问题。诺基亚公司与渠道商约定，所有的货物都分区域销售，经销商之间不能够交叉销售，交叉销售即“串货”一旦发生，诺基亚就会对其收取“串货罚款”。

省级直控分销平台是在传统代理模式的基础上衍生的一种新的渠道销售模式，而这次声讨诺基亚的经销商就是省级直控分销商下面的二级代理商，出问题的就是这种省级直控分销商模式(FD模式)。在诺基亚的渠道设置中，FD主要是一个物流、资金和服务的平台。在FD的供货流程中，诺基亚直接给FD供货，再由诺基亚设在各省的办事处发展本省地级市的经销商(WKA)，然后由FD给WKA供货。要想成为WKA，必须经诺基亚考核通过，然后才能签订三方协议。诺基亚对二级经销商(WKA)实行返点制销售。即诺基亚给WKA定一个月及一个季度的销售量，WKA提货时多付该货物5%~10%的货款，如果本月及本季度能够完成诺基亚下达的任务，则在月底或季末将多收的5%~10%折算成下月的货款返还给WKA，如果没有完成当月及当季的任务，诺基亚予以没收WKA的返利，则该WKA的提货价将高出其他完成任务的WKA价格的4%~10%。

诺基亚与FD的协议严格约定了FD卖给WKA的价格，FD不得违反，否则以扰乱价格体系为由严加处罚，并将FD的销售数据纳入诺基亚的网络体系，FD每出一台货，都在诺基亚的掌控当中。诺基亚、FD、WKA三方严格约定了销售区域各地级城市经销商(WKA)之间是不能够跨区域销售的，对于跨区域销售的产品(俗称串货)，诺基亚将对该WKA进行处罚，少则2000元，多则10000元。诺基亚根本不担心收不到罚款，因为WKA的返利就在它手里。

**FD模式利弊**

这种FD模式对于其他手机品牌来说是一种渠道模式的创新，实行FD模式之后诺基亚就渐渐取消各省省级代理，各经销商都统一从FD提货。这样，在渠道管理上取消了中间环节，减少层级，在物流方面提高了效率。FD模式最大的优势，就是诺基亚加大了对渠道中间环节的控制力度。

传统的代理商模式中，区域代理商的话语权比较大，对于产品从公司流动到代理商之后的环节，公司是很难掌控的。但是在FD中，由于掌握经销商的返利，于是诺基亚对于经销商或者是代理商的控制力度加大。对于中国多样化的市场格局，特别是在众多的二三线甚至四五线市场，强有力的渠道终端控制能很好地保持品牌的竞争力。

但是随着时间的发展，曾经发挥过巨大作用的FD模式慢慢呈现出很多缺陷，容易造成诺基亚与分销商之间的冲突。在FD模式当中，由于诺基亚事先已经和FD达成价格协议，经销商很难根据本地区市场变化情况对产品价格作出一定的调整，这样就给经销商增加了潜在的销售难度及灵活度。例如，一台某一型号的诺基亚手机，供给FD是2500元，而约定的FD供应给WKA的价格是2800元，那么在这种指定零售价格的政策下，经销商对于产品的零售价格的调整区间非常小，因而本区域市场上很难买到低于2800元的此型号的诺基亚手机。

而FD模式另一个弊端就是串货问题。

FD模式一般是按省分置的，由于各地域的经济消费情况不同，各省级FD和诺基亚约定销售价格不一，于是就有经销商为了冲销量把产品串到价格相对比较低的区域销售，只要在本月或者本季度达成销售目标，就会拿到诺基亚的返点，而这种串货带来的变相降价销售的损失就可以从返点中得到弥补。还有一种情况，经销商为了获得额外利润就会把产品串货到价格相对比较高的区域。因此，FD模式中区域之间的价格差就不可避免地导致了经销商的串货行为。

在 FD 模式的执行过程中，具体执行的措施慢慢发生了变形。每个月，FD 都会制定任务量，经销商只有百分之百完成任务量，才能拿到返点，好不容易完成任务量，到每个月结算返点的时候，又由于串货，罚款随之而来。在这次诺基亚渠道门事件中，就有经销商证实 FD 不根据区域的实际情况来制定经销商的目标销售额，而把目标销量定得很高，超出了经销商所能够承受的范围。经销商为了完成销售任务，不得不把货物抛给其他渠道或者其他区域进行销售。如果这种串货行为一旦被诺基亚查到，那等待经销商的就是巨额的罚单。由于处罚过于严厉，罚款数额过于庞大，所以在经销商之中积累的怨气也越来越大，冲突也就不可避免地发生了，以至于演变成渠道门事件。

(资料来源：中国管理传播网)

## 案例思考题

根据材料描述，画出诺基亚的渠道结构图形，并分析其渠道结构与类型。

# 第 4 章　分销渠道的组织成员

4

## 学习目标

★掌握分销渠道成员的分类标准与类型

★了解中间商在渠道中的作用与优劣势

★掌握批发商的分类与特征

★掌握零售商的分类与功能

★了解特许经营组织在渠道中的作用

### 引　　例

**来自渠道成员的烦恼**

A 公司是国内某新兴电信运营商设在××市的分公司，其大众通信业务部主要经营固定电话、各种电话卡、IP 长途电话、宽带、专线等业务。

比较其他老牌电信运营商，由于自营门店甚少，A 公司无法采取直销模式，只能走分销渠道。成立几年来，A 公司已经建立了一支比较成熟、稳定的渠道队伍——既有一批独立注册的公司成为其代理商，也有一批如银行、超市、卡市、7-11 便利店之类的终端代理网点。其中，代理商由于专业性强、服务面广、数量较多，是渠道的主要力量；终端代理网点则针对待定消费群，是渠道的辅助力量。

最近，A 公司大众通信业务部经理老徐碰到几件烦心事。

第一，部门最大的客户——代理商 Q 正在暗中叛变。Q 公司是在 A 公司手把手扶持下成长起来的，并已经稳居部门业绩老大位置长达两年之久，其业绩一度占据部门整体业绩的 16%。然而，两个月来，Q 公司正悄无声息地把近一半的客户转到了竞争对手那边。调查发现，竞争对手给了 Q 公司更加优厚的利益回报。

对 A 公司来说，Q 公司的三心二意，不但导致公司的业绩明显下降，而且违反了公司的纪律和行规(按照合同，公司严禁代理商经营竞争性产品)，造成了相当恶劣的影响。但是，A 公司又能拿 Q 公司怎么办呢?

第二，与超市、便利店的合作也不甚通畅。其店员对 A 公司的业务甚是积极，该张贴的海报贴了，该分发的传单也发了，业务量增长明显。但是，当地代理商接连投诉说，这些店面新发展的一些固话、宽带等业务的客户，是代理商事先几番上门或电话联系过的。一个月内，老徐当了好几次"撞车"的判官。

第三，合作近两年的银行网点也越来越不像话了。刚开始合作时，还可以看到银行的大堂经理主动向客户推介 A 公司的产品，但一年之后就没了动静，有的银行网点竟然连放置宣传页的宣传架都不见了。除了 A 公司自己组织的现场开户等促销活动所带来的客户，两个月来很少见到银行发展新客户。而且，由于银行以往发展的客户缺乏维护，老客户流失现象明显。而且想与银行谈下一步的业务合作计划都不成功，银行相关负责人总推托说太忙，根本不给见面的机会。

总之，部门的整体业绩直线下滑。看到新建立的渠道一下子变得问题丛生、参差不齐，老徐着急上火又无可奈何。遇到这些渠道问题的凸显，老徐该怎么办?A 公司的营销渠道到底什么地方出了问题?

(资料来源：陈勍，《中华营销传播》，2005 年)

分销渠道是由一系列相对独立的组织构成的营销链，不同的组织在渠道中扮演不同的角色，承担着不同的功能，各个组织之间的密切衔接造就了分销渠道的快捷与顺畅。典型的分销渠道系统由生产商、中间商、最终用户及辅助机构四个部分组成，其中，中间商包括批发商、零售商和特许经营组织，最终用户分为一般顾客和企业用户。

中间商可以按不同的标准进行分类：按其服务的市场类型，可划分为工业品市场中间商和消费品市场中间商；按其直接销售对象，可划分为批发商和零售商；按其在交易过程中是否拥有产品所有权，可划分为经销商和代理商。此外，还可以按行业或产品类型(如化工、机械、房地产、钢铁、农产品等)来划分中间商。本教材采用常见的分类方法，即按其销售(服务)对象的性质，将中间商分为批发商和零售商。

## 4.1 批发商

### 4.1.1 认识批发商

批发是指将物品或服务销售给那些为了转卖或其他经营用途的客户的商业活动。它是一种商业活动，是中间商的一类职能，承担"流通中介"的任务，即在生产者与商业机构、生产经营组织和其他组织用户之间搭起桥梁，满足产品的分销业务在不同地区、不同时间和不同层次的市场对产品(服务)的批量、种类和花色品种的需求。

批发商是指从事批发业务的中间商，销售对象是那些为了转卖或者其他经营用途的客户的组织和个人。它是分销渠道系统中一个重要的成员，不仅包括向零售业、工业、农业、金融业或者是行政事业单位等组织提供转售业务的企业，还包括向其他批发商提供转售的组织和个人。批发商的一个基本特征是其销售服务对象是中间性的消费用户，这些用户包括生产者、机构和商业用户，而不是销售终端的最终消费者，这就表明批发交易是指除去对最终消费者提供的销售服务外的所有商品交易活动。例如，生产商的产品销售(通过直销点卖给最终消费者除外)，小商品市场将商品成批卖给零售商店，生产商找一些代理商来负责产品的销售等。

作为分销渠道系统中的重要成员，批发商几乎承担着所有的分销职能，包括销售与促销职能、仓储服务职能、市场调研职能、风险承担职能、融资职能、信息及物流传递职能以及管理咨询职能等。但最重要的职能还是集中在对商品的集中、编配和储运上，批发商能够将消费者五花八门的产品需求集中起来，向众多生产商批量进货，极大地提高了分销效率，降低了交易成本，它们还根据市场需求分类编配产品、储存商品直到将其转销到各地区市场，承担了供应商和顾客的存货风险和物流成本，促使商品交易顺利进行，解决产销在时间和空间上的不一致。

## 4.1.2 批发商的类型

批发商可以分成三种类型，即商人批发商、代理批发商及生产商自营销售组织(如分销机构、销售办事处)。

### 1. 商人批发商

商人批发商，是指自己进货，获得所经营的产品所有权后再批售给零售商或用户的独立商业单位。它不依附于其他组织，是具有法人资格的独立批发企业。商人批发商是批发商的最主要的类型。

(1) 根据经营商品的范围，商人批发商可大致划分为一般批发商、大类批发商和专业批发商。

①一般批发商，它经营商品的范围较广，通常包括日用百货、五金交电、化妆品、常用零配件等，商品货色一般，以商场、百货商店为主要销售对象。

②大类商品批发商，即只经营某一类或几类商品的批发商。在其经营范围内，商品的花色、品种、品牌、规格较为齐全。通常以地区批发商、大型零售店和机关团体为主要销售对象。

③专业批发商，即专门经营某类产品中某种产品的批发商。其专业化程度高，主要以专业商店和专业用户为销售对象。

(2) 根据提供服务职能的多寡，商人批发商可以分为完全服务批发商和有限服务批发商。

①完全服务批发商具有广泛的批发职能，包括提供购销、产品储存、运输、财务援助、信息和咨询等服务。也就是说，这类批发商参与分销渠道的业务流程较多，因而从渠道获得的补偿也相应较多。

②有限服务批发商是指只承担部分批发职能的商人批发商。

(3) 根据经销的顾客服务范围，经销商又可分为独家经销商与普通经销商两类。

①独家经销商。独家批发商是指中间商以买方的身份从生产商购入商品替其销售，该中间商自负盈亏，而且在一定的区域内，就该生产商的特定产品享有独家购买权和销售权。因此，独家经销商与生产商之间的关系，在法律上与一般的买卖关系并无本质的区别，只是该经销商在一定时期、一定区域内对特定的产品享有独家购买权和销售权。在国际营销中，将独家经销权授予某一进口商，并予以保护，是获得进口商充分合作的

好办法。国外的进口商也往往主动要求授予独家经销权。

对于生产商来说，独家经销制度具有以下优点：第一，可获得经销商的充分合作；第二，独家经销商一般会更为卖力地推销，生产商可避免与顾客的直接接触，从而节省开支；第三，宣传、广告方面易获得合作；第四，可减少国外顾客的信用风险；第五，彼此间的意见易沟通，由此获得必要的支援与建议，发生争议时较容易解决；第六，独家经销商售后服务更为专心，从而能使产品获得良好的声誉。

②普通经销商。普通经销也称为非独家经销，是指由几家经销商共同经销生产商的某一特定产品。在这种经销方式下，供货人(生产商)的商品除了可以通过这几家经销商销售外，还可以通过招揽更多的经销商或通过其他通路进行销售。

普通经销方式可以避免独家经销方式的许多弊端，这种经销方式有如下优点：第一，生产商由于有较多的经销商，于是不易被某一个经销商控制其销售；第二，在普通经销商制度下，经销商数目众多，诸多经销商的销售力量更为强大；第三，在独家经销商制度下，中间商一旦取得独家经销权，较容易变得消极依赖生产商，而在普通经销商制度下，经销商之间相互竞争，共同开拓市场；第四，独家经销商由于有独家经销权，买卖之权系于一身，有可能服务态度不如普通经销商好。

### 2. 代理批发商

代理批发商是指从事购买或销售或二者兼备的洽谈业务，但不取得商品所有权的批发商类型，在买卖双方中起媒介作用，代表委托人的利益参与到买卖的谈判职能中，促成交易，从中赚取佣金。它与商人批发商的主要区别是：代理批发商不拥有其经营商品的所有权，而是促成交易、赚取佣金，佣金占销售额的2%～6%。代理批发商主要有以下类型。

(1) 根据承担职能的不同，代理批发商可以分为以下几种。

①经纪人。经纪人为买卖双方牵线搭桥，协助谈判，由雇佣方付费，不备存货，也不参与融资或承担风险。在我国牲口市场历来有大量经纪人，故被称为“牙行”；在房地产、劳务等市场，经纪人则被称为“中介”。此外还有食品经纪人、不动产经纪人、保险经纪人和证券经纪人等。

②制造商代理商。制造商代理商也称制造商代表，是指在签订合同的基础上负责代理销售生产商产品的组织，其在代理商中所占比例最大，主要任务是为签约的生产商寻找顾客，推销产品。不过，这类代理商只被委托代理生产商的部分产品，而且无权选定交易条件和价格。委托人则按照销售业绩的好坏来付给佣金，以激励代理商的积极性，获得好的销量。一般要在合同中明确双方权限、代理区域、定价政策、佣金比例、订单处理程序、送货服务及其他各种保证。可见，制造商代理商更像是生产商的推销员。虽然它们同时为几家生产商做代理，但产品是互补的，而且代理的商品品种范围有限。

③销售代理商。销售代理商和制造商代理商有很大的不同。销售代理商在签订合同基础上被授权销售生产商的全部产品，并对交易条件、销售价格有较大的影响；销售代理商的推销范围一般不受地区限制；每一个生产商只能使用一个销售代理商，而不得再委托其他代理，或设置自己的推销机构。此外，委托的销售代理商也经营与被委托人相竞争的产品。通常，那些需要集中精力解决生产和技术问题的企业，或是自感营销力不从心的企业会利用销售代理商。销售代理商通常规模较大，不仅负责推销，还负责广告

促销，参加国内外展销，调查市场需求的变化，向生产企业提出改变产品设计、款式、定价等方面的建议。

④采购代理商。这是一种替买主寻找货源、采购所需物资(全部或部分)的购买性代理商。他们不是代理批发某一类产品，而是专为一家或几家生产商代理采购物品。采购代理商俗称“买手”，通常熟悉市场，消息灵通，能向企业提供质量高、价格低的采购品。采购代理商通常要负责代理采购、收货、验货、储运并将货物运交买主等业务。

⑤佣金商。佣金商又称为代办行，是指在一定时期内，为生产商运送、保管、代销产品、收取佣金的代理商。他们对受托产品有较大的经营权，可不经委托人同意，以自己的名义销售产品，可以多家代理，代理时间可长可短。佣金商代生产商销售产品后，扣除佣金和费用，将余款交给生产商。生产商对佣金商一般也比较了解，可以放心地将产品交其经营。

(2) 在区域权利上，代理商可分为以下 4 种。

①独家代理与多家代理。独家代理是指生产商授予代理商在某一市场(可能以地域、产品、消费者群体等区分)独家代理销售的权利，生产商的某种特定的商品全部由该代理商代理销售。各地区代理不得“越区代理”，生产商也不得在该地区进行直销或批发商品。独家代理的特点体现在：第一，生产商可获得代理商的充分合作，看法、目标容易统一，双方都易获得对方的支持；第二，代理商更乐意做广告宣传与售后服务工作；第三，生产商对销售代理商更易于管理，一个市场区域只有一家代理商，从发货到费用，从佣金控制到视察，代理商的工作都较为方便；第四，生产商易受代理商的要挟。

多家代理是指某生产商在某一市场区域上有多家销售代理商，它们共同开发该市场的代理形式。多家代理的特点有以下几个。第一，代理商之间相互牵制，生产商居于主动地位。第二，生产商所拥有的销售网络更为宽广。多一家代理商，生产商就多一条市场通路。多家代理商的销售网络自然比一家代理商的销售网络要宽广。第三，更易于被某些国家与地区所接受。一些国家或地区如欧盟等认为独家代理的方式违背了货物自由流通的原则，而采用多家代理的方式，从法律上更易规避这一嫌疑。第四，容易造成代理商之间的恶性竞争。多家代理造成的竞争往往表现为价格上的竞争。当某家代理商降价时，另一家虽然可以向生产商反映，但往往也不得不跟着降价。

②总代理与分代理。总代理是指代理商统一代理某生产商的某产品在某地区的销售事务，同时有权指定分代理商，有权代表生产商处理其他事务。由此可见，总代理一定是独家代理，但独家代理不一定是总代理。一般来说，总代理商通常会选择并统一管理二级或三级分代理商，并报请生产商批准备案，有时也会由生产商来直接指定分代理商。

③佣金代理与买断代理。佣金代理是指生产商不授予代理商在某一地区、产品上的独家代理权，代理商之间也无代理区域划分，都为生产商收集订单，无所谓“越区代理”，生产商也可在各地直销或批发商品。买断代理是指代理商先购得生产商产品后再售给客户，代理商获得买卖差价收入，同时代理商还得负担广告宣传义务的一种代理方式。企业若是十分重视统一的价格策略，最好还是采用佣金代理方式；低价竞争导向强的产品采用佣金代理方式也更佳；高价且促销的产品，如名牌产品、高档品、奢侈消费品则可考虑采用买断代理的方式。

④其他代理方式。企业在设计分销渠道时，还可以将销售代理与其他分销渠道结合起来使用。具体形式主要有代理商与原厂互为代理方式、经销与代理混合使用方式及分支机构指导下的代理方式。

代理商与原厂互为代理，是指两厂家互为代理商，相互帮助对方开拓自己所在国或地区的市场。采用互为代理的方式时最好是两厂家的产品性质相同或者相近，互为代理的两厂家规模相近、声誉相当，两厂家所拥有的权利与所承担的义务必须对等。

经销与代理混合使用有两种情况：一种是总代理下设经销商，在此种情况下，生产商与中间商的关系总体说来是代理关系，如DEC微机在我国总代理商是北大方正集团，而北大方正集团下设有经销商。另一种则是总经销商下设代理商，这时生产商与中间商的关系总体来说是买卖关系。总经销商下设代理商的情况在我国也不少，如汉王991型笔、汉王99汉字识别系统，由北京中自技术公司担任总经销商，而总经销商下既有代理商也有分经销商。

分支机构指导下的代理方式，指生产商一方面设立分支机构对代理商进行指导与监督；另一方面分支机构又不具体从事销售事务，销售事务由代理商进行。在这种分支机构指导的代理方式下，分支机构仅负责指导、协调与监督代理商，维修与售后服务由代理商进行。如美国数字设备公司授权中国台湾地区华光电脑公司为其中国台湾地区总代理的同时，另外设立了“中国台湾德聚企业有限公司”为其在中国台湾地区的子公司，以指导监督代理商。

#### 3. 生产商的销售分支机构和办事处

它是由生产商开办并管理运作的，隶属于生产商，销售分支机构有一定的产品库存，与一般商品批发商类似，为生产商行使批发转售职能。办事处没有库存，只是企业驻外的业务办理机构，除业务批发外还有其他功能，如信息、公关、接待、联络，以及改进其存货控制、销售与促销。

### 4.1.3 批发商的功能

下面以商人批发商为例，说明一般批发商的功能。商人批发商的职能主要体现在两个方面：对生产商所履行的职能和对最终用户所履行的职能。

#### 1. 商人批发商对生产商的作用

作为专业的商品流通中间组织，商人批发商通常能够比生产商和零售商更有效率地从事分销业务。这主要取决于他们不仅拥有专业化的员工队伍和健全的经营管理组织，而且拥有便捷的信息网络和丰富的客户资源，以及对市场发展态势和顾客心理行为的正确判断能力。因此，对商人批发商而言，他们执行分销任务的平均成本是较低的，通常比生产商更容易接近分销成本曲线的最低点。

一般来讲，商人批发商为生产商执行下列分销任务：达到和控制一定的市场份额；充当销售联系纽带；保持一定的库存数量，分担产品的经营风险；处理客户的订单；收集产品市场的信息；向顾客提供服务和支持。

### 2. 商人批发商对最终用户的作用

商人中间商作为联系生产商与最终用户的重要环节，除为生产商执行分销任务外，对最终用户的作用也是十分明显的。他在更多的情形下扮演了最终用户的“守门人”这一重要角色。也就是说，商人批发商需要为最终用户挑选合适的产品，以恰当的方式送给最终用户。这些作用归纳起来分为以下几点：确保所售产品的有效性；为顾客提供消费信贷支持；对所售产品进行分类；向顾客提供消费建议和技术支持。

## 4.1.4 批发商的管理决策

### 1. 选择自建销售分支机构或代售处还是外包销售业务

批发商的性质也就是代理生产商的部分或全部的销售业务，也可以看做是生产商的“营销支持业务”。生产商可以自建销售部门负责产—供—销一体化的模式，当它为了加强存货管理，强化促销工作，提升渠道控制权时，就会选择开设自己的销售分部和营业场所。如果生产商自建渠道的成本过高，选择一家合适的经销商或代理商又能使其获得合理的利润，他们往往会选择委托经销商或代理商来减少渠道成本，提高分销效率。尤其现今随着批发产业的发展，批发企业有了更新的营销理念，他们意识到自己的主要目标是帮助供应商和客户制定有效的营销方案，支持供应商和客户的任何任务活动或职能，以使整个产业的渠道营销更有效率和效益。建立合理有效的能使双方互利共生的渠道模式是生产商和批发商寻求发展的主要方向。

### 2. 选择经销商还是代理商

虽然经销商和代理商在渠道职能上有许多相似之处，但两者在经营性质和运作流程上存在多个层面的差异。

在选择采用经销商还是代理商时，需要考虑品牌的成熟度、产品的市场潜力、销售量的可预估性等因素。通常品牌较成熟，市场比较稳定，销售结果容易预测，市场潜力较小时，比较适用于经销商的方式合作。而品牌不够成熟，产品进入市场时间不长，投入较大，销售结果不好预测时，适合采用代理商的方式合作。

### 3. 选择独家代销还是非独家代销

独家代销是指在一定时期、一定区域，经销商对生产商特定的产品具有独家购买权和销售权。这种经销方式权责分明，有利于经销商稳定地执行自己的经营理念，避免了因为多家经销商而造成的营销策略的随意变动，避免了利益纠纷，同时也有利于占有垄断市场而获得较高的利润。但这样做也会使得市场缺乏竞争力，很难覆盖整个市场，产品的畅销有可能导致经销商的偷懒或倦怠行为。这种代销方式一般适合流通性较强、品牌知名度较高或销售量很大、价值较低的产品。

非独家代销是指在一定时期、一定区域内生产商的特定产品，由几家经销商共同代理。采用非独家代销有利于生产商加强对经销商的控制，通过引进竞争机制，提高经销商的竞争意识，加强市场活力，从而很快地占领整个市场。但这样做风险较大，市场价格管理难度较大，经销商之间的竞争很有可能导致有盈有亏，会降低亏损经销商的积极性。这种经销方式适合流通性较差、品牌知名度较低或销量不大、价值较高的产品。

# 4.2　零售商

## 4.2.1　零售商的含义与特点

零售作为产品进入消费领域的最后一个环节，也是分销渠道的销售终端，指个人或企业单位把商品直接卖给最终消费者，用于个人(或家庭)消费的销售过程。通过零售，商品退出流通领域，进入消费环节，实现商品的使用价值。

零售商是指以零售为其主营业务，将商品或服务直接销售给最终消费者，以供个人(或家庭)作非商业用途的组织和个人。

批发商与零售商在性质上存在很大区别，具体表现在以下方面。

### 1. 销售对象不同

批发商从事的是企业之间的商品买卖，不直接同消费者发生交易，批发商的交易结束后，商品没有成为最终消费品。零售商从事的交易是把商品直接卖给个人消费者。

### 2. 销售批量不同

零售商的销售对象是最终消费者，而最终消费者购买商品是为了个人或家庭的生活消费，因此，购买量较小。而批发商的销售对象是企业、机关用户，这些用户的购买量都较大。人们往往有一种误解：零售商的销售额大于批发商，理由是零售商从批发商进货以后，又加上一定的毛利再转卖给消费者。其实，批发商的销售额要大于零售商。零售商只将商品转卖一次，而商品在各级批发商之间有时是要经过多次转卖的。

### 3. 地区分布不同

零售商特别是为数众多的小零售商分散在全国各地的消费者聚居处，而批发商是为生产商、各种公司用户和广大零售商服务的，所以一般集中在经济中心城市或交通枢纽地。

应用案例　**箭牌的分销渠道**

箭牌是世界上最大的口香糖生产企业，每天都要生产数以百万计的口香糖，它生产口香糖的技术为艺术级的，而且它还是一个规模庞大、资金雄厚的企业。它把产品卖给遍及美国以及世界上其他国家的数以百万计的消费者。但是，箭牌并没有想过要亲自把产品直接销售给最终用户，而是使用了许多不同的中间商(批发商和零售商)来完成这个任务。

**思考**

1. 你认为箭牌为什么不直接把产品销售给最终用户而要使用中间商呢?
2. 在企业分销渠道中，中间商的功能可以取消吗?

(资料来源：影响力商学院编著，《渠道为王：销售渠道建设三部曲》(修订版)，北京，电子工业出版社，2012年版，第31页)

### 4.2.2 零售商的类型

零售商类型极其复杂，这里仅按销售方式介绍零售商的几种类型，分别是商店零售商、无店铺零售商和零售联合体。

#### 1. 商店零售商

商店零售商是指设店经营的零售商。其特点是设有摆放商品和顾客购物的店面，其商品(服务)购销活动主要是在商店内完成的。根据其经营的产品线、规模、价格和服务方式的差异，又可以进一步将零售商店划分为不同的类型，主要包括百货商店、专业商店、超级市场、便利商店、折扣商店、仓储商店等。

(1) 百货商店。

这是指综合经营各类商品品种的零售商店，多为大、中型商场。诞生于19世纪50年代法国巴黎的“好市场”(Bon marche )是世界第一家百货商店，其出现被认为是零售商业的第一次革命。百货商店的特点有：

①商品种类多样，能够满足消费者多样性的购物要求；

②客流量大，经营方式灵活；

③资金雄厚，人才齐全，提供完善的购物服务；

④重视商誉和企业形象；

⑤注重购物环境和商品陈列。

(2) 专业商店。

这是指集中销售某一类商品或某几类密切相关的商品的零售商店，一般为中小型商店，既可以仅经营一类商品，如鞋类，又可以扩展经营若干类相关的商品，如通信器材店。专业商店最大的特点在于实行专业化经营，其特点包括：

①商品结构呈现深度性，规格型号齐全，花色品种繁多；

②经营富有自己的特色和个性；

③采取定价销售、开架销售等；

④营业面积依商品特点而定。

(3) 超级市场。

这是指以食品、杂货、家庭电器等为主要经营范围，采取自助、敞开式售货、顾客自我服务方式的大型综合零售商店，是当前较为主流的商业零售组织形式，其前身可以追溯到1900年前后出现在美国的开架售货自选商场。20世纪30年代，世界上第一家超级市场“牙买加皇后食品店”诞生于美国纽约，被称为是零售商业的第二次革命。超级市场的特点有：

①品种齐全，花色丰富，包装规格化、条码化；

②以量大价廉为主要经营思想，商品周转快；

③实行开架售货、自我服务，可自由选购；

④一次性集中结算；

⑤日常业务机械化操作，自动化程度高；

⑥占地面积大，一般在1万平方米以上。

(4) 便利商店。

这又称为方便商店，指满足消费者应急性、便利性需求的小型综合零售商店，经营的商品如饮料、食品、日用杂品、报纸杂志、快递服务等。便利商店的特点是：

①商品品种有限；

②价格较高；

③占据良好的位置，接近消费者；

④营业时间较长。

(5) 折扣商店。

这又称为廉价商店，指以低于一般商店售价的价格销售商品的零售商店，20 世纪 40 年代以后得到迅速发展。其特点是：

①商品品种齐全，但主要出售家庭生活消费品，如服装、电器等；

②以薄利多销为经营原则，明码标价，出售结算折扣；

③多为知名度高或者全国性的品牌，保证商品质量；

④实行自助式售货，减少设备投入；

⑤一般在租金便宜的地方选址。

(6) 仓储商店。

这是指采用仓库式陈列、廉价销售商品的零售商店。1968 年荷兰创建了首家现代化的仓储式商店“万客隆”(MACRO)，20 世纪 90 年代后期仓储商店引入我国，“广客隆”是国内的第一家。仓储商店的特点是：

①主要销售中档适用强、有特色的商品，包括家用设备、器具等；

②价格低廉，一般比普通商店价格低 10%~20%；

③商店备货充足，随购随取；

④装修简单，营业门店由展示门面和存货仓库组成；

⑤营业面积很大，一般不低于 1 万平方米；

⑥以零售的方式运作批发；

⑦位于郊区等低租金地段。

### 2. 无店铺零售商

无店铺零售商是指不通过店铺销售，由生产商或商家直接将商品递送给消费者的零售类型，又称为非商店零售商。主要包括直接营销、直复营销和自动售货机三种类型。

(1) 直接营销。

这是指直销企业招募直销员，由直销员在固定场所之外直接向最终消费者推销产品的经销方式。其采取的是一种人对人、面对面的销售方式，典型的有安利、雅芳、三生等公司。

(2) 直复营销。

作为一种较新颖的无店铺零售形式，它通过信函、电话、电视、报刊、互联网等沟通工具向消费者传递商品信息，使消费者产生购买欲望，从而借助邮件、电话、传真、网络等方式表达购买意愿，直接订货，卖方邮寄、送货上门或消费者到指定地点自取，买方货到付款和银行划拨，整个交易过程简单、迅速、方便。如电视购物、网上商店等。

(3) 自动售货机。

自动售货机又称为自动售货亭，指利用自动售货机销售商品。自动售货已被大量运用于多种商品的销售，如香烟、糖果、报纸、饮料等。

### 3. 零售联合体

零售联合体是指以一定的组织结构为保证，这种零售商类型是相对于独立商店而言的，主要形式有连锁商店、零售商合作社、消费者合作社和商店集团。

(1) 连锁商店。

连锁商店，又称为联号公司，是指两个或两个以上的中小零售商自愿参加批发商的联号，联号的成员以契约作联结，明确各自的权利与义务，由此组成的统一管理的零售商业群体。其最大的特点是统一，如统一的名称、统一的形象、统一的进货等。常见形式有直营连锁店、自由连锁店和特许连锁店。此外，连锁商店把经营职能分离为采购职能与销售职能，总部的采购责任者对各门店所经营的商品采购成本和经营利润负责，门店对自身经营的商品销售成本和经营利润负责，而配送中心对全部商品的物流成本和供货及时性负责。

(2) 零售商合作社。

零售商合作社主要是由一群独立的零售商按照自愿、互利互惠原则成立的，以统一采购和联合促销为目的的联合组织。

(3) 消费者合作社。

消费者合作社指由一定地区的消费者自愿出资成立的零售组织，实行民主管理，自发组织，自己拥有。这种商店按低价供应消费者商品，或在制定一定价格的情况下消费者按购物额分红，有利于减少中间环节，维护自身利益。

(4) 商店集团。

商店集团指的是组织规模化的零售商，其没有固定的模式，经营方式多元化，在一个控股公司的控制下包括了各行业的若干商店，如美国的联合百货商店。

## 4.2.3 零售商的分销职能

零售商在分销渠道中所起到的作用，如果抛开其规模和类型不说，就是要获得顾客的需求，并且以顾客需要的方式寻找和储存这些顾客需要的产品。这就需要在顾客准备去买产品的时候能够对产品进行正确的分类。零售商提供商品分类及服务，为消费者提供购物环境，并为生产商、批发商提供市场信息、分担风险。其具体分销职能如下。

### 1. 组织商品职能

由于空间、时间、数量、质量、花色品种和信息沟通等原因，消费者个人不可能自己寻找生产商，购买自己所需要的商品。生产商又是一个大群体，每一生产商只能生产其中较少的产品品种，即使其数量较多，其产品也不可能一次性地全部售给某一消费者，因此在很多情况下，必然存在产销之间的矛盾。为解决产销矛盾，零售商必须实施组织商品职能，首先代替消费者垫付资金，从生产商、批发商甚至其他供应商那里购进商品，并按照消费者的要求把整批货物分成消费者所需要的小份，使消费者不仅能方便购买，而且能在零售商店里得到需求的满足。

### 2．提供库存及承担风险职能

零售商的采购是批量购进，但销售却是零散的。为此，零售商为了满足消费者随时购买商品的需要，必须储备一定数量的各种商品。但是商品在储存期间会伴随着各种风险，如数量过多或过少引起的积压与脱销、商品的自然损耗、自然灾害、商品被窃以及商品的更新和技术废弃等。这些风险的损失皆由零售商承担。

### 3．服务职能

零售商必须服务于消费者。首先，要准确及时地掌握市场供求趋势，组织适销对路的商品，扩大花色品种，保证商品质量，使消费者能及时、充分地选购商品；其次，要正确贯彻商品销售政策，不断研究、改进商品的销售方式、方法，以良好的经营作风、文明语言，保证与消费者之间的良好关系；最后，提供与商品销售直接相关的服务，如包装、免费送货、电话预约、经营礼品、停车场、临时保管物品、为儿童提供游乐场、照看婴儿、提供休息椅等，真正把消费者视为宾客。只有周到的服务才能给消费者留下良好的印象，使消费者成为回头客，并带来新的顾客。

### 4．传递信息职能

零售商处于商品流通的最终环节，能够较快地获得消费的信息。通过广告、促销活动、POP海报展示、商店销售人员等手段及时地将商品的有关信息传递给消费者，同时在与消费者的沟通中，了解消费者需求并把这些信息向上传递给生产商、批发商，使其得出相应的市场营销结论，加强对市场营销的了解。零售商是消费者和生产商彼此双向了解的桥梁。

### 5．娱乐职能

以顾客需求为导向是零售商经营活动成功的关键，零售商不仅为消费者提供商品，还要为最终消费者提供抽象需求的满足，如消费者对购物环境、文化氛围等的需求。零售商通过进行商品的艺术陈列、店堂的布局装饰和播放悠扬音乐、调整灯光照明、种植绿色花草等创造出具有魅力的购物环境，为消费者提供了休闲娱乐和休息的场所，以及美的享受。作为最接近消费者的环节，零售商需要给消费者最直观的娱乐体验。

每一个零售商都是通过自己的战略和自身资源来找出其特殊的分销职能，每一个渠道成员的分销职能都由自己决定。零售商执行这些分销职能的程度也是很不相同的，有的竭尽全力要完成所有的分销职能，有的几乎什么分销职能都完不成。但为了能在渠道中生存下去，每一个零售商都必须向其他顾客以及供应商提供一些有价值的东西。如果做不到这一点，现存的零售商的竞争对手、其他渠道成员或者渠道中新形式的成员就会取代它在营销渠道中的位置。

同时，这使生产商陷入了一种两难境地。一方面，零售商有效执行分销职能的潜力变得越来越强；另外一方面，零售商大型化的发展趋势增强了它们在营销渠道中的影响力和独立性。它们的渠道权力越来越大，可以更少地被生产商影响。这就意味着，生产商的渠道管理人员在面临零售商不断带来盈利机会的同时，也面临着不断增加的治理困境。在这种情况下，要达到有效的渠道管理，势必造成管理费用的大幅度增加。

### 4.2.4 零售店铺的选址

商店选址即对商店经营地址的选择。作为零售商的一种战略性决策，商店选址问题显得尤为重要，这是因为：一方面店址直接关乎商店的客流量，决定了消费者购物、组织采购的便利程度，同时影响着其他战略的制定；另一方面店址的可变性小，一般在短期内难以做出改变，但投入费用又较大，被认为是零售商战略组合中灵活性最小的要素。

零售商应判别商店位置的三种基本类型：孤立商店、无规划商业区和规划的购物中心。每种类型在零售商店的构成、停车设施、与非零售机构(如办公大楼)的密切关系以及其他因素方面各具特点。孤立商店是坐落在公路或街道旁的单独的零售建筑。这类商店的附近没有其他零售商与之分享客流。无规划商业区是指两家或两家以上的商店坐落在一起(或非常的接近)，但区域的总体布局或商店的组合方式事先未经长期规划。零售商店只是设置在对它们最有利的地方。无规划商业区有四种类型：中心商业区、次级商业区、邻里商业区和商业街。规划的购物中心由一组统一规划、建在一起的商业建筑构成，它的产权集中，管理也集中。它们作为一个整体进行设计和运作，并以均衡配置为基础，在周围设有各种停车设施。规划购物中心的位置、规模和商店组合与被服务的商圈有关。通过均衡配置，规划的购物中心的商店在其提供商品的质量和品种上互为补充，商店的数量和类型紧密结合，以满足周围人口的全面需求。商店选址首先要求零售商从孤立商店、无规划商业区和规划的购物中心这三种基本类型中选择一种，这一决策取决于公司的战略和对每一类位置优劣势的慎重评价。

一旦位置类型确定，零售商就必须为其商店确定一个大致的店址。如果零售商要开一家孤立商店，就需要决定是开在主干道旁还是小街旁。如果选择无规划商业区，则需确定是开在中心商业区(CBD)、次级商业区(SBD)、邻里商业区(NBD)，还是商业街。试图在规划的购物中心开店的零售商，则需选定是开在区域购物中心、社区购物中心还是邻里购物中心，或者开在购物中心的衍生形式，如特大购物中心或能量中心。

在大致的店址确定之后，零售商就需要确定具体的店址。顾客的寻找、挑选、比较商品及购物地点是店铺选址的基本依据，因此选择商店位置应以最大限度地方便消费者购买、提高经济效益为原则，综合考虑各种影响因素。决定商店位置的因素包括：

①地理特征，包括地形可见度，位置布局，以及商店外形对流动顾客的注意力吸引度。

②商店所处环境，包括自然环境和人文环境。

③营业商圈，指零售商店可期望吸引消费者来店的地理区域，是商店的有效辐射范围，由核心商圈、次级商圈和边缘商圈组成，其分析包括商圈的构成、特点、规模和影响规模变化的因素及其对商店经营的影响等。

④人口分布与客流量，尽量选择在居民聚居稠密区或机关单位集中的区域附近，遵循客流规律、流向的人口集散地段。如公园名胜等聚集场所，顾客容易发生随机购买。

⑤交通条件，要选择交通便利的店址，同时又不能过于交通拥挤，还要保证有足够的停车场，方便零售店装卸货物。

⑥与邻近商店的关系，如在购物商场的顶层或底层设置食品零售区域，方便购物顾客的饮食需要，达到共享客流的目的。

⑦城市规划，包括短期和中长期规划。应在充分了解城市规划的基础上，尽力符合

城市规划的要求。

不宜选址的区域有：快速车道边；周围居民少或增长慢且商业网点已基本配齐的区域；同一地区的高层地方(楼层越高，客流吸引力越小)。

### 应用案例 北京国贸商城——富有中国特色的购物中心

购物中心是一种零售商业聚集形态，是由一个管理机构组成、协调和规划，把一系列零售商店、超级市场组织在一组商店群体内的业态形式。在中国，购物中心的发展只是刚刚起步。购物中心具有区别其他商业业态形式的特殊性：

一是购物中心具有集合性。它把分散在城市各个角落的商店聚集在一起，把遍布在街头巷尾的服务机构集合在一个建筑物中。因此，购物中心不是一家商店，而是聚集众多商店的场所。提供齐备的商品是购物中心的基本功能。

二是购物中心具有服务性。购物中心不仅是商店，还是人们的休闲场所，它汇集了休闲、娱乐、文化、艺术、购物等全方位的内容，为人们提供一个消费和享受合一的去处。

三是购物中心具有特殊性。购物中心的经营者主要负责场所的物业管理，而非直接从事营销活动，与各个入驻商户签订租约并保证租约的履行。租约主要包括租金、租期、租地、商业工会、有关限制等方面的内容。

四是购物中心具有地域性。购物中心设在何处，取决于商圈内居民消费水平和购买习惯、交通、货物供应等条件。

购物中心的设计，应以地理环境、企业规模和消费习惯为依据，理论类型有五种。第一种，条型购物中心。这种购物中心是把商店沿着街道呈一直线摆开，建筑物面向主要街道，停车场在前。第二种，庭院式购物中心。庭院式购物中心是将建筑物建成庭院状，停车场在庭院外围，一般为四方形。第三种，室内街道型购物中心。它是将商店安排成像在街道上一样，但实际是在室内，通常是在两端各设一个大型商店。第四种，街道连接型购物中心。它是通过将各个购物街道环绕着连接起来，让人们在整个购物中心购物，而不是仅在靠近停车场的商店购物。第五种，花园簇拥式购物中心。这种购物中心是将商店群围绕着一个大型中心商店进行设置。

自己驾车到购物中心，是不少消费者采用的交通手段，停车场环境是顾客选择购物中心的重要参数。购物中心均设有停车场和相应的停车设备，其规模视企业规模而定。

**国贸商城是符合国情的购物中心**

2000年5月全新亮相的国贸商城给京城商界带来新的启迪。现国贸商城是在原国贸商场的基础上投入4000万美元改扩建而成的。商城地处交通汇聚之地，地铁、公交车都十分方便，适应国内大多数顾客使用公共交通工具的需要；商城新建的南、东、西、北大门各具特色，特别是与“国贸地铁站”直接连通的地下走廊更可直入商城；商城总建筑面积达6万平方米，更适合国内客人的行走极限和购物习惯；120家时尚服饰专卖店，价位合理，适合多数人群的消费水平；两个主题商店——国贸晨曦百货和华润超市，商品齐备，价位适中；30余家世界顶尖品牌汇聚的国际精品区，为时尚人士提供领先的潮流服饰；独具特色的京城商厦内首家真冰溜冰场，吸引了众多热爱运动的年轻人；数十家国外知名餐馆、酒吧和国内餐厅，可以满足顾客的餐饮需要。

在硬件建造上，国贸商城却与国外的MALL十分近似。商城全部由美国商城设计师创意，众多的玻璃穹顶成为商城的重要特色；南大门大厅全部由弧形玻璃与金属支架构成，颇具现代艺术雕塑感，设计师的目的是营造空间而非商业目的；众多造型各异的尖顶、弧形顶与地面的弧形走廊有机结合，人虽在室内却能处处感受到阳光普照；30米跨度的玻璃天幕下的国贸溜冰场，阳光直泻而下，落地却是光滑的真冰冰面；还有众多绿色植物、座椅、艺术品陈列等艺术环境设计，使人在不经意间感受到设计师的细致入微。难怪许多客人在逛国贸时处处感受到阳光的照耀，将国贸商城称为名副其实的“阳光商城”。商城成功的全方位的软硬件改造，使国贸商城成为一座真正的、符合国情的购物中心。

(资料来源：中华零售网)

## 4.3 特许经营组织

### 4.3.1 特许经营概述

特许经营，源于法文 Franchise，其概念的起源与政治有关。在欧洲封建时期，国王授予贵族某些特殊的权利，如贵族在其领地内拥有征税权和行政管理权，生产、经营某些产品的权利，进行贸易的权利等等，贵族也会把使用这些权利所带来的收益的一部分上缴给国王，以此回报国王。第一次将这种做法延伸到商业活动中的是美国的 Singer 缝纫机公司。1851 年 Singer 为了拓展其缝纫机业务，开始授予缝纫机的经销权，在美国各地设置加盟店，并撰写了第一份标准的特许经营合同书，在业界被公认为是现代意义上的商业特许经营的起源。目前，特许经营被全球各国企业广泛采用，发展非常迅猛。

关于特许经营的定义有很多种，到目前为止还没有一个统一的定义，在众多定义中，代表性的定义有如下几种。

欧洲特许经营联合的定义：特许经营是一种营销产品、服务和技术的体系，特许人和他的单个受许人在法律和财务上相对分离和独立，但他们之间保持紧密和持续的合作，单个受许人依靠特许人授予的权利和义务，根据特许人的理念进行经营。双方通过直接或间接财务上的交换，在经双方一致同意而制定的书面特许合同的框架和条款内，授予受许人可以使用特许人的商号、商标、服务标记、经营诀窍、商业和技术方法、经营体系以及其他工业或知识产权的权利。

国际特许经营协会的定义：特许经营是特许人与受许人之间的契约关系，特许人有义务向受许人持续提供经营诀窍、培训等方面的支持，而受许人在一个为特许人所有和控制的共同商号标志、经营模式和流程下经营，并且受许人从自己的资源中对其经营业务进行投资。

中国政府对特许经营的法律定义：中国政府在 2007 年 5 月 1 日起实施的《商业特许经营管理条例》中，明确规定特许经营是特许人将自己所拥有的商标(包括服务商标)、商号、产品、专利和专有技术、经营模式等以特许经营合同的形式授予受许人使用，受许人按照合同规定，在特许人统一的业务模式下从事经营活动，并向特许人支付特许经营费用的一种经营活动。本书采用的就是该定义。

特许经营是一种销售商品和服务的方法，而不是一个行业。作为一种商业经营模式，在其经营过程中，特许经营一般包含了下面四个基本要素：

(1) 特许人对商标、服务标志、独特理念、专利、专有技术、经营诀窍等拥有所有权。

(2) 特许人通过与受许人签订特许经营合同，授权受许人使用上述权利。

(3) 受许人须在特许经营合同约定，以及合同中包含一些调整和控制条款的限制下开展经营活动。

(4) 受许人为获得特许权需要支付费用给特许人。

## 4.3.2 特许经营的类型

按照不同的标准，特许经营有不同的分类法。

### 1. 按照特许内容的不同，特许经营可以被分为生产特许经营、产品商标型特许经营和经营模式特许经营三种类型

1) 生产特许经营

生产特许经营是指受许人投资建厂，或通过 OEM(贴牌生产)的方式，使用特许人的商标或标志、专利、技术、设计和生产标准来加工或制造取得特许权的产品，然后经过经销商或零售商出售，受许人不与最终用户(消费者)直接交易。典型的案例有可口可乐的灌装厂、奥运会标志产品的生产、耐克的委托生产。这种类型的特许经营主要是某一特定品牌产品制造权的转让，通常涉及专利或技术等知识产权的使用许可，特许人有权要求受许人按照规定的技术、标准和工艺流程进行生产，确保产品质量的一致性，以此来维护商标或企业的信誉。受许人有义务维护特许人的信誉，使特许人的商标、专利、技术等知识产权不受侵犯。

**应用案例　超级品牌运营商——耐克**

全球最大的体育用品公司——耐克公司，被许多观察家称作“超级品牌运营商”，只有 1000 多人，没有自己的制鞋车间，但它采用了“哑铃式”的经营模式，拥有杰出的前端开发网络和后端营销网络，把中间不能产生高附加值的生产制造部分通过特许经营的方式授权给发展中国家的工厂。耐克公司的经理们坐着飞机来往于世界各地，把设计好的样品和图纸交给不知名的生产商，要求它们根据耐克的标准体系和设计要求进行生产，最后验收产品，贴上“耐克”的商标，销售到每个喜爱耐克的人手中。

(资料来源：胡春，《市场营销渠道管理》，北京：清华大学出版社、北京交通大学出版社，2006 年版，第 132 页)

2) 产品商标型特许经营

产品商标型特许经营是指受许人使用特许人的商标和营销方法来批发和零售特许人的产品。这种特许经营涉及商标特许、产品特许和品牌特许。商标特许是指商标注册人将注册商标授予他人使用。作为商标特许，特许人一般只对商标的使用方法有具体要

求和限制，对加盟商所从事的经营活动并不作严格规定。如，米老鼠、流氓兔、史努比、Kitty 猫、皮卡丘、机器猫和蓝猫等商标的授权使用便是典型例子。产品特许是指特许人将自己生产的产品授权给加盟商批发或零售。特许人一般只对产品的销售方式、销售价格、销售区域及售后服务有要求，并不限制加盟商销售其他产品，比如服装、化妆品等就经常使用这种特许经营方式。品牌特许意味着传输一个带有文化内涵、清晰定位、品质等级等诸多内容的资产。受许人接受品牌特许做生意比简单接受一个商标来经营更具有优势和竞争力，当然，付出也更多。在进行品牌特许时，特许人对加盟商的要求更高，不仅要求加盟商有生产达标产品或提供合格服务的能力，而且要求加盟商在整个过程中都要符合品牌所代表的水准。

**应用案例 商标特许的典型代表——史努比(Snoopy)**

史努比是来自美国的小狗，出自“花生一族”的漫画，是美国著名卡通画家查尔斯·舒尔茨先生创作的著名卡通形象。1950 年，第一则“花生一族”漫画在美国的 7 家日报上刊登。从此，由于作者舒尔茨对特许经营权的释放，动画片、史努比公园、史努比商场竞相产生。1998 年史努比乐园兼礼品店在新加坡开业。2000 年全球第一家美国以外的“史努比世界”主题公园在香港开幕。2001 年，日本成立了“史努比村”，在村内可以买到各种“花生一族”商品。在持续 50 多年的时间里，全球有 75 个国家、3 亿多读者在 2500 多家不同的报纸上看到了 18000 多套史努比的漫画。带给舒尔茨先生巨额财富的不是“稿费”，而是“卡通商品授权”，2002 年全球就有超过 2 万种与史努比有关的商品，每年利润高达 11 亿美元。“花生一族”现拥有超过 1223 种世界性的专利权商品，每年平均新增 1200 个特许经销商和 22000 种商品。

(资料来源：李维华，《特许经营学》，北京，中国法制出版社，2009 年版)

3) 经营模式特许经营

目前，人们通常所说的特许经营就是这种类型。在该种模式下，受许人有权使用特许人的商标、商号名称、企业标志及广告宣传，完全按照特许人设计的单店经营模式来经营；受许人在公众中完全以特许人企业的形象出现；特许人对受许人的内部管理、市场营销等方面进行强有力的控制。经营模式特许经营是高级的综合的商业形式，特许人对受许人所从事的经营活动有严格的限制。受许人经营的加盟店从选址、装修、陈设到产品销售、促销、服务等都必须和总部的标准保持一致，加盟店未经许可，绝不能经营其他品牌的商品或提供总部未允许的服务。目前这种模式正在全球快速发展，并已成为特许经营的主流，如麦当劳、肯德基等均是典型的经营模式特许经营。

### 2. 按照加盟商的授权领域大小划分，特许经营可以分为单店特许经营模式和区域特许经营模式两种类型

1) 单店特许经营模式

单店特许经营模式是指特许人将自己成功的单店经营模式许可给某一受许人来经营，受许人只能开设一家特许经营单店。其主要优点体现在：第一，单店投资相对较少，经营业务相对比较简单，易于招募加盟商和管理；第二，相对于区域特许经营而言，单

店特许经营规模相对较小，一旦个别加盟商经营不善，不至于立即给特许人的整个市场造成很大的负面影响。但也有其缺点：第一，相对于区域特许，特许人对加盟商的招募及管理成本较高。第二，相对于区域特许，加盟商要一个一个地招，加盟店要一家一家地开，所以特许经营体系的扩展速度可能会比较慢。第三，因为特许人直接签订合同的另一方数量众多，所以出现法律纠纷的可能性加大，管理成本提高。

2) 区域特许经营模式

区域特许经营模式，即由特许人将在指定区域内的独家特许经营权授予受许人，受许人还可以把“特许经营权”再授予其他申请者，也可由自己在该地区开设特许经营店，从事特许经营活动。其主要优点有：第一，区域加盟商积极开拓市场，愿意做广告投入。第二，因为特许人不再需要直接管理众多的加盟店，而只需要直接管理区域加盟商就可以了，所以特许人对整个特许体系的管理层级明显扁平化，因此，其管理变得简单、管理效率提高、管理成本下降。第三，特许经营体系的扩展速度非常快。第四，因为特许人直接签订合同的另一方数量较少，所以出现法律纠纷的可能性减小。主要缺点体现在：第一，因为区域加盟商既要经营区域业务，还必须同时经营好自己的直营店，所以要求他们有很好的工作经验和较雄厚的资金、资源等实力，所以这样的合格加盟商是不易找的，这可能会使特许人企业的招募速度变得缓慢。第二，由于区域加盟商负责的不是一个单店的商圈，而是一大片市场领域，所以一旦他们出了问题或者经营不善，就会对整个特许经营体系影响较大。比如麦当劳公司就不采用区域特许经营制度，究其原因，克拉克认为，“如果其卖出一大块区域的特许权，那就等于把麦当劳的业务全部交给了他。他的组织代替了你的组织，你便失去了控制权。”

### 3. 根据特许权的授予方式可分为直接特许和分特许

1) 直接特许

在直接特许中，受许人不得将特许人授权使用的特许经营权再行授权第三方使用，此模式的特许经营体系为特许人—受许人的两级结构。其好处在于有利于特许人对受许人的控制，能获得较多的收益。其缺点在于需要较高的拓展和管理成本，体系扩张的速度较慢，但相对而言其法律风险较小。

2) 分特许

分特许是指特许人许可受许人既可以自行使用特许经营权开设加盟店，也可以再行授权第三方使用特许经营权开设加盟店的特许经营模式。此模式的特许经营体系为特许人—分特许人—加盟商的三级结构。其好处在于扩张速度快，特许人的拓展和管理成本较低。其缺点在于体系的运营对分特许人的依赖程度较大，且特许人的收益一部分需分流给分特许人，其相对于直接特许而言法律风险较高。

## 4.3.3 特许经营的利与弊

### 1. 给受许人带来的利益

(1) 受许人可以借助特许人的品牌效应，减少创业弯路，增加创业成功的机会。

受许人由于“购买”的是已获成功的运营系统，可以省去自创业不得不经历的一条“学习曲线”，如选择赢利点、开拓市场等必要的摸索过程，降低了经营风险。受许人一方面直接受益于特许人既有的品牌等经营资源，另一方面又能获得特许人提供的一系列经营技术、管理经验的指导、广告宣传的支持，使受许人获得与特许人同样成功的几率大大提高。据美国中小企业管理部门统计，在开业第一年就失败的自营店铺比例高达30%~35%，5 年后的失败率达 92%；而采取特许经营方式的店铺在开业第一年就失败的比例仅为 3%~5%，5 年后的失败率也只有 12%。虽然受许人需要交纳自己独立创业并不需要的加盟金、保证金等特许经营费用，但可以在较短的时间内收回投入并赢利。因为受许人可以在市场调查和店址的选择、设施装备的设计和布置、租借谈判的建议、操作手册、管理培训项目、雇员培训等方面得到特许人的帮助和支持。特许人所传授的是特许人经过多年的实践摸索和失败后总结的经验或教训，这将省去受许人在创业过程中的许多不必要的花费，使其运营迅速走向良性循环。比如麦当劳一般会全面进行选址分析，承担大部分的土地购买和开发工作。受许人在支付供应商和特许人的费用之后，即拥有所有的利润。

(2) 受许人可以分享规模经济，集中进货，降低成本，保证货源。

集中进货与配送是特许经营最大优势，由于加盟总部将众多分散的小零售商组织成一体，从总体上加大了规模，这样就降低了进货成本和库存成本。加盟总部在集中进货时，由于进货批量大，对供应商谈判的周旋余地也大，可以获得较低的进货价格，从而降低进货成本，取得价格竞争优势。

### 2. 给特许人带来的利益

(1) 可以利用受许人的资金，实现快速、低成本扩张。

借助加盟商的人、财、物等资源，特许人可以突破自己资源的限制，仅凭一纸契约就可以发展新店，能以更快的速度、更高的效率发展业务，迅速扩张规模。特许人通过出售自己公司的商标、经营模式等无形资产，不仅开分店无需自己出资，而且还能从加盟者手中获得开办费、使用费。由于无论开多少加盟店，特许人只需要一个特许权，而“特许权”可以不断复制、克隆式地重复使用，这样可以实现无数次的回报，这是一种一本万利、坐收利益的生财之道。

(2) 可以解决管理人才短缺和激励问题。

即使是资金雄厚的公司，在开设直营连锁商店时，也会面临优秀管理人才短缺，以及如何激励管理人员等现实问题，这往往需要企业花费大量的时间和精力来解决。而采用特许经营，具有良好声誉的特许人通常可以吸引到一批优秀的管理人才，同时也可以有效地解决激励机制的问题。通过特许经营，使受许人成为加盟店的所有者，受许人就能与特许人一样分享利润，受许人往往比雇佣的管理者容易受到激励并竭尽全力地工作，而无需特许人对其进行大量的监督，从而降低了监督成本。

(3) 减少特许人的财政风险。

由于开设每一家特许经营的分店都是由受许人提供资金，从而分担了特许人的财政风险，使特许人可以充分地运用加盟的资金来发展自己的事业。

(4) 可以快速塑造强大品牌。

采用特许经营的方式可以快速、高效地铺开销售网络，而分布在各地的众多分店的良好运转会提高生产商品牌的知名度，有利于为其树立良好的品牌形象。

### 3. 特许经营对双方的弊端

(1) 对受许人的弊端。

第一，创业初期可能需要巨大的资金。在创业初期，受许人除了单独创业时所需要付出的资金外，还必须向特许人支付一次性加盟金、保证金等费用。第二，使受许人缺乏自主性。一般而言，受许人都必须按照特许人的要求去做，这在无形之中会使受许人成为特许人的附属，使自己变得过分依赖特许人。同时，受许人受到与特许人签订的特许经营合同和协议的限制和监督，即使自己有了关于生意的创新想法时，也往往不能付诸行动来实施。第三，受许人要承受“一损俱损”的风险。特许经营具有统一性，当特许人、直营店或其他任何一家加盟店出现“丑闻”时，所有受许人都会受到牵连。第四，退出或转让特许业务很困难。许多特许经营合同都包括了受许人权利转让、终止、续约的条款，以及不参与竞争条款，这些条款对受许人退出或转让特许经营业务形成了限制。受许人一旦与特许人签订合同，在合同期内就很难有其他选择，这为受许人退出特许经营设置了障碍。

(2) 对特许人的弊端。

第一，特许经营合同限制了特许人策略和战略调整的灵活性，在一定程度上，限制了特许人的创新。比如，特许经营合同一般都会规定单店的外观、产品和服务内容、流程等方面，所以当特许人想对体系内的网点做一些改变时，可能面临违约的威胁。第二，知识产权等特许资源受到侵害。在特许经营过程中，特许人不可避免地要与受许人就技术、生产规划、市场、营销方法等方面进行交流与沟通，因此，泄露特许人一些数据也就在所难免，如若不慎，还可能泄露非常重要和关键的商业秘密，为特许人留下隐患。譬如，曾在中国风行一时但最终又闹得乱哄哄的诸如馋嘴鸭、土掉渣饼之类特许经营体系失败的主要原因之一，就是特许人对核心产品配方控制不严，最终导致了流失市场的恶果。第三，容易制造自己的竞争对手。在特许人的指导、培训和帮助下，受许人可能成为该特许经营领域的专家，那么一旦受许人在此领域自己干，或向上下供应链延伸，其必定成为特许人的一个强劲竞争对手。在现实经济生活中，退盟后的受许人成为原特许人强劲竞争对手的例子非常多。

## 4.3.4　我国特许经营的发展状况

### 1. 持续高速发展，并在国民经济中占据越来越重要的地位

在中国经济快速增长的趋势下，特许经营在中国的快速发展令全球惊讶，特许人的数量已经跃居全球首位，并且仍然处于高速增长阶段。同时，由于市场竞争的加剧，越来越多的创业投资人把目光转向特许经营，希望可以通过加盟成熟的特许经营品牌，获得安全可靠的创业投资机会。基于中国庞大的人口数量、社会保障机制的滞后及普遍的创业思想，在未来十年甚至更长的时期，加盟商的数量仍将快速骤增。实践证明，特许经营是中小企业品牌扩张的最佳模式之一，同时对于促进创业、就业型投资发挥了重要作用。在“4050 工程”、“千村万店工程”中，特许经营也占据了重要的位置。我国自20 世纪 80 年代末开始特许经营以来，经过二十多年的发展，已经具备较大的规模，根据最新资料统计，截至 2009 年底，全国的特许体系数量已突破 4000 个，店铺总数达到33 万家，分别比上一年增长 15%和 10%。2009 年特许经营连锁 120 强的销售规模达到

3109亿元，提供就业岗位82.5万个，覆盖的行业、业态达59个。作为一种经营模式，特许经营在中国经济发展中占据越来越重要的地位。

## 2. 特许经营规模化不够，零散度高

特许经营作为连锁经营的一种方式，其核心竞争能力之一就在于通过快速扩张规模降低成本，扩大市场占有率。我国特许经营企业的门店数量扩张速度并不慢，但是相对国际成熟的品牌来说，店数规模还非常小。例如截至2012年底，本土最大的连锁便利店——联华快客店数为3200多家，而7-11在全球有4万多家便利店，是快客的12倍。本土店数最多的餐饮品牌小肥羊有500多家店，与麦当劳在全球32000多家店比相距甚远。就中国市场相比，肯德基、麦当劳也分别以4000多家和1400多家，遥遥领先本土餐饮特许连锁企业。规模偏小导致我国特许经营企业在品牌、市场份额、运营成本等方面的优势并不明显。(见表4-1)

**表4-1 中外特许经营品牌店数规模比较**

| 国 际 品 牌 | 店铺数/家 | 国 内 品 牌 | 店铺数/家 |
|---|---|---|---|
| 7-11便利店 | 40255多 | 联华快客便利店 | 3200多 |
| 麦当劳 | 32000多 | 小肥羊火锅 | 548 |
| 赛百味 | 30500 | 秦妈餐饮 | 439 |
| 肯德基 | 12000多 | 德克士 | 752 |
| 必胜客 | 12300多 | 全聚德 | 75 |
| 21世纪不动产 | 8000多 | 我爱我家 | 800左右 |
| 速8酒店 | 2500多 | 如家酒店 | 2000多 |

数据来源:编者根据企业网站、行业协会统计数据等资料整理而成，数据截至2012年。

## 3. 很多企业急功近利，不注重品牌的塑造

很多本土特许经营企业在急功近利心理的支配下，不注重品牌的塑造，只是以多收加盟费为目的，只注重发展速度，一些企业连直营店都还不成熟，有的甚至连直营店都没有，就开始发展特许经营。在推广招商这一环节如同“八仙过海、各显神通”，有的能用一年的时间发展上千家加盟店。但是，这些超速发展的企业，单店管理和系统化管理基础还不牢固就开始“攻城略地”，结果是看起来店数很多，规模很大，但是整个特许经营体系的赢利能力非常一般，甚至会出现亏损、倒闭。还有很多特许经营企业只是统一了店名、服装、标识等外在形象，但是在特许经营体系建设的核心，比如研发、培训、采购配送、营销等方面，仍然是粗放式的管理，从而导致特许经营品牌形象受损，整个特许经营体系竞争能力差。

## 4. 特许经营欺诈问题严重

特许经营欺诈是指特许人故意告知受许人虚假情况，或者故意隐瞒真实情况，诱使受许人签订特许经营合同的行为。因此，特许经营欺诈是合同欺诈，也可称为特许经营合同欺诈。因特许经营通常被称为加盟，所以也可将特许经营欺诈称为加盟欺诈。加盟欺诈无异于为受许人预设的陷阱，因此，也被形象地比喻为加盟陷阱。

中国特许经营体系的数量已经在世界上名列前茅，但不可否认的是，中国特许经营的投资成功率并没有同步发展，投资失败率较高是业界公认的事实。其中，除加盟商自身原因、市场原因之外，由于特许人原因导致的失败成为关注的焦点。所谓的加盟陷阱越来越多，并出现蔓延势头，有关特许经营欺诈的案例充斥各种媒体，成为中国当前 11 种典型性商业欺诈之一，严重损害了加盟投资者的利益。

### 5. 特许经营国际化带来的竞争压力

加入 WTO 以后，海外许多特许品牌纷纷到中国抢占市场，已经进入的国际品牌也加快了在我国的特许经营步伐，这些国际品牌在给本土企业带来先进的经营管理理念的同时，也构成了我国特许经营的竞争压力。中外特许经营品牌同台竞技，拼的是品牌实力、资金实力、管理能力等一系列硬功夫。有的行业经过这些年的发展，已经开始出现激烈的竞争，并购、重组已经成为这些行业连锁和特许经营扩张的重要手段。可以预见，随着特许经营的国际化以及本土特许经营的发展，未来 5～10 年将是特许经营行业的一个洗牌时期。

应用案例 **成功开展特许经营的 7 个步骤**

特许经营被著名未来学家奈斯比特称为“21 世纪的主导商业模式”。特许经营之所以能够风靡全球，主要是其制度上的优越性，使企业能够低成本、低风险地实现快速扩张，同时对加盟者来说可以通过加盟特许经营体系更成功地投资创业。

特许经营进入我国的时间虽然不长，但是发展迅速。根据中国连锁经营协会最新统计数据表明，截至 2005 年 12 月底，我国已经拥有 2320 个特许经营体系，是全世界拥有特许经营体系最多的国家。特许经营在中国正处在高速的发展期，已经进入到 50 多个行业，并且在向更多的行业包括电子商务、生产资料流通、再生资源回收等领域进行渗透。已经有越来越多的企业认识到特许经营的魅力所在。

那么一个企业应该如何开展特许经营呢？笔者结合自身在特许经营领域近 10 年的运营实践和管理咨询经验，将成功开展特许经营分解为 7 大步骤，这 7 大步骤分别是：

第一步：特许经营的可行性研究；

第二步：特许经营战略规划；

第三步：特许经营单店模式设计和提炼；

第四步：特许经营加盟模式设计；

第五步：特许经营支持管控体系设计；

第六步：特许经营项目推广；

第七步：特许经营体系运营。

(资料来源：文志宏，中国管理传播网，2008 年(原文有删减))

开展特许经营并不难，但是要使特许经营获得成功，需要构建完善的特许经营系统，并把握其中关键的环节和细节。如果某企业打算开展特许经营而缺乏相应的经验，可以按照以上步骤来进行特许经营的规划，也可以通过与具有特许经营运营经验的管理咨询专家合作，使特许经营项目获得更大成功。

## 应用案例 美国杰菲润滑油换油服务公司的特许经营

美国大多数汽车制造商的设计要求是每隔 3000 英里（1 英里≈1.6 公里）换一次机油。以前大部分车主都自己换油，但是现在越来越多的车主没有时间，或者不愿意自己换油。近些年来，从自己换油到让别人来服务的需求越来越大，汽车修理厂和加油站是提供这种服务的主力军，而近来专业的快速换油服务中心发展非常快。1995 年，接受换油服务的车次大约是 8000 万辆，估计在 10 年之内，接受汽车换油服务的车辆将会达到每年 12000 万辆。近些年来增长的换油服务业务中，大约有一半将会是在专业的快速换油服务站，其他在汽车修理厂、汽车商，还有一小部分保留在加油站。较大的快速换油公司都拥有多家连锁店，而最主要的连锁经营方式则是特许经营。杰菲国际公司拥有全美最大的快速换油特许经营体系。杰菲公司自 1979 年开始创建便利换油服务中心以来，现在在 47 个州拥有超过 1400 家服务中心。杰菲公司的母公司是 Pennzoil 公司，这是一家名列“五百强名单”的公司，它经营石油、天然气及消费类产品，Pennzoil 公司还拥有自己的 Pennzoil 产品公司，专门营销 Pennzoil 汽车用油，它是美国的领导品牌。大约 80%的杰菲公司服务中心专门经营优质的 Pennzoil 汽车用品和润滑油。杰菲公司服务中心 1996 年进行换油服务的车辆达到 1900 万辆，市场占有率超过 20%。

**一、特许加盟商可以从杰菲公司总部那里得到的支持和帮助**

特许经营的一个重要特点是实现总部也就是盟主和特许加盟商的双赢。杰菲公司的目标是要帮助特许加盟商取得事业上的成功，同时，也获得自己事业的成功。特许加盟商可以从杰菲公司总部那里得到的支持和帮助有：①帮助选址；②培训加盟商及其管理人员；③帮助加盟商进行有效的经营。杰菲公司总部将帮助那些称职的特许加盟商得到特许权，然后总部将提供支持、服务、引导和领导，以帮助它们成功。

(1) 杰菲公司总部提供选址的帮助。总部有一个庞大的资料库，并把它做成了一个复杂的电子地图系统，上面可以显示人口统计资料、地理资料、财务资料以及当地市场资料，甚至邻近地区的资料。总部发展管理人员根据公司已经实践成功的选址原则，结合电子地图系统进行选址。

(2) 总部提供建设服务中心的基本的建筑计划和规则，只有当地政府有特别规定时，或者新选的这个地点有特别的情况时，才进行一些必要的修改。

(3) 强大的广告宣传能够吸引消费者，所以，总部提供一个推荐的广告计划，同时，它还包括一些附加材料，特许加盟商各地情况有所不同，他们可以根据自己所在市场的特点进行取舍。

(4) 帮助开张、经营加盟店。在加盟商的服务中心开张之前，总部培训部将帮助加盟商培训开业员工，加盟商将得到详尽的服务站经营管理的策略和过程手册，以及其他书面的经营、营销和训练材料。为了能够把公司过去成功的营销手段传授给加盟商，杰菲公司和加盟商一同工作，贯彻营销系统，研究发展规程以执行附加的服务，以保持业务增长。总部将指导服务中心购买一套计算机系统，用来记录顾客和营销资料，建立顾客服务日志。同时，还提供相应的软件识别汽车服务需求，以鉴定他们操作的强弱。

(5) 总部有一个销售公司，专门购货、销售和发送货物。各服务站所需的各种设备和材料，包括全套的汽车滤油器、润滑油设备、服务供给设备、安全装备、家具等都由这个公司去采购，这样集中采购的优点就是各个服务中心都能得到最低的价格。当然，服务中心最重要的东西——润滑油，也是由总部统一供应的。

**二、如何成为杰菲公司的特许加盟商**

(1) 从过去的经验可以得出，最成功的特许商都是全身心地投入这项事业当中的人。有些人虽然有钱能够投资换油中心，但如果自己不准备亲自经营业务，那么杰菲公司是不欢迎这样的人加盟的。

(2) 杰菲公司的特许商必须有能力、有意愿，愿意学习并且遵从公司的特许规则。这项事业要求每个特许商都要有很强的处理人际关系的能力，能够管理和激励他的员工并且与顾客建立良好的沟通。

(3) 特许费。如果用租来的店面建设一家杰菲公司的服务中心的初始投资需要 18 万美元左右，其中 35000 美元是缴纳给杰菲公司的特许费，其他还有装修费用、设备、租金、培训费、初始存货和运营资本等。除了特许权费以外，每一位特许加盟商还必须按照销售额每年向杰菲公司总部上交 5%的权益金。加盟商每年还要拿出销售额的 5% 用于广告支出，在有些情况下，是通过地区的广告基金联合会进行的。总部还要负责品牌的建设与维护工作。1997 年，杰菲公司发展非常迅速，全公司为 2200 万车次提供换油服务，比上年增长 20 %，平均每 48 小时开一家分店。

现在杰菲公司的汽车换油服务已经成为行业的标准。为顾客提供优质服务永远是公司的核心任务，杰菲公司设立了一个专门负责顾客的副总裁，他的主要职责就是评估公司的每一项商业活动对公司用户的作用和影响。杰菲公司每个月要向全国各地发出 1000 万～1500 万份信件，用于顾客调查，公司还专门开设了一个全国通用的顾客免费服务专用电话。公司要求所有加盟店的员工都必须得到专业换油技术证书。所有的加盟店的新管理人员都要接受公司规定程序的管理培训。公司在因特网上建立了自己的站点。公司的网上站点给用户提供详细的电子地图，可以指导用户到最近的杰菲公司服务中心。

(资料来源：雷培莉、李五四、孟繁荣编著：《分销渠道管理学》，北京，经济管理出版社，2003 年版)

**思考**

1. 分析美国杰菲润滑油换油服务公司特许经营成功的原因。
2. 你认为美国杰菲润滑油换油服务公司的这一系列做法在其他国家能够成功吗?

## 4.4 辅助机构

在分销渠道中，还有很多组织为产品的分销提供支持性服务，这些组织称为辅助机构。辅助机构是指帮助执行运输、储存、购买、出售等渠道功能的组织，常见的辅助机构有以下几类。

### 4.4.1 运输代理商

运输代理商指的是为所有基于公共基础提供运输服务的公司，它是一种特殊的代理形式，是运输业分工深化的结果，例如 UPS 和联邦快递。它的形成进一步促进了运输的专业化和社会化。随着社会分工的不断深入和运输业的蓬勃发展，运输代理业与运输业相互作用共同发展，运输代理商往往能够形成巨大的规模效应，从而能比生产商、批发商和零售商更为有效和低成本地提供运输服务。

### 4.4.2 库存代理商

主要指那些专门从事场地出租进行货物储存的公共仓库。其中许多公司在执行分销任务时能表现出很好的弹性。有时候渠道成员(生产商、批发商以及零售商)的货物储存在库存公司的仓库中，而不是储存在自己的仓库中。这样既能在生产高峰期保证储存量，又能在低峰时期降低仓储成本，还能够通过提高仓储的专业性和技术水平来降低仓储的风险，提高渠道效益。

### 4.4.3 订单处理代理商

订单处理代理商是指专门从事订单处理工作的公司，它们代替生产商、批发商及零售商来执行一些或者全部的订单处理工作。这样就完善了生产商和批发商订单处理流程，使得渠道成员从自己处理订单的烦琐工作中解脱出来，加快了信息传递，方便了物流。

### 4.4.4 广告代理商

广告代理商是指专门为生产商、中间商提供销售策略和广告服务的公司，这个任务小到为一家公司写一个广告，大到帮助一家公司设计和执行整个广告策略。广告代理商可以代表各种不同的广告主或销售商去购买各种媒体的广告时间和空间，以确定客户产品和服务的目标消费者；广告客户是广告活动的直接投资者，是广告代理商的收入来源；两者的关系实质上是一种经济关系。不断发展的广告代理业成为广告客户重要的营销渠道，成熟的广告代理制也能推动广告客户广告意识的提高。

### 4.4.5 保险公司

保险公司是转移渠道成员业务风险的公司。例如火灾、盗窃损失以及在运输过程中的损坏，有时候还包括恶劣的天气带来的损失，这些损失的风险可以通过投保的方式降到最低。渠道成员需要事先协商由谁投保，由谁承担产品在仓储运输过程中可能造成的损失。保险公司在承保的保险事故发生后，由渠道成员提出索赔申请，根据保险合同的规定，对事故的原因和损失情况进行调查，并且予以赔偿。

### 4.4.6 市场研究机构

市场研究机构通常通过获取相关的数据来为渠道成员分析市场信息。在过去的 30 年中，市场研究机构得到了非常大的发展。现在大多数的大城市中都有许多市场研究机构来提供广泛的市场研究服务。当渠道成员自己的公司缺少获得与分销有关的市场信息的必要技能时，它们就会通过这些市场研究机构来提供必要的信息。网络技术和电子商务的发展也使其对分销渠道成员的作用得到了加强。

辅助代理机构虽然不是渠道成员，但渠道成员却经常通过它们来帮忙执行许多不同的分销任务。辅助代理机构这种超越分销任务时的传统作用，和不断为渠道成员提供新服务的潜力，使得它们自己对营销渠道中所有成员的作用都得到了加强。

## 本章小结

本章的目的是让读者掌握分销渠道的几个重要成员的相关知识，让读者进一步认识分销渠道的结构组成，对几个基本的渠道成员的特征和作用有一定的了解。

首先，从宏观上简要介绍了分销渠道的基本结构成员的基本类型，主要包括生产商、中间商、销售终端和相关的辅助机构。

其次，详细分析了批发商和零售商的基本内容，重点介绍了它们的类型和渠道职能。批发商是指从事批发业务的组织和个人。零售商是指从事将商品或服务直接销售给最终消费者，以供个人(或家庭)作非商业用途的组织和个人。它们都是分销渠道中的重要成员，都有着各自庞大的分支系统，批发商包括商人批发商、代理商批发商、生产商的销售分支机构和办事处 3 种类型。批发商最重要的职能集中在对商品的集中、编配和储运上。零售商在商品组合、商品包装、仓储及服务四个方面行使着重要职能。

接着，分析了一种独特的经营模式——特许经营的特征和优劣势，对其发展趋势也进行了预测。

最后，本章简要介绍了分销渠道的辅助机构，有运输代理商、库存代理商、订单处理代理商、广告代理商、保险公司和市场研究机构这几个类型。

## 关键术语

| | | | |
|---|---|---|---|
| 渠道成员 | 批发商 | 零售商 | 代理商 |
| 经销商 | 分销商 | 中间商 | 特许经营 |
| 辅助机构 | | | |

## 思考题

1. 简述批发商和零售商的概念和特征。
2. 批发商有哪几种类型？有什么区别？
3. 决定商店选址的因素有哪些？
4. 简述特许经营的优点和缺点。
5. 实地调查一个批发商，确定它的类型，并对其营销决策加以评价。

## 参考文献

[1] 菲利普·科特勒. 营销管理[M]. 上海：上海人民出版社，2002.
[2] 伯特·罗森布罗姆. 营销渠道管理[M]. 北京：机械工业出版社，2003.
[3] 卜妙金.分销渠道管理[M]. 2 版.北京：高等教育出版社，2008.
[4] 常永胜. 营销渠道：理论与实务[M]. 北京：电子工业出版社，2009.
[5] 张广玲.分销渠道管理[M]. 武汉：武汉大学出版社，2005.

## 案例研讨

### LG 电子公司的渠道策略

LG 电子公司从 1994 年开始进军中国家电业，目前其产品包括彩电、空调、洗衣机、微波炉、显示器等种类。LG 电子公司把分销渠道作为一种重要资产来经营，通过把握渠道机会，设计和管理分销渠道，从而拥有了一个高效率、低成本的销售系统，提高了其产品的知名度、市场占有率和竞争力。

**一、准确进行产品市场定位和选择恰当的分销渠道**

LG 家电产品系列、种类较齐全，其产品规格、质量主要集中在中高端。与其他国内外品牌相比，最大的优势在于其产品性价比很高，消费者能以略高于国内产品的价格购买到不逊色于国际著名品牌的产品。因此，LG 将市场定位在那些既对产品性能和质量要求较高，又对价格比较敏感的客户。LG 选择大型商场和家电连锁超市作为主要分销渠道。因为大型商场当时是我国家电产品销售的主渠道，具有客流量大、信誉度高的特点，便于扩大 LG 品牌的知名度。在一些市场发育程度不很高的地区，LG 则投资建立一定数量的专卖店，为其在当地市场的竞争打下良好的基础。

**二、正确理解分销渠道与自身的相互要求**

LG 对渠道商的要求包括：渠道商要保持很高的忠诚度，不能因渠道反水而导致客户流失；渠道商要贯彻其经营理念、管理方式、工作方法和业务模式，以便彼此的沟通与互动；渠道商应该提供优质的售前、售中、售后服务，使 LG 品牌获得客户的认同；渠道商还应及时反馈客户对 LG 产品及潜在产品的需求反应，以便把握产品及市场走向。渠道商则希望 LG 制定合理的渠道政策，造就高质量、统一的渠道队伍，使自己从中获益；LG 还应提供持续的、有针对性的培训，以便及时了解产品性能和技术的最新发展；另外，渠道商还希望得到 LG 更多方面的支持，并能够依据市场需求变化，及时对其经营行为进行有效调整。

**三、为渠道商提供全方位的支持和进行有效的管理**

LG 认为企业与渠道商之间是互相依存、互利互惠的合作伙伴关系，而非仅仅是商业伙伴。在相互的地位关系方面，自身居于优势地位。无论从企业实力、经营管理水平，还是对产品和整个市场的了解上，生产商都强于其渠道经销商。所以在渠道政策和具体的措施方面，LG 都给予经销商大力支持。这些支持表现在两个方面：利润分配和经营管理。在利润分配方面，LG 给予经销商非常大的收益空间，为其制定了非常合理、详细的利润反馈机制。在经营管理方面，LG 为经销商提供全面的支持，包括信息支持、培训支持、服务支持、广告支持等。尤其具有特色的是LG充分利用网络对经销商提供支持。在其网站中专门设立了经销商频道，不仅包括LG全部产品的技术指标、性能特点、功能应用等方面的详尽资料，还传授一般性的企业经营管理知识和非常具体的操作方法。采用这种方式，既降低了成本，又提高了效率。

然而经销商的目标是自身利润最大化，与LG的公司目标并不完全一致，因此，需要对分销商进行有效的管理。对分销商管理的关键在于价格政策的切实执行。为了防止不同销售区域间串货的发生，LG实行统一的市场价格，对经销商进行评估时既考察销售数量更重视销售质量。同时与渠道商签订合同来明确双方的权利与义务，用制度来规范渠道商的行为，防止某些经销商为了扩大销售量、获取更多返利而低价销售，从而使经销商之间保持良性竞争和互相制衡。

**四、细化分销渠道，提高其效率**

LG依据产品的种类和特点对分销渠道进行细化，将其分为IT产品、空调与制冷产品、影音设备等分销渠道。这样，每个经销商所需要掌握的产品信息、市场信息范围缩小了，可以有更多的精力向深度方向发展，更好地认识产品、把握市场、了解客户，最终提高销售质量和业绩。

**五、改变营销模式，实行逆向营销**

为了避免传统营销模式的弊端，真正做到以消费者为中心，LG将营销模式由传统的“LG→总代理→二级代理商→……→用户”改变为“用户←零售商←LG+分销商”的逆向模式。采用这种营销模式，LG加强了对经销商特别是零售商的服务与管理，使渠道更通畅。同时中间环节大大减少，物流速度明显加快，销售成本随之降低，产品的价格也更具竞争力。

（资料来源：杨志宁，《构建营销渠道优势 角逐中国家电市场——LG的启示》，载《经济管理》2002年第7期）

## 案例思考题

1. 分析LG电子公司的渠道策略。
2. 结合案例谈谈分销渠道的选择应该注意哪些问题？

# 第5章　分销渠道成员选择、激励与绩效评估

## 学习目标

★掌握分销渠道的选择原则
★了解分销渠道成员的选择步骤与途径
★熟悉选择合适分销渠道成员的标准与方法
★明确分销渠道成员的激励机制
★掌握分销商绩效评估的指标与考核方法

## 引　　例

### "微软经销联盟"合作伙伴的招募

2002年，微软中国实施"春耕计划"，该计划是微软中国有史以来最大的渠道投资发展计划，旨在加强微软合作伙伴的支持力度和提升合作伙伴的能力。整个计划包括两个步骤。第一步是全面覆盖。微软在一年内在全国31个省市全面招募渠道伙伴加盟"微软经销联盟"。第二步，根据合作伙伴的业务模式，对微软经销联盟的成员进行细分，分为MAR(核心代理商)、LAR(大客户代理商)、ISV(独立软件开发商)、Solution Partner(解决方案提供商)、SB(装机商)、CTEC(微软认证高级培训中心)等不同类型，针对合作伙伴的不同业务类型配以不同的项目或奖励支持。"微软经销联盟"是以各类合作伙伴与微软合作并取得微软进一步配合和支持为前提。该计划具体实施措施如下。

**1. 入门要求——"联盟基因"**

所有销售微软产品的IT经销商，或愿意成为微软合作伙伴的IT经销商，均可申请加入

"微软经销联盟"。凡申请加入"微软经销联盟"的经销商均需合法使用微软软件并缴纳会费：A.新会员会费，4500元/年；B.老会员续会享受特别优惠。

**2. 成员职责和义务**

①公司自身使用正版微软软件；②保证销售正版软件(需要经销商总经理签署"销售微软正版软件自律公约")；③每季度至少从微软总代理处提货一次，金额不少于3000元；④积极参加"微软经销联盟"的培训和活动。

此项授权有效期为一年，到期后需重新申请和审核。如不能达到以上要求，微软有权随时撤销其"微软经销联盟"成员的资格。

**3. 加入"微软经销联盟"的利益**

成为联盟成员后，将具有三大优势：①企业竞争力优势。微软公司将帮助经销联盟成员培养专业的软件销售人员，打造一支具有专业水平的销售团队。②企业形象优势。微软公司将帮助加盟经销商宣传公司知名度；优先参加微软的各种市场活动。③销售利润优势。联盟成员有资格获得优惠价格；联盟成员有资格加入微软各种渠道促销和奖励活动；联盟成员有资格被推荐为核心代理商、金牌解决方案代理商；帮助联盟成员降低技术投资成本。

(资料来源：常永胜，《营销渠道：理论与实务》，北京：电子工业出版社，2009年版)

**思考**

1. 生产商对中间商有何要求?
2. 中间商对生产商有何要求?

## 5.1 分销渠道成员的选择

选择什么样的中间商作为合作伙伴，直接影响到生产商的产品是否能够及时、准确地转移到消费者手中，影响到生产商的分销成本和服务质量，影响到生产商销售目标的实现，影响到产品及生产商在消费者心目中的形象。因此，对于生产商来说，分销渠道成员的选择必须严格、谨慎，必须与生产商自身的渠道设计一脉相承。

### 5.1.1 选择分销渠道成员的原则

在进行渠道选择前，应考虑企业选择渠道成员需要遵循的原则。不同的企业有不同的渠道目标和渠道策略，因此选择渠道成员的原则也不尽相同。但是，在选择渠道成员时，企业应该把握好一些基本原则。

#### 1. 相互认同原则

这是选择渠道成员最基本的原则。生产商与渠道成员之间的相互认同是双方合作的前提。生产商在筛选渠道成员时，应选择那些认同本企业产品和理念的中间商。只有理念相同，愿意合作，才能使合作顺利和长久。

#### 2. 经济性原则

即成员选择效益的问题，包括两方面的内容分析：一是扩散能力(分销效率)分析。

所谓分销效率，是指一条分销渠道运行的投入产出比。间接分销渠道的运行效率，在很大程度上取决于其他渠道成员的经营管理水平，比如进货管理不善的中间商常常出现压库或脱销的现象等。这使得生产商产生错觉，误以为产品供不应求或供过于求，错误地进行产能调整，最终导致产销脱节，给企业造成巨大的损失。二是中间销售费用分析。分销环节会增加一部分销售成本。如果中间销售费用过高，会影响整个渠道系统的价格体系，导致渠道系统的运行效益降低。因此选择渠道成员的时候，要考虑中间商控制销售成本的能力。

### 3. 适合性原则

即成员选择匹配的问题，包括渠道的抗冲击力和可变性——当外部环境发生变化时所选择的渠道能否抵御外来的冲击并保持市场销售和价格的基本均衡；当生产商总体销售战略调整时所选择的渠道能否快速灵活地进行调整以适应新政策和市场变化。

### 4. 可控性原则

即成员选择风险最低的问题，要在一定时期内能保证顺利实施生产商的政策，以减少渠道冲突和失控风险。根据这一原则，选择渠道成员时应该注意两点：一是渠道成员的影响范围、顾客类型是否与企业的目标市场相吻合。这决定了渠道成员能否顺利地把企业的产品或服务送达目标市场，是否能够方便目标消费群体的购买和销售活动。二是渠道成员的经营特点以及渠道功能是否符合企业的预期，比如，渠道成员的分销能力、专门知识和经验等。

### 5. 发展性原则

即成员选择的战略性、前瞻性问题，选择成员不要仅仅看到眼前，还要从战略的高度选择那些和本企业战略规划相一致或基本一致的分销商。也就是说，营销渠道作为一个整体，成员之间只有互惠互利、密切合作，才有可能建立一个高效运转的营销渠道。因此，在企业选择渠道成员时，应该注意分析渠道成员的意愿、价值观和合作精神与企业的一致性程度，只有将各个成员的利益捆绑在一起，实现互惠互利，才能建立长久稳定的合作关系。

## 5.1.2 选择分销渠道成员的步骤

选择适合的分销渠道成员，对生产商来说非常重要。因为生产商、中间商和零售终端之间需要建立长期合作的基础，甚至结成战略合作伙伴的关系，它们之间并不仅仅是一次交易而已。因此，在渠道建设之初需要有长远的规划。分销渠道是否能够发挥应有的功能，渠道政策是否能贯彻实施，渠道目标能否顺利完成，对企业来说至关重要，这很大程度上取决于分销渠道成员相互合作的程度。所以，慎重选择渠道成员是至关重要的一步。合作关系一旦确定，再更换渠道成员不但要付出高昂的成本，而且对整个渠道系统来说会有很大的损害。

从生产商的角度来看，选择渠道成员的决策过程，可以分为 6 个步骤，如图 5-1 所示：

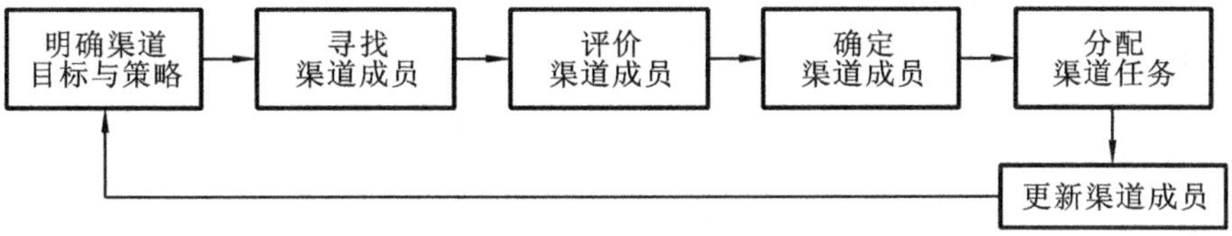


图 5-1 选择渠道成员的决策过程

### 1．明确渠道目标与策略

企业在进行渠道设计的时候已经考虑到渠道目标与策略，比如采取何种渠道结构，渠道的长度和广度等。但是，在选择渠道成员之前，需要重新考虑这个问题，使企业在构建渠道组织时更加有目标性。因此，企业需要重新明确三个问题：一是企业是否真的需要中间商；二是企业需要何种类型的中间商；三是企业需要多少相同类型和不同类型的中间商。

首先，企业需要考虑自己是否有直销能力。具体可以从以下几个方面来考虑：企业是否具备正常经营所必需的仓储设施；企业是否具备自己的推销队伍；企业是否具备必需的广告和其他促销能力；企业是否有提供售前、售中和售后服务的能力；企业是否拥有足够的财力向终端客户提供信用和准备存货融资；企业是否有适用的订货和支付系统。如果企业没有能力进行直销活动，那么必须使用中间商。当企业有能力直销时，需要考虑中间商渠道是否比直销渠道更有效率，是否需要控制渠道。如果必须控制渠道，那么企业选择采用直销渠道。如果控制渠道不是那么重要，企业会考虑选择二者中更有效率的渠道。

其次，企业选择中间商，需要根据消费者或用户的需求，确定哪些渠道功能由什么样的中间商来执行。也就是说，将市场的需求与中间商的性质、企业的渠道目标和渠道策略相匹配。因此，需要了解中间商或中介服务商执行渠道功能的一些可能性，见表 5-1。

表 5-1 渠道与恰当中间商选择之间的对应关系

| 渠道功能 | 渠道功能的执行者举例 |
|---|---|
| 实物流 | 仓库，货运公司，批发商，零售商(包括传统零售商、目录销售商和网上零售商)，其他经销商 |
| 所有权流 | 批发商，零售商(包括传统零售商、目录销售商和网上零售商)，其他经销商 |
| 促销流 | 批发商，零售商(包括传统零售商、目录销售商和网上零售商)，其他经销商，经纪人，特许经营授许商 |
| 谈判流 | 经销商，进出口贸易公司，经纪人 |
| 融资流 | 批发商，零售商(包括传统零售商、目录销售商和网上零售商)，其他经销商，经纪人，信用卡公司，银行，特许经营授许商 |
| 风险流 | 批发商，零售商(包括传统零售商、目录销售商和网上零售商)，其他经销商，信用卡公司 |
| 订购流 | 批发商，零售商(包括传统零售商、目录销售商和网上零售商)，其他经销商，特许经营授许商 |
| 支付流 | 批发商，零售商(包括传统零售商、目录销售商和网上零售商)，其他经销商，货运公司，特许经营授许商 |

最后，对于同一渠道层次的中间商数量的选择，应根据企业产品的特点和企业追求的产品市场覆盖率，来确定合适的渠道成员数目。具体应该根据企业所选择的是密集型分销、独家型分销或选择型分销来确定。而分销方式又取决于渠道结构设计，渠道结构中的渠道长度和宽度一旦确定，那么渠道成员数目就应该根据之前的渠道结构设计内容来确定。

### 2. 寻找潜在的渠道成员

企业要想选择渠道成员，就要了解市场上有多少可供选择的企业，然后才能根据具体标准进行甄选。寻找潜在渠道成员名单，可通过内部信息源，也可以通过外部信息源。

### 3. 评价渠道成员

经过寻找潜在的渠道成员后，需要进一步开展的就是对寻找到的潜在渠道成员进行考核、筛选，并按照系统的标准与方法进行评价，最终选出各项条件都比较适合的潜在渠道成员。评价潜在渠道成员的关键在于确定选择标准，运用合适的选择方法，对潜在渠道成员的经营能力、合作能力、商业信誉等各方面进行严格全面的考核，最终确定哪些潜在渠道成员能够成为正式的渠道成员。

### 4. 确定渠道成员

经过层层严格选拔、评价后就可以确定最后的渠道成员。当然，由于彼此是合作关系，需要渠道成员能与企业在渠道目标方面达成一致，因此，企业在确定渠道成员时要注意：对利益的描绘要具体、详细，具有共同发展理念，提供较多的激励措施，这样可确保彼此合作关系的长久。值得注意的是，实力大的中间商未必就是最合适的，因为实力强大的中间商会与企业争夺对渠道的控制权，所以可能并不适合希望控制渠道的企业。大中间商只适合对渠道没有控制欲望的中小企业。因此，企业需要根据自己产品的特点、中间商代理的产品品牌、市场覆盖能力等做出恰当的选择。

### 5. 渠道成员的任务分配

经过一系列的评估，企业确定了合适的渠道成员。当双方的渠道合作关系基本确定之后，渠道任务会在渠道成员之间以签订合同的方式进行分配。渠道成员任务的分配常常在招募渠道成员的时候就进行了明确的规定，其内容与双方的权利和责任密切相关。有时，企业也会通过管理规范的方式明确渠道任务的分配。比如，某公司通过制定代理商经营管理规定的方式，明确代理商的任务与权利。一般来说，渠道任务在渠道成员之间的分配，主要涉及价格政策、交易条件、地区权利和其他特定的内容。

1) 价格政策

价格政策是指一个渠道成员针对另一个或一些渠道成员所制定的价格方面的规定。其内容包括两个方面：一是指生产商针对中间商制定的价格表和折扣细目单，使中间商能够明确自己的利益；二是生产商针对渠道体系而制定的产品销售价格方面的要求，以避免渠道价格的混乱。价格政策体现着渠道成员之间在价格方面的权责分配，以防止由于渠道系统的价格体系出现混乱而导致渠道冲突，进而引发市场窜货现象。

2) 交易条件

在双方签订的合同中，需要对交易条件作出明确规定。交易条件包括付款条件、生产商的商品质量保证、按时供货保证和货物交割方式，以及中间商的库存水平、服务质量和服务方式等。付款条件具体规定了购买者支付货款的结算方式、支付时间，以及当中间商不能及时付款时与供货方的协商途径与处理办法等。一些生产商为了鼓励中间商及时付款的积极性，常常对于提早或按时付清货款的中间商给予价格折扣、现金折扣。此外，除了产品的质量和按时供货保证，生产商还会作出一些保证，包括次品或积压品处理保证、价格调整保证和退换货保证等。

3) 地区权利

地区权利是规定中间商的销售区域权利，详细说明各中间商之间的顾客服务范围，以免渠道成员之间发生冲突。因此，中间商不仅仅要了解自己的地区权利，也要清楚生产商的整体地区权利规划。例如，娃哈哈公司对特约一级经销商给予其一定地区范围内独家代理的权利，并且严格打击窜货现象，使特约一级经销商的地区权利能够得到落实和保障。

4) 其他特定的内容

由于渠道合作面临的具体情况各不相同，因此除了以上所设计的任务与责任分配以外，在一些特定的内容上也需要明确双方的责任与义务，比如，人员培训、促销支持、技术协助、资金支持等方面。

#### 6. 更新渠道成员

确定渠道成员并成功实现分销，是生产商实现渠道成员选择的一个阶段性目标。渠道成员的确定不是一劳永逸的，而是一项长期的、连续的工作，这是因为渠道成员需要不断进行更新。渠道成员更新的原因有很多：中间商一般每年都要考核一次，凡是没有完成任务，而且不可能提高的，生产商可能会按照协议解除合作协议；中间商与生产商合作一段时间后，感觉和其他生产商合作更有利益，也会转投他处；生产商也会不断开发新产品，需要寻找新的中间商来营销新产品；另外产品生命周期的不同阶段，随着渠道目标的改变，也需要对中间商进行调整。不管出于哪种原因，对渠道成员的选择都是一个不断持续、循环往复的过程，因此需要不断开展更新工作。

### 5.1.3　选择分销渠道成员的途径

当企业明确了渠道目标与策略后，就要开始搜寻企业未来在分销渠道活动中可能的合作伙伴。对于有一定市场经验和市场影响力的企业来说，可能已经有足够多的分销商愿意与之合作，它们只需要从中找出最合适的经销商就行。但是，对于一些新创立的企业，或者开发一个完全没有基础的新市场时，就需要寻找渠道成员。

寻找渠道成员时，企业需要找到一定途径进行搜寻。一般而言，搜寻的范围越大，找到合适的渠道成员的机会就越大。寻找途径主要有：自设销售组织、商业途径、顾客和中间商咨询、广告、网上查询等。

#### 1. 自设销售组织

企业自设的销售组织的主要任务是负责产品的批发和零售工作。除此之外，这些销售组织和推销人员在产品流通的过程中，与中间商有很多的业务往来，掌握着中间商很多的基本信息。因此，企业销售人员还有一项重要的职责，即保持和发展与中间商的密切关系，随时注意发现新的渠道成员。这些人员一般比企业的其他人员更加清楚在某一区域内谁最有可能成为企业合适的渠道成员。当企业需要更换、增补渠道成员时，他们就会向企业提供一份名单。因此，销售组织和推销人员是生产商寻找新的渠道成员很好的途径。

### 2. 商业途径

商业途径包括贸易组织、出版物、电话簿、商业展览会等。比如通过商业展览会，企业有机会接触到大量的商业机构，可以与可能的合作伙伴当面交流，寻找合适的渠道成员。

### 3. 顾客和中间商咨询

营销活动最根本的任务是满足顾客需求，企业营销活动都是围绕顾客进行的。因此，可以向顾客咨询他们心中满意的中间商。如果顾客对中间商的服务满意，他们就会经常与这些中间商打交道；相反，顾客可能会抵触他们不满意的中间商，不再去那里购买商品。企业向顾客咨询，可以通过正式或非正式的市场调查，了解顾客在他们所处的区域内对不同中间商的看法，以便确定哪些中间商可以成为企业未来的合作伙伴。

此外，也可以向现有的中间商咨询，让他们推荐一些中间商以供企业选择。但是，需要注意的一点是，企业对现有中间商的推荐要谨慎选择，以防有些中间商借此推荐与自己关系好的中间商而进行联盟。一旦某些中间商的联盟势力过大，在与企业发生冲突的时候，很可能联合其他中间商抗衡，对渠道系统造成巨大的损害。

### 4. 广告

企业也可以通过做广告的方式寻找渠道成员。例如，在某些电视频道进行招商广告，如淘宝网最初通过这种方式在电视上宣传自己的网站并进行招商；在有关的报纸杂志上刊登广告，等待有兴趣的渠道成员前来联系和询问；在相关网站上刊登招商广告，如百度推广、行业网站上，成本低，效果显著。

### 5. 网上查询

通过访问互联网上的专业网站，渠道管理人员可以搜寻到某一行业中很多同一类型或不同类型的企业。这种方法最大的优点便是企业通过上网查询可以找到很多未来可能的合作伙伴，投入成本很低，甚至不需要什么投入。当然，企业在网上不能没有目的性地胡乱查找。

除了以上的方法，企业还可以通过其他一些途径寻找渠道成员，比如通过熟人介绍、委托经纪人寻找等。只要控制在一定的寻找成本内，企业也可以多种方法同时使用，如一方面让中间商推荐，另一方面在网站上进行招商广告等。具体可选途径如表5-2所示。

表 5-2 寻找潜在渠道成员的可选途径

| 可 选 途 径 | 说 明 |
|---|---|
| 购买数据库 | 从专业数据企业购买企业名录、企业黄页，从中筛选出合适的潜在渠道成员 |
| 寻找竞争对手渠道 | 尤其是卖同类产品比较成功的渠道商，可帮助生产商迅速打开市场 |
| 合作伙伴推荐 | 让合作伙伴提供相关的分销商信息，从中筛选出合适的潜在渠道成员名单 |
| 企业内部人员推荐 | 企业销售人员平时与中间商接触比较多，可提供一部分有资格的渠道成员；企业其他员工由于来自不同地区，也可能比较了解当地情况，可以为企业做合适的推荐 |
| 贸易展览或交易会 | 通过参加展览会或交易会，生产商可以找到众多的潜在渠道成员 |
| 行业协会、商会 | 从行业协会、商会中查询相关信息 |
| 征询分销商 | 从销售其产品的中间商中直接征询潜在分销商信息 |
| 消费者调查 | 通过调查消费者，获得消费者期望的渠道成员名单 |
| 招聘广告 | 在行业出版物上发布广告、招聘信息，会得到许多对口的潜在渠道成员 |
| 互联网 | 登录企业门户网站、大型行业网站、论坛等，都可以寻找到合适的渠道成员 |

### 5.1.4 选择分销渠道成员的标准

企业要从众多的同类渠道成员中，选择出适合自己分销渠道系统的成员。找到理想的渠道合作伙伴并不是一件容易的事情，这需要确定企业选择分销渠道成员的标准。对于每一个企业来说，这个标准都是不同的，甚至是唯一的。因此，我们讨论渠道成员选择的标准只能是一般意义的选择标准。

早在 20 世纪 50 年代初，美国学者 Brendel 就设计了一套选择渠道成员的量表，用于生产企业综合考察和判断谁是最合适的经销商。

小资料

**渠道成员评选标准表**

1. 经销商是否真的对我们的产品感兴趣?
2. 它的实力如何?
3. 它在企业目标顾客群中的声誉如何?
4. 它在供应商中信誉怎样?
5. 它是否富有开拓精神?
6. 它同时经销哪些类别的产品?
7. 它的财务状况如何?
8. 它经营某类产品的能力如何?
9. 它的规模如何?
10. 它要求货物清单必须准确清晰吗?
11. 它的消费群体是哪些?
12. 哪些人群对它所出售的商品从不过问?
13. 它认为价格需要保持稳定吗?
14. 它过去五年的销售业绩怎样?

15. 它的业务员销售区域有多大?
16. 它的业务员经过培训了吗?
17. 它的外勤人员有多少?
18. 它的内勤人员有多少?
19. 它的团队精神、销售培训及促销活动怎样?
20. 如果经销企业的产品，它能够提供什么样的优惠条件?

(资料来源：伯特•罗森布罗姆著，李乃积、奚俊芳译，《营销渠道管理》(第 6 版)，北京：机械工业出版社，2003 年版，第 195-196 页)

从标准表中可以看出，渠道成员的评价标准内容广泛，考虑到了各种因素。在实际的操作过程中，企业通常可以从以下三方面制定选择渠道成员的标准，即渠道成员的能力、渠道成员的可控性和渠道成员的适应性。

### 1．渠道成员的能力

对渠道成员进行选择，首先要考察渠道成员的能力。由于渠道成员的选择是双向的，因此它包括两个方向：一是供应商对中间商的选择；二是中间商对供应商的选择。

1) 选择中间商的标准

第一，中间商的市场范围。首先，要看中间商经营的地理范围与本企业产品规划中的销售区域是否一致。只有市场范围相匹配，才能够保证本产品销售区域规划得以实现。其次要看中间商的市场覆盖率是否符合企业的要求。市场覆盖率越高，越能够实现企业的分销目标，有利于扩大企业的市场份额。再次要看渠道成员的销售对象是否与生产商的目标顾客相吻合。生产商选择分销商，是希望自己目标市场上的消费者能够顺利地购买自己的产品。如果企业产品的目标顾客是 25～35 岁的白领，那么中间商最好有一些繁华商业区和写字楼附近的销售网点。

第二，中间商的地理区位优势。地理区位优势，对于零售商来说，就是占有客流量大的地理位置；对于批发商来说，就是其所处的地理位置有利于产品的批量储存和运输。这一优势，竞争者较难模仿。

第三，中间商的分销网络情况。中间商的分销网络情况决定着其分销产品的广度、深度和效率。如果分销商的分销网络情况较好，说明其有较强的网络开拓能力和网络建设能力，对生产商来说是很大的优势。

第四，中间商的产品知识和经验。中间商掌握的产品知识和经验对产品的销售有一定影响。如果中间商具有同类产品的知识和经验，有利于中间商打开市场。特别是对于那些技术含量高、专业性较强的产品来说，销售人员的产品知识影响着顾客培养、售前售后服务工作，比如软件、医疗设备等。如果中间商销售该类产品的时间较长，已经被周围的消费群体所接受，那么它拥有一定的市场影响力和顾客忠诚度，对企业产品的销售有很大的好处。

第五，中间商的产品政策及促销技术。中间商的产品政策是指其承销的产品种类与组合情况。评估产品政策，主要包括以下几方面：一是看中间商有多少不同的产品供应来源。产品供应来源越广泛，中间商对生产商产品的支持力会越弱。二是看中间商的各种产品组合关系，是竞争产品还是互补产品。生产商应当尽量避免选用经销竞争产品的中间商，只有在生产商产品有明显竞争优势的时候，才不会产生较大的威胁。如果中间商经销的是互补产品，那么对本企业产品的销售较为有利，可以选择。三是看中间商对销售本企业产品的重视程度和投入情况。如果中间商对产品的销售支持投入较多，则会有利于产品的销售。

同样，经销商的促销技术也会影响到产品的销售规模。促销技术主要是指推销商品的方式与促销手段的运用能力。不同的产品所需要的促销方式不尽相同。有些产品适合广告促销，有些产品适合人员直销。选择合适的促销方式，配备一定的促销手段，会有利于产品的销售。

第六，中间商的综合服务能力。综合服务能力包括的内容较多，主要看中间商所拥有的销售人员数量与素质、中间商提供综合服务项目与服务的能力、物流配送能力等。一些产品需要中间商提供售后服务或专业的技术指导，这要求销售人员的素质较高，物流配送能力强，能够快速、高效地服务网络零售商。

第七，中间商的财务及管理水平。中间商的财务能力强，能够按时结算货款，从而降低资金风险。中间商的销售管理是否规范、高效，决定了其发展的潜力。其管理的内容包括销售人员管理、资金信用管理、产品配送管理等。生产商应该选择财务状况良好、管理能力强的经销商以降低经营风险。

第八，中间商的道德水准和信誉能力。中间商的道德水准高，才有利于渠道稳定、良性发展；否则一旦出现恶性的投机行为，就会发生渠道冲突。而中间商的信誉能力主要包括两方面：中间商在顾客中的信誉度和在合作中的守信程度。中间商具备良好的顾客信誉度，有利于产品形象的维护和市场份额的扩大；具备良好的守信程度，能够遵守合同的规定与双方的承诺，有利于维护良好的合作关系。

第九，中间商的预期合作程度。生产商选择中间商，是希望能够建立一个长期、稳定，实现互利共赢的渠道系统。除了评价中间商各方面的能力外，需要考虑双方的预期合作程度。这种合作程度体现在双方共同的价值观、相似的企业文化、角色认知的一致性等。如果选择的中间商各方面能力强，但双方的合作摩擦很大，可能会产生各方面的矛盾甚至爆发激烈的冲突。因此，拥有共同的目标和抱负，预期合作程度较高，才能共同实现事业的发展。

2) 选择供应商的标准

中间商对供应商的选择也是渠道成员选择的一部分。一般而言，大部分的中间商都是被生产商选择的对象。批发商曾经是渠道的主导，通过设计和发展渠道将许多零售商和生产商的活动联结起来。近年来，随着零售商和生产商之间的纵向一体化发展，批发商的作用在逐渐减弱。零售商是分销渠道中最靠近消费者的一环，利用各种购物环境把不同生产商的产品提供给消费者。在许多渠道中，零售商是主导力量，具有选择供应商的实力，比如国美、苏宁、沃尔玛等大型零售卖场，它们决定了如何组织和运作整个分销过程。

中间商对供应商的选择主要包括以下方面：产品质量、销路、包装设计；价格体系；品牌管理；市场策划；大众媒体宣传力度；通路与终端推广支持力度；对产品流向和价格体系的维护能力；管理层的素质与销售政策的稳定性；业务操作流程的严谨性(客户服务水平与信誉)；对经销商管理系统的共享；销售人员的素质与能力等。

### 2. 渠道成员的可控性

选择综合实力强的渠道成员对企业来说有很大优势，但是也不能忽视企业对渠道成员的控制。如果企业选择的渠道成员实力过于强大，就可能会威胁到企业对渠道的控制。一般来说，企业往往希望对渠道成员实施较高的控制程度。但从实际的情况来看，企业对渠道成员的控制力由很多因素决定，有时候有控制欲望未必能够如愿。因此，在选择渠道成员的时候就要考虑到渠道成员的可控性。

根据实际需要，企业会对渠道成员进行不同程度的控制。渠道成员可控性的评估结果对企业的重要程度，取决于企业所需要的渠道控制程度。一般来说，企业越是需要高的渠道控制程度，那么评价结果在企业选择渠道成员中所占的比重就越大。评估渠道成员可控性，主要从控制内容、控制程度和控制方式三方面考虑。

(1) 控制内容。指企业可以从哪些方面控制某一渠道成员。比如，企业可以控制或影响渠道成员的哪些渠道功能？企业可以控制或影响渠道成员的哪些营销决策？企业是否能够抑制渠道成员可能的投机行为？

(2) 控制程度。指企业在某一个方面控制某一渠道成员所能达到的程度。比如，渠道成员在产品的价格上是否会完全遵照企业的要求？渠道成员能够在多大程度上接受企业有关产品销售所提出的建议？面对渠道成员可能的投机行为，企业是否有适用的应对措施？

(3) 控制方式。指企业可以用何种方法控制渠道成员。比如，企业是否能够使用自己的渠道权力影响渠道成员在产品价格方面的决策？企业是否能够通过影响渠道治理结构来控制渠道成员的投机行为？

### 3. 渠道成员的适应性

企业也要考虑渠道成员的适应性，主要是分析、评价渠道成员对企业原有渠道的适应能力和环境变化的应变能力，包括以下两个方面。

一是渠道成员对企业原有渠道结构的适应程度。通过了解渠道成员的经营理念和发展思路，判断它融入企业原有营销渠道的难易程度，如分销商是否认同生产商的经营理念，对生产商的品牌是否有兴趣，对企业产品的销售前景是否有信心等；通过了解渠道成员的基础设施和素质，判断渠道成员对企业的适应能力。

二是渠道成员对环境变化的适应程度。这包括渠道成员的抗冲击力和可变性，即当外部环境发生变化时所选择的渠道能否抵御外来的冲击并保持市场销售和价格的基本均衡；当生产商总体销售战略调整时，所选择的渠道能否快速灵活地进行调整以适应新政策和市场变化。可通过了解渠道成员的发展历史，判断其在环境变化时的危机处理能力和应变能力，可以确保渠道成员适应市场营销环境的变化，如分销商是否具有现代营销思路，是否具有较高的资源管理水平等。

## 5.1.5 选择分销渠道成员的方法

根据企业选择渠道成员的标准，对一定数量的渠道成员进行标准筛选。如何进行有效、较为精确的筛选呢？一般来说，使用两种方法确定：一是定量分析方法；二是定性分析方法。企业应该根据自己的实际情况，选择合适的方法进行评定。

### 1. 定量分析方法

1) 加权评分法

加权评分法较之于其他方法，对渠道成员能力的评定较为全面，在实践中应用非常广泛。它是根据每位渠道成员的经营能力和条件进行打分，然后按照分数的高低做出选择。其步骤如下：

(1) 确定影响因素。首先生产商要根据自己的实际情况，确定选择中间商最重要的影响因素。这相当于根据前面选择渠道成员的标准，确定自己企业特定的标准。

(2) 分配权数。根据不同因素对完成企业渠道目标和渠道策略的重要程度，对每个因素分配一定的权数。

(3) 评分。对每个渠道成员在每一个因素上所进行的评估，得出相应的分数；将每个渠道成员在每一项因素上的得分与该因素的权数相乘，得出每个渠道成员在该因素上的加权分；将每个渠道成员在所有因素上的加权分相加，得出该渠道成员的总分。最后，将总分进行排列，分数最高者最优。

例如，某生产商如果计划在某一地区采用独家分销的模式建立分销渠道。在该地区，该生产商已经考察了三家中间商作为渠道成员的备选。生产商选择的评价因素和权重见表 5-3。从表中可以看出，各家中间商在不同的因素上都有自己的优势，没有一家特别突出，所以需要生产商用加权评分法对这三家中间商进行综合评价，评价结果见表 5-3，从结果来看，最初打分以中间商 A 最高(585 分)，中间商 C 最低(576 分)。但是根据各因素的重要程度，经过加权汇总后，中间商 C 的得分反而最高(82.95 分)，所以应该选择中间商 C 作为生产商在该地区的中间商。

**表 5-3 加权评分法选择渠道成员**

| 评价因素 | 权重 | 中间商 A | | 中间商 B | | 中间商 C | |
|---|---|---|---|---|---|---|---|
| | | 打分 | 加权分 | 打分 | 加权分 | 打分 | 加权分 |
| 经营规模 | 0.20 | 80 | 16.00 | 78 | 15.60 | 82 | 16.40 |
| 地理位置 | 0.10 | 80 | 8.0 | 84 | 8.40 | 85 | 8.50 |
| 市场声望 | 0.15 | 86 | 12.90 | 92 | 13.80 | 78 | 11.70 |
| 管理水平 | 0.10 | 85 | 8.50 | 79 | 7.90 | 88 | 8.80 |
| 合作精神 | 0.10 | 90 | 9.00 | 83 | 8.30 | 68 | 6.80 |
| 服务能力 | 0.15 | 88 | 13.20 | 90 | 13.50 | 85 | 12.75 |
| 贷款结算 | 0.20 | 76 | 15.20 | 77 | 15.40 | 90 | 18.00 |
| 总分 | 1.00 | 585 | 82.8 | 583 | 82.90 | 576 | 82.95 |

2) 销售量分析法

中间商的任务主要是销售，因此在其他条件相同的情况下，销售量成为生产商考虑的主要因素。销售量评估法是通过实地考察分销商的相关数据，包括分销商的顾客流量和销售情况，并分析其近年来销售额水平及变化趋势等，在此基础上，对被考察分销商的实际分销能力、可能承担的分销任务和可能达到的销售量水平，进行评估，选择出最佳的中间商。这也是选择渠道成员的常用方法。

3) 销售成本分析法

通过中间商分销，生产商需要花费大量的成本，主要包括谈判和履约监督费用、市场开拓费用、让利促销费用、货款支付的延迟或拒付带来的收益损失等。这些费用构成了流通销售成本，必然会减少生产商的净收益。生产商需要控制销售成本来提高收益，而不同的中间商所带来的销售成本是不同的。因此，生产商也将销售成本作为选择中间商的一个指标。评估销售成本，一般有以下三种方法：

(1) 总销售成本比较法。通过分析有关目标中间商的营销策略、市场声誉、顾客流量、合作态度、销售状况等，估算出各个目标中间商作为分销渠道成员，在执行分销功能过程中的总销售成本，根据结果选择合适的中间商。

(2) 单位商品销售成本比较法。根据边际成本递减原则，当总销售成本一定时，销售量越多，则单位商品的销售成本越低，渠道成员的效率相对就越高。因此，可以将总销售成本与销售量两个因素进行综合评价。

单位销售成本=总销售成本/销售量

(3) 成本效率分析法。该分析法是以销售费用与销售业绩的比值作为评价依据，来选择渠道成员。

成本效率=销售业绩(总销售量或总销售额) / 总销售成本

### 2. 定性分析方法

如果能够掌握较为准确的数据，定量分析法得出的结果较为客观，能够较准确地帮助企业选择合适的渠道成员。但是，它也存在着不足的地方：其一，许多主观因素(如渠道成员的适应性等)难以量化；其二，为了掌握所需数据需要进行深入的市场调研，花费大量的成本；其三，市场调研的周期较长，企业面对的形势可能不允许其耗费如此长的时间进行调研。因此，面对定量分析法这些缺点，企业也常常选择定性分析法来评价渠道成员。

定性分析法没有定量分析法客观，很多评价标准是根据企业自身的实际情况来制定的。在渠道选择中，并没有完全的定性分析方法，往往根据实际情况，将定性与定量分析方法相结合，进行综合评估。最常用的渠道选择综合分析方法包括层次分析法、模糊评估法、灰色评估法等。这些综合分析法的基本思想是将难以完全定量分析的众多因素，通过重要性标度将主观因素进行量化，在此基础上进行定性与定量分析相结合，从而得出决策的整体评估。

## 5.1.6 选择分销渠道成员的误区

许多企业在选择分销商时，只看重分销商的某几个优势，而以偏概全，最后可能会陷入选择的误区。主要存在以下四个误区：

### 1. 选择客户多的分销商

企业应该明白销售量并不是目的，最主要的是占领市场并使销量稳步提升。客户多的分销商，当然能够使企业的产品有广阔的市场基础。但是，有些企业往往只盲目地追求分销商的客户数量。有些分销商虽然客户多，但客户太小太分散，集中程度不够，导致客户关系并不稳固。这样的分销商通常大量存在投机行为，不太注重长期稳定的客户关系，而是单纯地追求短期利益。

#### 2．选择规模大的分销商

好的分销商不在于其规模大小，而在于其营销模式。规模大的分销商不一定能够做好分销工作，有时候规模大反而会左右营销策略。只有营销模式先进的分销商才能带来长远、稳定的利益。

#### 3．选择资历深、经验足的分销商

任何经验都是在特定环境下形成的。有些分销商的资历深，在渠道分销方面经验丰富。但是，在很多行业，市场环境是瞬息万变的，竞争越来越激烈，资历深的经销商有时更加保守和缺乏创新精神，反而会成为阻碍企业前进的障碍。在这种情况下，不如关注那些学习能力强、富有活力和创新精神的分销商。

#### 4．选择资金实力强的分销商

一定的资金实力是生产商选择分销商的必要条件，但是并不能只单纯地考虑这一个因素。资金实力强，能够确保其付款能力强，资金周转压力小。但企业需要考虑更多的因素，比如分销商的信用、分销能力等。

总之，在选择渠道成员的时候，企业不能简单地仅仅考虑分销商一方面或某几个方面的能力，应该更加全面和详细地考察分销商的综合实力。为建立长期的合作关系，应选择综合实力强、适合企业发展的分销商，不要被分销商某方面的实力所蒙蔽而走入误区。

小资料

### 走入寻找经销商的误区

A 公司是一家中小型的食品饮料公司，主要产品是 X 品牌系列的乳酸奶饮品。随着奶类市场的扩大，A 公司也准备大干一场，进军附近几个省份的市场。经过一系列的准备和调查后，A 公司准备把南方 H 省作为突破口，并委任有多年大批发经验的张经理作为 H 省业务的负责人。张经理接受任务后，按照过去做市场的习惯和思路制订了一份经销商开发计划。他的计划基本思路：①准备好公司的具体经销商方案、市场策略；②通过各种方法(如朋友介绍，各种媒体，H 省大型批发市场)来对 H 省饮料行业的经销商先做一个大致的了解；③掌握了 H 省饮料行业经销商的基本情况后，圈定几家候选，再对这几家经销商进行重点考察。然后从中挑选一家实力最强、行业经验最丰富的作为主攻对象。

张经理到了 H 省后，经过两周的调查，最后确定了 B 经销商为 A 公司 X 品牌系列的乳酸奶饮品省总代。他的理由有下面几点：

B 是 H 省饮料行业实力、规模、资金最强的经销商；

B 是 H 省做饮料行业最早、时间最长的，所以经验也是最丰富的；

在公司提出首批打款 20 万并要求现款现货时，B 答应得最爽快；

B 不但做批发，自身还拥有两家小型超市。

得到总部同意后，张经理代表公司与 B 经销商成老板签订了省总代合同，与 B 经销

商合作。

但是不久，张经理就接到成老板“不好拿货”的电话。张经理满面愁容地对成老板说，这样下去不行啊，到底哪出了问题？成老板随口吐了个烟圈，说道，难啊，我仓库里还压了30万元的货啊，除非……

张经理从成老板吞吞吐吐的话里似乎看到了希望，连声问到，“除非怎样？”“除非你们把每件货再降价5元给我，再在我们这做做电视广告，我就有把握做起来”，成老板慢条斯理地答道。

最后，张经理为了保住此市场，不但每件货下调5元钱，而且对库存的近30万元货物也给了相应的补贴，事后经过调查，张经理才明白，不是该产品不好卖，而是经销商为了套公司的“政策”，作出“进货猛”、“销量大”的假象，其实，虽说两个月做了50多万元销量，但其中的30万元却是库存。

没多久，在A公司所在地C省出现窜货，经调查，窜货的源头出在H省。之后，这样的事情不断发生，由于无法控制B经销商，最后，A公司不得不暂时放弃了该市场。

在这个案例中，张经理在选择经销商时步入了几个误区：

(1) 没有仔细研究经销商经销此产品的心态；

(2) 认为规模大的经销商就是好的经销商，经销商实力越强越好；

(3) 认为经销商资历越深越好，经验越丰富越好。

(资料来源：编者根据相关资料整理)

## 5.2 分销渠道成员的激励

对渠道成员的激励是企业渠道管理中非常重要的一个环节，很多企业销售网络的瘫痪很大程度是由于渠道政策的不健全或者缺乏有效的激励机制。因此，企业应该建立有效的渠道激励机制，使生产商的渠道体系效率更高。

### 5.2.1 激励原因

企业要增加市场占有率，提高生产利润，让其渠道成员能提供符合企业目标市场的服务，并降低渠道的交易成本，就必须激励分销渠道成员。具体而言，有以下原因：

#### 1. 鼓励中间商成为企业信息的收集者

市场成熟的一个鲜明特征表现为顾客需求的日益细分，客户满意度成为影响企业成功的关键要素。因此，生产商需要花费更多的时间来了解客户的想法，改善产品和服务质量，使之更符合客户的需求。这使得生产商客观上不得不依赖于分销渠道成员的市场信息。因为，在商品的销售过程中，渠道中间商会直接和终端消费者接触，只有他们知道消费者需要什么，他们了解自己的顾客，并能够清楚及时地掌握市场的第一手信息资料。与生产商相比，他们更了解市场的变化趋势，但是很少有中间商会将这些信息主动收集并提供给生产商，而信息对生产商来说至关重要。缺乏分销渠道成员的支持，生产商便难以获得对客户需求的准确理解，也无法通过有计划的改进措施来提高顾客满意度。因此，企业需要激励分销渠道成员，让其将自己掌握的市场信息反馈给生产商。

#### 2. 鼓励中间商成为有效信息的传播者

由于中间商是连接生产商和消费者的桥梁，他们比生产商更了解消费者，同时也比消费者更了解生产商的产品优势和劣势。消费者在购买产品的时候也最关注产品的直接信息。因此，生产商必须激励渠道中间商，以此鼓励他们积极地传播企业的有效信息，维护和提升产品的品牌形象，为企业建立良好的信誉。

#### 3. 鼓励渠道成员获得更理想的销售时间

由于产品的性质不同，不少产品的销售具有很大的时间性和时段性，不一定一年中都是畅销期，消费者可能在一年的某个时段才会使用到此产品，比如空调、冰箱等。因此，这些产品在某个特定的时间段才有市场需求。因此，生产商需要激励中间商，让中间商积极地协作和配合，使得企业的产品在销售淡季也能有一定的销售量，保持一定的市场份额。

#### 4. 鼓励渠道成员获得更理想的销售空间

产品的销售必须依托销售渠道来完成。而产品销售中的诸多环节，包括产品促销、产品陈列等，都需要中间商来完成，这些因素对消费者购买决策有很大的影响。更为重要的是，企业产品的销售量的提高和市场份额的扩大需要中间商积极地开拓市场。因此，对中间商进行激励，能促使他们积极地推销企业的产品，创造理想的销售空间，提高销售量，创造更大的利润。

### 5.2.2 激励原则

企业对渠道成员采取各种激励措施，以鼓励渠道成员扩大产品市场份额。激励措施的制定和实施需要遵循一定的原则，保证激励措施的有效性。

#### 1. 客观性原则

企业对渠道成员的激励是对中间商销售业绩的一种肯定，必须建立在客观实际的基础上。渠道激励最主要的目的是增强中间商的积极性，提高企业产品的销售量和扩大市场份额。因此，渠道激励必须遵守客观性原则，将激励政策同渠道成员的销售业绩等能够反映其为企业创造实际效益的指标挂钩。

#### 2. 目的性原则

生产商对中间商的激励不但是对他们过去业绩的一种肯定，更重要的是激发其未来的行为。所谓目的性原则，就是企业对中间商的激励决策必须明确，要以激励所要求达到的目标来指导激励计划的制定和实施。激励政策要符合中间商的需求，只有那些符合中间商需求，对中间商有足够诱惑力的措施和手段才能激发中间商的销售热情。

#### 3. 适应性原则

生产商对渠道中间商的激励支持必须跟他们的需要和期望相一致。在现实中，每个渠道中间商的需求都是有区别的，且相对复杂。这就要求生产商对中间商的需求有足够的了解，采取与之对应的多样化的激励措施和方式，以提高中间商的积极性。具体的措施可以采用物质上的或精神上的，也可以两者兼顾，最根本的出发点是要满足渠道成员的各种需求。

### 4. 适度性原则

适度性原则就是要站在中间商的立场，设身处地为其着想，企业必须尽量避免激励不足与激励过度两种情况。若是对渠道成员的激励措施达不到一定的程度，就达不到企业预期的理想效果。而若是对渠道成员的激励支持过多，不但会导致生产商的销售成本增加，而且会使中间商的需求欲望膨胀。在实践中，为激励渠道成员提高销量，许多生产商都对渠道成员实行“年终奖励”等返利措施，超额完成越多，年终奖励就越高。这就容易导致那些以量为根本，只赚取年终奖励的渠道成员不择手段地向外“侵略”，从而引致窜货现象。因此，实行销售奖励应该对多项指标进行综合考评，除了销售量外，还要考虑价格控制、销售增长率等。

## 5.2.3 激励方式

企业需要根据渠道成员的不同需求，采取相对应的激励措施，才能使渠道成员对其尽职尽责。从生产商的角度来看，对中间商采取的激励方式主要有以下几个。

### 1. 利益激励

利益激励是最主要的激励措施，能够增加中间商的直接利益，获得明显的激励效果。主要有以下几种形式。

1) 返利制度

返利是指生产商根据一定的评定标准，对达到标准的中间商进行奖励的激励制度。根据评判标准的不同，可以分为销售额返利和综合返利；根据返利的方式不同可以分为现金返利和非现金返利；根据返利的时间不同可以分为月返、季返和年返。以下简单地介绍几种返利制度。

销售额现金返利是指中间商在销售时段内完成了生产商规定的销售额，就可以按规定的比例及时享受生产商支付的现金返利。这种返利制度容易操作，易于管理，而且很受中间商欢迎。但是，缺点在于给生产商增加了现金压力，缺乏对渠道的后续控制能力。

销售额货款折扣返利和销售额现金返利的区别是，支付返利的方式是货款折扣形式而不是现金形式。这种制度以销售额为标准，让中间商在下次提货时享受一个折扣。对于生产商来讲，这种制度能够减少自身的现金压力，同时提高了渠道后续控制能力。但中间商却不认可这种制度，没有产生现金返利带来的激励效果。

综合返利是指生产商通过考察中间商的综合情况进行返利的政策。综合情况包括销售量、铺货率、配送效率、售后服务、价格执行、终端形象等。根据这些综合因素，设定其所占权数，进行定量考核，以此为标准给予返利奖励。这种返利制度的好处在于考核全面、公平，有利于渠道的长久发展，但缺点是操作起来麻烦，激励效果不直接。

2) 职能付酬方案

生产商根据中间商完成的职能、相应的业绩和合作程度给予报酬激励，即按不同的情况，分别给予不同的报酬激励。如中间商按时付款，付 10%；完成存货，再付 10%等。这种制度可以激励中间商对单项任务完成的积极性。

3) 放宽回款条件

无论是对生产商还是中间商，现金流的管理都非常重要。一旦资金周转不灵，很可能对生产商形成致命的打击。因此，生产商考察中间商的一个很重要的标准就是能否及时回款。对于中间商来说，放宽回款条件能够缓解其资金压力，从而产生一定的激励效果。

4) 补贴政策

针对中间商在专项职能中所付出的努力，给予其各种奖励性质的补贴，如促销补贴、广告补贴、陈列补贴等。

5) 渠道建设投入

这是指生产商投入一定的资产到渠道的建设中。投资的比重要看生产商和分销商的关系，以及生产商对渠道的重视程度。渠道建设投入对中间商来说，是很大的物质激励，使其能够享受到渠道建设的各种成果。

### 2. 参与激励

尽管不少生产商都希望能够在渠道中加强自己的控制力，在双方的合作中，常常表现得很强势，占主导地位。但是，想要建立高效、稳定的渠道关系，生产商应该注重与渠道成员的沟通和交流，让渠道成员参与到渠道建设工作中，共同制定渠道发展规划，明确双方在渠道发展中的责权利关系，这使中间商能够运用一定的权力，起到良好的激励作用。

参与激励可以通过建立经常性的磋商和沟通机制，使得生产商和渠道成员之间的沟通和交流工作常规化、制度化。比如，定期召开经销商大会，听取经销商对渠道工作的意见和建议；或者定期召开企业和渠道成员中的高级和中级领导层的会谈，如大区经理和一级经销商会议等。通过这样的交流和沟通，渠道成员能够参与到渠道的建设和改进中，能够在一定程度上维护自己的利益，激励效果明显。

### 3. 关系激励

在渠道合作中，建立成功的渠道关系是渠道成员所期望的目标之一。而要建立良好的渠道关系，应该制定一些双方都应该遵从的基本关系准则，比如认真了解对方的背景、不做夸大其词的承诺等。生产商应该自觉地遵从这些关系准则，这对中间商来说是重要的关系激励。同时，在基本准则的基础上，企业可开展各种非正式活动，如节日联谊活动、定期走访、岁末答谢等活动，加强与渠道成员的感情交流。

### 4. 发展激励

中间商参与渠道工作的目的不仅仅是希望获得短期的利益回报，而且期待长期、有稳定增长的事业发展。因此，企业通过利益激励等可以满足中间商的短期目标，而通过发展激励措施满足其长期目标，其激励效果是巨大的。发展激励主要体现在以下方面。

1) 产品的市场前景好，发展潜力大

中间商期待长远的发展，很看重企业的产品是否具有发展潜力。企业应该和中间商进行充分的沟通，让中间商充分了解企业的战略愿景和市场开拓的长远目标，让其认同双方共同的事业目标，对业务发展有信心。

2) 向中间商渗透优秀的管理方法

生产商想要充分发挥销售渠道的效率，提高本企业的产品销量，必须得到管理完善的渠道成员的支持与配合，任何渠道成员的营销效率都会影响到整个渠道的效率。因此，企业有必要将自己优秀的管理方法渗透给中间商，协助他们搞好自己的经营管理，以提高产品的销量。而中间商和大企业合作也试图借鉴大企业先进的企业管理理念和管理经验，以提高自身的素质。

3) 中间商的成长激励

对中间商的激励除了物质方面，更要注重其更高的非物质追求。生产商可以通过激励支持让渠道成员有一种归属感、成就感等，帮助他们成长，以增强实力。具体的措施有以下几种。其一，对中间商进行综合的评价，选出销售业绩较好者，对其地位进行提升，比如，一般的经销商提升为特约经销商，特约经销商提升为区域代理商等。这种方法可以调动渠道成员的销售积极性。其二，辅助中间商成长可以通过渠道培训、渠道咨询和诊断、渠道管理指导等方式来实现，以增强中间商的实力。

### 5. 渠道支持

1) 信息支持

信息支持包括两方面：市场情报支持和产品信息支持。市场情报是开展市场营销活动的重要依据。企业应将所掌握的市场信息及时传递给中间商，使他们能够更好地制订经营计划，以顺应市场需求的变化。因此，企业可以定期或不定期地开展座谈会，与中间商共同研究市场动向，为中间商合理安排销售计划提供依据。根据不同的产品特性，生产商可以提供不同程度的信息支持。工业产品的特性较复杂，技术含量较高，因此需要企业为中间商提供一定的产品信息支持，帮助中间商了解产品特性。而快销产品的特性较简单，中间商对产品信息支持的要求不高。

2) 融资支持

中间商常常会受到资金不足的困扰，无法放手进货，积极推销产品，发展受到局限。中间商的困境对生产商产品的销售影响很大，因此生产商可以对其进行融资支持。一般有两种渠道：一是生产商为合作伙伴提供直接的融资，比如中间商的结算方式为售后付款或者先付部分货款待产品出售后再全部付清；二是帮助渠道合作伙伴借用外部资金，包括从银行、租赁公司、投资公司或上市公司等机构获取资金。

3) 市场支持

生产商会围绕市场拓展而对渠道提供一系列支持，包括广告、市场推广活动、提高核心渠道向下一级的拓展力度等。例如，生产商利用广告宣传帮助渠道成员推广产品；派专人前往一些主要的中间商处，协助安排商品陈列，举办产品展览和产品展示演示；协助对渠道成员的销售人员进行培训等。市场支持最关键的是生产商为中间商提供有针对性的支持，以激励其拓展市场的热情。

4) 技术和售后服务支持

技术支持是指生产商针对渠道在技术方面的缺陷所提供的一系列支持，包括技术指导、帮助渠道培训和培养技术人员等。通常生产商会采取在大区设立专门技术支持人员的方式，对渠道提供技术上的帮助和指导。中间商对生产商技术支持的依赖程度取决于中间商的技术能力以及产品的技术特性。产品技术含量越高，产品线越复杂，对中间商的技术能力要求越高。技术能力相对落后的中间商对技术支持的依赖性比较强。

售后服务支持能够为中间商提供坚实的后盾，使中间商安心做好销售。优质的售后服务能够增强产品的市场竞争力，为经销商赢得更多的消费者，调动他们的积极性。生产商不再单纯靠制度规范和利润诱导来控制经销商，为经销商搭建发展平台，提升全方位服务支持，这已成为当今渠道管理的一个重要趋势。

小资料

## 百事可乐的返利政策

百事可乐公司对返利政策的规定细分为五个部分：年扣、季度奖励、年度奖励、专卖奖励和下年度支持奖励。除年扣为“明返”外(在合同上明确规定为1%)，其余四项奖励为“暗返”，事前无约定的执行标准，事后才告之经销商。

季度奖励：既是对经销商前三个月销售情况的肯定，也是对经销商后三个月销售活动的支持，这样就促使生产商和经销商在每个季度合作完后，对前三个月合作的情况进行反省和总结，相互沟通，共同研究市场情况。且百事可乐公司在每季度末，派销售主管对经销商业务代表培训指导，帮助落实下一季度销售量及实施办法，增强相互之间的信任，兑现相互之间的承诺。季度奖励在每一季度结束后的两个月内，按一定进货比例以产品形式给予。

年扣和年度奖励：对经销商当年完成销售情况的肯定和奖励。年扣和年度奖励在次年的一季度内，按进货数的一定比例以产品形式给予。

专卖奖励：经销商在合同期内，在碳酸饮料中专卖百事可乐系列产品，在合同结束后，生产商根据经销商销量、市场占有情况以及与生产商合作情况给予的奖励。在合同执行过程中，生产商将检查经销商是否执行专卖约定。专卖约定由经销商自愿确定，并以文字形式填写在合同文本上。

下年度支持奖励：对当年完成销量目标，继续和百事可乐公司合作，且已续签销售合同的经销商的次年销售活动的支持。此奖励在经销商完成次年第一季度销量的前提下，第二季度的第一个月以产品形式给予。

因为以上奖励政策事前的“杀价”空间太小，经销商如果低价抛售造成损失和风险，生产商是不会考虑的。且百事可乐公司在合同文本上还规定每季度对经销商进行如下项目的考评：

①考评期经销商实际销售量；

②经销商销售区域的市场占有率情况；

③经销商是否维护百事产品销售市场及销售价格的稳定；

④经销商是否在碳酸饮料中专卖百事可乐系列产品；

⑤经销商是否执行生产商的销售政策及策略；

⑥季度奖励发放之前，经销商必须落实下一季度销售量及实施办法。

为防止销售部门弄虚作假，公司规定考评由市场部、计划部抽调人员组成联合小组不定期进行检查，确保评分结果的准确性、真实性，做到真正奖励与生产商共同维护、拓展市场的经销商。

(资料来源：转载《天下商机》)

# 5.3 分销渠道成员的绩效评估

企业希望拥有稳定、高效的渠道，因此对渠道成员的绩效评估便成为渠道管理的重要部分，它与渠道成员选择、成员激励和合作同样重要。认识到渠道成员绩效评估的重要性后，需要熟悉影响渠道成员绩效评估的各种因素，了解渠道成员绩效评估所使用的关键标准、绩效审计的基本内容。

## 5.3.1 影响绩效评估的因素

影响渠道成员绩效评估的因素主要有：

### 1. 产品特性

产品的结构越简单，对渠道成员的评估越容易；而产品的复杂程度越高，那么评估所涉及的范围就越广。针对大批量、价格低廉、技术含量低、不需要售后服务的产品，生产商对经销商进行绩效评估可能只根据日常的销售数据来进行。相反，针对生产相对较复杂、技术含量高、需要较全面的售后服务的产品，生产商必须在较大的范围内按着不同的相关标准来对渠道成员进行评估。

### 2. 对渠道成员的控制程度

生产商对渠道成员的控制程度影响着对渠道成员的绩效评估结果。企业进行绩效评估，需要渠道成员提供相关的绩效数据。如果生产商对渠道成员的控制程度较高，那么相对容易取得绩效信息。比如，生产商对渠道成员的控制以双方牢固的合同协议为基础，或者生产商所生产的产品市场竞争力很强时，生产商对渠道成员具有很大的影响力，很容易从渠道成员处获得大量的绩效信息，并以此对渠道成员进行较全面的评估。反过来，如果生产商的产品不畅销，或者产品对渠道成员来说并不是很重要，即使有合同的约束，生产商也未必能够对渠道成员产生强有力的控制。这种情况下，许多渠道成员不愿意花费太多的精力向生产商提供相关数据，以致影响绩效评估的结果。

### 3. 渠道成员的重要性

渠道成员对生产商的重要性程度影响着渠道成员的绩效评估。如果生产商完全依靠专业的市场开发代理机构销售，渠道成员对企业来说非常重要，这样企业在市场上的成功就直接取决于渠道成员的绩效。相对而言，如果生产商不太依赖这种专业的市场开发代理机构，那么渠道成员的绩效评估只是市场成功的一部分。比如，格力公司拥有直销和分销两种渠道，分销渠道成员的绩效评估对于生产商来说只占一部分，它还可以通过直销的大量走货完成市场销售额。

### 4. 渠道成员的数目

渠道成员的数目会影响到生产商对其进行绩效评估时的工作量。如果渠道成员数目较多，那么在进行评估时，评估工作涉及的范围就比较广，生产商要考虑的影响因素就比较多。针对采用密集分销方式的生产商而言，由于需要评估的渠道成员数目过多，因此对渠道成员的绩效评估不可能考虑到综合的评价标准，可能只需要粗略地参考最近的销售数据而已。针对经过精心选择分销机制的生产商而言，需要评估的渠道成员数目较少，生产商能够获得大量具体的数据，能够对渠道成员进行较全面的绩效评估。

## 5.3.2 绩效评估标准

通常渠道成员绩效评估有两种基本类型。第一种评估方法是一种基本的例行公事，几乎是每日销售额指标，可以根据开立销售单据、标准销售分析报告来完成。第二种评估方法是一种更加广泛和全面的方法，除销售指标外，还涉及其他许多指标。与第一种渠道成员销售绩效每日监控的方式不同，第二种方法是一种定期的、全面的评估渠道成员的方法，可以在批发或零售的水平上针对一个或多个或所有的渠道成员进行评估，因此，第二种方法通常称为渠道成员的绩效审计。渠道成员绩效审计包括三个阶段：①制定度量渠道成员绩效的标准；②根据度量的绩效标准定期评估渠道成员的绩效；③推荐正确的行动以提高渠道成员的绩效。(见图 5-2)

制定绩效度量标准 → 根据标准评估渠道成员 → 如需要采取纠偏行动

图 5-2 渠道成员绩效审计

度量渠道成员绩效存在很多可能的标准。例如，美国学者 Spriggs 在重型汽车工业的应用研究中，制定了 34 项评估经销商绩效的标准，见表 5-4。

通常情况下，大多数企业都会采用的评估标准有：渠道成员的销售绩效，渠道成员维持的库存，渠道成员的销售能力，渠道成员的各种态度，渠道成员所面临的竞争和渠道成员总的发展前景。

表 5-4 重型汽车行业中评估渠道成员绩效的 34 个指标

| 基于产出的指标 | 基于行为的指标 |
|---|---|
| 1. 总经销量 | 17. 服务部门 |
| 2. 总经销利润 | 18. 担保索赔的过程 |
| 3. 销售毛利 | 19. 建筑设施 |
| 4. 库存额 | 20. 办公室系统 |
| 5. 市场份额 | 21. 雇员激励计划 |
| 6. 顾客满意度 | 22. 贸易区域范围 |
| 7. 销售费用 | 23. 销售人员的产品知识 |
| 8. 投资回报 | 24. 销售人员的销售技巧 |
| 9. 库存费用 | 25. 经销商财务计划 |
| 10. 客户服务的总体水平 | 26. 经销商业务计划 |
| 11. 按产品类型划分的销售数量 | 27. 广告促销方案 |
| 12. 销售人员人均销售量 | 28. 顾客抱怨数量 |
| 13. 销售定额 | 29. 买方信用管理 |
| 14. 供应商利润 | 30. 准确的销售预测 |
| 15. 按产品类型划分的销售金额 | 31. 销售拜访总次数 |
| 16. 各产品类型的利润 | 32. 当前客户的拜访次数 |
| | 33. 非客户的拜访次数 |
| | 34. 产品演示次数 |

资料来源：Mark T. Spriggs，A Framework for More Valid Measures of Channel Member Performance. Journal of Retailing 70. No.4(1994):335.

### 1．销售绩效标准

对于生产商来说，销售绩效是衡量渠道成员最重要、最普遍的标准。销售绩效最直接地反映了渠道成员的能力和对生产商的贡献值。但是，在检查渠道成员的销售绩效时，企业应该注意以下两点：一是销售给渠道成员的销售量；二是渠道成员销售给顾客的销售量。这两个数据可能会有很大不同。渠道经理应该设法将渠道成员销售给顾客的数据收集回来，以衡量其销售数据的真实性。但是，生产商收集这些信息的能力，很大程度上依赖于对渠道成员施加的控制程度。在宽松的渠道关系中，生产商获取渠道信息的能力受到一定限制，只能利用有关渠道成员销售的数据作为目前渠道成员销售的最精确近似值。如果渠道成员是特许经营商，生产商则可以通过法律权力来获取具体信息。

不论采用何种数据评估，都需要注意：一是渠道成员当前销售同历史销售的比较；二是单一渠道成员同其他渠道成员的横向比较；三是渠道成员的销售额同预先确定的销售额相比较。如果生产商事先制定了销售定额，可以通过比较定额与渠道成员的实际销售绩效来评估。在比较的过程中，不但要比较单一渠道成员的实际销售绩效与销售定额的比例，还应该考察其他渠道成员相应的比例。如果大多数渠道成员所完成的定额很低，那么很有可能反映出销售定额过高，需要在下一个销售计划内进行调整。

### 2．保持库存标准

渠道成员缺货会使生产商丧失很多机会。因此，维持一个适当水平的库存是评价渠道成员绩效的一个重要标准。通常情况下，生产商和渠道成员之间会通过签订协议来明确库存要求。一份具有鲜明特色的存货要求计划通常是生产商和渠道成员在估计该地区市场销售潜量的基础上制订出来的。而在实际工作中，考核取决于渠道成员库存维持的工作能力。如果生产商针对批发层面上的少数渠道成员来考核，通常由户外销售队伍的销售统计来考核。针对那些通过许多批发商和零售商来销售产品的生产商而言，考核的工作量大，情况复杂，实施起来会很艰难。这类企业通常会将考核的工作外包给专门的市场研究公司。不论是生产商自己考核库存情况，还是通过外包来实施，都应该考虑以下问题(见表 5-5)。

表 5-5　评估渠道成员库存绩效的关键问题

| |
|---|
| 1．什么是渠道成员库存的总体水准？ |
| 2．有多少货架或面积空间可供存货使用？ |
| 3．相对公司竞争者而言，提供了多少货架和面积空间？ |
| 4．按单位和金额计算的商品细目有哪些？ |
| 5．怎样将这些数字同渠道成员预估计的购买力竞争产品线相比较？ |
| 6．库存量和库存设施怎样？ |
| 7．原有库存还有多少？花多少力气能把它卖掉？ |
| 8．渠道成员的库存管理和库存簿记制度是否恰当？ |

资料来源：黄国祥、李乃和、杨洪涛，《渠道成员绩效的评估》，载《上海管理科学》，2002 年第 6 期。

### 3．销售能力标准

在评估渠道成员绩效时，渠道成员的销售能力往往也是一个重要评价标准，因为生产商通过对渠道成员的销售能力分析可以判断出其销售业绩。渠道成员的销售能力取决于其销售人员的销售能力。如果能够获得渠道成员的销售人员的个人销售记录，那么生产商可以通过对个人的评分辨明销售绩效，以及针对每个渠道成员制定全面的销售能力评分标准。但是，获取这些信息很困难，渠道成员一般不愿意或不能提供这些数据给生产商。如果能够获得这些信息，生产商在分析时应注意下列几点：

一是渠道成员将生产商的产品线分配给销售人员的数量。从渠道成员愿意为本企业产品配备的销售人员数量中，生产商可以判断出本企业产品所面临的风险程度，产品的市场范围有多大，以及渠道成员为本企业产品销售所投入资源的多少。

二是渠道成员的销售人员的销售能力和销售技巧。生产商要长期收集这方面的相关数据，对销售人员进行动态评估。如果渠道成员的销售人员在销售能力和技巧方面显示出越来越弱的趋势，往往会影响到本企业未来的销售业绩。

三是销售人员对本企业产品的兴趣。从销售人员对本企业产品的兴趣变化中，通常可以判断出渠道成员兴趣的变化趋势，也能反映出该渠道成员未来的销售绩效走势。渠道成员的销售人员对产品兴趣的下降可能会反映出渠道成员最高管理层部分成员的兴趣下降，会影响未来的销售绩效。因此，生产商应该注意激发渠道成员管理层和销售人员的兴趣。

### 4. 渠道成员的态度标准

通常情况下，只有在渠道成员的销售绩效不好的时候，才会将渠道成员的态度问题作为影响销售数据的因素提上议程。这样做并不能扭转当前的困境。为了在渠道成员态度影响销售绩效之前减少负面影响，生产商应该独立地依据销售数据评估渠道成员的态度。态度的评估可以通过调研部门或研究机构完成，也可以利用销售队伍等非正式的反馈来跟踪渠道成员的态度。

### 5. 渠道成员所面临的竞争

渠道成员面临的竞争通常有两种：一是来自于其他中间商的竞争；二是渠道成员自身经营的其他产品线的竞争。对第一类竞争，评估有两个目的。第一，通过观察渠道成员如何参与竞争，有助于改进渠道成员的销售绩效。即通过与其他竞争者做横向比较，可以更加客观地看待渠道成员的销售绩效。第二，获取相关的竞争信息，有利于企业的渠道改进计划的实施，比如增加新的渠道成员或者替代现有渠道成员等。

对第二类竞争，评估主要希望能够明确了解渠道成员给予生产商自己的产品和竞争产品的支持程度。如果渠道成员对竞争产品投入更多，将会在评估的其他标准中反映出来。但这往往会有一个时间滞后过程，渠道经理应该尽早地、及时地发现这种变化，采取相应的措施。

### 6. 渠道成员的发展前景

分销渠道的发展离不开渠道成员的共同努力，拥有良好前景的渠道成员将是生产商理想的合作伙伴。因此，生产商还要对渠道成员的发展前景进行评价，即评价渠道成员未来的绩效。这将有助于生产商更好地把握整个渠道体系，为生产商在未来设立合理的分销目标，确定渠道结构及选择渠道成员等方面提供依据。生产商可以针对如下问题来判断渠道成员的发展前景：一个时期内渠道成员的整体业绩是否与该地区的一般商业业务活动水平保持一致？渠道成员的组织在扩展吗？渠道成员在设施、库存保持和产品展示等方面有明显改进吗？渠道成员的销售队伍在数量和素质上是否有所提高？渠道成员的中期计划和长期计划可能会有什么内容？等等。从这些问题的答案中生产商可以获得渠道成员未来绩效的主要信息。了解渠道成员的发展前景，有利于生产商制定更加切实可行的渠道目标。

## 5.3.3 绩效评估方法

生产商根据度量绩效的标准定期评估渠道成员的绩效，具体的评估方法有三种。

### 1. 独立绩效评估法

独立绩效评估法是指生产商通过一项或多项指标来对渠道成员的绩效进行评估。这种方法适用于密集分销的渠道体系中。在前面曾提到，密集分销渠道体系中，由于渠道成员的数目较大，收集数据和进行多种标准的评估实现难度很大，因此常采用独立绩效评估法。生产商根据收集到的数据独立地对某项指标进行考核，不必收集到所有考核数据后再作考评。采用这种方法的优点是使评估变得相对简单、便捷，但是缺点是会使绩效评估的综合性有所下降，不能很好地提供综合绩效的深入分析。

### 2. 加权标准法

加权标准法是指采用多项评估标准，对渠道成员的综合绩效进行评分，再根据得分客观地对渠道成员的绩效进行评估。具体的步骤是：首先确定评估标准；根据重要性为每个标准分配权数；再对中间商进行打分；最后根据得分和权数相乘得出每个标准的加权分；每个标准的加权分进行加总，得出每个中间商的综合绩效得分。这种方法能够对每一个标准的各项指标的绩效衡量进行明确的权重分析，但如果评估标准很多，每个标准需要操作的条款很多，那么会给评估者带来很大的工作量。

### 3. 非正式的加权标准法

非正式的加权标准法和加权标准法的区别在于：当根据不同的标准进行绩效考评后，再也不需要将它们正规地组合起来，以后渠道管理者再根据自己对渠道管理的经验，来决定它们的权重，而不是对每个标准的考核做明确的权重分析。这种方法虽然比加权标准法更具灵活性，即当标准的相对重要性发生变化时可以调整权重来反映这种变化，但是由于权重的决定权取决于渠道管理者，很有可能使结果更具主观性和任意性。

## 5.3.4 绩效评估后的渠道调整

对中间商进行绩效评估后，生产商对评估结果的反应有三种：完全不满意，需要进行渠道的全面调整；绝大多数中间商绩效水平尚可，少数中间商需要进行调整；完全满意，不要调整，保持即可。

### 1. 渠道全面调整

如果渠道成员的绩效完全不理想，生产商应该深入分析原因，从而有针对性地提出渠道的调整计划。主要有三方面的内容：渠道政策的完全改变；渠道结构的调整；渠道体系的变革。渠道政策的完全改变，即改变所有的渠道政策，包括价格政策、市场推广政策、激励政策等。调整渠道结构，包括渠道扁平化的改革，调整渠道长度和宽度，加强对渠道成员的控制等。渠道体系的变革，是完全改变渠道原有的网络系统，重建渠道系统，对渠道功能和任务重新安排，对渠道利益进行重新分配。只有当渠道面临极大危机的时候，才进行渠道体系的完全变革。

渠道完全调整很可能会引起渠道成员的反抗和抵触，产生严重的渠道冲突和摩擦。在改革实施中，要考虑到这些冲突并恰当地处理问题，以免给企业带来不必要的损失。

### 2. 少数中间商的渠道调整

对大多数渠道成员比较满意，生产商只是对少数不达标的中间商提出调整措施。针对合作关系不同的中间商，生产商所采取的措施有所区别。第一，帮助改进。生产商不能在渠道成员绩效不理想的时候就随便放弃该成员，尤其是曾经有过很大贡献的中间商，因为这样做会影响渠道关系的培养和稳定。如果生产商在发展壮大的过程中将这些功臣抛弃，非常不利于企业建立良好的信誉和渠道关系的发展。因此，生产商可以对渠道成员提供帮助，找出绩效不理想的原因，共同改进绩效。第二，提出改进绩效的建议，限期整改。主要针对合作关系一般的中间商，提出限期整改，以传递一些改进压力。第三，降低合作层次。对于整改效果不明显的中间商，说明其存在的问题不能很好的解决，会继续影响以后的合作。因此，可以降低合作层次，在产品供应方面给予一定的限制。第四，对于长期改进无效的中间商，可以终止合作关系，以免拖累整个渠道系统的效率。

## 本章小结

渠道成员的选择是在渠道设计完成之后，渠道管理者所要完成的渠道组织职能。从生产商的角度来看渠道成员选择的决策过程，可以分为：①考虑生产商的渠道目标和渠道策略；②渠道成员的寻找；③渠道成员的评价；④渠道成员的确定；⑤渠道任务的分配；⑥渠道成员的更新。

选择渠道成员要遵循经济性原则、适合性原则、可控性原则和发展性原则。选择渠道成员的评价标准内容很多，一般包括三方面，即渠道成员的能力、企业控制渠道成员的可能性和渠道成员的适应性。确定渠道成员时，可以使用两种方法：定量分析方法和定性分析方法。定量分析方法中最常用的是加权评分法，它是根据每位渠道成员的经营能力和条件进行打分，然后按照分数的高低作出选择。而定性分析方法则比较灵活，往往根据不同的情况有所区别。

渠道任务在渠道成员之间的分配，主要涉及价格政策、交易条件、地区权利和其他特定的内容。为了使渠道任务的分配明确可行，合作双方应该发挥互利共赢的原则，使用合同的方式规定各方的权利和义务。

对渠道成员的激励是企业渠道管理中非常重要的一个环节。渠道激励措施的制定和实施需要遵循一定的原则，主要有客观性原则、目的性原则、适应性原则和适度性原则。渠道激励的措施主要有利益激励、参与激励、关系激励、发展激励和渠道支持。

对渠道成员进行绩效评估，包括三个阶段：①制定度量渠道成员绩效的标准；②根据度量的绩效的标准定期评估渠道成员的绩效；③推荐正确的行动以提高渠道成员的绩效。大多数企业都会采用的评估标准有：渠道成员的销售绩效，渠道成员维持的库存，渠道成员的销售能力，渠道成员的各种态度，渠道成员所面临的竞争和渠道成员总的发展前景。采用适用的标准和方法，对渠道成员进行评估后，需要对评估结果不理想的渠道成员提出相应的渠道改进措施，促进渠道成员的提高和发展。

## 关键术语

| | | | |
|---|---|---|---|
| 渠道策略 | 渠道任务 | 交易条件 | 地区权利 |
| 渠道激励 | 利益激励 | 绩效评估 | 绩效审计 |
| 独立绩效评估法 | 加权标准法 | | |

## 思考题

1. 选择渠道成员的决策过程分为哪几个阶段?
2. 选择渠道成员应遵循哪些基本原则?
3. 为什么要对渠道成员进行评价? 评价的主要标准有哪些?
4. 如何使用加权评分法选择渠道成员?
5. 从渠道功能的角度看，渠道任务分配的本质是什么?
6. 渠道激励的意义是什么? 有哪些主要的激励措施?
7. 影响渠道成员绩效评估的因素有哪些? 主要的评估标准是什么?

## 参考文献

[1] 伯特•罗森布罗姆. 营销渠道管理[M]. 6版. 李乃和，奚俊芳，等，译. 北京：机械工业出版社，2003.
[2] 胡春. 市场营销渠道管理[M]. 北京：清华大学出版社，2006.
[3] 王芳华，奚俊芳. 营销渠道[M]. 上海：上海交通大学出版社，2005.
[4] 查尔斯. 销售管理[M]. 刘寅龙，译. 北京：机械工业出版社，2004.

## 案例研讨

### 丑小鸭“魂断蓝桥”

“丑小鸭”是一度闻名全国的连锁玩具店，它的前身是A省一家玩具厂。跟许多草根创业的民营企业家一样，“丑小鸭”的总经理杨某有魄力、有胆识，对商业天生就有一种敏感的嗅觉。杨某玩具厂生产的玩具质量好，价格低，畅销全国市场。就在他的玩具厂生意如火如荼的时候，有高手给他支招：既然你的玩具卖得这么好，为什么不自己开店，打造特许加盟品牌呢?

凭着敏锐的直觉，杨某认为其中必定大有作为，于是跑到北京、上海等地考察了几家特许经营做得比较好的品牌。看到市场上特许加盟蓬勃发展的景象，杨某决定马上发展特许经营。一方面，他请专业人士设计特许连锁店的店面装修、统一标识等；另一方面，他让玩具厂开发出一系列新品，专门在特许店里卖——这些新品是不在其他地方销售的。

短短几个月后，在A省的地、县级城市，一批名为“丑小鸭”的玩具专卖店悄悄诞生。“丑小鸭”定位在6~12岁的儿童，其logo是一个淡黄色、胖乎乎的小鸭，颇为可爱。这就是杨某的直营店。在这些小城市里，“丑小鸭”几乎没有任何竞争对手，如入无人之境，很快赢了个满堂喝彩。取得了一些成绩之后的杨某雄心勃勃，他要进行全国扩张。

**奢华的造势运动**

除了在A省的十几家直营店，杨某计划在全国开展加盟店。为此，他高薪聘请了一个市场总监，来促进“丑小鸭”的品牌推广和加盟招商。这位有着外企背景的张总监擅长“大手笔”运作。有一天，一场由新任市场总监精心策划的“丑小鸭”品牌推广暨招商大会在当地最具影响力的五星级酒店召开。这次会议相当豪华，不仅邀请了全国近300名代理商及加盟商、当地政要、专家学者，而且专门请了当地知名剧组前来助威。如此规模宏大的造势运动自然少不了媒体的参与，张总监专门设立的公关小组已经一一跟国内主流媒体对接上了。不过几日，关于“丑小鸭”的报道陆续刊出——“丑小鸭”一夜成名。

然而，高规格的接待、豪华的嘉宾阵容、高度集中的媒体造势并未给蹒跚学步的“丑小鸭”插上一对飞翔的翅膀。这次耗资巨大的会议并没有产生什么实际的效果。此次招商会，包括前期的运作费用、打广告、嘉宾的食宿等，总共花了200多万元，而实际签约的金额不超过20万元。巨大的反差让杨某非常不满，这位急性子的企业家认为问题出在营销策略上，他对市场部进行了大换血，把新任的市场总监降职为企划部长，又重新招聘了一位市场总监王某，蓄积力量，准备再次启动“丑小鸭”的推广活动。

这次来的王总监似乎“有两把刷子”，他关于“丑小鸭”的经营思路正中杨某的下怀。

首先，从定位上来讲，“丑小鸭”应该走高端路线，面向一、二级城市扩张。为了配合这一策略，“丑小鸭”应该全面提升产品的档次，以获取更高利润。

其次，上次招商会的失败在于夸大了“面子工程”和“造势工程”，而忽略了实质性的业务洽谈事宜。建议“丑小鸭”今后在几个重点城市进行轮流推广活动，活动以“务实”为主，使加盟事宜落到实处。

**“丑小鸭”变成白天鹅**

那次华而不实的招商会虽然以失败告终，但这丝毫无损“丑小鸭”的元气。因为，除了“丑小鸭”专卖店之外，杨某的玩具工厂一刻不停地运转着，这为“丑小鸭”变成白天鹅提供了源源不断的现金支持。

杨某开始了“丑小鸭”又一轮的品牌推广活动。在王总监的建议下，杨某亲自挂帅，到全国各个省会城市进行巡回演讲。这次活动显得低调而务实：杨某担任品牌推广小组组长，下设招商组、产品组、客服组。为期一个月的推广活动结束了，由于事先策划得比较周全，再加上杨某极其煽情的演讲，“丑小鸭”受到了很多加盟者的垂询。而担任招商组长的王总监凭借其出色的公关能力让这些有加盟意向的咨询者高高兴兴地付了订金。

一个月下来，“丑小鸭”总部收到了来自十几个省市100多人的加盟订金。100个加盟者，光“加盟指导”收取的费用就有300多万元，这还不包括产品营销、物流配送等方面的利润。“丑小鸭”终于变成了白天鹅，这让杨某不胜欢喜，他论功行赏，给这次立了大功的王总监一笔不小的奖金。

在对加盟商的管理上，杨某采取了分级管理的方法。他把加盟商分为A、B两类，A类加盟商具有发展加盟者的权利，而B类加盟商则为一般性加盟者。在最初的100多家加盟商中，杨某挑选了16家有实力的商家作为A类加盟商，负责发展它所辖地区的加盟事业。它所辖的区域每新加盟一家店，总部给它相应的提成。同时，A类加盟商还有配货的权利，总部把产品下发给A类加盟商，由A类加盟商负责把产品分配到下属商家。换而言之，A类加盟商不仅自己开店赚钱，还兼着“丑小鸭”产品在该地区的代理。

**一封投诉信**

不可否认，杨某对经销商的管理确实有独到的见解。这16家A类加盟商就像16棵摇钱树，每年都能给他带来丰厚的回报。杨某对这一切都非常满意，对这16家A类加盟商也有着充分的信任，然而一封投诉信引起了他的警觉。

一天，杨某收到了这样一封电子邮件。

尊敬的杨总：

我是B省BH市的加盟商W。我于三个月前跟贵公司签订了加盟合同，并且缴纳加盟指导费、保证金、首批货款、备用金等共15万元。在我缴费一个礼拜后，总部派人来对我员工进行培训，并且帮我选址、指导店面装修等。总之，这一过程，我还是相当满意的，尤其是总部同志专业、热心的服务让我坚信加盟“丑小鸭”是正确的选择。

然而，接下来的事情让我大失所望。按照合同的约定，在缴费后半个月内，就能收到首批货。但我苦等了三个月，还是不见总部发货。我曾经打电话到总部，总部的相关部门说，发货的权利在B省的A类加盟商M那里。我打电话给M，却被一再拖延。后来，M连我电话也不接了。

三个月来，房租在缴、人力成本在消耗，昂贵的成本让我不能再等了。再过半个月就是学生放暑假的日子，对于玩具店来说，那可是黄金期啊。为此，我希望总部能够尽快解决发货问题，不然我将采取法律措施维护我的权益。

一个失望的加盟者

这封邮件让脾气暴躁的杨某大为恼火。他一方面派人安抚这位愤怒的加盟商，并承诺马上发货；另一方面他派人彻查此事。

事情很快就水落石出。原来，B省的A类加盟商M是无赖一个，平时也无所事事。正好家里有点闲钱，就加盟了“丑小鸭”。鉴于他雄厚的资金实力，当时迫切寻找加盟商的杨某也没有多加考核，就把B省的代理权限给了他。刚开始，M还中规中矩，把B省市场做得风生水起。后来，他觉得自己贡献大，数次提出要增加提成的份额。遭到总部拒绝后，他开始怠慢工作，不时扣留B类加盟商的货，借此来向总部施压。而这一次，他做得有点离谱：把原本应该给加盟商W的货偷偷卖给了当地的一家小型商场。

杨某听了M的事情，气得浑身发抖。他立马取消了M的A类代理商资格，并且通报了其他地区所有的A类加盟商。其他地区的A类加盟商立马回应：坚决拥护总部的领导！然而，这些加盟商并没有给杨某争气。随后的一段日子里，事情接二连三发生，问题就出在这些A类加盟商上。他们有的为了多拿提成而盲目扩张，出现了一条街上有三家“丑小鸭”加盟店的情况；有的则利用手中的代理权把“丑小鸭”的专卖产品卖给超市，造成了当地专卖店和超市竞争的局面……

后来的事态发展超出杨某的预料，随着市场竞争加剧，一些新的特许加盟玩具店品牌在一、二线城市登陆，它们大多设计新颖、富有创意，进一步压缩了“丑小鸭”的赢利空间。“丑小鸭”变成美丽的白天鹅之后却被打回原形。

(资料来源：马超，《六大结症：丑小鸭魂断蓝桥》，价值中国网)

## 案例思考题

1. “丑小鸭”首次招商为何失败?
2. “丑小鸭”第二次招商又为何失败?

# 第 6 章　分销渠道中的权力、冲突与控制

## 学习目标

★掌握分销渠道权力的本质与来源
★理解分销渠道权力的运用
★认识并掌握分销渠道冲突
★了解分销渠道冲突的成因
★掌握分销渠道冲突的类型与表现方式
★明确解决渠道冲突的方法
★理解分销渠道控制的内涵，并了解如何获得渠道控制力

## 引　　例

### 酒店业的渠道冲突

2010 年 4 月，B2B 酒店预订服务商“汇通天下”公开指责携程利用行业渠道垄断地位，阻挠同行和酒店向游客提供优惠房价，严重影响到酒店的定价权和消费者的选择权，“使消费者最终为携程的佣金买单”。而 2009 年初格林豪泰酒店网站给予会员 100~150 元的电子消费券，使会员可以在预订时抵扣，携程认为格林豪泰的做法破坏了价格体系，于是双方暂停了合作，从而爆发了“携格之争”。这些事件导致了整个酒店业卷入了“直销 vs 分销”的纷争。

**1. 酒店业渠道模式的发展历程**

20 世纪 90 年代以来，随着人们可支配收入的上升和闲暇时间的增多，散客自助游成为酒店等旅游服务消费的又一生力军。中国酒店业根据不同类型的旅行消费者需求差异，开发

出在价格和服务方面具有不同层次的客房产品，同时新型酒店业态也开始涌现。也是在这个时期，中国酒店业态由一般的接待性酒店分化成星级酒店、经济型酒店、会议酒店、旅游酒店等多元化形式并存的市场供应格局，中国酒店行业也完全转变为与国际接轨、市场化程度较高的开放性行业。

激烈的市场竞争导致酒店行业内的收购、兼并和重组进一步加速，互联网作为酒店营销平台的功能日益得以凸显，市场上陆续出现了诸如携程、艺龙等专注于在线旅游服务的酒店渠道分销商。它们在推动酒店行业发展的同时，也暴露出酒店销售渠道不健全等现实问题。通过对现有旅游资源的整合与旅游链条中的价值再造，在线旅游渠道商把遍布各地的酒店与航线等旅游资源汇集到网络平台，一方面可以大量节省旅行者在信息搜索方面的时间，另一方面酒店也乐于以“协议”价格将客房资源交给像携程这样的旅游渠道分销商来销售。

**2. 酒店与渠道商的冲突表现形式**

自由市场竞争使在线旅游渠道商的专业服务能力进一步提升，渠道商队伍进一步壮大。2009 年中国网上旅行预订运营商收益额为 37.4 亿元，成规模的酒店渠道商有携程、艺龙、芒果、号码百事通、12580、快乐 e 行、同程、傲游等。在线旅游渠道商实力的壮大推动了酒店的客房销售，但是，以酒店和机票佣金为主要赢利模式的渠道商也压缩着酒店的利润空间。因此，二者出现矛盾也就不足为奇了。

渠道商“挟顾客”削弱酒店议价能力。在线旅游分销模式之所以能够获得市场认可，最为重要的是渠道商具有强大的旅行者会员资源，而且还在一定程度上弥补了酒店自身分销力量的不足，协助酒店摆脱区域化的营销困境。同时渠道商的出现，推动了酒店行业的内部竞争，有助于酒店行业的整合，提升整个行业的服务水平。但目前由于酒店直销渠道建设的滞后，因此，渠道商因发展迅速而逐渐强势，酒店与渠道商之间的“话语权”之争越发凸显。

酒店业成为渠道商预订平台的“提款机”。凭借庞大的终端用户资源，渠道商在与酒店谈判时拥有较大的话语权，也能够获得较低的采购成本，但是同时酒店仍需向渠道商支付8%～15%的佣金。此外，由于酒店缺乏对构建直销平台的关注度和相应的构建能力，造成部分酒店过分依赖网络渠道商来推动销售，使酒店供应商失去了“议价权”。国内一些酒店超过 10%甚至 30%的客源都由携程、艺龙等旅游电子商务网站提供，如果渠道分销商要求提高佣金或进行活动赞助，成员酒店基本会无条件接受。

酒店为渠道商之间的“价格战”买单。2010 年 3 月携程网高调推出“最低价赔付承诺”，被同行质疑是变相“剿杀令”，从而在行业内掀起一轮价格战，从艺龙直指携程的“比你贵、赔 3 倍”，到游易网直接返佣金的“自杀式袭击”，以及旅游垂直搜索引擎推出的各种招数“教你找到最低价酒店”等。由于自身直销平台缺失，渠道商之间的价格战最终由酒店供应商全部买单，未来渠道商之间的竞争只会更趋激烈，酒店供应商“议价权”将进一步丧失，造成酒店与渠道商矛盾激化。

(资料来源：曹育蕾、孔令红，《酒店业的渠道冲突》，载《销售与市场·管理版》，2010 年)

**思考**

1. 如何解决酒店业与渠道商之间的渠道冲突？
2. 如何变革酒店渠道模式，寻求多渠道合作？

# 6.1 分销渠道权力及其运用

在分销渠道中，渠道权力是渠道管理的重要内容。如何获得渠道权力，并正确地运用以及保持权力十分重要。实际上，分销渠道是由相互依赖的渠道成员组成的系统，而渠道成员需要对这种相互依赖的关系进行管理，权力便是管理的方法。为了共同创造渠道价值，分销渠道中的成员必须获得权力并且明智地运用它。但权力的来源和运用方法有很多，所代表的意义和作用也各不相同。因此，渠道中的每一个成员都必须深刻地理解权力，并且懂得衡量运用权力的最佳方式。

## 6.1.1 渠道权力的定义

关于渠道权力的定义，多数渠道研究者都是利用社会学中的权力概念来对其进行定义的。社会学方面的权力定义存在两种视角，一种是将权力定义为影响其他个体或机构行为的能力；另一种是从个体或机构之间相互依赖的角度来定义的。因此，对渠道权力的定义也存在两种学说，即“能力说”和“依赖说”。

### 1. “能力说”

“能力说”认为，权力是一个行为者或机构控制以及影响另一个行为者或机构行为的能力，它是社会行为者交换关系中的一个内生变量，因此在渠道行为关系中必然存在着一定的权力。Stern 等人在 1972 年首次将权力概念引入营销渠道领域，将渠道权力定义为在给定的营销渠道中，一个渠道成员影响不同分销层次中的另一个渠道成员营销战略决策的能力。此后，不少学者进一步完善了该学说。总之，“能力说”认为，权力不是一种强制力或武力的使用，而是强制的程度，从绝对控制到温和建议都应该包括其中。因此，每个渠道成员都可以使用它的权力。

### 2. “依赖说”

“依赖说”认为，权力是双方依赖性的反映，渠道成员 B 对渠道成员 A 的依赖赋予 A 潜在的影响力。譬如 Dahl 认为：“A 具有对 B 的权力，即 A 能让 B 做其不愿做的事。”Stern 和 Frazier 等学者把渠道权力描述为：“一个渠道成员对另一个渠道成员的依赖程度”，“如果对 A 有所依赖，B 就会改变它通常的行为以适应 A 的需求”。渠道成员间的依赖程度反映着权力的大小，即如果 B 对 A 的依赖度增加，那么 A 对 B 的权力也会相应增加。

尽管“能力说”和“依赖说”对渠道权力的定义存在不同，但其本质是相同的，即渠道权力与一方控制或影响另一方行为的能力有关。它是指一特定渠道成员控制或影响另一渠道成员行为的能力。简单来说，权力就是一种潜在的影响力。但这种影响力并不容易辨认。当权力不存在的时候，人们可能会认为权力存在；当权力确实存在时，人们又可能会忽略它。比如，当一个企业(受影响者)按另一个企业(影响者)的意愿去做事情的时候，似乎存在权力。但在影响者不存在的情况下，受影响者也要做同样的事情时，这就不是权力。因为“影响”意味着改变时间的本来进程，运用权力则意味着发挥影响力。渠道中这种看似吻合的行为可能会导致对权力的误判。因此，只有真正地理解渠道权力的内涵，才能更加准确地判别权力的存在及其影响力的大小。

下面从几个方面来理解渠道权力的内涵。

(1) 相互依赖关系是渠道成员间权力存在的前提条件。

由于渠道成员之间相互依赖关系的存在，使得一个渠道成员的行为对另一个渠道成员产生影响，而且这种依赖关系与权力的强弱成反比例。即 B 公司对 A 公司的依赖程度越大，那么 A 公司对 B 公司的权力越强。

(2) 渠道权力范围不是全方位的。

在渠道权力范围内，一个渠道成员可以支配另一个渠道成员的行为，并期望该成员服从他的意愿。一般情况下，一个渠道成员可能在某一个或几个领域拥有权力，但在另一些领域却没有权力。

(3) 衡量权力的方法。

通常情况下，衡量某一渠道成员拥有渠道权力的方法有两种，即潜在影响力和实际影响力。潜在影响力是衡量一个渠道成员具备的改变另一渠道成员行为的能力，而实际影响力是衡量对一个渠道成员的行为的实际改变能力。

(4) 渠道权力的两面性。

在分销渠道中，可以从正反两个方面来看待渠道权力。一方面，一旦渠道权力被用来强迫某个成员协助创造价值而不给予其应得的报酬时，权力就会受到谴责；另一方面，如果权力运用得当，在渠道中起着协调作用，那么权力就会使整个渠道网络产生巨大的经济效益。

权力作为渠道运营的一种方法和工具，在价值创造方面是中性的，可以被用来创造价值，也可以被用来破坏价值；可以被用来分配价值，也可以被用来重新分配价值。权力如何运用取决于决策者。但是不管初衷如何，在任何时候渠道成员都必须参与到权力的构建、运用和保持中。不管是想要保护自己，还是为了促使渠道能够更好地增值，渠道成员都必须运用权力。

## 6.1.2　渠道权力的来源

权力作为一种潜在影响力，很难被评估。学者们提出了不同的看法，但是普遍认同的是源于社会心理学家 French 和 Raven 的权力基础说。该学说认为，表示渠道权力最好是以 6 种权力的来源，即奖励权、强迫权、法定权、认同权、专长权和信息权来说明。

### 1. 奖励权

奖励权(reward power)，是指一个渠道成员(影响者)能够给予另一个渠道成员(受影响者)某种有价值的东西以帮助他们实现其目标的能力。奖励权是一种承诺，即对某一渠道成员因改变其行为而给予其补偿。比如，一个零售商具有给某种产品生产商更多或更好的展架或展位的能力，而生产商则具有为零售商提供批量折扣、优先供货等能力。同时，奖励权与强迫权是相互关联的，即“赏罚分明”是这两种权力运用的体现。

在渠道关系中，奖励权是最有效的权力运用。渠道成员要获得奖励权，有两个关键因素：一是有能力对渠道其他成员进行奖赏；二是要让其他成员相信你会给他提供奖赏。因此，奖励权的获得主要体现在提高自身实力和获得渠道成员信任度两方面。

运用奖励权的时候会存在 4 个限制因素。其一，影响者的奖励资本限制。例如，假设笔记本电脑生产商对一个卖力销售其 4 种不畅销型号的经销商进行奖励，采用的方式是提供一种市场上供不应求的热销型号，那么这种奖励权是以笔记本电脑生产商拥有的热销型号笔记本电脑存货为限的。其二，奖赏效果的可靠性限制。即使奖励行动能使奖励对象调整其行为，但也很难改变该成员的看法。某些受奖赏者会把提供奖励看作是一种贿赂行为。其三，提供奖赏容易导致影响者的收益减少。其四，连续的奖赏会使其效用递减。

### 2．强迫权

强迫权(coercive power)与奖励权相反，是指一个渠道成员(影响者)在另一个渠道成员(受影响者)不服从自己的影响时，对其进行惩罚的能力。这种惩罚包括利润削减，原本承诺的奖励被撤销等。强迫权的成功运用取决于威胁、惩罚的程度，威胁对象对威胁后果的认识和估计，以及威胁信息的真实性。

尽管有学者认为强迫权是负面的奖励权即不给奖赏或不兑现奖赏，但在实践中渠道成员并不把负面的制裁看成是没有奖赏，或者是较少的奖赏。他们常常把强迫权看成是一种攻击，会导致渠道成员的自我防卫和报复等行为，往往不利于渠道关系的建设与维护。

当渠道成员认为只能得到较低的报酬时，他们的反应是保持冷漠或者撤退，但当他们发现有强迫权存在时，他们会考虑反击。反击的方法有很多种，但是效果并不是很明显。通常情况下，当受影响者感觉到影响者在威胁自己时，他们会降低与影响者交易所得利润的期望。在短期内，这种关系将会引起三种方式的破坏：①受影响者对从影响者处得到的财务报酬不满。②受影响者对渠道关系中与合作伙伴非财务方面的关系不满。比如，受影响者可能会认为合作伙伴不够关心自己，不履行义务等。③受影响者会感觉到双方之间可能会更容易产生冲突。

因此，在运用强迫权之前，影响者要考虑到受影响者的反击行为，以及强迫权使用后带来的效应，包括短期效应(受影响者的不合作反应)、中期效应(受影响者的不信任表现)、长期效应(受影响者对这种关系不愿投入的反应)。对强迫权的运用需要相当谨慎，但这并不意味着渠道成员不能使用强迫权，在某些情况下运用强迫权获得的收益可能会大于成本。例如，电子数据交换(EDI)的使用，有一半是被供应链中的其他成员强迫采用的，他们提出如果不采用 EDI，就停止订货。结果。渠道中 EDI 的普遍采用，提高了渠道的整体效益。因此，克服这些威胁所产生的危机实际上增进了渠道关系。但是，如果强迫权的使用结果使得渠道成员没有得到利益，这种关系将会受到更加严重的破坏。

### 3．法定权

法定权(legitimate power)产生于渠道内部成文或不成文的规则，是指这些规则规定一个渠道成员有权影响另一个渠道成员的行为，而后者有义务接受这种影响。比如，合同或协议规定的权力或义务。

法定权的一个主要来源是渠道成员之间签署的合同。但在现实中，合同并不一定会产生应有的效力。有时，渠道成员可能不按照合同办事，而是按照他们在渠道关系中确定的标准行事。因此，不能简单地认为合同就是渠道成员所需要的全部权力基础，还包括一些非合同方面的权威基础。法定权的另一个来源是规范、价值观或信仰等。例如，一个渠道领袖因为成功的管理而获得其他渠道成员的尊重，则该渠道领袖就拥有了法定权。这样渠道内产生的行为规范定义了大家的角色，并有效地授予了渠道成员的法定权。

法定权和强迫权存在本质上的区别：法定权一般是有法律保证的，一方违法时，另一方实施的惩罚也是通过法律机构进行的；而强迫权一般无法律保证，一方对另一方的惩罚是直接的，无需法律机构或其他机构插手。

### 4．认同权

认同权(referent power)，也称为参照权，是指当一个渠道成员在使用另一成员的品牌或者从事对对方有利的某些活动时，它对另一成员所形成的影响。认同权来源于一个渠道成员的形象，其形象对其他成员具有较大的吸引力，获得其他成员的尊重和认同。当某一渠道成员感到自己的目标与其他成员的目标关系密切或者趋于一致时，就会产生认同权。

在分销渠道中，某个组织希望被公众与另一个组织联系起来的重要原因是威望。下游渠道成员愿意支持享有较高地位的品牌来抬升自己的形象。比如，尽管经销商感觉到了宝洁公司的压力，但仍然愿意承受，是因为宝洁公司及其产品的形象能够提升经销商自身的形象，从而带动其他商品的销售。而上游渠道的成员也会利用声望很高的下游公司的名声。例如，尽管国美家电卖场给生产商带来很大的压力，但很多生产商仍然愿意承受压力而将产品打入国美家电卖场，这是因为国美的品牌效应能够提升生产商产品的形象。为了创造和保持认同权，生产商将分销范围严格限定于选定的店铺，而下游渠道成员则限定销售特定几个品牌的商品。

### 5．专长权

专长权(expert power)是指一个渠道成员(影响者)对其他渠道成员(受影响者)充当专家的职能，具有其他成员所不具有的某种特殊知识或有用的专长。在渠道功能组织中，扮演专家角色的渠道成员是相当普遍的，这种专长权决定了劳动分工、专业化和比较优势的核心地位。例如，特许经营便是专长权的突出体现。特许经营是租借授权人的专长来建立自己的公司，授权人必须持续提供他们的专长以获得特许权使用费并保持渠道成员的忠诚度。

专长权基于影响者拥有宝贵的信息，这些信息正是渠道成员所需要而自身不具备的。专长权很难得，对影响者是一种很有利的权力，但运用专长权并不是一件简单的事情，它面临着三方面的困难：①渠道成员必须得到渠道信任，不然其他成员很可能把这种专家建议视为对其的操纵意图，从而低估专家建议的价值；②专家通常会被赋予很高的地位，但这也成为得到其他渠道成员认同的障碍，阻碍了必要的信任建立；③影响者的态度会误导专家建议的传递和效果。

尽管专长权很难获得，但并不意味着得到的专长权能够长久存在，因为现实中一旦其他渠道成员获得了专长，专长权发生了转移，初始的专长权就会被削弱。因此，如何在渠道中长期保持专长权是一个重要的问题，可以采取以下措施来解决。一是可以部分地转移专长，与此同时保留足够多的重要数据，使得其他渠道成员必须依赖它。二是持续地投资和研发，以产生新的和重要的信息提供给渠道合作伙伴，持续专长权。三是只转移定制化的信息。即渠道成员投资于特定的专长，以致这些成员不能轻易地把这些专长转移到其他产品或服务上。

同奖励权一样，渠道专长权的影响范围是有限的，但二者仍然具有很大区别：作为一种资源，专业知识一旦提供给合作伙伴，就不能再撤回，而奖励权是可以撤回的。

### 6．信息权

信息权(information power)是指一个渠道成员提供某一类信息的能力。信息权和专长权很相近，二者在提供出去后就不能再收回。但两者存在很大区别，专长权是长期经验积累或是专业训练的结果，而信息权只是基于一个渠道成员容易接触到某一类信息而对某一类事物具有更多的知识，这些知识是建立在真实的信息资料的基础上，任何渠道成员都有可能因为及时得到了真实可靠的信息资料从而具备这种权力。例如，零售商掌握了有关各种商品的销售信息，该零售商就对其他成员拥有信息权。

## 6.1.3 渠道权力的运用

### 1．渠道权力的运用战略

在实践中，渠道管理者要实施渠道权力影响其他渠道成员，通常有以下六种影响策略。

(1) 许诺策略(promise strategy)——如果你们按照我们说的去做，你们将会得到某种奖励或者好处。

(2) 威胁策略(threat strategy)——如果你们不按照我们说的去做，我们将会使用某些方式惩罚你们，或者做出某些对你们不利的行为。

(3) 法律策略(legalistic strategy)——你们必须按照我们说的去做，因为根据协议，你们曾答应这样做。如果不按照我们说的去做，不排除与你们打官司。

(4) 请求策略(request strategy)——请按照我们希望的去做。

(5) 信息交换策略(information exchange strategy)——无须说明我们想要的是什么，我们来探讨什么方式对我的合作伙伴更有利。这种战略是间接的，目的在于改变对方关于什么方式能有效完成影响者目标的看法。同时，它也是一种很微妙的劝说方式，即让对方自己去想他应该做什么。

(6) 建议战略(recommendation strategy)——如果你们按照我们说的去做，你们的赢利状况会更好。这种战略和信息交换相同，但相比之下，它指明了结论，并且更加公开，使得对方容易产生怀疑。

每一种战略都是来源于特定的渠道权力。表 6-1 说明了六种影响策略与权力来源之间的对应关系。

**表 6-1 六种渠道权力运用策略与权力来源之间的对应关系**

| 渠道权力运用策略 | 渠道权力来源 |
|---|---|
| 许诺 | 奖励权 |
| 威胁 | 强迫权 |
| 法律 | 法定权 |
| 请求 | 认同权、奖励权、强迫权 |
| 信息交换 | 专长权、信息权、奖励权 |
| 建议 | 专长权、信息权、奖励权 |

### 2. 渠道权力运用时应该注意的问题

通常而言，渠道管理人员可以结合企业的具体情况来选择运用不同的影响战略。但在实际渠道权力的运用过程中，应该注意以下几个问题。

1) 明确各种渠道权力源

在一般情况下，渠道管理人员都能轻易辨明各种权力源。这些权力源主要包括渠道成员之间的规模对比、组织模式、技术变化等。

在规模方面，大型生产商对与其合作的规模较小的分销商拥有较大的报酬权力和强制权。同样，像沃尔玛、亚马逊等这样的大型零售商也对与其合作的规模较小的供货商拥有较大的报酬权和强制权。当然，渠道成员之间的规模差异并不意味着规模大的渠道成员一定就拥有报酬权和强制权，这只是说明存在较大的可能性。在组织模式方面，特许经营系统下的合同就为特许人提供了强大的法定权，也拥有较多的专长权。而传统渠道模式下松散的渠道组织就不能为生产商带来合法的法定权。最后，技术在某些时候会对渠道权力产生影响。例如，对于高科技产品，因科技含量较高，这种产品在产品导入期，生产商是唯一懂得产品技术、产品性能和特色的渠道成员，因此，这种产品的生产商就会拥有强大的专长权，分销商会几乎全部接受生产企业的促销建议。

2) 不同策略所产生的效果相差很大，运用不当甚至会带来不好的结果

许诺、威胁和法律战略相当于使用强制性权力，运用不当，往往会引起权力对象的不满，甚至产生强大的反作用力。这样会发生较为严重的渠道冲突或摩擦，降低渠道合作水平。在短期内，强制性权力可能有效，但从长期来讲，很容易破坏目标对象对影响者的信任与承诺。

许诺战略通常意义上会被看作是一种奖励。但实际上，目标对象却不这样认为，他们常常会觉得许诺只是一种强制性的技巧，可能是一种冒犯、贿赂或者不专业的表现。使用许诺战略可能会引起螺旋式的讨价还价。这种战略鼓励对方也做出许诺来回应，从而导致更多的许诺产生。从长期来看，许诺战略所带来的效果是很矛盾和复杂的。基于人际交往的心理满足，渠道成员不喜欢许诺战略，但从经济意义的角度，渠道成员又欢迎许诺战略。因此，尽管许诺可能会加剧成员间关系的紧张程度，但长期而言，却是一种改变渠道成员行为的有效方法。

请求、信息交换和建议战略相当于使用非强制性权力。由于使用非强制性权力是通过利诱的方式改变合作伙伴的行为或态度，其重点在于让合作伙伴意识到顺从得到的利益要大于不顺从得到的利益，因此一般不会引起权力对象的强烈不满，也不会导致较为严重的渠道冲突或摩擦。这三种战略可以增进双方各方面的满足感，包括经济的和人际关系方面的满足。因此，渠道双方很欢迎这三种战略。

信息交换战略有时存在风险。如果目标对象根本不考虑改变行为，那么这种战略就毫无效果。建议战略虽然公开说明了所期望的行为改变，但并没有威胁到对方的自主权，符合目标对象的整体利益。请求战略是一种没有给出理由的请求，给目标对象造成的压力很小。因此，一般而言，使用建议和请求战略最为普遍。

但是，在长期的密切合作关系中，这些模式所产生的效果可能有所不同。其中，信息交换、交易和许诺是支配性的影响战略。在长期关系中，双方承诺较多，双方会尽力避免威胁对方。他们会为某个期望的行为提供奖励(承诺)，或留给另一方取得结论(信息

交换)，以及说明所期望的行为有益于对方(建议)等，双方都认为双赢的方案是很重要的。因此，许诺战略在这种情况下并不会产生在普通渠道关系中的反作用力和压力。

此外，人们怎样看待权力基础在某种程度上是和文化有关的。换句话说，在一种文化中被认为是强制力的权力，可能在另一种文化中被认为是法定权。比如，在北美，使用威胁或者引用合同来明显地影响分销商会破坏彼此之间的关系。但在日本，这种方法反而会增进分销商和供应商之间的合作关系。因此，使用渠道权力时，要考虑文化差异的不同。

## 6.2 分销渠道冲突及其管理

能够有效地运用各种权力固然很好，但是如果稍微运用不当，就会引起渠道中各成员之间的冲突。本节具体分析分销渠道冲突及其成因、表现，以及如何正确地应对渠道中的各种冲突。

### 6.2.1 分销渠道冲突的概念

一般认为，渠道冲突(channel conflict)是组成营销渠道的各成员间的一种不和谐状态，是指渠道成员意识到另一个渠道成员正在从事会损害、威胁其利益，或者以牺牲其利益为代价获取稀缺资源的活动，从而引发双方之间的争执、敌对和报复等行为。下面从两个方面更深入地理解渠道冲突。

1) 渠道冲突，不是渠道竞争

理解渠道冲突，必须要将其与渠道竞争区别开来，不能混为一谈。渠道冲突是一种以对手为中心的行为，它会受到个人因素的影响，而渠道竞争是指各企业之间、各系统之间为了实现相同目标而进行的正常竞争。相比而言，渠道竞争是一种以目标为中心的行为，它不受个人情感因素的影响。正如学者路易斯·W.斯特恩所言，“竞争是各方与环境障碍争斗，冲突是各方互相争斗”。两者之间最重要的区别在于是否会干预对方的行为。当一个渠道成员需要跨越的障碍是另一个渠道成员而不是市场时，该成员就面临着冲突。

在分销渠道系统中，生产商和分销商之间既存在竞争也有冲突。品牌之间的纷争就属于一种渠道竞争。例如，为了提高顾客对各自品牌的接受度，某药品生产商和连锁药店都以市场为中心，努力开展一系列营销活动来实现各自的目标，在此过程中，双方并不受个人情感因素的影响，并未直接使用一些阻碍对方的行为以提高顾客对其品牌的接受度，双方只是在消费者市场上进行竞争。但如果连锁店要求该药品生产商承担促销费用，而该药品生产商则认为连锁药店的这种行为是为达到盈利目标，且促销效果不显著，结果围绕该药品生产商该不该支付促销费用、支付多少费用的问题，双方之间就产生了冲突。

2) 渠道成员之间所固有的相互依赖关系是渠道冲突产生的基础

为了将产品顺利地传送到消费者手中，渠道成员之间需要相互依赖，执行不同的渠道功能。生产商负责生产和促销，批发商执行融资和物流等职能，零售商专门从事产品的市场开发和销售等工作。这种相互依赖关系一方面为渠道成员提供了合作的基础，另一方面也会带来冲突。因为分销渠道各个成员相互拥有独立所有权，每个组织为了各自的利益，会力图保护自己的自主权而产生干预对方的行为，引发渠道冲突。

## 6.2.2　分销渠道冲突的发展阶段

渠道冲突不仅仅是一种不和谐的状态，同时也是一个过程，即由弱到强、由内隐到外显的渐进发展过程，借鉴 Pondy 教授关于组织冲突的研究结果，渠道冲突包括五个发展阶段，即潜伏冲突阶段、知觉冲突阶段、感觉冲突阶段、公开冲突阶段、冲突余波阶段。如图 6-1 所示。

图 6-1　渠道冲突的发展阶段

第一阶段：潜伏冲突阶段(latent conflict)。它是冲突的早期潜伏状态，表现为渠道成员之间目标的差异、角色不一致以及对现实的认知差异和缺乏有效沟通等情形。渠道成员一方有所不满，但不满的信息还未传递到另一方，是冲突的深层诱因。

第二阶段：知觉冲突阶段(perceived conflict)。在该阶段，渠道成员能彼此意识到存在的潜在冲突，但尚未将不满表达出来，在一定条件的作用下，之前的潜伏冲突就转化为知觉冲突。

第三阶段：感觉冲突阶段(felt conflict)。在此阶段，冲突的信息已经传递给对方，开始出现一方或双方紧张、焦急、敌对等情绪，但尚未发生冲突行为。

第四阶段：公开冲突阶段(overt conflict)。在此阶段，渠道成员之间已经发生了行为上的对立表达不满，比如争执、要挟、抵制等对抗行为。

第五阶段：冲突余波阶段(aftermath of conflict)。这一阶段是指冲突所产生的影响，这些影响可能是积极的或消极的，这取决于冲突解决的结果。

## 6.2.3　分销渠道冲突产生的原因

如前面所述，渠道冲突产生的客观基础是渠道成员之间的相互依赖关系。渠道冲突是以渠道成员间相互依赖的合作为前提的，如果没有渠道成员间的这种相互依赖合作关系，也就不可能产生渠道冲突。但双方的相互依赖性只是渠道冲突产生的基础，而导致渠道冲突产生的原因有很多，下面就渠道冲突产生的根本原因和直接原因进行详细分析。

### 1．渠道冲突产生的根本原因

(1) 角色不一致。

在分销渠道中，角色是对各渠道成员应该发挥的功能与活动范围的界定。如果渠道成员对自己角色的定位和对另一成员的责任与期望的理解不一致，就会导致渠道冲突的发生。例如，生产商与批发商之间经常就零售商的管辖权产生争执而引发冲突，生产商认为向零售商解释相关政策是批发商的责任，而批发商则认为应该由生产商负责。

(2) 感知差异。

由于渠道各成员都是独立的个体，基于组织背景、组织文化、组织制度等方面的差异，可能会对同样的刺激产生不同的感知差异，从而做出截然不同的反应。比如，渠道成员可能会对新的销售政策、竞争对手的攻击等反应不一。而造成感知差异的原因主要有两点。一是水平差异。例如，商场或超市的售价与专营店有差别，可能会引起渠道成员的不满等。二是垂直差异。主要是因为渠道成员之间不能够很好地进行纵向的交流与沟通。例如，一家生产商为了对自己的产品进行大力宣传，制作了精美的海报与宣传册让卖场代为分发，而卖场却不予重视，置之不理。

(3) 期望差异。

通常情况下，渠道成员会根据市场发展、经济形势等情况，对其他的渠道成员行为产生一定的预期，并根据预期采取行动。如果对对方的预期有误，双方采取的行为可能会导致渠道冲突。

(4) 决策权分歧。

由于渠道成员各自的角色定位不一样，承担着不同的责任，发挥着不同的功能，因此他们都拥有各自的决策领域。在不同的领域，渠道成员的话语权不同。比如，是生产商还是零售商决定商品的最终销售价格、零售商是否有权倒卖商品、生产商是否能够规定经销商的存货水平等，当这些决策权产生分歧时，就很容易引起渠道冲突。零售商认为，价格是自己的决策领域，但是不少生产商为了更好地控制终端，会严格限制定价。最经典的例子便是格力和国美因为定价问题所发生的激烈冲突。国美认为自己是家电零售业的行业巨头，自己有格力的定价决策权。但是格力却坚持自己对价格的控制。双方就此发生了激烈的碰撞，最终导致分手的结局。

(5) 目标不一致。

尽管渠道成员都存在共同的目标，如提高整个渠道竞争力等，但每个渠道成员都有自己的目标。这些目标的某些方面可能与共同目标一致，但也可能与其他成员的目标背道而驰，从而形成诱导冲突的深层原因，并产生冲突。比如，中间商的目标是希望更大的购销差价，希望生产商给予其更高的补贴或更大的支持等。生产商希望能获得更高的出厂价或批发价，减少给中间商的补贴，取得更大的销售额等。当双方各自的目标超过对方可以接受的范围时，冲突就有可能发生。

(6) 沟通困难。

沟通主要是指渠道成员间的信息交流。沟通困难是由于渠道成员之间缓慢的，或不精确的甚至错误的信息传递造成的。沟通困难导致损失的一方会产生不满，很有可能导致渠道冲突的产生。

(7) 资源稀缺。

由于渠道成员间存在目标的不一致，为了达到各自的目标，渠道成员之间有时会因为一些稀缺资源分配的问题而发生冲突。

### 2. 渠道冲突产生的直接原因

(1) 价格原因。

渠道各层级之间的价差常常是渠道冲突的诱因。生产商常常抱怨分销商的销售价格过高或过低，影响了其产品形象和市场定位，分销商则抱怨给其的差价折扣太低而无利可图。

(2) 存货水平。

为了各自的利益目标，生产商和分销商都希望把自己的存货水平控制在最低。然而，存货水平过低又会导致分销商的存货周转出现问题，无法及时向客户提供产品，会产生严重的后果。如果分销商积压存货，则会占用太多的资金而使资金周转不灵。因此，存货水平若控制不合理，很容易导致渠道冲突。例如，很多产品存在淡旺季之分，如空调、月饼等。在旺季的时候，分销商要求生产商大量供货，缩短供货周期，以防止产品的“脱销”。而在淡季，生产商又要求分销商多存货，以减少自己的资金压力，防止竞争性产品进入。此时，分销商并不愿意过多存货，而希望将资金投入到其他热销产品中。这样，双方之间便因为存货问题发生了矛盾。

(3) 大客户原因。

冲突的另一可能的直接原因是生产商与最终用户之间所建立的直接购销关系。由于产业用品市场大客户的需求占总销售量的比重较大，购买量大或有特殊的服务要求，所以生产商宁愿直接与大客户交易，把余下的市场交给分销商，这样往往会威胁到分销商的生存，进而引发冲突。

(4) 侵占对方资金。

在分销渠道中，生产商往往希望分销商尽快汇款，加快资金周转，缓解企业的资金压力；但是分销商希望尽量拖延货款，最好先发货、后付款，以降低自己的资金风险。通常情况下，都是分销商先付定金或者在信用的基础上先提货，待货物售出后再付款。尤其是当渠道中间商层级过多，上级分销商采用同样的方式将货款转让给下级经销商时，就会形成一个很长的回款链条。一旦链条中的某个环节出现问题，资金的风险就会转嫁给生产商，使企业蒙受巨大的损失。

(5) 技术咨询与服务障碍。

如果分销商不能提供良好的技术咨询和服务，生产商就会绕过分销商采用直接销售的方式。生产商这样做往往会引起分销商的不满而导致冲突产生。

(6) 分销商经营竞争对手的产品。

在分销渠道中，生产商显然不希望自己的分销商同时经营竞争对手的产品。尤其是在当前的工业品市场，用户对品牌的忠诚度不够高，分销商经营其他竞争对手的产品会给生产商带来较大的竞争压力。但分销商则希望能够经营更多的其他企业产品，以扩大其经营规模，避免受制于单一的生产商，降低经营风险。

(7) 渠道调整。

由于各种情况的变化，企业有时候不得不对分销渠道系统进行调整，比如增加、减少或者更换分销渠道成员。增加渠道成员可能会引起现有成员的不满，减少渠道成员则会降低现有成员的忠诚度，从而诱发渠道冲突。

(8) 渠道的控制与反控制。

决定渠道控制权的最主要因素还是渠道各成员的实力大小。实力较强的一方将能够获得整个渠道的控制权，而处于被控制的一方又会利用各种方法来摆脱控制。由于生产商与渠道成员之间渠道权力的分布并不均衡，各方的实力处在不断变化中，因此渠道的控制与反控制将持续进行，从而产生渠道冲突。

## 6.2.4 分销渠道冲突的类型

根据不同的分类标准，渠道冲突有不同的类型。

### 1. 按冲突主体分类

按照冲突的主体不同，可分为水平渠道冲突、垂直渠道冲突和多渠道冲突。

1) 水平渠道冲突

水平渠道冲突，也称横向渠道冲突，是指同一渠道中同一层次的成员之间发生的冲突，是由同一渠道某个环节上同类中间商之间的利益矛盾而引发的，主要表现为分销商之间、批发商之间及零售商之间的冲突。

同级分销商与同级零售商之间的冲突主要表现为跨区域销售(即串货)、压价销售、不按规定提供售后服务等。例如，某汽车公司在上海地区的某些代理商，可能抱怨同一地区的其他代理商在定价、促销和广告上表现得过于进取，而抢走了他们的部分生意，从而引发相互压价，导致冲突的发生。

2) 垂直渠道冲突

垂直渠道冲突，也称纵向渠道冲突或渠道上下游冲突，是指同一渠道中不同层次成员之间所发生的冲突，主要表现为生产商与分销商、分销商与批发商、批发商与零售终端之间的冲突。

垂直渠道冲突比水平渠道冲突更为常见。一方面，越来越多的分销商从自身利益出发，采取直销与分销相结合的方式销售商品，这就不可避免要与下游的经销商争夺客户，会大大挫伤下游渠道的积极性；另一方面，下游经销商的实力增强后，不满足现状，希望在渠道系统中获取更多的资源，便向上游渠道发起挑战。

垂直渠道冲突更多地表现为生产商与渠道商之间的冲突。生产商希望改变销售渠道的宽度或者引入新的渠道来覆盖原有市场，此时原有的分销商会采取行动，如拖欠货款、降低产品批发价等手段，来抵制与打击生产商的计划。这样的冲突比较难解决，主要是因为双方的目标不一致。分销商希望获得更高的利润率、更快的存货周转率、更低的支出等，以自己的经济利益最大化为目标，而生产商则希望分销商能够为产品夺取更大的市场份额。分销商与批发商、批发商与零售终端之间的冲突一般都与价格的高低、市场支持度的大小等相关，比较容易解决。

3) 多渠道冲突

多渠道冲突，也称渠道间冲突或交叉冲突，是指生产商建立了两条或两条以上的渠道向同一市场分销产品而引发的渠道冲突，主要是由于几条分销渠道在同一市场内为争夺客户群而引发的冲突。

随着顾客细分市场和可利用的渠道不断增加，越来越多的企业开始采用多渠道分销系统，所引发的冲突有所增加。主要由于以下几个原因。其一，生产商在区域市场中的渠道规划不合理，终端过于密集或交叉，导致各渠道为争夺客户而引发冲突。其二，营销组合单一，没有针对性地进行渠道间的区隔和细分。其三，生产商没有对不同渠道成员间进行良好的说明和沟通，以致渠道成员对不同渠道的销售政策产生误解。多渠道冲突在某一渠道系统降低价格或降低毛利时，表现得尤为激烈。而随着渠道扁平化的要求以及网络渠道的发展，新型渠道与传统渠道间的冲突也日益明显。

#### 2．按冲突的具体内容分类

按照冲突的具体内容，渠道冲突可以分为服务冲突、价格冲突、关系冲突、促销冲突、策略冲突、政策冲突和掌控力度冲突。

最常见的是价格冲突。渠道成员为了各自的利益，常常在价格上相互计较、讨价还价。同时，零售商之间也常常会在同一品牌之间为争夺顾客而引发价格战。关系冲突是由于渠道成员间的实力强弱不同，如规模、配送能力、销售能力等，以及渠道成员代表的个人差异，会导致渠道成员之间关系的差异，如相互信任、相互理解等的程度不一，形成关系冲突。促销冲突和服务冲突主要是由于渠道成员对促销和服务的理解与表现不一致从而引发的。

在多渠道情况下，生产商难以对不同的渠道制定合理的策略并保持不同策略间的配合，使得渠道间的策略重点难以体现，引发冲突。而渠道策略的模糊性会导致渠道政策的差异与随机性，有时会表现出对个别渠道成员无理由的政策偏向，这不但会使一部分渠道成员失去积极性，严重时甚至会导致渠道成员联合抵制企业。生产商对各渠道以及渠道各成员掌控力度的不同，会使得渠道成员以各自的短期利益为目标，形成更为复杂的渠道冲突。

#### 3．按冲突性质分类

按渠道冲突性质的不同，可以将渠道冲突分为建设性冲突和破坏性冲突。

建设性冲突是指冲突各方目标一致，实现目标的途径手段不同而产生的冲突。建设性冲突可以使渠道组织中存在的不良功能和问题充分暴露出来，防止事态的进一步演化。同时，可以促进不同意见的交流和对自身弱点的检讨，有利于促进良性竞争。

破坏性冲突，又称非建设性冲突，是指由于渠道双方在认识上的不一致，资源和利益分配等方面的矛盾，而发生相互抵触、争执甚至攻击等行为，从而导致渠道效率下降，并最终影响到渠道关系的发展的冲突。它是渠道成员之间敌对情绪和对抗行为超过一定限度，并由此对渠道关系和渠道绩效产生破坏性影响的冲突状态。这种冲突相比于建设性冲突，具有很强的破坏性，会产生严重的后果。

#### 4．按冲突的作用程度分类

按照冲突的作用程度不同，Mangrath 和 Hardy 将渠道冲突分为低水平冲突、中等水平冲突和高水平冲突三种。他们认为，渠道冲突的程度不同，对渠道的效率影响也有差异。低水平冲突可能对渠道的效率没有任何影响；中等水平冲突可能会提高渠道效率，因为出现一些问题会引起改进和提高；高水平冲突则会降低渠道的效率，应该避免和及时解决。

### 6.2.5　分销渠道冲突的防范

在冲突发生后采取补救措施并不是最好的办法，而应在渠道系统中做好前期防范工作，从根本上消除产生渠道冲突的隐患，提高渠道绩效。具体可以从以下几方面来防范渠道恶性冲突的产生。

### 1. 渠道扁平化

在我国，传统销售渠道中的经典模式是：生产商—总经销商—二级批发商—三级批发商—零售商—消费者。这种金字塔式的体制，因其强大的辐射能力，为生产商的产品占领市场发挥了巨大的作用。但是，传统的渠道在当今竞争激烈的市场环境下，仍然存在很多不能克服的缺点。对生产商而言，多层次的渠道格局不仅使生产商难以有效地控制分销渠道，而且多层次渠道中的各层次价差更是产生垂直冲突的主要诱因。在许多产品可实现高利润、价格体系不透明、市场缺乏规则的情况下，传统分销渠道中普遍存在的“灰色地带”，使许多经销商实现了所谓的超常规发展。多层次的分销渠道不仅进一步瓜分了渠道利润，而且经销商不规范的操作手段如竞相杀价、串货等常常造成严重的渠道冲突。

市场环境复杂多变，对分销渠道是巨大的挑战。为了迎合消费者偏好的变化，需对渠道结构进行调整，企业争夺主要渠道的竞争在不断升级。这要求生产商作为产品或服务的提供者，应顺应渠道变化的趋势，制定符合企业发展目标的渠道战略。因此，许多企业正在将分销渠道扁平化，即缩短分销渠道，增加销售网点，这能够加强企业对渠道的控制力，增加产品的辐射面和销售量。比如，一些企业将多层次的批发环节减少到一级批发，即生产商——经销商——零售商。戴尔越过以二级经销商为代表的渠道中间层，以直销的方式降低了渠道成本，缩短了供应链，提高了产品销售额和利润。

### 2. 加强渠道合作，建立关系型渠道

关系型渠道关系是指生产商与中间商在相互信任、目标一致的基础上，建立起的长期、紧密的合作关系。这样的分销渠道既能够保证及时、有效地获取和传递市场信息，又能使企业的渠道系统保持相对的稳定性和一致性。这种渠道关系本质上是产销之间的合作或联盟，将生产商与分销商变成了一个利益整体，即在共同发展的基础上实现“共赢”。生产商不需要花费太大的成本，就能获得如同一体化渠道的优势，能够有效降低企业渠道运作中的市场风险，减少或消除渠道冲突。

通过渠道合作，建立关系型渠道可以采取以下步骤：

(1) 建立双方相互信任的体制。从传统的渠道关系向关系型渠道过渡，首先需要发展双方的相互信任。生产商应拿出合作的诚意，让分销商觉得你是一个可以信任和依赖的合作伙伴，支持分销商与生产商共同发展。相互信任有益于双方减少压力和交易费用，提高双方的利益。

(2) 进行双边锁定。生产商和经销商可以相互投资，形成特定于另一方的专用资产。针对企业和中间商的关系进行必要的投资，在此过程中生产商逐步建立与中间商之间的“双边锁定”。通过关系特定型投资，可以将双方结成一个利益共同体，有利于长期发展。

(3) 建立公平合理的利益分享机制。将双方融合统一可以创造出“1+1>2”的价值，为双方矛盾冲突的解决奠定坚实的基础。但是，需要注意的是，渠道双方合作的最终目的是为了实现自身利益最大化，如果利益分享机制不合理，就会造成关系型渠道破裂，结果可能致使双方都损失惨重。

#### 3．管理区域化，分清责任与权利范围

目前，不少企业的分销渠道系统处在混乱的状况中，主要是因为没有对产品市场区域、价格体系进行科学、严格的管理。严格地进行区域化管理，能够在一定程度上防范渠道冲突的发生。首先，划分经销商业务区域。根据人口、经济水平、业务员数量等将其划分为若干分区，并将终端零售店标记出来。通过与竞争对手的比较分析，发挥自己的竞争优势，找准突破点，以点带面。其次，严格管理级差价格体系。在确保销售网络内部各个层次、各个环节的经销商都能获得相应利润的前提下，根据经销商的出货对象规定严格的价格，防止经销商跨越其中的某些环节，进行串货活动。再次，加强对销售人员的管理，建立严格的奖惩制度，控制串货行为。

#### 4．物流监管制度化

针对串货、乱价等问题，常规的操作是通过物流手段来解决。比如，在货运单上，标明发货时间、到达地点、接收客户等信息，并将此信息通知沿途不同地区销售人员或经销商，便于监督。这种方法确实是一种比较有效的方法，但是也存在弊端。如果销售人员或经销商之间相互串通，就很难做到监察严明。因此，信息传递的不对称可能带来渠道冲突。

当前，供应链软件系统的实施能够解决这些问题。但是，在实施供应链软件系统之前，应该明确系统中存在什么样的渠道冲突和在哪些渠道中存在冲突。了解这些冲突最为简单的方法是观察渠道中的物流路径，即货物的流量和流向，找到渠道冲突的根源，以分析当前冲突解决政策中的缺陷。解决缺陷后所形成的供应链实施原则，便是供应链系统实施的基础。供应链系统的实施则是希望能够对业务规则和流程进行最优化设计后再将其固定下来，成为分销网络自动化高效运转的保障。

### 6.2.6　分销渠道冲突的解决

#### 1．冲突解决流程

解决渠道冲突的流程主要包括以下 3 个步骤，如图 6-2 所示。

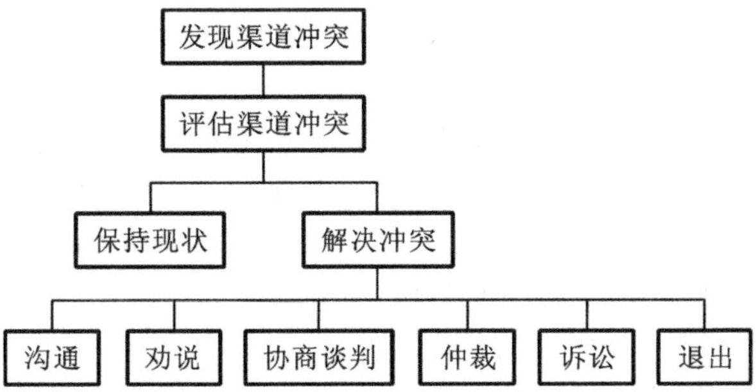


图 6-2　解决渠道冲突流程

(1) 发现渠道冲突。

发现渠道冲突的方法有很多，这里我们主要列举以下几种方法供营销管理人员参考。

①定期检查渠道，及时听取渠道成员对各种渠道问题的反馈。

②进行市场销售渠道审计，即对渠道的环境、渠道目标、渠道战略和活动进行全面、系统、独立和定期检查，这种做法的目的主要是希望借此机会发现机会，找出问题，提出正确的行动方案，以保证渠道计划的顺利实施，并修正不合理的渠道计划，提高总体渠道绩效。

③定期召开分销商大会。在大会上，生产商可以介绍企业的新政策，并创新出一些新的模式来表扬优秀的分销商，对分销商进行知识、技能和产品等方面的培训。通过这些活动，营造宽松和谐的渠道气氛，让分销商发泄不满和牢骚，这样生产商就可以直接了解渠道中存在的冲突和矛盾，并想办法加以解决。

(2) 评估渠道冲突。

渠道冲突必然会对渠道成员的关系和渠道绩效产生一定的影响。生产商必须要判断渠道冲突是处在何种水平，是低水平冲突、中等水平冲突还是高水平冲突。

(3) 保持现状或解决冲突。

低水平和中等水平的渠道冲突具有积极的一面，可以暂时置之不理，但高水平冲突对分销渠道可能带来破坏性的影响，必须及时解决。

## 2. 渠道冲突的解决办法

尽管对渠道冲突的发生进行了前期防范，但有些冲突仍是很难避免的。当渠道成员发生冲突时，应当及时地分析渠道冲突的类型、内容与引发冲突的原因，并采用适当的方法及时处理，将损害降低到最小。

(1) 沟通法。

解决渠道冲突，沟通法的具体做法就是渠道成员之间互派管理人员到对方地区工作一段时间，让有关人员理解对方的特殊情况。经过人员的互换，可以让双方更好地互相了解，更能设身处地站在对方的立场上考虑问题，以便在共同目标的基础上，妥善处理一些渠道内部冲突。

(2) 劝说法。

通过劝说来解决冲突，其实就是利用领导力促使双方和谐共处。在解决冲突过程中，强调通过劝说而非其他方式来影响渠道成员的行为。劝说法可以让存在冲突的渠道成员改善沟通，履行各自的承诺，减少因职能分工引起的冲突。

(3) 协调谈判法。

谈判的目的在于调停渠道成员间的冲突。妥协也许会避免冲突爆发，但不能解决冲突的根源，所以需要协商。在谈判过程中，每个渠道成员应放弃一些东西以避免冲突的发生，利用谈判法要视渠道成员的沟通能力而定。用谈判法解决冲突可以使每位成员形成一个独立的战略方案，以确保问题解决。

(4) 仲裁法。

当渠道成员发生冲突时，由于冲突双方有利益关系，所以看问题难免有失偏颇，故需要第三方介入，调停渠道冲突。第三方从中调和仲裁，往往可使冲突更容易解决。

(5) 诉讼法。

当渠道冲突达到一定程度，有时就不得不借助法律途径来解决。使用法律，能解决渠道冲突，但可能伤害渠道成员间的合作关系。

(6) 退出法。

当渠道冲突确实不可调和时，退出也是一种可取的办法。这是解决冲突的最后一种方法，也是能彻底消除冲突的方法，但应该慎用。因为从现有渠道中退出，则意味着中断与某个渠道成员的合同关系，一方面会使占有的一些市场机会可能转到竞争者手中，增加了竞争企业的实力；另一方面会引起其他分销商的不安和不稳定感。

## 6.2.7　分销渠道中的串货问题

### 1．串货的含义

串货(channel flow diversion)，又称“倒货”或“冲货”，是指产品越区销售。串货是渠道管理中的瓶颈问题，甚至一度成为渠道冲突的代名词。目前很多企业在销售工作中都面临着串货问题。

### 2．串货发生的原因

商品流通的本性使得串货现象泛滥。串货的根本原因，在于目前生产商与分销商之间单纯的买卖经销关系。下面从生产商、经销商与营销人员三个方面来分析串货发生的原因。

1) 生产商方面的原因

(1) 不现实的销售目标。

为了抢占市场份额，生产商会盲目地向经销商增加销售指标，将销售压力转移到经销商。这些不现实的销售目标没有考虑当地市场容量、品牌现状和经销商的分销能力，给经销商施加过重的任务量，很容易逼迫或诱导经销商走上串货的道路。当生产商对某个区域的产品市场消费总量评估误差太大，盲目确定销售目标时，经销商迫于压力，不得不向周边地区倾销商品，导致串货的发生。

(2) 价差诱惑。

当市场存在价差，并足以弥补运输成本时，串货的必要条件就形成了。而目前，许多企业的销售价格体系混乱，很容易引发串货。不少企业仍然采用传统的“三级批发”定制价，即总经销价格、一级批发价格、二级批发价格、三级批发价格，最后加上建议零售价格，每一级价格之间都安排一定折扣。这样的价格体系看似合理，但隐患很多。经销商可以提前透支各种奖励和年终返利，形成价差；生产商提供的促销支持和一些费用补贴被一些商家变成价差补贴；经销商低价处理积压产品等。

(3) 经销商激励措施不当。

为了提高经销商的销售积极性，很多生产商都会在销售政策上设定各种形式的奖励，且大多采用返利形式，即奖励与销售量挂钩，销售量越大，奖励折扣越高。于是，原有的价格体系因为这些奖励与折扣拉开空间，导致不少经销商为了这些折扣的差额，不择手段地提高销量，向外倾销商品。

2) 经销商方面的原因

(1) 大量销售，实现融资。

在我国，很多生产商采取与客户以银行承兑汇票为主的结算方式的销售策略。从安全角度看，银行承兑汇票对生产商是一种较为理想的结算方式。但是经销商会通过在承兑期内分销产品套现，再将资金投入到其他高利润的经营活动中。这些经销商一般不以经营该产品获取利润为目的，意在实现融资的目的。因此，向周边市场低价串货成为其达到目的的有效方式。

(2) 推广费运用不当。

推广费是企业运作市场的一项基本投入。一些生产商由于缺乏相关企划人才，又懒于与经销商争论，往往会按其销售量的比例拨给经销商推广费。生产商只是派人监督经销商有没有运作，而运作效果如何很难评判。因此，推广费由经销商自己掌握，变相为低价位，形成新的价格空间，为串货提供了价差的条件。

(3) 处理库存积压。

常常由于产品在当地不适销或滞销，经销商积压大量库存。为了减少库存所带来的资金压力，经销商除了低价抛售以外，还会将产品流通到适销区域。这在短期内会严重影响其他区域的经销商经营，造成破坏性的影响。

3) 营销人员的原因

在我国，营销人员的职业道德还有待提高。不少营销人员为牟取利益，行为不正当造成串货现象，给生产商造成较大的损失。目前，不少企业对业务人员实行提成制，即业务员的收入由“低底薪+高提成”构成，考核的唯一指标是销售额。提成制在企业发展初期具有一定的成效，但是随着企业的发展，这种制度常常会导致营销人员为了自身的利益，不顾企业的销售政策越区销售，做大销售额，以牟取利益。跨区销售形成串货现象，引发区域冲突，给整个渠道带来很大的负面影响。

## 3. 串货类型

按照性质划分，串货可分为良性串货、自然串货和恶性串货三种。

1) 良性串货

良性串货主要发生在市场开发的初期。生产商在这个时期有意或无意地选中了流通性较强的市场中的经销商，使其产品向空白市场或非重点经营区域流窜。通过良性串货，企业可以在空白市场上提高品牌知名度，扩大市场销售量。

良性串货又可以分为市场驱动型串货、代管型串货和市场开拓型串货。

(1) 市场驱动型串货。

市场驱动型串货一般是因为经销商的辐射范围广，而其市场能力并没有得到充分的发挥，于是经销商在其能力范围内扩大产品的覆盖范围，提高其市场的盈利能力与市场运营能力。市场驱动型串货对任何一方都是百利而无一害的。它扩大了市场区域，加大了产品销售量，提高了产品知名度，提升了市场人气。

(2) 代管型串货。

代管型串货一般是指生产商为了干扰市场价格，破坏原有市场价格体系，达到有效地管理经销商、避免渠道内矛盾的目的而进行的有目的的串货。

应用案例

**代管型串货**

某企业A地的经销商，是本地主要的经销商，也是销售该企业产品的经销大户。由于其销量大，市场机遇抓得准，居功自傲，对于企业的建议、意见和管理一概不接受。近两年来，市场销量不断下滑，大有节节败退之势。但由于以前养成的老习惯在作怪，经销商对于企业的意见和管理仍置之不理，如果再不对其采取措施，有大部分产品退出市场之忧。在多次交涉无果的情况下，企业默许了其他地区的产品串货到A地销售，这下影响了A地经销商不少的销量和利润收入。于是，他开始放下架子主动请求厂方来协调解决问题，这样便逐渐形成生产商与经销商之间平等的对话权。

(资料来源：影响力商学院编著，《渠道为王：销售渠道减少三部曲》(修订版)，北京：电子工业出版社，2012年版)

在上面的例子中，生产商用代管型串货起到了干预市场价格、重组市场价格体系的作用。同时，又避免了生产商和经销商之间的冲突，维持了正常的关系。

(3) 市场开拓型串货。

市场开拓型串货是指生产商为了扩大市场而进行的串货。其串货特征之一就是利用价格差，快速地实现产品移动，使产品批量地从甲地转移到乙地。在实际的市场操作中，生产商如果可以充分利用好这种串货，就可以实现快速进攻的目的，达到常规营销手段无法达到的效果。

2) 自然串货

自然串货是指经销商在获取正常利润的同时，无意中向自己区域以外倾销商品的行为。它是经销商的一种无意行为，主要表现为：其一，相邻区域的边界串货。这会影响边界区域的二级批发商渠道利润下降，影响其积极性，甚至引发二级批发商之间的恶性串货。其二，在流通性市场上产品跟随物流被倾销到其他区域，如果倾销的货量大，会严重影响该区域的产品渠道价格，降低渠道利润。

3) 恶性串货

恶性串货是指分销渠道系统中的经销商受利益驱使，蓄意地跨区域销售产品，造成市场倾轧、价格混乱，严重影响生产商声誉的恶性行为，它是经销商的一种蓄意行为。比如，由于两地的供求关系不平衡，中间商在两地串货谋求价差；为了减少损失，经销商低价倾销过期或即将过期的产品；经销商将假冒伪劣产品与正品混同销售，以牟取不正当利润。恶性串货对已经建立的分销渠道有强大的破坏力，对企业销售网络的生存构成巨大威胁，是企业必须面对的顽疾。

### 4．串货的处理

串货是所有渠道管理人员头疼的问题。一旦发生恶性串货，会加剧渠道冲突，产生市场价格混乱、分销效率下降、业绩下滑等问题。如果处理不当，会使企业蒙受巨大的损失。因此，为了确保市场健康、渠道稳定发展，解决串货问题就成了渠道管理的一个重要问题。针对串货问题，可以从以下几个方面着手解决。

(1) 稳定价格体系。

串货现象出现的一个重要原因是生产商和分销商之间都片面地强调自身的经济利益，想方设法使价格对自己有利，导致价格体系混乱，为串货的发生提供了条件。因此，应当建立合理、规范的级差价格体系，严格控制经销商的出货管理。尽量使各地经销商都在同一价格水平进货，应确定生产商出货的总经销商价格为到岸价，由生产商承担运费，这样能够保证各地经销商有相同的价格基准，消除了价差串货的隐患。

(2) 科学地运用现金激励与促销措施。

由于现金返利或折扣措施容易使得经销商盲目地追求销售量，而引发低价倾销的行为，因此，销售激励应该进行综合考评，除了销售量以外，还应加入其他的考核因素，如销售利润率、价格控制度等，甚至可以把是否串货作为奖励的考核依据，以此避免串货的发生。

(3) 制定合理的销售目标。

生产商应结合市场的实际需求情况以及经销商的自身实力，制定合理的全年销售目标，以避免经销商因销售压力而跨区销售。

(4) 以现款或短期承兑结算方式。

在分析串货的原因中提到，当前的结算方式容易使经销商在短期内倾销商品以套现，将资金谋求他利而构成串货风险。建立严格有效的资金占用预警及调控机制，根据经销商的商誉、市场组织能力、支付习惯、分销周期以及市场容量等各项指标，设立商品资金占用评价体系，使铺货的控制完全量化，将发出商品的资金占用维持在合理的范围内，避免商家占用过多而形成串货现象。

(5) 规范经销商的市场行为。

通过签订合同的方式来约束经销商的市场行为。其中，需要注意三点：其一，应在合同中明确加入“禁止跨区销售”的条款，以此来约束经销商的销售活动范围；其二，载明级差价格体系，在全国执行基本统一的价格，严格禁止超限范围的波动；其三，将各地总经销商的返利与是否发生跨区销售行为结合起来。

(6) 加强市场监督。

针对跨区销售行为，设立市场总监，建立市场巡视员工作制度，将监察工作作为日常工作执行。对发生跨区销售行为的经销商视其串货行为的严重程度进行处罚。市场总监的职责是带领市场巡视员经常性地检查巡视各地市场，及时发现问题并予以解决。

要彻底解决串货问题，需要严格分配和控制好各级经销商的势力范围，一方面充分保护其在本区域内的销售利益，另一方面则严禁对外倾销。总之，针对串货现象，应当明确产生串货的真正原因，有针对性、目标性地及时处理。

## 6.3 分销渠道控制

对分销渠道进行有效控制是渠道管理中的一个重要任务。如果能够对渠道进行有效控制，就能够减少渠道冲突的发生。但是，渠道系统中各成员并不一定会服从领导者的控制与安排。生产商希望对渠道进行有力的控制，而其他成员为了各自的利益，有时会脱离生产商的控制，甚至反过来控制生产商。因此，在渠道系统中，谁获得控制力以及如何进行有效控制是渠道成员需要关注的焦点。

### 6.3.1 分销渠道控制的内涵

渠道控制是指一个渠道成员成功地影响了另一个渠道成员在某些方面的决策，它是一种跨组织控制，控制者与受控者分别属于不同的企业或组织。当控制者使用某种方法影响了受控者，使受控者采取了控制者所希望的行为，控制者就在一定程度上控制了受控者；如果控制者对整个渠道中的成员都有相当大的影响，那么它就在一定程度上控制着整个渠道。可见，渠道控制与渠道权力是密切相关的。渠道权力的运用是影响力的使用，而渠道控制则是影响力的成功使用。渠道中谁能够获得控制力，取决于渠道成员运用权力的大小。

分销渠道有多种结构，不同结构的渠道系统，控制的方法有所区别。尽管如此，渠道控制仍然存在共同的特点，主要有以下几点：一是渠道成员之间相互独立，包括法人资格、利益、企业文化、发展战略和行为方式等；二是渠道成员都秉持着“相互依赖、互利互惠”的原则，这是渠道控制的前提；三是渠道成员常常互为控制者与受控者，一个渠道成员往往在某一种或几种渠道功能上有较大话语权，但在某些渠道功能上却是受控者；四是渠道成员之间的控制，介于市场控制与组织控制之间，即通过市场机制控制和通过组织内的层级制度控制；五是控制者对受控者的控制主要是建立在平等原则上的沟通或影响，而不是建立在层级制度上的命令或指挥。

因此，在渠道控制中，控制者与受控者的关系在本质上是平等的，双方为了各自的利益常常进行相互影响与控制，既存在合作又易于产生矛盾与冲突。可见，渠道控制需要多方的协调与努力，而不能仅仅依靠某一方。

### 6.3.2 分销渠道控制的内容

渠道控制的内容很多，可以从不同的角度进行分类，如：根据控制对象划分，可以分为对分销商的控制和对零售终端的控制；根据控制主体划分，可以分为生产商的渠道控制、分销商的渠道控制和零售商的渠道控制；根据控制程度划分，可以分为绝对控制和低度控制等。以下是按照控制对象来分析渠道控制问题。

#### 1. 对分销商的控制

生产商对分销商的控制，主要内容如下：

(1) 对产品与价格的控制。

通过对分销商的监督与管理，保证为产品提供各种服务，不使与自己有关的假冒伪劣产品通过中间商入市；在渠道中落实生产商的相关产品策略，如渠道成员对新产品的认识，品牌形象的贯彻等。严格监督与控制产品的批发与零售价格；监督与控制分销商对生产商折价政策的落实情况。

(2) 对促销活动的控制。

控制与监督分销商对本企业产品的促销方式与相关促销工作的落实，如确定促销目标、制订促销计划、实施促销活动、评价促销结果等。

(3) 对分销过程与分销区域的控制。

如果分销过程与分销区域的控制力不够，很容易造成串货等渠道冲突。因此，生产商主要是按照合同的规定，控制分销区域和分销过程，避免不同渠道成员之间发生渠道冲突；控制物流过程，保证物流畅通。

### 2．对零售终端的控制

(1) 对产品与价格的控制。

分销商必须严格控制某一种产品的订货数量、品种、规格和质量；为零售终端提供售前、售中与售后服务；严格把关，谨防假冒伪劣产品进入零售终端。根据市场情况与供货合同，合理建议产品的批发与零售价格，防止发生价格混乱；落实生产商的折价政策。

(2) 对促销活动的控制。

对零售终端促销活动的控制分为两种情况，一是生产商对零售终端的促销活动控制。生产商对促销活动的计划、实施过程进行监控，以保证促销活动得到分销商的贯彻与落实；对分销商自主安排的本产品促销活动进行监督，以确保企业的产品成为商家打折的牺牲品。二是分销商对零售终端的促销活动控制。主要包括：根据与生产商的协议规定，实施促销计划；根据市场情况与竞争的需要，自主安排促销活动；对零售点促销活动的过程进行管理；向生产商提出促销计划等。

(3) 对零售终端网点的控制。

分销商在自己的分销区域内建立分销网络，确保零售终端网点能够覆盖市场细分网点；控制自己分销区域内的分销过程；防止零售终端网点的恶性竞争、相互压价等恶性冲突。

## 6.3.3 分销渠道控制的程序与机制

### 1．渠道控制的程序

庄贵军等人根据管理控制的一般程序，将渠道控制的程序分为三个步骤：设计渠道控制标准、监测与评价渠道运行情况和纠偏。

1) 设计渠道控制标准

渠道控制标准是渠道管理者希望分销渠道能够达到的状态或完成的任务。一般根据控制者的要求、市场环境、目标市场的情况、竞争者的情况和控制者的控制力等因素确定。渠道控制标准的设计同渠道控制目标和内容紧密相连，也与渠道成员的评价标准有关，可以从不同的角度进行分类。

概括而言，渠道控制标准大体分为两个方面。一是定性标准，包括不同渠道之间的关系标准、终端客户的渠道满意度标准、渠道成员功能发挥标准、渠道成员完成任务和努力程度标准、渠道成员之间关系发展标准、渠道成员的合作态度和成效标准、渠道的覆盖程度标准、渠道总体经济效益标准等。二是定量标准，包括销售业绩、赢利能力、渠道费用、增长潜力、竞争力、渠道成员的货款返还情况等。定性标准的测量比较主观，难以量化，因此，在渠道控制实践中，生产商一般采用定量标准。

2) 监测与评价渠道运行情况

对分销渠道的运行情况进行监测，主要是收集与渠道运行情况有关的数据或资料。

只有对渠道运行情况有全面、真实、及时的了解，才能更好地控制渠道。通过收集资料，可以了解销售业绩的统计材料、客户调查、现场观测等。

收集到足够适用的数据后，就要对收集的渠道运营资料和渠道监测的情况进行分析和评价。通过实际执行情况与控制标准的比较，判断哪里出现了偏差以及这种偏差的程度和性质，同时要分析原因，找出问题的症结，制定纠偏的措施。

3) 纠偏

纠偏主要是对渠道中出现偏差的地方，进行渠道修正。纠偏包括两个方面。一是修改或调整企业的渠道目标和渠道策略，适应环境的变化。渠道运行情况与渠道控制标准不一致，有可能是因为环境的变化或者设计标准时估计失误导致渠道控制标准不合实际，因此需要修改渠道控制标准。二是改进渠道工作方法，影响或指导渠道成员改变某些不当行为，提高渠道效率与合作水平。出现偏差若是由渠道合作伙伴的行为不当所致的，那么需要通过各种手段或策略去改变某些不当行为。如果合作伙伴是恶意投机，企业又无法影响这些行为，那么必须严厉惩罚它或者中断合作。虽是无奈之举，也是纠偏的最后一个选择。

### 2. 渠道控制的机制

在渠道控制中，存在权威(authority)、合约(contract)和规则(norms)三种机制。这三种机制分别对应于管理控制系统三种不同的设计思路：权威机制对应层级控制，合约机制对应市场控制，规则机制对应文化控制。在渠道控制中，三者可以有侧重，但不相互排斥。但是，不同的渠道结构中，这三种渠道控制机制的内涵却不同。

1) 生产商渠道控制

一般而言，生产商渠道结构主要是指企业推销员和企业外设的销售机构两条渠道。很多规模不大、销售区域不广的公司常常使用这种渠道结构。由于该渠道结构实际上是一个组织内的控制，所以三大机制和一般管理中的组织内控制区别不大。

在生产商渠道结构中，权威机制主要体现在：制定严格的规章制度和渠道政策，严加监督和实施；掌握全面的渠道信息，实施严密的监控；要求相关人员定时或不定时汇报情况等。

在生产商渠道结构中，合约机制主要体现在设计一套有效的奖罚体系。奖罚体系最重要的是能够使受控者与生产商的利益紧密联系在一起，使渠道控制更加有效和经济。

规则机制对应文化控制，主要是塑造共同遵从的组织文化，比如公司的价值观和规范、营销人员岗位规范手册等。

2) 中间商渠道控制

在中间商渠道结构中，生产商与中间商的相互依赖程度和权力是渠道控制的基础。相互依赖程度高，权力平衡的渠道成员之间有着较高的合作水平，彼此之间影响力较大，都有较高的控制水平；相互依赖程度高，但权力不平衡的渠道成员之间，通常权力较大的渠道成员有着较大的影响力和控制力；而相互依赖程度低的渠道成员之间彼此影响力都不大，双方的渠道控制水平不高。可见，中间商渠道的控制比较复杂，是渠道控制问题的重点，三大机制所代表的内涵与生产商渠道控制有所差别。

在中间商渠道中，渠道权力的使用就代表着渠道控制力的获得。因此，此渠道结构中，利用权威机制控制是指一个渠道成员通过权力和权力的使用来控制其他渠道成员。

渠道权力的大小往往决定着渠道控制力的水平。

利用合约机制控制，是指一个渠道成员与其他渠道成员通过合同形式相互控制。合同的签订使得双方都获得了法定权，可以通过法律的途径运用权力以达到渠道控制的目的。

利用规则机制控制，是指渠道成员之间达成默契，通过相互信任、承诺、合作等关系规范进行相互控制。在规则机制下，只有在双方建立了较大的信任基础时才能发挥较好的效果。由于合约机制存在局限性(诉讼成本高、不可预见性等)，只能在很小的程度上抑制渠道中的投机行为。使用规则机制进行控制，可以在更大的程度上抑制投机行为。如果渠道成员建立了良好的信任和承诺基础，他们更看重实现共赢的结果，因此会自觉维护彼此的利益，而不会从事有损对方的投机行为。

3) 多渠道控制

目前，很多生产商都使用了多渠道分销系统。多渠道结构的实现给生产商带来效益的同时，也使渠道的控制问题变得更加复杂。在前面渠道冲突问题中，提到了多渠道冲突的表现和后果。在多渠道结构中，常常由于几条分销渠道在同一市场内为争夺客户群而引发利益纠纷，发生不同渠道间的恶性竞争、串货等问题。因此，多渠道控制不仅要控制每一种渠道可能产生的偏差和发生的冲突，还要协调好多渠道间的配合问题，解决多渠道间发生的渠道冲突。

## 6.3.4 分销渠道控制力的获得

从渠道控制的角度来看，渠道权力就是渠道控制力。以下分析了生产商、批发商和零售商获得渠道控制力的主要方式。

### 1. 生产商渠道控制力的获得

根据波特的五力模型理论，在一个行业或市场上，如果出现下列情况，供应者集团将处于有利的控制者地位：

该行业只由少数几个大公司控制；

获得生产企业的产品对于购买者来说极其重要；

生产企业的产品没有替代品；

消费者或产品是差异化的，供应者能够方便地完成成本转移；

供应者能够对前向一体化构成威胁。

生产商是供应者集团的主要成员，它对产品分销渠道控制力的保持有多种方式。

(1) 形成大规模经济。形成大规模经济的生产商往往资金雄厚，生产规模大，销售量大，具有很强的讨价还价能力，同时可以通过多条分销渠道来分销它的产品，利用渠道竞争来保持对别的渠道成员的控制力。

(2) 争夺大市场份额。因为销售量大，市场份额大，渠道成员流量大，赢利空间大，因此这样的生产商具有很强的奖励权或强迫权。

(3) 保持高品牌忠诚度。高品牌忠诚度表明生产商的产品具有很强的吸引力、市场竞争力，从而赢得了顾客的忠诚度。顾客需求拉动销售量的上升，一方面能够提高对其他成员的奖赏权，另一方面能够提高认同权。

(4) 采取特许经营方式。拥有较高市场声望和较好销售前景的生产商往往愿意采取特许经营方式。通过授予特许权方式销售，在销售指导、经营店址选择、采购和人员培训等方面具有较大的发言权。更多的是，可以通过中止特许权、威胁在受许可经营者现有区域内增设新店等方式，谋求和保持对渠道的控制，从而获得奖励权、强迫权、法定权、专长权和认同权。

(5) 建立竞争渠道或增加渠道内竞争。在同一销售区域内建立新的渠道，可以增加现有渠道与新渠道之间的竞争。或者在现有渠道的内部，增加同类型渠道成员的数量，从而增强渠道内的竞争，比如可以在只有一个中间商的区域增加另一个销售商等。通过这些方式，可以减少生产商对单一渠道或者少数渠道成员的依赖，获得控制权。

(6) 提供较大数量折扣和较高的销售费用。生产商提供较大数量折扣可以促使零售商集中采购主要品牌。通过增加推销费用的方式保持控制力，比如某产品在消费者心中的形象不好，很难扩大销路，生产商可以增加推销费用，直接对经销商的销售人员进行资助和奖励，从而控制该经销商的销售力量。

(7) 实施垂直一体化战略。通过该战略的实施，生产商可以自建渠道或合并和兼并现有渠道，获得渠道强迫权。

(8) 对分销商进行分级管理。对销售不力的经销商，生产商可以通过威胁来拒绝继续供货，迫使对方采取有利于生产商的行为。对大客户可以绕过传统销售方式，进行直接管理。这样可以获得奖励权和强迫权。

(9) 提供较好的渠道培训和支持，获得奖励权和专长权。

(10) 通过严格的合同管理，获得法定权。

此外，建立渠道信息系统，可以获得奖励权、专长权和认同权。

### 2. 批发商渠道控制力的获得

与生产商渠道控制力的保持类似，批发商在保持渠道控制力时也可以采取多种方式。

(1) 采用有影响力的自有品牌，使供应商提供批发商品牌产品，运作自有品牌，获得渠道法定权和认同权。

(2) 形成大量的销售规模。实力强的批发商通过批发量的大规模，能够提高与生产商的讨价还价能力，同时对零售商获得奖励权和认同权。

(3) 培养忠诚顾客和发展客户网络，对生产商获得强迫权。

(4) 提供大批量订货折扣，对零售商获得奖赏权。

(5) 成为生产商的独家代理，获得法定权。

(6) 控制信息。批发商掌握生产商以及客户的信息，能够获得专长权。

(7) 提供资金。批发商通过给生产商提供预付款，能够缓解生产商的资金周转压力；通过向零售商提供商品信贷，缓解零售商的资金周转压力，由此获得奖励权和专长权。

(8) 实施垂直一体化战略。通过前向一体化或后向一体化战略，获得渠道控制力。

### 3. 零售商渠道控制力的获得

零售商保持渠道控制力的方式与批发商有部分相似，但也存在很多不同。

(1) 大量的销售规模。通过大量销售，获得一定的市场份额，获得强迫权和奖励权。

(2) 发展自有品牌。有些零售商由于历史悠久，在顾客心目中形成了传统的商品形象和服务形象，因此其自有品牌具有很大的促销力。使用自有品牌而不是生产商的全国性品牌，可以减少品牌管理费用和促销费用，但这也限制了生产商品牌的市场影响力，对生产商来说是一种威胁。因此，发展自有品牌，对供应商可以获得奖励权和认同权。

(3) 培养顾客忠诚度。获得对批发商或生产商的强迫权。

(4) 发展连锁经营。通过发展连锁经营，扩大商品销售，获得奖励权和认同权。通过连锁企业的集中采购，可以增强讨价还价的能力，获得强迫权。

(5) 提供促销服务。零售商长期与顾客接触，拥有很丰富的促销经验，比如货架摆放、商品陈列、推介模式、购物奖励等方式，对扩大商品销售有很大作用。这样，零售商能够对生产商获得一定的专长权。

(6) 签订协议。大型的零售商可以通过签订专门的协议，比如绕过批发商，直接与生产商接洽，从而保证价格优势等。通过这些协议，获得法定权，以保证终端的竞争优势。

(7) 信息控制。获得专长权。

(8) 实施垂直一体化战略。实施后向一体化战略，控制商品的批发或零售，从而加强对渠道的控制力。

## 本章小结

本章主要讨论了分销渠道管理中的权力、冲突和控制问题。

分销渠道权力是指特定渠道成员控制或影响其他渠道成员行为的能力，是一种潜在的影响力。渠道权力的存在，具有两面性。在渠道中，权力可以被用于强迫某个成员协助创造价值而不给予相应的报酬，这是权力消极的一面。但是，如果权力运用得当，将会对渠道运营产生巨大的利益。渠道权力有六种来源，即奖励权、强迫权、法定权、认同权、专长权和信息权。渠道权力是无形的，即使通过一些衡量方法也很难客观地判断出渠道关系中的某一方具有多少权力，但可以确定的一点是，某一方拥有的权力越多，就越倾向于运用权力。潜在的权力很有可能被迅速地转化为实际使用的权力。这种转化需要沟通，归结为六种渠道沟通的影响战略，即许诺战略、威胁战略、法律战略、请求战略、信息交换战略、建议战略。这六种战略都是基于特定的权力来源。

分销渠道冲突是指渠道成员意识到另一个渠道成员正在从事会损害、威胁其利益，或者以牺牲其利益为代价获取稀缺资源的活动，从而引发双方之间的争执、敌对和报复等行为。它和渠道竞争的区别在于是否会干预对方的行为。当一个渠道成员需要跨越的障碍是另一个渠道成员而不是市场时，该成员就面临着冲突。导致渠道冲突的原因主要是分销渠道成员目标的不一致、决策冲突、沟通困难、资源稀缺等，核心原因是渠道成员属于不同的利益主体而导致的。渠道冲突的表现形式有很多，根据不同的标准有不同的分类，主要分为水平渠道冲突、垂直渠道冲突和多渠道冲突等形式。渠道冲突并非全是恶性的，相反，适当的冲突可以使管理者认识到渠道中存在的问题。而冲突并非不可避免的，有些冲突是可以防范的，比如渠道一体化、渠道扁平化、建立关系型渠道、管理区域化以及物流监管制度化等。其中，串货是渠道冲突中的严重问题，可以通过稳定价格体系、制定合理的销售目标、规范经销商行为等手段解决。

渠道控制是指一个渠道成员成功地影响了另一个渠道成员在某些方面的决策。渠道控制的内容很多，按照控制的对象来分析，主要分为对经销商的控制和对零售终端的控制，体现在对产品和价格、对促销活动以及对分销过程与分销区域的控制等。渠道控制的程序分为三个步骤：设计渠道控制标准、监测与评价渠道运行情况和纠偏。而渠道控制的机制有三种，即权威、合约和规则，在不同的渠道结构中，这三种机制的内涵不同。获得渠道控制力实际上是渠道权力的保持。生产商、批发商和零售商三方获得渠道控制力的主要方式有：形成规模经济、获得高市场份额、保持顾客忠诚度和发展自有品牌等。

## 关键术语

| | | | |
|---|---|---|---|
| 渠道权力 | 渠道冲突 | 渠道竞争 | 水平冲突 |
| 垂直冲突 | 多渠道冲突 | 串货 | 良性串货 |
| 自然串货 | 恶性串货 | 渠道一体化 | 渠道扁平化 |
| 关系型渠道 | 渠道控制 | | |

## 思考题

1. 什么是渠道权力？渠道权力有哪几种来源？
2. 什么是渠道冲突？渠道冲突有哪些类型？
3. 产生渠道冲突的原因是什么？
4. 如何合理地处理渠道冲突？
5. 如何理解串货问题？怎样解决恶性串货问题？
6. 简述渠道控制方法和渠道控制程序。

## 参考文献

[1] Rosenbloom B. Marketing Channels[M]. 3rd Edn Chicago:The Dryden Press, 1987.
[2] 科兰，安德森，斯特恩，等. 营销渠道[M]. 7 版. 蒋青云，孙一民，等，译. 北京：中国人民大学出版社，2008.
[3] 菲利普·科特勒著. 营销管理[M]. 10 版. 梅汝和，梅清豪，周安柱，译. 上海：上海人民出版社，2002.
[4] 庄贵军，周筱莲，王桂林. 营销渠道管理[M]. 北京：北京大学出版社，2004.
[5] 胡春. 市场营销渠道管理[M]. 北京：清华大学出版社，2006.
[6] 张广玲. 分销渠道管理[M]. 武汉：武汉大学出版社，2005.
[7] 王芳华，奚俊芳. 营销渠道[M]. 上海：上海交通大学出版社，2005.
[8] 常永胜. 营销渠道：理论与实务[M]. 北京：电子工业出版社，2009.

# 案例研讨

## 站在渠道十字路口的中国企业

在自主创新能力和自有品牌欠缺的同时，缺乏自主的分销网络也成为制约出口竞争力的重要因素。建立科学的渠道战略对企业的意义毋庸置疑，但关键是建立怎样的渠道？

**1. 渠道困惑**

在很多企业苦于如何才能提高自主创新能力时，新奥博为公司的技术已居世界领先地位。但身为公司的常务副总，赵磊博士对公司的发展依然感到困惑："我们不知道通过什么渠道销售公司的产品。"赵磊希望有关专家能提供一些渠道销售方面的建议。

2003 年，赵磊和其他 7 位留美博士归国创业，与资本实力雄厚的民营企业新奥集团合作成立了新奥博为技术有限公司，聚焦数字医疗和自动化产业。2005 年，公司自主开发了世界上第一台 4500 G 永磁 MRI 系统，在永久磁体磁共振成像的核心技术领域走在了世界前列。公司拥有的以超声和光子为混合物理介质的分子成像技术，也属世界首创，并成功地应用于乳腺癌的早期诊断。目前，公司的 7 项技术专利已经成功地在国内外注册。但即便拥有世界领先的技术，渠道的局限性依然影响着公司产品的销售和企业的发展。

**2. 多种选择**

当然，建立科学的海外渠道，选择海外中间商进行合作仅仅是方法之一。这种方法由于成本低、见效快，是目前中国企业拓展海外市场运用最多的方式。但是，由于这一方式并不能使中国企业直接面对海外最终消费者，利润低不说，关键的问题是极易被海外合作的中间商控制。长虹案就是最好的例证。

通过"收购"海外企业，借用其已经建立并拥有的渠道是中国企业拓展海外渠道的另一种方式。近年来，这一方式在东部沿海地区已经屡见不鲜。以生产摩托车出名的浙江钱江集团出资控股了意大利百年老厂贝奈利(Benelli)公司。据有关负责人表示，利用这家老牌企业的品牌、技术、管理和销售渠道拓展欧洲市场，是他们出资并购的第一要务。而汽配行业的龙头老大万向集团，如今已在美国收购了 18 家公司，其中包括美国纳斯达克上市公司 UAI，通过收购，它们的产品已经成为通用、福特汽车制造商首选的拳头产品。

在海外直接投资设厂，更是中国企业建立海外销售渠道最直接的方式之一。无锡光明(集团)有限公司的发展之路就是这一方式最好的证明。从 1997 年开始，该公司在柬埔寨、蒙古和马达加斯加陆续投资兴建了 3 个海外成衣工厂，并以这些工厂为依托，在美国纽约、日本东京和澳大利亚的悉尼设立了"窗口公司"，集中承接当地市场的设计、接单、货流等。不仅如此，海外工厂还带动了国内其他行业的产品出口，如面料、辅料出口，2005 年就有 2000 万美元。

通过与外方合资在当地建立贸易公司，建立并拓展自己的销售渠道，也是可供中国企业选择的海外渠道的建立模式。近年来，雅戈尔就通过与意大利、日本、法国等国家的服装业巨头强强联手，在美国、日本等国家和地区设立了合资贸易机构，建立起自己的海外销售渠道。由雅戈尔公司生产的国际级品牌服装，虽然制作费比国内其他企业要高出 30%以上，但外商仍趋之若鹜，订单纷至沓来。而未来中国零售业的海外扩张，也可以逐步为中国产品打造坚实的海外渠道。中国零售业试水海外的步伐虽然频频遭遇挫折，但 2005 年年末北京华联收购西友新加坡店的举动，为中国零售业注入了一剂强心针，也为未来中国产品的海外销售渠道增加了许多令人浮想联翩的可能。

**3. 因地制宜**

渠道的建立还有更多的方式。但无论怎样选择，企业都要努力掌握自己的命运。

“企业要发展，就要掌控销售渠道。”宁波双鹿电池进出口公司总经理武义军表示，选择适宜的销售渠道，要根据自身的产品定位并结合不同的市场来灵活制定。双鹿正考虑通过减少中间环节的方式更有效地掌控市场，但武义军认为，只有企业发展到一定阶段，具备了一定的优势，才能克服和弥补因减少中间环节所带来的相应资源的减少。而对于处在发展初期，只有少量外贸出口的企业，比较现实的做法还是选择合适的外贸企业和国外进口商来实现企业的销售。

江苏春兰进出口有限公司总经理冯斌也有类似的感受：“并不存在放之四海皆准的外销渠道；对不同的外贸企业而言，适宜的外销渠道都应该是个性化的。处于不同行业、不同发展阶段的企业，在不同的区域开拓市场，最适合的外销渠道也应该是不同的。”他说：“科学的渠道战略一定是建立在对市场的研究了解之上的。”外销渠道应立足于企业的战略目标、掌握的资源和自身的实力之上。企业必须了解市场的需求、明白自身满足市场需求的实际能力以及向市场提供产品的有效途径。

冯斌认为，对渠道的控制力，也会受到企业生产的产品、所属产业状况和企业竞争力的制约，控制力并不在于企业是否自建销售渠道，直接进入流通领域，而是要看企业产品的吸引力和品牌的知名度、影响力。对销售渠道拥有控制力，在与中间商博弈的过程中就更具主动性。更重要的是，冯斌认为，流通业和制造业所需要的技能完全不同，即便是拥有足够的资金，在海外自建销售渠道，或完全介入批发、零售领域，对某些企业来说也许并不适用。在冯斌看来，在社会分工日渐成熟的今天，春兰的专攻还应该是家电制造。但在做好自己产业的过程中，品牌建设尤为重要，“品牌是跨越渠道与消费者沟通的工具”，而建立了品牌影响力，就能在消费者和中间商之间形成拉力和推力，最终促进企业销售和利润的实现。

(资料来源：汤莉，《站在渠道十字路口的中国企业》，载《国际商报》，2006年)

## 案例思考题

1. 何谓“自主控制的分销渠道”？根据上述案例，讨论强调渠道控制权的意义。

2. 中国企业的创新产品要打入国际市场，尤其是进入发达国家的市场，应如何建立“自主控制的分销渠道”？

# 第 7 章　分销渠道中的产品、价格与促销管理

## 学习目标

★掌握产品策略与渠道策略协同作用时的作用方式
★掌握价格策略与渠道策略协同作用时的作用方式
★掌握促销策略与渠道策略协同作用时的作用方式
★认识分销渠道中的产品管理的重要性
★认识分销渠道中的价格管理的重要性
★认识分销渠道中的促销管理的重要性
★认识分销渠道在企业战略中的重要性

## 引　例

### 新产品过多之失

2006 年，国内某童装生产企业一下子推出“卡通人物”、“小淘气”、“生肖王子”、“乖宝贝”4 大系列 30 多种产品。由于产品花色、规格过多，厂家在组织生产加工和市场渠道销售上遇到了较大的困难，当某些畅销童装出现缺货时，又有很多没经得住市场检验的童装滞销积压在仓库，形成巨额库存。这些林林总总的产品，真正受消费者青睐的并不多，能在百货商店、超市、购物中心看到的也只是其中的四五种而已。

童装企业通过新产品来巩固或提高其在市场中的地位是可以的，但如果在短期内推出的新产品数量太多，就会给渠道造成无法承受的压力。最后可能顾此失彼，导致新产品的失败。

**思考**

1. 你知道有哪些知名企业曾经犯过同样的错误？

2. 请你从生产商、经销商、消费者角度分别谈谈，如果短期内企业一次推出新产品过多，会引起哪些渠道问题？

(资料来源：编者根据有关资料整理)

营销组合4P变量可理解为一种企业资源，运用这些资源可影响渠道成员的行为。因此，为保证渠道成员间的相互合作，生产商除利用渠道权力对渠道成员进行激励和控制外，还应该最大限度地运用其产品策略、定价策略和促销策略等来实现渠道成员间的相互配合。

## 7.1 分销渠道中的产品管理

生产商想要渠道成员顺利地完成分销目标，应该最大限度地利用产品策略。产品管理与分销渠道管理是相互作用、相互联系的。产品在市场营销4P组合因素中占有举足轻重的地位，因为产品的价格、分销和促销都是围绕产品展开的。分销渠道中的产品管理主要涉及新产品开发、产品线决策以及产品生命周期和渠道管理的关系。

### 7.1.1 新产品开发与分销渠道管理

由于新技术的出现、消费者偏好的改变、竞争的持续升级、产品生命周期的移动等因素的影响，对于生产商和分销商来说，都需要持续开发新产品来应对这些变化。开发新产品可以使企业更好地适应市场变化，提高竞争优势，创造新的效益增长点。但开发新产品具有很大风险，失败率也非常高，有时要付出巨大的代价。

新产品的开发要取得成功，需要考虑很多因素，包括产品因素、企业因素、市场因素、社会文化因素等。与此同时，新产品开发的成功还与渠道成员的配合与支持有非常大的关系。如渠道管理者面临新产品的渠道管理时，要分析新产品计划和开发中可能会出现的各种渠道问题，制定预防和应对措施。其中应主要考虑以下几个问题：

渠道成员能够为新产品计划贡献什么？

新产品具有哪些特征能够为渠道成员带来利益？

新产品会对渠道成员带来冲击吗？

#### 1. 争取渠道成员对新产品计划的支持

渠道成员最靠近终端消费者，能够与消费者有直接的联系和沟通，通过分析消费者在购买过程中反馈出来的信息，提出合适的产品改进方案，并在试销阶段为新产品的定价促销等提出有益信息。因此，生产商在开发新产品时，要尽量争取渠道成员对新产品计划的支持。让渠道成员为新产品的概念创意提供有益的想法和建议，在试销阶段为生产商提供有益的反馈信息等。

对于新产品的创新，渠道成员并不一定只能参与产品本身的创意，还可以从产品的其他方面提出建议。例如，产品的规格或多样化的包装等。汉高黏合剂公司生产的“香子兰”胶带在沃尔玛超市中非常受儿童的欢迎，但沃尔玛注意到儿童们非常喜欢彩色的漂亮胶带。沃尔玛超市将这一信息反馈给了汉高，汉高获取这一信息后立即生产了彩色胶带，并获得了巨大的成功。

新产品计划与渠道成员的利益息息相关，邀请渠道成员共同参与新产品计划对生产商非常重要，但要注意的是新产品开发也会涉及商业秘密的问题。许多渠道成员并不是只与同类产品的某一生产商合作，而是与多家一起合作。生产商与渠道成员关于新产品计划沟通过多时，容易使新产品计划泄露，造成更大损失。因此，生产商在与渠道成员合作时，有必要保证不至于泄露太多有关新产品计划的信息。

### 2. 让新产品吸引渠道成员的注意

新产品在设计和生产时具有的特征往往都是为了更好地吸引和满足终端消费者，但这些特征优势并不一定能够同样吸引和满足渠道成员。产品吸引消费者的特征与吸引渠道成员的特征是不同的。渠道成员对于怎么将产品运输、储存、展示和销售感兴趣，最关心的是产品能否带来足够的利润，但用户关心的则是产品的价格、功能、售后等方面。几年前市场上兴起了“非油炸”方便面，渠道成员非常关心这种新产品能否有足够的销量，能否带来较大的利润，而消费者所关注的是产品是否真有宣传的那样健康美味。

要提高渠道成员对于新产品的认知程度，让他们相信能够出售这些商品，否则渠道成员就不会有热情去经营这些商品。例如，绿色食品在我国上市之初，渠道成员对于这些产品的认知程度是不够的。由于绿色食品的价格一般要比非绿色食品高，消费者可能对价格敏感。渠道成员如果无法相信能够出售这些商品，就不会有信心来经营这些商品，这样对于生产商的渠道扩展是不利的。所以，对于新产品，生产商还应该对渠道成员进行劝服和教育，使其对新产品的市场前景有信心。

对于渠道成员来讲，并不一定满足于新产品的利润空间。渠道成员的仓储空间、货架空间都是有限的，各种产品在上架之前都需要经过激烈的竞争，所以新产品在设计时应当考虑到渠道成员所重视的产品特征。例如，桶装方便面是圆形的，且内部空间较大，不利于渠道成员方便、充分地利用其仓储空间。这个劣势如果没有利润方面较大的优势来弥补，那么桶装面很可能得不到渠道成员的青睐。近年来，许多有实力的生产商如宝洁等，也开始对渠道成员的仓储和陈列要求予以更多关注了。生产商在设计新产品时，应注意为渠道成员的仓储和陈列考虑，这有助于提升新产品在进入渠道时的竞争力。

新产品在上市之初，生产商为了说服渠道成员进货，会向其描述新产品潜在的利润。如果夸大描述新产品的利润前景，造成渠道成员大量进货，最后没有取得预期的利润时，会适得其反。失信于渠道成员的后果就是渠道成员不再相信该生产商，减少订货量甚至转向竞争对手来进货。在渠道系统中，零售商看重自己的货架陈列空间，要求每一部分货架都有较好的营业收入回报，而批发商则看重自己的现金流和仓储空间，希望自己的商品不要积压，并且能够带来足够的利润。零售商和批发商都不允许自己宝贵的空间被不能带来足够利润的非营利产品所占据。

### 3. 避免新产品开发对渠道成员带来冲击

新产品开发过程中，还需要考虑该产品是否有致命缺陷，会不会对现有的产品线造成影响。这些问题关系到渠道成员的切身利益，生产商在设计、开发新产品时需要考虑这些因素。

现有的渠道成员在面对新产品时，会考虑新产品是否适合加入已有的产品线之中。例如 K 公司一直致力于生产有声誉的白酒，在发现白酒市场的竞争日益激烈和葡萄酒市场的利润空间之后，决定生产属于自己的葡萄酒，再使用白酒的渠道进行市场推广。然而渠道成员会对是否引进葡萄酒持怀疑态度。因为不同渠道成员所处的环境不同，面对的顾客群也都不同，很多渠道成员所在的地理区域不适合经营葡萄酒。鉴于没有经营葡萄酒的经验，必然会有一部分渠道成员选择观望态度。生产商需要考虑渠道成员将新产品纳入原有产品线的意愿，避免对原产品造成冲击。

接着以上例子，K 公司制造的白酒一直以来在国内享有良好的声誉，但制造出来的葡萄酒产生了质量问题。渠道成员 L 一直以来是 K 公司的忠实客户，由于在当地独家经营 K 公司的白酒而享有较高的地位。新产品葡萄酒给渠道成员 L 以致命打击，生产商犯错，渠道成员也难以避免受损。因此，避免新产品质量缺陷，对于维护渠道成员的利益、促进其忠诚度具有非常重要的意义。

## 7.1.2　产品生命周期与分销渠道管理

产品生命周期(product life cycle)，简称 PLC，是指产品从进入市场开始，直到最终退出市场为止所经历的市场生命循环过程。一般而言，产品生命周期包括导入期、成长期、成熟期和衰退期。一种产品进入市场后，它的销售量和利润都会随时间推移而改变，呈现一个由少到多再由多到少的过程，就如同人的生命一样，由诞生、成长到成熟，最终走向衰亡，这就是产品的生命周期现象。产品只有经过研究开发、试销，然后进入市场，它的市场生命周期才算开始。产品退出市场，则标志着生命周期的结束。图 7-1 指出了产品生命周期的四个阶段与渠道管理的关系。

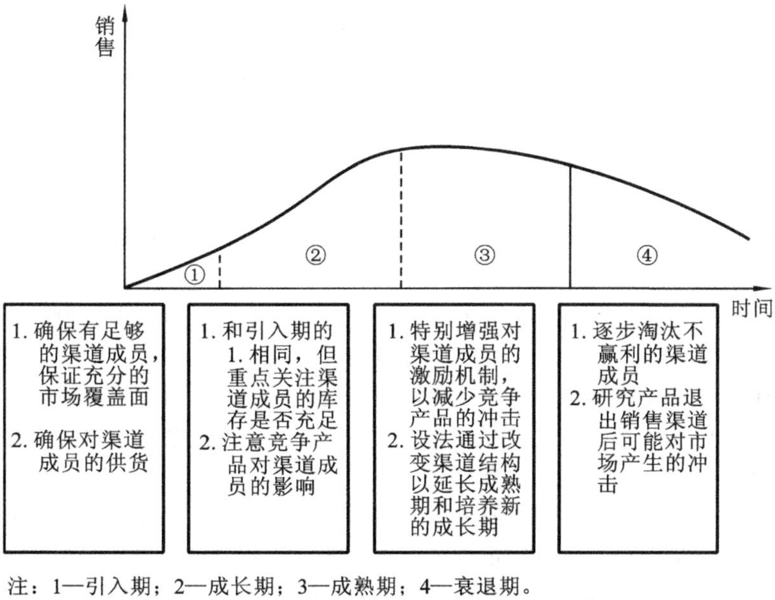


注：1—引入期；2—成长期；3—成熟期；4—衰退期。

**图 7-1　产品生命周期的四个阶段与渠道管理的主要关系**

### 1. 导入期与渠道管理

新产品投入市场，便进入了导入期。此时产品品种少，顾客对产品还不了解，购买量非常小。为了让消费者对其尽快认可，生产商不得不投入大量的促销费用，对产品进行宣传推广。市场上的促销活动热火朝天，但如果消费者在终端购买不到所需要的产品，那么前期所有的促销工作都是徒劳无功的。在产品导入期，生产商要确保渠道成员为其产品提供足够大的市场覆盖面。如果不能及时提供足够的货物而引起脱销现象，就很有可能影响产品市场推广的前景。例如，纳贝斯克食品公司的新产品“魔鬼食品”小甜品蛋糕进入市场初期，就已经非常短缺了。整个美国市场的经销商都得不到足够的货物供应，而且一旦有货物到达商店，很快就在几十分钟内被抢购一空。由于生产工艺的复杂性，纳贝斯克食品公司无法在短时间内改变供不应求的状况。顾客对缺货的抱怨和不满，导致很多经销商产生了不满，因为他们为纳贝斯克食品公司准备的货架大部分时间是空置的。

由此可以发现，在产品的导入期，生产商要为渠道成员做如下工作：

(1) 要确保开发出了足够数量的渠道成员，以获得足够大的市场覆盖面。

(2) 确保渠道成员货架上有足够的货物供应。

### 2．成长期与渠道管理

产品进入成长阶段后，市场开始快速增长。在这一阶段，生产商为了保持市场增长速度以获取足够的市场份额，会面对两种挑战，一是渠道成员是否能够积极有效地将产品供应给消费者，避免造成脱销，影响产品市场的增长。二是要关注渠道成员为竞争对手的产品所做的工作。关注各渠道成员对于其所经营的其他竞争性产品所采取的措施，并留心有新的竞争产品进入本公司产品的销售渠道。

随着产品从导入期转入快速成长期，要满足快速增长的市场需求，生产商面临着更大的供应问题。对于那些需要通过大量批发商和零售商将产品推向消费者的消费品而言就更是如此。为了有效地处理这一问题，可以在产品在渠道中流通时，监控产品的转移流程。例如，监控特定零售和批发终端的产品存货水平、销售率、分配给产品的货架空间及其他信息等，这些信息能够使生产商有效地监控渠道系统中正在发生或将来要发生的变化。

新产品进入市场后就会得到大量关注，当潜在竞争对手看到产品成长期巨大的市场空间后，往往会跟进抢夺市场份额。竞争者甚至会采取与该公司相似的市场策略，使用相同的分销渠道，借着该生产商的声势，趁其立足未稳，抢占市场份额。为了保护处在成长期的产品，生产商需要取得渠道成员对其产品的支持。在典型的产品生命周期分析中，莱维特认为要应对这种潜在竞争，关键是对竞争行为有预期，并且在产品周期的前一阶段就制定出相关的应对策略。此外，生产商需要监控渠道成员是否销售竞争对手的产品，以及为竞争对手的产品所做的工作。

对于潜在的竞争者，生产商无法全部预测出来，也无法提供完备的渠道策略来消除这些竞争，但是生产商可以制定战略，通过满足渠道成员的各种要求，以获取比潜在竞争者和竞争者在渠道成员处更有优势的支持，维护产品在渠道终端的最强影响力。可以制定的战略有合作经营、伙伴关系、战略联盟及分销规划等。这些战略考虑了可能出现的竞争，并减少销售渠道中出现竞争者带来的负面影响。

### 3. 成熟期与渠道管理

经过成长期之后，随着购买产品的人数增多，市场需求趋于饱和。此时，产品普及并日趋标准化，成本低且产量大，销售增长速度缓慢直至转而下降。由于竞争的加剧，导致同类产品生产商之间不得不在产品质量、花色、规格、包装服务等方面加大投入，在一定程度上增加了生产成本。

以上这些特征要求生产商必须关注两个方面的问题：

(1) 确保产品对于渠道成员而言仍然非常有吸引力。

(2) 研究渠道成员是否可能发生变化。在产品衰退期到来之前，通过渠道成员的重新选择，可能有机会带来产品销量的新一轮增长。

在成熟期，因为市场增速放缓并接近饱和状态，很多渠道成员的产品销售量及资金周转率都下降了，为减少经营风险，他们会选择减少或完全停止订购产品，并寻求快速处理掉存储的商品，防止产品积压。为了缓和这种渠道成员行为带来的破坏影响，管理者必须增加产品对于渠道成员的吸引力。增加吸引力的方法可以包括特殊的贸易折扣、广告津贴、特殊包装经营折扣和一些丰厚的回报政策等。这样可以提高产品的潜在利润，并降低渠道成员持有该产品的风险。但以上的政策只能暂时性地缓解市场对产品的冷落，那些措施对于生产商而言并不都是有利可图的，从长远来看也不合算。

更全面更长远的渠道策略应该是改变渠道结构。在某些情况下，可以带来产品又一轮销售增长。实际上，将成熟产品推广到非传统终端上、改变渠道结构的决策，已经越来越有效果了。

### 4. 衰退期与渠道管理

衰退期到来后，产品的利润和销售量都在不断下降。生产商需要考虑两个问题：①是否需要淘汰利润非常低的经销商以减少自身的利润损失？②衰退的产品如果退市，会不会对渠道成员经营产品线中的其他产品带来影响？

产品进入衰退期后，仍然有大量的渠道成员在经营它。小客户的渠道成员大都会谨慎少量进货，追求微薄的利润；大客户则可能干脆放弃该产品，转向其他利润更高的产品。生产商产量减少，无法批量生产和运输，生产成本和服务成本都急剧上升，有限的利润进一步降低。这时候生产商需要将利润总额与成本总额进行分析，判断是否需要淘汰那些经营状况很差的经销商以减少损失。

生产商减少衰退期产品的生产时，可能会导致渠道成员的反感行为。渠道成员经营的各产品总是互相关联的。一种产品的出现，可能会对现有的产品组合的销售起到促进作用，而一种产品的退出，则可能会阻碍原有产品组合的顺利销售。当一种衰退期的产品退出市场时，市场中依然会有顾客对此产品感兴趣，在原有经销商处购买不到该产品，就会转向其他经销商。顾客在转向其他经销商购买此类衰退期产品的同时，也很可能购买产品组合中的其他具有高额利润的产品。如果不经营衰退期产品，经销商可能因此失去类似产品组合中的其他产品的顾客，这对经销商是非常不利的。因此，生产商在淘汰衰退期产品时，应该考察顾客对于该产品还有多大的经营兴趣，经销商对于该产品还有多大的经营兴趣，以免影响那些不属于衰退期的同系列产品。

## 7.1.3 产品决策与分销渠道管理

所有生产商都需要面对产品线的战略性管理，因为没有哪个产品线能长期保持赢利，所以生产商需要根据产品市场表现的态势对产品进行调整。

许多因素都可能影响产品决策的成功，如产品质量、创新、产品线的技术复杂程度、产品线监控者的个人能力、企业自身的经济实力以及其他因素。但这些“其他”因素中就有难以被觉察的因素，即渠道成员在执行产品战略时所起到的作用。由于生产商不直接经销自己的产品，所以需要依靠渠道成员来执行他们的产品决策，因此，经销商执行产品决策的效果在很大程度上影响了甚至决定了生产商产品决策的成功与否。

### 1. 产品差异化与渠道管理

产品差异化在很大程度上就是生产商运用各种方法使其产品区别于其他竞争者的产品，甚至其定价可能稍高些，对购买者也极具吸引力。

表达产品差异化不仅仅是生产商的任务，生产商还应该激励渠道成员参与创造产品的独特差异。产品展示和销售的方式、产品零售商类型以及所能提供的服务等都可能成为塑造产品差异化的关键。一个很明显的案例就是，当前我国服装行业存在许多的“国际注册、国内生产、国内销售”的假国际名牌。某E开头的女装品牌，在广州享有很高知名度，一直宣传是巴黎品牌，其实该品牌从设计到加工再到销售全部都是在广州运作，和巴黎没有任何关系。该品牌还选择只在广州一些知名高档百货公司出售，避免进入其他中小渠道。公司高层坦言，虽然品牌的设计和质量都已经被高档百货公司认可，达到国际化品牌的类似水平，但没办法轻易得到消费者的认可，所以只能选择高档百货公司，让消费者更加认可这个品牌是国际化的品牌，认可这一国际化品牌的差异化价值，使得消费者愿意为这一差异化价值支付更高的价格。在这个案例中，如果没有渠道成员的支持，“国际注册、国内生产”的品牌即使设计和质量再好，也不可能展现出其“国际化”的地位。

由此可以看出，渠道管理对于产品差异化战略有两种启示。第一，当产品的差异化战略需要某特定类型的经销商的支持才能够实现时，生产商应该挑选和培训适合产品形象的渠道成员。第二，当产品差异化战略需要以某种特定的方式进行销售才能够实现时，生产商应该向零售商提供正确的支持和帮助。

### 2. 产品定位与渠道管理

产品定位策略也是一项广泛使用的产品决策。产品定位就是使产品在未来潜在顾客心目中占有有别于其他竞争产品的特殊位置。其重点是在对未来潜在顾客心智所下的功夫，为此要从产品特征、包装、服务等多方面作研究，并顾及竞争对手的情况。

尽管许多因素都可能影响产品定位决策的成功，其中，渠道成员销售产品的类型、产品陈列和促销的方式也对产品定位产生影响。在百得公司推销Dustbuster这种真空吸尘器的产品时，就使用了这种产品定位决策。由于公司的努力程度不够，之前消费者只是将这一产品看做汽车的清洁工具，并且该产品只能在汽车商店、汽车零售部件商店等地方购买。而百得公司希望能够让Dustbuster成为使用范围更广的产品，而不是偶尔使用的汽车清洁工具。为了实现这一定位决策，百得公司让Dustbuster进入百货店、折扣店、家用电器商店以及其他一些电器商店进行销售。更重要的工作是，百得公司要求其经销商将Dustbuster作为家用电器或家用设备进行销售，而不是按汽车零部件进行销售。可见，百得公司对Dustbuster进行定位时，至关重要的工作是成功地说服渠道成员对其定位进行支持。

产品定位决策与渠道管理之间有多重关系，需要注意以下问题：①在定位决策执行之前需要考虑该决策与产品陈列及销售场所之间的可能联系；②在执行之前，制定方案寻求零售商通过合适的产品介绍和陈列方式来支持该产品定位的决策；③准备足够的资金，激励零售商通过共同付费、广告、促销津贴和特价商品处理等形式来支持产品定位决策。

### 3. 产品线扩展或收缩与渠道管理

产品线的扩展或收缩对于生产商也是非常重要的。淘汰衰退期产品、无利润产品，引入新产品线是许多生产商必然要面临的问题。产品线的扩展或收缩战略很可能会与渠道成员产生矛盾。当产品线扩展时，产品组合会增加渠道成员的库存成本，加大销售复杂度而引起抱怨；而产品线收缩时，渠道成员可能会对失去一批忠诚客户而产生不满。

有实例表明，如果产品线过于复杂，会使消费者选择不仔细，只依赖于固定的几种产品，使得总的销售量不升反降，而且增加了仓储的成本。宝洁公司的“海飞丝”洗发水在一段时间内有31个品种，但这只会加重零售商的分销成本，增加消费者的选择难度，导致部分消费者迟迟不能做出购买决策。在一些大众化的超市里，3000个品类中有25%的产品销售额还不如某一个单一品类，这也说明某些成功的产品获取了大部分的顾客，而剩下的大部分产品只能获取非常少的顾客，这对店面资源有限的零售商来说是不合算的。

以产品的淘汰为例，当IBM公司退出电动打字机市场时，经销商非常不满。电动打字机曾经具有非常广阔的市场，虽然被新出现的个人电脑和其他文字处理系统淘汰后，市场急剧萎缩，赢利能力下降，但市场上仍有一批顾客愿意购买电动打字机，这对于经销商是有利可图的，IBM公司退出电动打字机市场，渠道成员对此有显著的不满情绪。

产品线扩展或收缩的决策不仅是生产商关心的问题，同样也是渠道成员所关心的问题。一些有实力的渠道成员越来越重视品类管理，将产品种类作为业务单位进行管理，以商店为基础进行产品订购，以便更加准确地满足消费者的需求。因此，在处理产品线的扩展或收缩时，需要考虑以下几个问题：①尽管生产商是产品线的管理者，但在做产品线的扩展或收缩策略时，应尽可能考虑所有渠道成员的观点和利益；②生产商应该向渠道成员解释产品线扩展或收缩的真正原因，消除渠道成员可能产生的不满和抱怨；③生产商需要提前通知各渠道成员关于产品线调整的决策，以便让渠道成员有充足的时间做出反应，减少不必要的损失。

### 4. 向上扩展或向下扩展与渠道管理

向上扩展或向下扩展都属于产品线的扩展策略，但由于其特殊的重要性需要单独讨论，并给予足够的重视。向上扩展指的是生产商的产品线原来只定位于低档产品，现在希望发展各档产品齐全的完全产品线，或者是受到高档产品较高的利润率和销售增长的吸引，企业会采取向上扩展产品线的决策，准备进入高档产品市场。向下扩展是指那些生产高档产品的企业，为了防备竞争对手进入市场或出于其他原因，可能决定生产低档产品。

向上扩展或向下扩展的决策会使企业的经营范围与主业出现一定程度上的偏离，因此，这种决策具有一定的高风险，具体表现在以下方面：①对新市场不了解；②遇到新的竞争者；③经销商可能需要重新选择；④可能会与现有的渠道成员之间产生矛盾。其中，③、④涉及分销渠道管理的问题，这也是应该重点关注的问题。

对于渠道管理人员而言，向上扩展或向下扩展的决策的最基本问题是现有的渠道成员能否提供足够大的高端或低端细分市场覆盖面。这个细分市场是向上或向下扩展延伸的产品所瞄准的。如果现有渠道成员无法提供这样的支持，那么他们就必须增加新的渠道成员或者通过改变渠道的设计来满足这一要求。Creative Playthings 是一家专门制作高档婴儿玩具的生产商，公司在推出低档产品的玩具时，发现现有的高端玩具的渠道无法为低端玩具提供足够的分销支持，只好迅速转向低端超级市场、大型集市以及杂货店，来为低档玩具开拓新的渠道。如果公司的管理层事先预见到渠道方面的问题，就能使低端产品更好地占领市场。

此外，另一个问题就是渠道成员是否相信生产商新推出的高档或低档产品能成功占有市场。不管是批发商还是零售商，他们都会对经营过的产品形成自己的定位概念，对于特定生产商有一种与其产品档次相关的印象。当生产商进行向上或向下扩展时，渠道成员难以转变对生产商的印象，会怀疑生产商生产出来的产品的可信度，或者怀疑这样产品占有市场的能力。例如，当皇家器具公司对其“灰尘克星”品牌进行前向一体化时，沃尔玛就对这种决策产生了怀疑。原来的产品售价 40 美元左右，皇家公司新生产的直立型“灰尘克星”售价 139 美元。这种新产品与高端市场的占有者胡佛公司的产品形成了直接竞争，零售商普遍不看好皇家器具公司。由于后来皇家器具公司再次推出中间价位的产品，使得其高价产品市场更加惨淡，损害了零售商的利益。零售商不相信皇家公司的前向延伸的决策能够取得成功，实际上高价立式“灰尘克星”也确实没有取得原有产品所取得的成功。因此，产品在执行向上扩展或向下扩展的决策时，要重视获得渠道成员的支持。这对于该决策的成功是非常重要的。

### 5. 产品品牌决策与渠道管理

生产商在进行产品品牌决策时，一般情况下有四种选择，即使用一个全国品牌、使用多个全国品牌、使用自有品牌、使用全国和自有两类品牌。

这四种品牌决策都有可能产生渠道管理问题。其中，同时持有全国和自有两个品牌的企业会给渠道成员带来很大麻烦，使用这种双重品牌决策会带来生产商和渠道成员之间的竞争，可能会使双方的竞争产生严重的问题。如特定经销商会愿意同时销售某一产品的自有品牌和全国品牌吗？销售全国品牌的经销商会与销售自有品牌的经销商在同一个地理区域市场上竞争吗？渠道成员可能会对这些问题产生哪些反应？

在实施这种双重的带有全国品牌和自有品牌的战略决策前，生产商需要注意建立明晰的渠道管理政策，用以指导双品牌共同使用的战略。可供使用的策略有：①不把全国品牌和自有品牌的产品出售给同一渠道的成员；②以地理区域来分割，在不同的地域市场销售全国品牌和自有品牌；③在产品属性及形态上尽量做到差异化。

应用案例　**双重品牌的决策之争**

某著名的制酒企业为解决生产力过剩的问题，向渠道成员导入了双重品牌策略。纽约某大型酒类零售商店是该制酒企业的一个主要经销商，它以制酒企业的品牌和自有品牌这两个渠道来销售其产品。即使两种品牌的酒来自同一酒桶，自有品牌的酒价也要大大低于制酒企业品牌。随着越来越多的消费者意识到这一事实，自有品牌的酒比制酒企业的酒更畅销，事实上，也只有在圣诞节前后人们买酒作为礼品时，制酒企业品牌的酒的销售状况才会好转。制酒企业终于意识到，这种双重品牌策略使自己处于了不利地位。

(资料来源：影响力商学院编著，《渠道为王：销售渠道减少三部曲》(修订版)，北京：电子工业出版社，2012 年版)

### 6. 产品服务决策与渠道管理

越来越多的产品都需要生产商提供售后服务，可以通过工厂、渠道成员、授权的独立服务中心、服务网络等来实现。但是由于生产商尤其是消费品生产商对于售后服务环节的不重视，经常容易导致消费者对消费品售后服务的质量产生不满。低劣的服务不仅是产品管理工作的失误，更是渠道管理中的漏洞，因为渠道工作不仅是向顾客提供产品，同时还需要提供必要的服务。消费者是从渠道成员处获得产品的，在产品出现问题后，最直接的方式就是去找渠道成员，如果生产商未能协助渠道成员正确处理这些问题，就会损坏产品在消费者心目中的形象。

只有当生产商重视渠道成员在处理售后服务问题的重要地位时，渠道成员才有可能提供优质的产品服务。实践证明，当生产商在渠道中提供优质的售后服务时，这一决策的确能够提高产品的吸引力。例如，B&D 公司向顾客承诺：一年内购买的该公司 B&D 电动工具产品，如果出现质量问题都可以在零售店得到更换。同时，B&D 也在全国建立了完善的售后服务中心网络。良好的售后服务，为 B&D 创造了独特的竞争优势，获得了消费者的一致好评。

## 7.2 分销渠道中的价格管理

价格在渠道管理中是一个敏感要素，既可能推动渠道成员紧密合作，又可能毁掉渠道关系。最佳的价格管理是在巩固渠道关系和使企业利益最大化之间寻求平衡点。本节主要通过渠道价格结构分析、渠道产品定价策略和定价方法来说明价格管理在分销渠道中的重要性。

应用案例　**价格对渠道的重要性**

有两家文化用品企业，生产的产品都很相似。其中一家企业一直采用如下的分销渠道：首先成批量向批发商供货，批发商再向零售商供货，最后由零售商将商品出售给消费者。由于生产商直接供货的多为一级批发商，一级批发商还向下游的二级批发商供货，所以产品每经过一个销售环节，价格就有所提高，以致到达消费者手中时，价格已经抬高到出厂价的 50%以上。价格上升导致购买需求减弱，产品大量积压，中间商的销售积极性大受打击，进一步影响了产品的销售。另一家企业则采用了多种销售渠道组合的策略，不仅供货给批发商，由批发商向零售商供货，还直接向零售商、个体经营者供货，并建立起自己的批发零售点。这种少环节、多渠道的渠道结构，可以将产品的价格控制在一个合理的水平上，使企业产销两旺。

(资料来源：影响力商学院编著，《渠道为王：销售渠道减少三部曲》(修订版)，北京：电子工业出版社，2012 年版)

## 7.2.1 分销渠道中的价格结构

生产企业进行价格管理一般要使用差别化价格结构。差别化的价格结构体系具体包括两个方面，一是依据渠道成员所处的渠道地位确定价格折扣。如出厂价、一批价、二批价、三批价、零售价等。二是按照客户的等级来确定价格。将客户根据实力分为几个不同的等级，分别确定不同的价格折扣率。销售价格体系设计解决让利分配问题。让利就是出厂价和最终零售价之间的差额，价格体系设计所要解决的问题就是谁得到这些差额以及得多少。

产品在生产完成之后，总成本就基本确定了。经过一系列的价格加成之后，以某一零售价被消费者购买。零售价与产品成本之间的差价就是毛利润。产品经过较长的渠道链后才能到达消费者手中，渠道系统中的各方都会分割这一块毛利润的一部分。在图 7-2 中列出了一本定价为 50 元的管理书籍的渠道定价结构。在这样的结构中，出版社的成本价为 20 元；各地区经销商代理(批发商)以 5 折价格从出版社购进该书籍，其成本为 25 元；零售书店以 6 折价格批发购进该书籍，其成本为 30 元；最后消费者以 8 折价格从零售书店那里购买该书籍，花费 40 元。

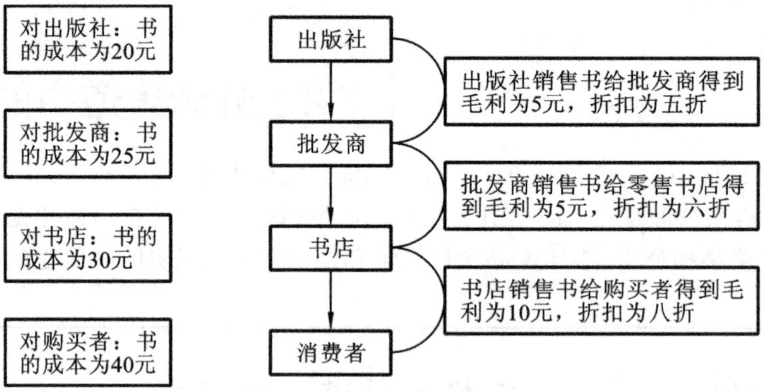


图 7-2 定价为 50 元的书籍的渠道定价结构分析

每个渠道成员在引入产品之前，都必然要求产品带来的利润高于由于经营这种产品带来的成本。只有当该渠道成员分割得到的产品毛利润高于其成本，渠道成员才更有可能来经营这种产品。

对产品进行定价时，仅仅以原目标市场、内部成本、竞争对手等因素为基础是不够的。渠道管理者需要认识到，渠道成员的利益在定价决策中也是非常重要的。根据之前对定价结构的分析可以发现，价格决策对于渠道成员的利益会有很重要的影响。当生产商的定价策略能够为渠道成员带来一定的利益时，渠道成员才可能与生产商高度配合。与此相反，当生产商在进行定价决策时没有考虑到渠道成员的实际需求，就可能导致与其产生利益冲突，造成渠道成员不支持生产商产品的分销工作。因此，在生产商进行定价时，渠道管理者应该高度关注定价中对渠道成员利益的保护，在价格确定之后或价格政策变动之后，要关注新情况对于渠道成员会有哪些影响。

为了在定价工作上维护生产商的利益，生产商需要掌握渠道成员的真实感受，并正确评价定价策略对渠道成员行为的影响。及时关注和尽早了解渠道成员对于定价策略的反应和想法，有助于消除不当的定价策略对于渠道的冲击。

## 7.2.2 分销渠道成员的定价策略

生产商考虑定价策略中关于渠道成员的利益，就需要了解渠道成员的定价方法，只有这样才能了解产品的出厂价为之后的渠道成员提供了多少利润空间。通常各渠道成员的定价策略是不同的。

### 1. 零售商的定价策略

零售商的价格是直接面向消费者的价格。渠道最终能否良性发展，与终端价格有很大的关系。通常情况下，零售商在确定最终价格时，会根据目标市场购买力、产品的配置组合以及最终该产品的市场竞争程度来决定。在定价时，大多数零售商会选择采用低加价、高销量的做法，或有选择地将部分产品大减价以吸引消费者。还有部分零售商会选择高加价、低销量的做法，这样的零售商往往不关注建立长期的忠诚顾客，以“宰客”的形式来经营。另有一种原因就是商品本来就档次比较高，高加价属于生产商的强制要求，避免终端价格竞争使品牌价值下降。

生产商对于产品最终售价有特殊期望时，如低价铺货以占有市场，高价销售保持产品高档形象，需要与零售商妥善协商，完成价格制定。

美国康涅狄格州Branford的Zanes自行车商店是美国成功的独立自行车零售企业之一。自1991年Zanes成立以来，每年的销售增长率都在20%以上，该商店的成功显示了合理定价的吸引力。Zanes商店主要销售那些知名的自行车品牌，价格都在250美元以上，属于高加价型的定价方式。Zanes商店的顾客可以享受：30天试骑(在此期间内消费者能退回或更换一辆自行车)；90天价格保护承诺(如果某一顾客在90天内在康涅狄格州发现同样的自行车的价格更低的话，Zanes将返还差价的110%)；Zanes商店卖出的自行车终生免费维修，它可能是美国采取这一措施的第一家自行车零售商。这项终身维修的承诺包括每年一次的检修、刹车和齿轮的调整、车轮的加固等等。Zanes商店只在每年春季举行一次为期3天的促销活动。Zanes商店在促销活动中销售的自行车，比美国许多普通的自行车零售商一年的销量还要多。由于Zanes良好的、灵活的定价方式，使得它可以享受高加价和高销售量的利益。

### 2．批发商的定价策略

在分销渠道成员中，批发商一般是通过成本加成定价法来进行定价的。成本加成是在渠道产品成本上附加一定的加成金额作为批发商定价方法。如果批发商降低毛利率以让利给顾客，有可能扩大产品的销售量，增加销售额。生产商在产品进入市场初期，有可能为了迅速占领市场而给批发商以价格折扣，促使其降低加成率，吸引顾客。

### 3．生产商的定价策略

制定正确的价格策略，是生产商为产品找到广阔市场的关键。生产商通常所运用的价格策略有以下几种。

1) 可变价格策略

可变价格策略即价格是根据交易双方的谈判结果来决定的。这种策略多在不同品牌之间竞争激烈而卖方又难以渗入市场的情况下使用。在这种情况下，买方处于有利地位并能够迫使卖方给予较优惠的价格。

2) 非可变价格策略

采取这种价格策略，通常没有谈判的余地，价格差异是固定的。如购买量很大则可能给予一定的价格折扣，对批发商、零售商或不同的地区市场给予不同的价格折扣。

3) 其他价格策略

(1) 单一价格策略。这是一种不变通的价格策略。定价不顾及购买数量，不论什么人购买，也不管货物送到什么地方，价格都是相同的。

(2) 非累计数量折扣。这是一种只按每次购买产品的数量而不按累计购买数量进行折扣的定价方法。其目的是鼓励客户一次大量购买，节约销售成本。

(3) 累计数量折扣。累计数量折扣是指代理商、中间商或顾客在规定的时间内，当购买总量累计达到折扣标准时，给予一定的折扣。累计数量折扣定价法可以鼓励购买者经常购买本企业的产品，成为企业可信赖的长期客户；企业可据此掌握产品的销售规律，预测市场需求，合理安排生产；经销商也可保证货源。

(4) 商业折扣。即对履行不同职能的经销商给予不同的折扣。如：一批、二批、三批商和零售商因履行不同的经销职能而给予不同的折扣。

(5) 统一送货价格。统一送货价格就是将最终价格固定，不考虑买者与卖者之间的渠道距离。

(6) 可变送货价格。这种定价策略是产品的基本价格是相同的，运输费用在基本价格之上另外相加。因此，对于不同地方的顾客来说，产品的最终价格要依他们距离卖方的远近而定。 如果基本价格是确定的，运输费用是后来加上的，这叫离岸价格(自提价)。如果最终价格是确定的，其中包括运输费用，这叫到岸价格(到货价)。 在离岸价格和到岸价格这两种方法之间还有许多折中方法，如：基点定价，即货物以某个基点城镇为准。如以郑州市为基点城市，然后向开封、洛阳、新乡、漯河送货，则追加从这个基点城市运往各个城市的运输费用。如果选定的基点城市不止一个，那么这种方法就叫“多基点定价方法”。

(7) 对消费者的统一零售价。如果生产商制定了零售商出售产品给消费者时必须执行的最终价格，而且零售商不得以高于或低于该价格出售，即叫统一零售价。这种价格通常印在价格单上或包装上。生产商对该产品在市场上的价格严加控制，除生产商外，不允许其他人随意波动价格。

### 7.2.3　分销渠道中的定价方针与定价要求

#### 1. 有效渠道定价的决策方针

为了提高生产商与分销商之间的合作程度，减少两者之间矛盾，生产商在制订有效的渠道定价策略时需要遵循几大方针。

(1) 给予利差。生产商应根据竞争环境的变化适时地调整自己的利差结构，给予渠道成员合理的利差，为他们提供利润空间。

(2) 不同级别的中间商给予不同的利差。应根据各中间商在分销渠道中所起的作用，合理地分配他们的利差。

(3) 与竞争对手给渠道成员的利差保持相对平衡。当发现渠道成员与竞争对手的关系发生变化时，尤其是变得密切时，生产商就应及时调整自己的利差策略。

(4) 分配政策发生变化，利差结构也要及时调整。如果生产商与渠道成员之间的分销任务的一般政策发生变化，利差结构也要能及时地反映出这一点。

(5) 价格结构必须围绕价格点制定。价格点是一种在零售商心目中存在的、可以接受的销售价格，同时也是消费者所能接受的价格。

(6) 不同产品定价时要注意价格区别与产品特征的区别。生产商的产品价格结构必须具有一定的层次，同时生产商给不同的产品定价时，应该注意将价格的区别与产品特征的区别相联系。

#### 2. 制定价格体系的要求

要想制定出一个合理的、有吸引力和竞争力的价格体系，生产商应保证其满足如表7-1中的3个基本要求。

表7-1　制定价格体系的3个基本要求

| 要　求 | 说　明 |
|---|---|
| 生产商要有基本的生存空间 | 再好的产品，再有竞争力的价格，如果生产商没有办法生产出来，或者说让企业亏本生产都是不可能的。因此，以市场为导向、用逆向思维制定的价格体系，还要考虑生产商的自身生存要求 |
| 中间商的利润分配要合理 | 这个利润分配不是生产商大概制定的比例，而是根据市场实际，扣除中间商的运营成本后还应留给中间商的合理利润空间，这样才能稳定中间商队伍，和中间商共同发展 |
| 零售价格要有竞争力 | 即消费者能够并愿意承担该零售价格 |

## 7.3　分销渠道中的促销管理

### 7.3.1　渠道促销的含义

促销(promotion)是4P营销组合的最后一个环节，在生产企业的营销活动中占据重要的地位。促销的中文原意是“促进销售”或者“促动销售”，也有学者将其直接理解为“销售促进”，这些学者的理解严格来讲只是促销的一种形式。促销的准确定义是：生产企业为促使目标顾客购买其产品或服务而进行的一系列说服与沟通的活动。

一般认为促销活动的行为主体是生产企业。但从营销组合的整体出发，人们认为促销的行为主体是多方面的，除了生产企业之外，促销主体还应包括渠道的所有成员。但是，为了便于对促销活动进行分析，人们通常把促销视为一种生产企业的“原发”行为。一般来讲，狭义的促销主体只是指生产企业本身，而广义的促销主体则涵盖了除最终用户之外的所有渠道成员。

## 7.3.2 分销渠道中的促销策略

生产商将产品推向市场时，除了企业直接的促销方式，还需要分销渠道的促销支持。一般情况下，生产商可以通过对渠道成员的拉式策略和推式策略来激发渠道成员的积极性，以获得渠道成员的促销支持，见图 7-3。

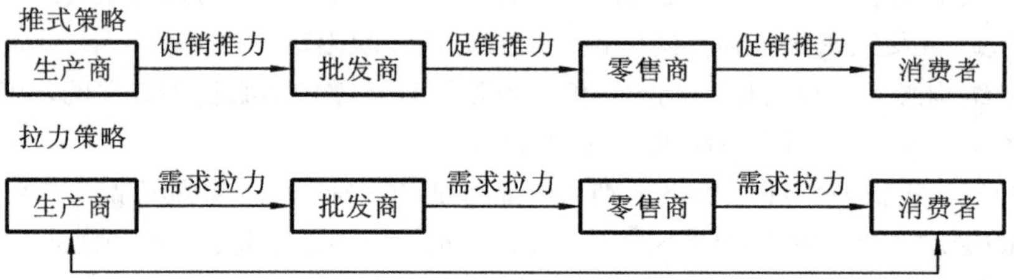


图 7-3　推式策略与拉式策略示意图

拉式策略(pull strategy)，是指企业利用广告、公共关系和营业推广等促销方式，以最终消费者为主要促销对象，直接诱发消费者对产品的兴趣和购买欲望，促使消费者向零售商、零售商向批发商、批发商向生产商购买该产品，从而实现由下至上的层层拉动过程。常用的拉式策略有会议促销法、广告促销法、代销、试销等。

采取这种拉式策略的生产商认为，通过建立消费者对某种产品强大的需求，生产商可以迫使销售渠道各环节中间机构从其自身的利益出发，自动地对生产商的产品进行促销。

尽管拉式策略有许多的优点，但仅仅依靠它并不能够确保来自渠道的足够促销支持，同时无法保证生产商和渠道各环节的直接接触，不利于生产商了解市场，不利于根据实际情况制定出有效可行的渠道环节促销支持。因此，需要通过市场营销进行促销，即推式策略。在使用推式策略时，需要生产商与渠道环节有更多的直接接触。

推式策略(push strategy)，即生产商利用各种各样的销售策略，以分销商为主要促销对象，把产品推进分销渠道，再由分销商把产品推向消费者市场。这种推销策略要求生产商针对不同顾客、不同产品采用相应的推销方法。常用的推式策略有示范推销法、走访销售法、网点销售法、服务推销法等。推式策略在制定和实施促销策略的过程中，生产商和渠道各环节间必须相互努力协作，生产商不是在推动渠道各环节进行产品促销，而相当于在寻找提供有效促销策略的参与、合作。

在通常情况下，这两种促销方式并不存在内在的冲突，生产商也可以把上述两种策略配合起来运用，即推拉结合策略。在向中间商进行大力促销的同时，通过广告刺激市场需求。在推式促销的同时进行拉式促销，用双向的促销努力把商品推向市场，这比单独地利用推式策略或拉式策略更为有效。

尽管推式策略使生产商能够协调来自渠道各环节的协作程度，便于生产商使用，生产商作为信息的发出者，占据着信息传递的主动地位，但信息的真实程度受到中间环节经营者的理解与动机的影响，传递到消费者那里可能发生了变化。在整个信息流程中，消费者又处于中间商的制约之下，能否产生购买兴趣，取决于中间商推出信息的积极性和倾向性。可见，推式促销是以中间商对信息的原本接受和参与推动的信心为假设条件的，其成功则是以生产商和渠道成员之间在流通领域的相互认同和通力合作为保证的。推式促销隐含的是生产商和渠道成员之间利益先行的分配原则，信息传递则处于利益认同的制约之下。因此，随着零售商和批发商实力的不断增长，越来越多的生产企业将总体战略从以拉式策略为主转向以推式策略为主。

## 7.3.3　分销渠道中的拉式促销策略

拉式促销是从消费者的立场出发，通过满足消费者的需求而使准客户进一步加深对产品的了解与认同。拉式促销策略是通过树立良好的企业形象、产品形象、品牌形象，使消费者产生需求，并向零售商购买，零售商转而向批发商，批发商转而向生产商订货的这样一种有方向性的链式系统。广告、公关、营业推广是其主要手段，通过这些手段树立形象，产生拉力，使消费者产生兴趣，刺激购买者对产品的需要，进而推动消费者向中间商订购产品，然后中间商向生产商订购产品，以此达到向市场推销产品的目的。

一般而言，生产商运用拉式促销策略，需要具备一些条件，如消费者购买是重要的；消费者觉察到该产品与竞争品牌之间的区别；消费者有强烈的品牌忠诚度；产品的销售对象比较广泛。或者是产品初次上市，需要扩大知名度。

拉式促销策略可分为群分性促销、时间性促销、区域性促销和事件性促销四种。

### 1. 群分性促销

消费者的消费需求是复杂多变的，但市场细分之后，同一类的消费者有相近的消费特征。因此，可以将消费者根据促销的需要进行细分，根据不同的类群，采用不同的促销活动。具有消费差异化的产品，要找准相对应的消费群，对没有消费差异的产品，要针对不同类群策划更有针对性的促销。

(1) 以性别进行群分的拉式促销。

男性与女性的消费心理有很大差别，如男性以理性为主，女性以感性为主，家电产品虽然没有严格地区分为男性家电和女性家电，但是不同的家电产品男女使用的比例不一样，如洗衣机，一般来说是女性使用为多，因此，针对洗衣机的促销要满足女性对洗衣机的要求。

(2) 以年龄进行群分的拉式促销。

不同年龄段的人对家电的选购与使用习惯也有相应的差异。如对于老年人来说，最讲究实用；对于年轻人来说，则讲究审美；对于小孩子来说，则是耐用和简单。如冰箱有儿童冰箱，热水器有老年热水器等。

(3) 以个性进行群分的拉式促销。

不同的职业、不同的收入，呈现出不同的个性，抓住这些个性促销就会更容易出效果。如针对有车族，可以策划有车族喜欢参与的活动；针对月光族，可以策划以如何省钱为主题的活动；针对少妇，则策划以家庭和生活为主题的促销活动。

### 2. 时间性促销

消费者的消费需求会随着季节的变化而作出相应的变化，只有掌握这些消费需求的变化，才能策划出更有效的促销活动。

(1) 以节假日为重点的拉式促销。

节假日促销的重要性毋庸置疑，生产商与零售商会抓住每一次节日的机会，以立名目进行促销。从实践来看，过滥的节日促销，往往只能“赚个吆喝”。要做好节假日促销的策划，关键是抓好不同节日所涌现的时尚消费热点，有新意才能更有吸引力。

(2) 以淡旺季为重点的拉式促销。

生产商和分销商都非常重视旺季促销，但往往也会太过于重视而忽略淡季的重要性，其实淡季是培育市场的时间。因此在淡季同样也要进行相应的促销，不过只是淡季促销重心在“促”，而不是在“销”，在为旺季促销打基础。

### 3. 区域性促销

区域性促销是指研究与消费者相关的地理区域，根据这些区域的特点进行渗透和推广促销。

(1) 以生活区域圈为目标的拉式促销。

生活区域圈主要指消费者的家中、生活小区等。如一些经销商会向部分家庭赠送带有品牌标志、宣传资料的挂历，这个挂历挂在家里，就可以在一年的时间内对这个家庭产生潜移默化的影响；如一些企业在生活区域进行促销时，送小孩一个漂亮的、附有企业产品标识的气球，很多小孩都会因看到这个气球而认识这个品牌；还有众多企业乐此不疲地进行社区促销活动、宣传活动等。

(2) 以工作区域圈为目标的拉式促销。

工作区域圈主要指与消费者工作相关的地理区域，如上班的公交车、写字楼，办公室、停车场等，相对于生活区域圈，这些区域对促销来说更具新颖性。如一些家电生产商在办公用的家电产品的外包装上做特别标识，格外引人注目，同时提供的服务比对普通用户的服务要更周到。这种促销将在无形之中影响到该区域内的多个消费者。

(3) 以娱乐区域圈为目标的拉式促销。

娱乐区域圈主要指与消费者休闲娱乐相关的地理区域，如公园、饭店、游乐场、俱乐部。通过与这些机构的联合促销，使消费者更容易认同、接受产品和品牌。

### 4. 事件性促销

以特殊事件为背景进行拉式促销，如在灾难时捐款、赞助大型公益活动及文体活动等，树立企业良好形象，提高企业知名度，以增加产品在市场上的受欢迎程度。

## 7.3.4　分销渠道中的推式促销策略

推式策略就是生产商利用各种各样的销售策略，以分销商为主要促销对象，把产品推进分销渠道，再由分销商把产品推向消费者市场。生产商可以采用的推式促销策略大都是以利益分配为先导的，也有以合作为先导的，主要形式有促销补贴、合作广告、店内促销、竞争和激励、特殊促销协议补贴等。另外，还可以使用培训计划、销售配额、现场协助销售和贸易展览等较为间接的方式进行推式促销，推动渠道成员的分销工作。

### 1．促销补贴

促销补贴可以通过直接定额补贴，或者通过销售额百分比进行补贴，以调动分销商的积极性。提供补贴可以鼓励渠道成员大量进货，大量铺货，并尽力向消费者推销产品。渠道成员会在补贴的鼓励下为产品提供更多货架空间，进行现场宣传，营造促销气氛，带动销售量。但是，如果生产商只提供促销补贴，而不对促销活动进行规范化的管理，这样很容易导致终端大幅降价，各渠道成员之间为了加大销售额彼此恶性降价竞争，最终既损害了渠道成员的利益，又损害了产品形象和生产商的利益。

### 2．合作广告

渠道上下游间的合作广告称为纵向合作广告，也称为合作广告，是指生产商支付零售商部分广告费用的一种成本分摊机制。生产商进行合作广告的主要原因是加强本身的品牌形象以及刺激潜在顾客的消费行为，进而提高产品的销售量。在地方性广告中，大部分属于地方性零售广告。由于地方性零售商在区域市场上拥有一定的市场势力，了解本区域内的消费者需求，以及与地方媒体的长期合作关系等，因此，由零售商在本区域市场做广告成本更低、效果更好，所以，有更多的生产商愿意与零售商进行广告合作。

合作广告在我国俗称“广告返点”或“合作广告支持”，即生产商为鼓励分销商为其推销品做广告，在分销商支付的购货款中，将分销商推销广告费的全部或部分返还给分销商。

合作广告机制发展至今，其影响力已不局限于生产商加强其品牌形象和刺激销售，还可以通过分担零售商的广告成本，成为一种激励零售商的有效手段。合作广告的主体也扩展到了生产商—零售商这一模式之外，供应链上下游企业间普遍存在着通过合作广告共担成本、共塑品牌的现象。

### 3．展销协助

生产商为了鼓励分销商出售本企业产品，借助分销商的力量与条件，生产商可以要求零售商使用 POP 广告或卖场身份鉴别标记、促销套装、店内特别展销等方式来促销生产商的产品。但在这一过程中，生产商需要向分销商提供展销有关的资料支持。

### 4．店内促销

店内促销是指在卖场内实施的以短期内提高销量为目的，通常以促销员与顾客一对一形式进行的促销活动。店内促销的方式主要有陈列、POP 广告、卖场叫卖、赠品、店内广播/背景音乐等。店内促销活动具有如下特点。

(1)更贴近消费者，可以向消费者准确传达产品的特点以及和竞争品牌的差异性，影响顾客的购买取向。

(2)更了解消费者，可以及时反馈，有助于生产商开展有针对性的促销活动。例如某宠物食品品牌，产品包装都是不透明的塑料袋，顾客看不到里面的原料。促销员及时反映后，生产商迅速制作了透明包装的样品，为产品销量的提升带来很大帮助。

对于生产商而言，进行店内促销可以达到如下目的：

(1) 提高产品的知名度和公众接受程度，树立良好形象。

(2) 增加产品的销量，增强渠道成员对公司产品的信心，并增进与顾客的感情关系。

(3) 促使潜在顾客做产品尝试，刺激产品使用量及市场渗透率。

(4) 保持现有顾客对产品的注意及增加产品的使用量和认可度。

(5) 调查消费者的评价及反应，获得需求信息，帮助生产商进一步改进产品，改善服务。

### 5. 销售竞赛和激励

销售竞赛是利用奖金或其他报酬来激励渠道成员完成生产商所确定目标的一种激励方法。销售竞赛的奖励标准通常有两种，即以销售额为奖励标准和以其他事项为奖励标准，如销货回收比率等。

销售竞赛要有一个清晰、明确的目标，要有合理的设计、公平的评判标准和落到实处的奖励。对于获得新客户、销售选购商品或处理积压存货这类目标时，销售竞赛最能发挥作用。销售竞赛在增强销售和鼓舞士气的同时，也会带来一些不良后果。销售竞赛常常会导致进货过多、过度推销等，因此，在选择销售竞赛方法时，也应注意防止负面作用。

在奖励的设计中，要注意的问题是要把物质奖励与精神奖励结合起来使用。如果只有精神奖励而无物质奖励则往往对营销业务员没有吸引力，只有物质奖励而无精神奖励则不利于敬业精神的倡导。因此，奖励方式最好是在颁发奖状或荣誉证书的同时，附带发放一定的奖金和奖品，以同时满足营销业务员对利益和名誉的双重追求。

### 6. 培训计划

生产商给渠道成员提供培训计划，既履行了对其提供帮助的承诺，又有可能提高渠道成员的销售业绩，对双方都是有益的。培训计划需要针对渠道成员的实际情况而制定，且要注意使用渠道成员能够接受的培训方式来开展。批发商和零售商由于在资金规模和操作能力上不同，应该提供不同的培训内容。

针对批发商的培训计划需要关注有关特殊产品的知识以及渠道下级成员组织和管理的技巧，还可以对其进行销售技巧的培训。针对零售商的培训计划则需要掌握有关产品的基本知识、销售技巧等，有些特殊产品则需要培训掌握产品使用方法的知识。对产品了解得更多，就更便于批发商和零售商与顾客进行沟通，这不仅有利于增加销售量，还可以帮助提高售后服务的质量。

### 7. 现场协助销售

现场协助销售原意是指生产商派出人员劝服分销人员不经营竞争者的产品，只经营本公司的新产品的做法。现在通常是指生产商派人员前往渠道成员处，帮助其开展销售活动。

当渠道成员缺乏销售能力或不能很好地完成生产商分配的销售份额时，生产商通过与渠道成员商量，可以派出人员进行现场协助销售。但现场协助销售也有可能带来一些消极影响。首先会带来生产商成本的增加；其次，渠道成员可能感知自身重要性降低，认为生产商试图直接与消费者接触，会担心自身利益受损，从而不支持生产商的进一步促销行为。因此，生产商在使用现场协助销售时，需要充分考虑渠道成员的接受程度，以免适得其反。

在买方市场上由于中间商越来越强调自身的利益与困难，而且分销力量也在双方关系中获得了强势地位，所以在新的形势下，只有生产商与渠道成员加强沟通，充分合作，才能在买方市场的环境下，为推式促销带来更好的前景。为此，生产商运用推式促销需要关注以下问题。

(1) 推式促销活动中的利益分配关系。

分销商对于市场的敏感程度远高于生产商，相应的风险意识和短期性动机更加突出。过去的那种先信息后沟通的商品流通模式已经过时，利益诉求及利益回报成为中间商是否做出促销配合的基本原则。只有将中间商各环节信息传递活动纳入统一计划与组织之中，才能保证生产商发出的信息能真实顺利地传递下去。因此，利益分配的合理确定是调动中间商积极性的首要条件。

(2) 生产商与渠道成员合作模式的转变。

当今市场上，生产商和渠道成员已经构成了产业价值链上统一的供应体。在推式促销的环节上，双方只有携手共同开发促销资源及目标市场，才能保证产品或服务信息真实顺畅地传递到消费者手里，也才能通过分销商将消费者的真实感受与建议及时全面地反馈给生产商。因此将利益与市场共享作为推式促销的动力源，从而建立起推式促销的合作机制及其组织制度，是提高推式促销综合效应的新理念。

(3) 推式促销的信息与产品或服务之间的关系已经发生变化。

推式促销的原有模式是信息带动商品的流动，当信息在某个环节停滞时可能会引起商品流通的瘫痪。新的观点则是商品与信息同时在渠道流通环节进行展现。推式促销新理念已经将利益分配关系置入前台，信息传递则被压向其后。分销商一旦预知到传递信息能够带来好处，在执行生产商促销激励政策后能够尝到甜头以及推动商品流转能够获得利益，配合促销的积极性就会由此而生。信息带动商品流动，或商品流动带动信息传递，两者有机结合及良性循环成为现代促销活动的新模式。

## 本章小结

有效的渠道管理需要渠道管理者在产品、价格、促销之间进行协调。管理者应该把企业在每一营销组合领域中的战略视为用来改善公司的渠道管理战略的资源。

当产品管理与渠道管理协同发挥作用时，需要考虑产品管理的三个基本方面：①新产品计划和开发；②产品生命周期；③战略性产品管理。

关于新产品计划和开发，管理者应该关心的基本渠道问题有：①让渠道成员投入到新产品计划中来；②促使渠道成员接受新产品；③使新产品适合渠道成员的品种组合；④为了促进新产品的销售，对渠道成员进行培训；⑤确保新产品尽可能完美。在产品生命周期过程中，管理者必须理解渠道管理中的产品生命周期所隐含的问题：①在导入期，管理者需要发展大量的渠道成员；②在成长期，必须加强渠道成员的覆盖面；③在成熟期，要激励渠道成员，减少竞争性产品的影响；④在衰退期，要淘汰不必要的渠道成员。在产品决策中，多数渠道成员都会面临产品差异化、产品定位、产品线扩展或收缩、向上扩展或向下扩展、产品品牌决策、产品服务决策等与渠道相关的问题。因此，要突出产品的渠道竞争优势，借助产品定位、塑造产品差异等来与渠道管理相互发挥作用。

分销渠道成员的定价策略中主要包括零售商定价策略、批发商定价策略和生产商定价策略。

分销渠道中的促销方式有拉式促销策略和推式促销策略。拉式促销策略是指企业利用广告、公共关系和营业推广等促销方式，以最终消费者为主要促销对象，直接诱发消费者对产品的兴趣和购买欲望，促使消费者向零售商、零售商向批发商、批发商向生产商购买该产品，从而实现由下至上的层层拉动促销过程。推式促销策略是指企业利用各种各样的销售策略，以分销商为主要促销对象，把产品推进分销渠道，再由分销商把产品推向消费者市场。

## 关键术语

| | | |
|---|---|---|
| 新产品开发 | 产品生命周期 | 拉式促销策略 |
| 推式促销策略 | 群分性促销 | 时间性促销 |
| 区域性促销 | 事件性促销 | 合作广告 |

## 思考题

1. 产品、价格、促销和物流可以被渠道管理者视为有助于确保高层次渠道成员合作的资源，你是如何认识这一观点的？
2. 新产品在获得市场认可过程中争取渠道成员的支持有哪些重要性？
3. 产品生命周期包含哪些阶段？各阶段对渠道管理有哪些意义？
4. 简单的产品决策会不会促使部分渠道成员产生逆向反应？
5. 阐述执行产品差异化和产品定位决策中渠道管理的作用。
6. 生产商的定价策略有哪些？
7. 推式促销策略和拉式促销策略有哪些相同点和不同点？

## 参考文献


[1] 约翰·古维尔. 维琪，译. 新产品如何让客户心动[J]. 商业评论(《哈佛商业评论》中文版)，2007(10).

[2] 罗森布洛姆. 营销渠道：管理的视野[M]. 7版. 宋华，等，译. 北京：中国人民大学出版社，2006.

[3] 菲利普·科特勒. 营销学原理[M]. 5版. 陈正男，译. 上海：上海译文出版社，1996.
[4] 王华清，曹剑芬. 渠道间的纵向合作广告研究[J]. 商业时代，2008(9)：26-27.

## 案例研讨

### 娃哈哈集团的渠道与定价、促销、产品策略

娃哈哈前身是杭州市上城区的一家校办企业，成立于1987年。1989年，娃哈哈营养食品厂成立，1991年，创业只有三年的娃哈哈产值已突破亿元大关。同年，在杭州市政府的支持下，娃哈哈兼并了杭州罐头食品厂，组建成立了杭州娃哈哈集团。从此娃哈哈逐步开始步入规模经营之路。1996年，公司以部分固定资产作投入与法国达能等外方合资成立了五家公司，引进外资4500余万美元以及追加投资2620万美元，引进大量在当时具有世界先进水平的生产流水线，使娃哈哈进入高速发展的快车道。2000年，公司生产饮料224万吨，实现销售收入54亿元，利税12.70亿元，利润9亿元，饮料产量约占全国饮料总量的15%，占全国“饮料十强”产量的37%；公司已经发展成为在全国十省市建有40余家全资或控股子公司、总资产44亿元的中国最大食品饮料企业。取得如此辉煌成绩，娃哈哈的渠道、定价、促销与产品策略是其驰骋市场取得成功的关键。

**控制与促销**

与别的企业往往把促销措施直接针对终端消费者不同，娃哈哈的促销重点是经销商，公司会根据一定阶段内的市场变动、竞争对手的异动以及自身产品的配备而推出各种各样的促销政策，常年循环，月月如是。针对经销商的促销政策，既可以激发其积极性，又保证了各层销售商的利润，因而可以做到促进销售而不扰乱整个市场的价格体系。

对“最后一公里”的营销概念的理解各异，有的说是服务，有的说是质量，有的说是品牌，而娃哈哈却认为是：“利益的有序分配”。有序必然就要有控制，控制在营销渠道中最重要的就是价差、区域、品种和节奏。

价差指的是产品从生产商到消费者手中经过的所有批零通路。就饮料、家电等产品而言，一般有三到四个环节之间的利益分配。高价的产品如果没有诱人的价差分配，无法引起经销商的积极性，而低价产品如果价差控制得当，仍然可以以量大而为经销商带来利润。有序地分配各级经销层次的利益空间，不但是生产商的责任，更是其控制市场的关键所在。

娃哈哈认为，生产商推出任何一项促销活动或政策，首先应该考虑的便是设计一套层次分明、分配合理的价差体系。当今很多企业在营销中，喜欢动辄“超低空”，以低价轰炸市场，以为只要我的价格比别家的低，肯定卖得就比别人的火，其实未必。因为没有考虑价差的低价，无疑让经销商无利可图，他不给你用力吆喝，不把你的产品摆在柜台上，买卖交易的“最后一公里”仍然无法到达。一般而言，低价策略在新产品进入一个成熟市场时会因其对原有市场价格体系的摧毁而达到出人意料的效果，可是在长效经营中却可能是一个毒素颇大的兴奋剂。

**串货与竞争**

区域串货问题，是所有企业面临的共同问题，娃哈哈也不能避免。中国市场幅员广阔，各省区之间由于经济状况、消费能力及开发程度的不同，产品的销售量差异极大，如浙江与江西、安徽虽毗邻而居，经济总量却相差数倍。娃哈哈在三省的销量各有不同，为了运作市场，总部对各省的到岸价格、促销配套力度和给予经销商的政策有所差异，因而，各经销商根据政策的

不同，偷偷地将一地的产品窜到另一地销售的情况便难免发生，这种状况频繁出现，必将造成市场秩序紊乱。如蚁噬大堤，往往在不经意间让一个有序的市场体系崩于一旦，在过去十多年中，已有无数企业因此坠马，一蹶不振。

娃哈哈成立了一个专门的机构，巡回全国，专门查处串货的经销商，其处罚之严为业界少有；竞争策略是“敌疲我打”。

宗庆后及其各地的营销经理到市场行走时，第一要看的便是商品上的编号。一旦发现编号与地区不符，便严令彻查到底。

可是，要彻底解决串货问题，治根之策，还是要严格分配和控制好各级经销商的势力半径。一方面充分保护其在本区域内的销售利益，另一方面则严禁其对外倾销。近年来，娃哈哈放弃了以往广招经销商、来者不拒的策略，开始精选合作对象，从众多的经销商中发展、扶植大客户，同时，有意识地划小经销商的辐射半径，促使其精耕细作，挖掘本区域市场的潜力。

**联销体**

纵观娃哈哈的发展历程，其营销模式经历了三个不同的阶段。

第一个阶段，与国营的糖酒批发公司及其下属的二、三级批发站紧密合作，借用其现有的渠道进行推广。第二个阶段，是20世纪90年代中期，随着沿海省份各种专业及农贸市场的兴起，个体私营的批发商以其灵活多变的机制优势把国营糖酒批发公司原有的渠道网络冲得七零八落，中国农村城镇市场大重组，娃哈哈及时顺应这一变化，与各地市场中的大户联手，很快编织起一个新的、无比灵活的市场网络。正是通过成千上万个大小经销商，娃哈哈的产品渗透到了大江南北的每一个角落。进入到了第三阶段，娃哈哈开始淡出农贸市场，摒弃原有的粗放式的营销路线，进而开始编织自己的“联销体”网络。娃哈哈的营销组织结构是这样的：总部—各省区分公司—特约一级批发商—特约二级批发商—二级批发商—三级批发商—零售终端。

其运作模式是：每年开始，特约一级批发商根据各自经销额的多少打一笔预付款给娃哈哈，娃哈哈支付与银行相当的利息，然后，每次提货前，结清上一次的货款。一批商在自己的势力区域内发展特约二批商与二批商，两者的差别是，特约二批商将打一笔预付款给一批商以争取到更优惠的政策。

娃哈哈保证在一定区域内只发展一家特约一级批发商。同时，公司还常年派出一到若干位销售经理和理货员帮助经销商开展各种铺货、理货和促销工作。在某些县区，甚至出现这样的情况：当地的一批商仅仅提供了资金、仓库和一些搬运工，其余的所有营销工作都由娃哈哈派出的人员完成。

这是一种十分独特的协作框架。从表面上看，批发商帮娃哈哈卖产品却还要先付一笔不菲的预付款给娃哈哈——在某些大户，这笔资金达数百万元。而在娃哈哈方面，则“无偿”地出人、出力、出广告费，帮助批发商赚钱。

**产品更新**

娃哈哈集团生产销售乳饮料、瓶装水、碳酸饮料、茶饮料、果汁饮料、罐头食品、医药保健品、休闲食品八大类近300个品种的产品，2007年销售额达200多亿元，占据中国饮料业产量的六分之一，是中国饮料业当之无愧的老大。娃哈哈每年的新品销售贡献率平均达20%~30%，涌现出“营养快线”等多款经典产品。从某种程度上说，娃哈哈的成功是产品策略的成功。

模仿跟进，是娃哈哈产品策略中的关键词汇之一。娃哈哈八宝粥、非常可乐、娃哈哈果汁饮料、瓜子、激活等产品属于典型跟进型产品。康师傅推出绿茶，打出“绿色好心情”的卖点，对公众进行普及教育，娃哈哈绿茶则以“水源地和原料”区隔，“天堂水，龙井茶”诉求，“USP”卖点突出，也快速进入该行业三强。

虽然娃哈哈的跟进策略业内知名，但在娃哈哈庞大的产品体系中，跟进中创新的产品销售贡献占比并不高。占高销售额的、利润贡献大的都是抢先入市的创新产品。当年娃哈哈纯净水的成功，主要靠“抢先入市，抢先传播”，而产品本身没什么创新。之后两年，娃哈哈相继成功推出了“爽歪歪”、“营养快线”。

随着娃哈哈企业综合实力的增强，从包装和口味等初级创新，到内容物、生产技术工艺的高级创新，娃哈哈的研发中心同步研究的新品达 100 多个，可迅速产品化的也有 10 多个。在经费投入上，娃哈哈每年至少提取销售收入的 3%作为研发经费，每年技术开发经费达数亿元。强大的研发体系、技术力量成为娃哈哈产品不断推陈出新、继续发展的原动力。

速度制胜，是娃哈哈产品策略中的又一关键词汇。这里的速度有三层含义：一是产品从研发到上市的跟进速度，如娃哈哈 AD 钙奶、果汁饮料等，均在对手产品上市的一两个月内完成，跟进速度之快，令业界瞠目；二是产品铺市速度，娃哈哈重点推广产品，只要宗庆后一声令下，依靠 2000 多家经销商，上万家二批商，一个月之内，产品可铺到全国数百万个零售点，这种铺货速度唯有康师傅可匹敌；三是指节奏，娃哈哈新产品上市的节奏不可过快，也不可过慢，要因事而异，因时而异。

“眼睛看着一个，手里拿着一个，心里想着一个。”一般而言，纵观娃哈哈的发展，一两年推出新产品或者一年推一两个产品，以这样的速度，企业有时间，有精力，有资源，成功的概率比较大。反过来，在 1995 年，宗庆后一时躁动，加快了新品上市步伐，十余品类新品同步推出，精力分散，资源耗散，“胡子眉毛一把抓”，从每个产品规划定位到营销推广，做得都不到位，没有一个成功。2004 年，与 1995 年不可同日而语的娃哈哈，“好了伤疤忘了痛”，又一下子推出三大类产品，激活功能饮料、娃哈哈香瓜子、大厨艺方便面，结果远没有达到预期目标。2007 年，宗庆后一边与达能战斗，一边接连上市了思慕 C、呦呦奶咖和泡泡乐茶饮料，产品定位有问题，市场推广不系统，新品前景并不妙。

(资料来源：吴晓波、罗建幸，《宗庆后与娃哈哈》，北京：机械工业出版社，2008 年版)

## 案例思考题

1. 娃哈哈的渠道策略是如何与价格、产品、促销策略相结合的?
2. 如何通过调整价格、产品、促销策略来获取渠道成员的支持?

# 第 8 章　分销渠道中的物流与信息管理

**学习目标**

★理解分销渠道在物流作业中的基本内涵
★熟悉分销渠道中订单处理内容、具体流程
★掌握订单与物流的协调
★掌握渠道运输的方式与运输管理流程
★掌握渠道成员间的信息沟通技术

## 引　例

**戴尔用信息代替库存**

迈克尔·戴尔(戴尔公司创始人)说戴尔是"用信息代替库存"，加强和供应商、客户的信息沟通是戴尔价值链上最重要的地方。

戴尔中国客户中心数据中心的机房里有上千台服务器 24 小时运行，客户既可以通过网站，也可以通过 800 电话下订单，这些信息直接进入数据中心，数据中心每一个半小时会进行一次统计，统计清单上面列着分别需要哪些配置。

戴尔每一个半小时把清单发送给供应商的公共仓库，这一仓库由戴尔的全球伙伴第三方物流公司伯灵顿公司管理。伯灵顿接到戴尔的清单后在一个小时之内就能够把货配好，保证每一个半小时送一次货。

出具清单之前戴尔中国客户中心的车间里理论上是没有工料的，每个零件拉进来的时候实际上已经是有买主的，一旦整台机器组装好，马上就可以发货运走，所以戴尔的产品可以保持零库存。

戴尔要做出未来一年的生产预测，并根据实际变动进行调整。戴尔的供应商每个星期都会收到更新了的下三个月的生产预测，一些需求变化比较大的零部件甚至一天就要更新一次。这使戴尔在市场情况变化大的情况下也能够得到及时的供货，实现了“敏捷”供货，供应商也可以根据实际情况安排生产，减少库存。

戴尔借助信息系统，根据市场需求不断调整生产计划，使得供应商也随之调整生产计划，从而使生产贴近市场需要，完美地实现了戴尔“虚拟整合”的管理思想。

(资料来源：《戴尔的供应链之谜》，载中国质量新闻网，2006 年)

## 8.1 分销渠道中的物流管理

### 8.1.1 渠道物流的内涵

渠道物流，一般简称物流，产品实体从生产地点到消费者使用地点的流通，包括产品实体的空间位置、时间位置的变动，这种流动除了产品运输活动之外，还包括包装、储存、保管、运输、装卸、搬运以及与之相关的物流信息等流程，其具体包括订单管理、运输管理和仓储管理三个方面的内容。

### 8.1.2 渠道订单管理

对于处于发展初期的物流而言，订单处理是物流中一项最基本的常规工作，不具有什么特色和重大意义。但随着物流系统的发展壮大，订单处理往往成为物流系统的一个关键部分，开发有效的订单处理系统变得非常重要，因为订单处理是与客户直接沟通的作业阶段，对后续的货物运输、仓储会产生直接影响。

计划、设计和管理一个复杂的订单处理系统，并不是很简单的工作。订单处理工作的成功完成需要大量的计划、资本投入和人员培训。订单处理包括订单准备、订单传递、订单登录、按订单订货、订单处理状态跟踪等活动过程。

#### 1. 订单准备

订单准备属于顾客一方需要做的工作，主要是指顾客寻找需要的产品或服务的相关信息并做出具体的订货决定。其内容可包括选择合适的生产商和品牌，了解产品的价格、功能、售后服务以及生产商的库存水平等信息。

有效减少顾客订单准备时间，降低顾客订货成本，可以增强生产商的竞争力，让顾客产生依赖性。美国一家医疗用品公司给大客户提供计算机终端设备和配套软件，使得那些医院等大客户可以直接查看公司产品的存货情况，并方便快捷地下订单。这种方便快捷的订货系统构成了该公司独特的竞争力，使得竞争对手难以模仿和超越，为该公司产品占领市场起到了至关重要的作用。

#### 2. 订单传递

订单传递指的是将订货单从需求方准确交付到供应方。随着物流环境的改善和现代科技的发展，订单传递也已经随之有了更多的实现方式。从最简单的手工传递到后来的电话或传真传递，再到最新的网络传递，其实现速度越来越快，也越来越精准，但对于供需双方的要求也越来越高。

目前比较快速的订单传递方式是网络传输(EDI/Internet)，它是依靠计算机网络的传递方式，借助计算机处理功能，将订货信息转化为计算机网络能识别的电子信息，并由通信网络专递。其速度快，运行成本低，可靠性好，准确性高。从理论上来说，这样的系统能允许 B2B 或 B2C 的直接沟通，但现实当中却有困难。最终的实现不仅对软硬件有要求，还要求有行业通行的传输沟通和信息流的统一标准。

### 3. 订单登录

订单登录，也称为订单确认，是指将顾客订货信息转变为公司订单的过程，其具体步骤包括：检查订货信息的准确性，如订货编号、数量、品种、价格等；检查库存状况，是否有货，是否能够满足顾客订货条件等；如果不能满足顾客的订货条件，则需要同顾客商议，是改变订货条件，还是延期订货，或者取消订单；检查顾客信用等级；规范顾客订单，把顾客的订货信息按照公司所要求的格式规范化；开单，准备发货单据等。

现代化的条形码扫描技术使得订单自动登录成为可能，自动化的订单登录使得订单登录所需时间减少了 60%以上。

### 4. 订单备供货

按订单备供货包括货物的拣选、包装、运输安排、准备运单、发送/运输。为了缩短备供货时间，可以通过运筹学方法对这些活动进行合理安排。

这个阶段是订单处理过程中最耗费时间也是最核心的部分。按订单备供货不是简单的工作，需要进行统筹安排，挑选出那些重要的客户进行优先供货，或者对于紧急需求的用户要提高优先级。如果操作人员面对海量的订单，在没有优先排序的情况下，以处理简单的、品种单一、订货量少的订单为标准方式来处理一切订单，结果就是很有可能造成重要客户的订单积压，给客户造成巨大损失。已有的订单优先级确定方法有：按货物总价从高到低处理；按客户重要程度从高到低处理；按订单到期日期从近到远处理；按订单复杂度从低到高处理；按订单接收时间从先到后处理。

### 5. 订单处理状态跟踪

为了向顾客提供更好的服务，满足顾客希望了解订货处理信息的要求，需要对订货处理进行状态跟踪，并与顾客交流订货处理状态信息。

订单跟踪技术在互联网技术的成熟运用之后才逐渐显露头角。在当今我国的网上购物过程中，订单跟踪基本都是依靠网络来完成的。货物的发送方和接收方都可以通过订单跟踪来了解货物的当前位置，对于货物的到达日期比较了解，而且不容易造成货物无故失踪。

目前除了比较常用的网络订单跟踪外，还有许多跟踪方式，如电话查询、营业窗口查询、传真查询和手机短信查询等。

## 8.1.3 渠道运输管理

运输是物流系统中的一项重要内容，能更好地满足消费需要，增加商品的交换价值，是保障销售活动顺利进行的必要措施和手段，所以生产商的营销管理人员要做好渠道运输管理。

渠道运输管理是指产品从生产商手中到中间商手中再至消费者手中的运送过程的管理，即对商品在配送过程中空间位置变动的管理。渠道运输管理的工作主要包括设计与规划运输任务、选择合适的运输方式和运输企业、运输的组织与控制三方面的内容。

### 1. 设计与规划运输任务

设计与规划运输任务，是指站在供应链的整体高度，统一规划有关的运输任务，确定运输方式、运输路线，联合运输方案，设计运输蓝图，满足各点的运输需要。因为物流运输问题，是一个多点系统的问题，涉及供应商到核心企业，核心企业到分销商以及供应商之间，分销商之间等多个企业、多个品种、多种运输方式、多条运输路线的组织规划等问题。因此，要根据物流正常运行的节奏，确定各点之间的正常运量，然后统一组织联合运输、配送和准时化供货。具体做法可以运用运输规划法、配送计划法等方法来完成。在设计规划运输方案时，要遵循一定的原则，即规模经济原则和距离经济原则。

(1) 规模经济原则。

规模经济的特点是随着装运规模的增长，使得每单位的运输成本下降。例如，整车装运的单位重量成本低于部分装运。铁路或水路的运输能力更强，每单位的费用更低。因此，在制定运输方案时，如果要降低成本，就需要尽量选择铁路或水路运输。

(2) 距离经济原则。

距离经济的特点是指每单位距离的运输成本随距离的增加而减少。距离越长，可使得固定费用分摊后更小，导致每单位距离所需花费的总费用变小。

### 2. 选择最佳的渠道运输方式和合适的运输企业

(1) 选择最佳渠道运输方式。

渠道运输方式，即用来作为商品在物流据点间移动的手段，如水路、铁路、公路、航空等。选用何种运输手段，对提高物流效率、改善物流效果具有十分重要的意义，所以生产商应明了各种运输方式的利与弊及适用货物，选择最佳的运输方式。

按照运输距离，运输方式可分为长途输送运输、短途配送运输和准时化供货三种形式。

①长途输送运输，是长距离大批量的快速运输。

②短途配送运输，是短距离多用户多品种的循环送货。

③准时化供货，是更短距离的供应点对需求点的连续多频次小批量补充货物。

按照运输工具，运输方式可分为铁路运输、水路运输、公路运输、航空运输。

①铁路运输。铁路运输速度快，受自然条件限制小，运输能力大，运行平稳安全可靠，平均运距较长，成本低能耗低。缺点有投资太高，周期太长，占地多。

②水路运输。水路运输是最古老的运输方式，其运输能力大，通用性强，运输成本低，平均运距长。主要缺点是：受自然条件影响较大，运送速度慢，增加货主的流动资金占有量。

③公路运输。公路运输是主力运输方式，其速度快、可靠性高、产品损失小、机动灵活、可以实现门到门的运输。但公路运输的运输能力小，运输能耗很高，成本高，劳动生产率低。

④航空运输。航空运输一般适合体积小、价值高的物资运输以及鲜活产品的运输等。其运输速度快，机动性能好。其缺点有能耗大、运输能力小、成本高、受天气影响大。

(2) 选择合适的运输企业。

在选择合适的运输企业时，要有一定的标准，其中主要标准是运输服务质量和运输费用。具体应考虑以下因素。

①取货、运输和送货服务质量良好，包括及时、准确、迅速、安全和可靠。

②运输服务所需要费用比较合理和低廉。

③能及时提供运输车辆以及关于货物在途运输情况等查询和其他业务咨询服务。

④若货物在运输中丢失或损坏，能及时处理有关索赔事项。

⑤双方长期真诚地合作关系。

### 3. 渠道运输的组织与控制

运输组织和控制，就是按照给定的运输方案、运输蓝图对运输承包商的运输活动过程和运输的效果进行组织、管理和控制。在运输的组织和控制活动中，需要密切关注以下问题：

(1) 运输距离。运输距离是影响运输成本的主要因素。一般在进行复合运输的时候，需要事先组织好最佳的运输路线，使总运输距离最短。

(2) 装载量。每一种运输方式都对应一定的装载量，需要组织好运输过程的安排，防止过量装载，给货物带来安全隐患。

(3) 空间利用率。空间利用率会极大地影响装载能力，它指的是产品的具体形状及其对运输工具的空间利用程度的影响。在装箱前需要对装箱顺序、摆放位置进行合理规划。

(4) 责任明确。责任主要关系到货物损坏风险和事故发生后的索赔关系。考虑产品的价值、易损坏性、易腐烂性、保鲜期等因素，进行合理的责任划分。

(5) 购买保险。最好向保险公司投保来预防可能发生的运输事故索赔。在发生意外事件时，可以有效降低双方的一次性损失。

(6) 全程监控。对货物实行全程跟踪，防止货物丢失或延迟到达造成订单不能按合同完成。利用 GPS 对一些贵重货物可以实行全球定位跟踪。

## 8.1.4 渠道配送管理

渠道配送是指在经济合理范围内，根据用户要求，对物品进行拣选、加工、包装、分割、组配等作业，并按时送达指定地点的物流活动。配送是物流中一种特殊的、综合的活动形式，包括运输及分拣配货。分拣配货是配送的独特要求，也是配送中有特点的活动，它是商流与物流的紧密结合，包含商流活动和物流活动，也包含物流中若干功能要素的一种形式。

推行渠道配送有益于物流运作合理化和专业化，有利于合理配置资源，能够变分散库存为社会集中库存，有效降低社会库存总量。推行配送有利于开发和应用新技术，可以降低物流成本，能够充分发挥专业流通组织的综合优势，有效解决运输问题。因此，生产商的营销管理人员要充分认识到渠道配送管理的重要性。

### 1．渠道配送的基本流程

物流配送基本作业流程如下：

(1) 集货。集货是将分散的或小批量的物品集中起来，以便进行运输、配送的作业。

(2) 分拣。分拣是将物品按品种、出入库先后顺序进行分门别类堆放的作业。

(3) 配货。配货就是使用各种拣选设备和传输装置，将存放的物品按客户要求分拣出来，配备齐全，送入指定发货地点。

(4) 配装。配装是集中不同客户的配送货物，进行搭配装载以充分利用运能、运力。

(5) 配送运输。配送运输是较短距离、较小规模、频度较高的运输形式，一般使用汽车做运输工具。配送运输的路线选择问题是技术难点。

(6) 送达服务。即圆满地实现运到之货的移交，并有效地、方便地处理相关手续及完成结算，讲究卸货地点、卸货方式等。

(7) 配送加工。配送加工是按照配送客户的要求所进行的流通加工。

### 2．配送管理的具体内容

根据渠道配送的基本作业流程，可以将配送管理分为进货入库管理、在库保管管理、加工管理、理货管理和配货管理。

1) 进货入库作业管理

进货入库管理主要包括对进货、验收和入库三个流程进行有效的管理。配送中心应做好如下准备：及时掌握客户计划中或在途中的进货量、可用的库房空储仓位、装卸人力等情况，并及时与有关部门、人员进行沟通。验收活动包括核对采购订单与供货商发货单是否相符、开包检查商品有无损坏、所购商品的品质与数量比较等。经检查准确无误后方可在生产商发货单上签字将商品入库，同时将有关入库信息转达采购部，经采购部确认后开具收货单，从而使已入库的商品及时地进入可配送状态。

2) 在库保管管理

商品在库保管的主要目的是加强商品养护，确保商品质量安全，同时还要加强储位合理化和储存商品的数量管理工作。商品储位可根据商品属性、周转率、理货单位等因素确定。储存商品的数量管理则需要依靠健全的商品账务制度和盘点制度。商品储位合理与否、商品数量管理精确与否将直接影响商品配送作业的效率。

3) 加工管理

主要指对即将配送的产品或半成品按销售要求进行再加工，包括：①分割加工，如对大尺寸产品按不同的用途进行切割；②分装加工，如将散装或大包装的产品按零售要求进行重新包装；③分选加工，如对农副产品按质量、规格进行分选包装；④促销包装，如促销赠品搭配；⑤贴标加工，如粘贴价格标签、打制条形码。加工作业完成后，商品即进入可配送状态。

4) 理货管理

理货是配货作业中最主要的前置工作。即配送中心接到配送指示后，及时组织理货作业人员，按照出货优先顺序、储位区域别、配送车辆趟次别、门店别、先进先出等方法和原则把配货商品整理出来，经复核人员确认无误后，放置到暂存区，准备装货上车。

5) 配货管理

配货在配送工作中占有十分重要的位置，配货工作的好坏直接影响分放、配装、送货等一系列后续工作的质量。配货管理是指将配送中心存入的多种类产品，按照多个用户的多种订货要求取出，并分放在指定货位，完成各用户配送之前的货物准备工作的一系列活动。

### 3. 有效配送管理的策略

配送管理的关键是在顾客服务水平与配送成本之间寻求平衡，在一定的配送成本下尽量提高顾客的服务水平，或在一定的顾客服务水平下使配送成本最小。降低配送成本除了要依靠技术方面的改进之外，成功的配送策略也十分重要，主要的策略有以下几种。

1) 混合策略

混合策略是指配送业务一部分由企业自身完成，另一部分则外包给第三方物流完成。这种策略的基本思想是，尽管采用纯策略(即配送活动或者全部由企业自身完成，或者完全外包给第三方物流完成)易形成一定的规模经济，并使管理趋于简化，但由于产品品种多变、规格不一等，采用纯策略的配送方式超出一定程度后反而不能形成规模经济。而采用混合策略，合理安排企业自身完成的配送和外包给第三方物流完成的配送，能使配送成本降至最低。

美国一家干货生产企业为满足遍及全美的1000家连锁店的配送需要，建造了6座仓库，并拥有自己的车队。随着经营的发展，企业决定扩大配送系统，计划在芝加哥投资700万美元再建一座新仓库，并配以新型的物流处理系统。当该计划提交董事会讨论时，却发现这样做不仅成本较高，而且就算仓库建起来也还是满足不了需要。于是，企业把目光投向租赁公共仓库。结果发现：如果企业在附近租用公共仓库，增加一些必要的设备，再加上原有的仓储设施，企业所需的仓储空间就足够了，且总投资只需20万美元的设备购置费、10万美元的外包运费，再加上租金，也远未到700万美元。

2) 差异化策略

当企业拥有多种产品线时，不能对所有的产品都按同一标准的顾客服务水平来配送，而应按产品的特点、销售水平来设置不同的库存、不同的运输方式以及不同的储存地点。例如，一家生产化学品添加剂的公司，为了降低成本，按各种产品的销售量比例进行分类：A类产品的销售量占总销售量的70%以上，B类产品占20%左右，C类产品则为10%左右。对A类产品，公司在各销售网点都备有库存，B类产品只在地区分销中心备有库存而在各销售网点不备有库存，C类产品则连地区分销中心都不设库存，仅在工厂的仓库才有存货。经过一段时间的运行，证明这种方法是成功的，企业的配送总成本下降了20%。

3) 合并策略

合并策略包含两个层次，一是配送方法上的合并，二是共同配送。

配送方法上的合并指企业在安排车辆完成配送任务时，充分利用车辆的容积和载重量，做到满载满装。共同配送是一种产权层次上的共享，也称集中协作配送。它是几个企业联合起来集小量为大量共同利用同一配送设施的配送方式。

4) 延迟策略

在传统的配送计划中，大多数的库存是根据对未来市场需求的预测量设置的，存在着一定的预测风险。当预测量与实际需求量不符时，就会出现库存过多或过少的情况，从而增加配送成本。延迟策略就是对产品的外观、形状及其生产、组装、配送应尽可能推迟到接到顾客订单后再确定。一旦接到订单就要快速反应，因此，采用延迟策略的一个基本前提是信息传递要非常快。一般来说，实施延迟策略的企业应具备以下几个基本条件：①在产品特征上，模块化程度高，产品价值密度大，有特定的外形，产品特征易于表述，定制后可改变产品的容积或重量；②在生产技术特征上，模块化产品设计，设备智能化程度高，定制工艺与基本工艺差别不大；③在市场特征上，产品生命周期短，销售波动性大，价格竞争激烈，市场变化大，产品的提前期短。

5) 标准化策略

标准化策略就是尽量减少因品种多变而导致附加配送成本的问题，并尽可能多地采用标准零部件、模块化产品。如服装生产商按统一规格生产服装，直到顾客购买时才按顾客的身材调整尺寸大小。采用标准化策略要求生产商从产品设计开始就要站在消费者的立场去考虑怎样节省配送成本，而不要等到产品定型生产出来后才考虑采用什么技巧来降低配送成本。

## 8.1.5　渠道库存管理

### 1．渠道库存的含义

库存是指用于将来目的，暂时处于闲置状态的资源。渠道库存管理是为了及时满足顾客要求，避免发生缺货或延期交货现象，对暂时处于闲置状态的成品进行的管理活动，它是企业管理的重要组成部分。库存成品要占用资金，发生库存成本。库存成本包括采购成本(货物采购成本——购买价格、订货成本)、库存维持成本(库存资金占用成本、空间成本、存货损失成本)、缺货成本(延迟订货成本、销售损失成本)，其中缺货成本是一种机会成本。因此，企业营销管理人员要重视渠道库存管理的重要性，既要防止缺货，避免库存不足，又要防止库存过量，避免发生大量不必要的库存费用，降低库存成本。

### 2．传统企业库存管理存在的问题

根据对我国众多制造业企业的库存管理情况所作的调查和参考有关资料，发现目前制造企业在库存管理方面普遍存在着如下问题。

(1) 不能及时获得库存信息。在企业运作过程中，有时必须获知各种零部件当前的库存量，但由于零部件种类多、数量大，需要进行仔细的核算，这不仅费时，而且易出错，从而影响企业快速有效运转。

(2) 库存信息不够准确。仓库管理员根据各种送货单、退货单、收料单、发料单、领料单和退料单进行物料的入库、出库搬运后，要随时修改库存信息和借、欠料信息，以便反映库存状况。工作中的主要问题是，由于零部件种类多、数量大，使得库存记录和实际库存时常不是严格一致的，因而需要通过盘点来纠正差错，这既耽误时间，工作量又大。

(3) 无法及时了解发料和生产用料情况。在工令单下达后，由于零部件与生产线的关系复杂，根据送料员的个人经验给各配料点送料时，常缺少发料、用料记录和相关信息，经常是出现生产线缺料才知道需要送料的情况，导致生产和用料发生混乱，无法了解发料和生产用料的实际情况。

## 3. 库存管理的控制方法

库存控制，即对商品合理储存量的管理。目的是使企业的商品储存量保持在最适当的范围，既不脱销缺货，又不库存积压。

随着库存管理概念的变化和通信技术的发展，库存管理逐渐从传统的库存管理技术方法向现代的库存管理技术发展。传统统计库存控制的方法确定的库存水平与实际所需求的库存，总不能达到一致。特别是在需求不连续的情况下，这种不一致将会扩大。传统的库存管理技术主要是重点分类法(ABC 法)和经济批量模型法(EOQ)；现代库存管理技术主要有材料需求计划、准时生产方式、企业资源计划、快速反应和效率型顾客响应等方法。

1) ABC 分类法

ABC 分类法，也称为重点管理法，它依据库存物资重要程度的不同，把管理对象分为 A(特别重要的库存)、B(一般重要的库存)、C(不重要的库存)三类，然后针对不同的级别分别进行管理和控制。ABC 分类管理方法对库存物资进行分类，一般有两个指标：一是库存物资占用金额，二是库存商品品种。一般来说，A 类库存品种数目少但资金占用大，即 A 类库存品种占库存品种总数的 5%~20%，而其占用资金比例为 60%~70%。C 类库存品种数目多但资金占用小，即 C 类库存品种占库存品种总数的 60%~70%，而其占用资金比例为 15%以下。B 类库存介于两者之间，B 类库存品种占库存品种总数的 20%~30%，其占用资金比例为 20%左右。

在管理中，应对 A 类商品库存进行重点管理，企业必须对其定时进行盘点，详细记录并经常检查分析物资使用情况、存量增减、品质维持等信息，加强进货、发货、运送管理，尽量维持较低的经常库存量和安全库存量，加强与供应链上下游企业合作以降低库存水平，加快库存周转率；对 B 类商品库存，一般进行正常的例行管理和控制；而 C 类商品库存一般只需要进行简单的管理和控制，如大量采购大量库存，减少管理人员和设施，投资、库存检查时间间隔长等。

2) 经济批量模型法(EOQ)

EOQ 是一个最佳订货量，一般用于定量订货方式之中。定量订货是指当库存量下降到预定的最低库存数量(订货点)时，按规定的数量(最佳订货点)进行订货补充的一种库存管理方式。采用定量订货方式必须预先确定订货点和订货量。通常订货点的确定主要由需要率和订货、到货间隔时间这两个要素决定。如果需要固定均匀、订货与到货间隔时间不变，就不需要设定安全库存。订货点的计算公式如下：

$$R=(LT\times D)\div 365$$

式中：$LT$ 为交纳周期；$D$ 为每年需要量。

如果需要发生波动或订货与到货间隔时间变化，订货点的确定方法就较为复杂，往往需要安全库存，在此不详细讨论。

3) 材料需求计划(MPR)

MPR 是依据市场需求预测和顾客订单来制定产品生产计划，在产品生产进度计划的基础上，组成产品的材料结构表和库存状况，再通过计算机计算出所需材料和需求时间，从而确定材料的加工进度和订货日程的一种实用技术。其基本目的是在合理利用、组织资源保持生产流程畅通的前提下维持最低的库存水平。MRP 主要用于订货管理和库存控制，它从产品的结构或材料清单出发，根据需求的优先顺序，在统一的计划指导下，实现企业的产、销、物、信息的集成，解决了制造业所关心的缺货与超储的矛盾。

MRP 的基本结构包括 MRP 输入系统、MRP 实行系统和 MRP 输出系统三个部分。MRP 输入系统主要由基本生产进度计划、材料清单表和库存状态记录三部分组成。MRP 实行系统是指在完整准确的输入基础上，通过计算求得每个时间段上各种材料的净需求数量，同时也确定材料订货的数量、订货时间、订货批量和零部件的加工组装时间等内容。MRP 输出系统包括两种报告，一种是基本报告，其主要内容有计划订货日程进度表、进度计划的执行和订货计划的修正调整及有限次序的变更，基本报告主要为采购部门和生产部门的决策提供依据。另一种是补充报告，其主要内容有成果检验报告、生产能力需求计划报告和例外报告。例外报告是专门针对重大事项提出月报告，为高层管理人员提供管理上的参考和借鉴。这三个部分是分别用来解决需求什么、需求多少、何时需求三个问题，以便确定所需材料的生产或订货日程和进度，保证按生产进度的要求进行生产，同时维持最低的库存水平。

4) 准时生产方式(JIT)

JIT，又称为无库存生产方式，或零库存。它是日本丰田汽车公司在 20 世纪 60 年代实行的一种生产方式。准时生产方式以准时生产为出发点，首先暴露出生产过量和其他方面的浪费，然后对设备、人员等进行淘汰、调整，达到降低成本、简化计划和提高控制的目的。在生产现场控制技术方面，准时生产方式的基本原则是在正确的时间，生产正确数量的零件或产品，即时生产。它将传统生产过程中前道工序向后道工序送货，改为后道工序根据“看板”向前道工序取货，看板系统是准时生产方式生产现场控制技术的核心，但准时生产方式不仅仅是看板管理。 准时生产方式还是一种理想的生产方式，这其中有两个原因。一是因为它设置了一个最高标准，一种极限，就是“零”库存。实际生产可以无限地接近这个极限，但却永远不可能达到零库存。二是因为它提供了一个不断改进的途径，即：降低库存—暴露问题—解决问题—降低库存……这是一个无限循环的过程。

5) 企业资源计划(ERP)

ERP，是 20 世纪 90 年代美国一家 IT 公司根据当时计算机信息、IT 技术发展及企业对供应链管理的需求，预测在信息时代企业管理信息系统的发展趋势和即将发生的变革而提出的概念。

ERP 是针对物资资源管理(物流)、人力资源管理(人流)、财务资源管理(财流)、信息资源管理(信息流)集成一体化的企业管理软件。它借助网络通信技术的应用，加快了信息传递速度和实时性，扩大了业务的覆盖面和信息的交换量，促进了企业业务流程、信息流程和组织结构的变革，增强了企业的竞争优势。同时，ERP 通过网络信息对内外环境的变化做出能动的反应，为企业进行信息的实时处理和决策提供了极其有利的条件。

# 8.2 分销渠道中的信息管理

## 8.2.1 分销渠道信息

分销渠道信息是指一定时间和条件下经过加工整理，反映企业市场营销渠道及其运作方面的消息、情报、资料、数据等。

分销渠道信息与企业经营业绩息息相关，是企业做经营决策时要考虑的重要方面；企业制定营销计划，要充分考虑渠道能力信息、意愿信息等，分销渠道信息是制定营销计划的依据；现代商业环境下，企业要在与渠道商的博弈中取得成功，就需要充分掌握渠道信息；渠道信息是企业对市场的最有力的感知，可为企业发展提供新的方向。

依据信息的来源，可将渠道信息分为外部信息和内部信息。外部信息包括市场环境信息、消费者及其购买行为信息、消费需求信息、价格信息、竞争者信息和促销信息等；内部信息包括生产信息、经营信息、物流信息和合作伙伴间信息等。

依据信息的类型，可将渠道信息分为市场信息、客户信息、渠道成员间信息和物流信息。市场信息是指对企业营销产生影响的各种经济关系和各种经济活动现状、经济活动的变化情况以及与市场营销有关的各种消息、情报、图表、数据资料的总称；客户信息是指企业所服务对象的个人基本档案及购买企业的产品或服务的历史记录等信息，客户信息是企业与客户联络感情、消除隐患、进行奖励的基础；渠道成员间信息是指渠道成员间的开拓、合作、分享、竞争活动的信息；物流信息是指在渠道活动中与物流相关的信息，如订单信息、库存信息、运输信息等。

## 8.2.2 分销渠道信息系统

尽管渠道中的信息管理与企业整体的信息管理在信息内容、信息使用方面有一定的区别，但在信息收集、整理、处理、传递方式上有较大的联系。一个完整的渠道信息系统的架构由三个步骤组成。第一个步骤是由渠道管理者提出需要信息的范围；第二个步骤是在企业内部建立所需信息的对应处理子系统，由对应子系统进行信息收集、处理和传递的工作；第三步由渠道管理者根据获得的信息作出决策，指导市场活动。大多数企业的整体信息渠道都是比较完整可用的，渠道管理者不需要为了渠道信息管理而重新建立市场信息系统。在需要获得渠道市场信息时，向企业信息系统提出要求，企业信息系统就可以根据渠道管理者的要求，在合适的时间以合适的形式提供有用有效的信息。

### 1. 渠道信息系统的构成

渠道信息系统由企业内部报告系统、情报系统、调研系统和分析系统构成。

1) 内部报告系统

这个系统主要包含渠道成员的报告订单、销售额、价格、存货水平、应收账款、应付账款等内容。通过分析这种信息，生产商可以识别出可能存在的问题或有益的机会。

2) 情报系统

内部报告系统为管理人员提供结果数据，而情报系统则为管理人员提供正在发生的相关数据。情报系统是使公司管理者获得日常关于营销环境发展的恰当信息的一整套程序和来源。

生产商可以自行收集情报，通过阅读书籍、报刊和同业公会的出版物或者与顾客、供应商、分销商或其他外界人员交谈或者同公司内部的其他经理和人员谈话来收集信息，也可以训练和鼓励销售人员去发现和报告新发展的情况，还可以鼓励分销商、零售商和其他中间商把重要情报提供给公司，或从外界的调研公司和信息研究公司购买信息。

3) 调研系统

营销调研是系统的设计、收集、分析和提出数据资料以及提出跟公司所面临的特定的营销状况有关的调查研究结果。调研系统的任务是针对企业面临的明确具体的问题，对有关信息进行系统的收集、分析和评价，并对研究结果提出正式报告，供决策部门用于解决特定问题。

调研系统与内部报告系统和情报系统最本质的区别在于它的针对性很强，是为解决特定的具体问题而从事信息的收集、整理、分析。企业决策者及营销主管在营销决策过程中，经常需要对某个特定问题或机会进行重点研究，如开发某种新产品之前，或遇到了强有力的竞争对手，或要对广告效果进行研究等。显然，对这些市场问题的研究，无论是内部报告系统还是情报系统都难以胜任，而需要专门的组织来承担。

4) 分析系统

分析系统是指对情报系统和调研系统获得的信息进行进一步分析。例如，利用先进的统计分析法来研究数据的内在联系和可信度。分析系统可以帮助企业进行这些分析，克服数据中的偏差，以便解决分销活动和效果方面的问题。

### 2. 分销信息系统的建设

对企业而言，建立一个有效的分销信息系统是相当重要的，掌握合理、及时、有效的、各种形式的渠道信息是构建分销信息系统的基本准则。有效的市场分销信息系统由收集处理子系统和执行子系统两部分构成。

收集处理子系统是整个系统动作的首要环节，其主要任务是将大量相关的信息从系统外采集入分销信息系统，以进一步加工处理，包括内部报告子系统、情报子系统、调查子系统和分析子系统。

1) 环境是属于分销信息系统的外在因素，也是建立分销信息系统的前提

企业在制定分销决策时，必须明确哪些范围内的环境最值得研究。分销环境的分析包括宏观分销环境分析和微观分销环境分析。宏观环境通过微观环境因素对分销活动或提供机会，或造成威胁而发生作用，它是企业的不可控因素。它主要包括人口、经济、技术、政治、法律及社会文化等六个因素。微观环境主要是指供应商、营销中介、消费者和竞争者，此四者构成了企业营销的核心系统，也是影响企业分销活动的直接环境因素。

2) 建立动态的客户信息档案

客户信息档案是渠道信息管理最基本的数据库，是服务个性化的依据。传统的客户档案是从便于生产商查询经销商基本情况的角度而设置的，主要存在以下不足之处：

第一，只能静态地反映客户的初始资源和能力状况(资产、网络和信用情况)，不能及时地反映客户资源的变化和经营活动情况(如经销品种、分销方式和进销存状况)。

第二，信息收集不规范。既没有常规性调查(定期、专人负责)，也没有专项性调查，

目的不明确，信息不及时、不全面。

第三，相关部门的客户信息不能共享。比如，与销售财务没有接口，信用控制难以及时有效；与销售物流没有接口，配送计划往往滞后；与市场监控没有接口，渠道促销效果测评难以准确。

针对上述问题，要建立科学有效的客户档案必须注意两点：

第一，在方法上，信息收集要制度化，由一线销售办事处的专管业务代表定期采集相关信息，对每个客户档案进行动态更新；由销售、财务和结算把每一笔往来业务自动录入。

第二，在内容上，客户档案的内容应包括基本信息、业务状况和交易状况等三个方面。对客户档案的内容实行编码，以便查询和使用。客户档案可以通过企业内部网对相关部门开放。

3) 执行是使数据转变为效益的必要手段

管理阶层在环境分析与收集处理子系统后，就拥有了一份较完整的企业分销信息网络系统。通过执行子系统，将收集处理子系统中的各项有用信息与数据运用于计划与决策活动中，信息网络系统才能发挥作用。

子系统是决策者根据市场调查、市场情报和市场预测数据等，综合分析分销活动因素各种可能的组合，得出每个特定时期、特定市场、销售特定产品的具有最佳效果的组合策略，并由此制定出企业的分销计划，合理地实现产品的全方位销售，达到投入与产出的均衡化，进而实现利润最大化。

## 8.2.3 分销渠道信息系统管理

渠道信息系统的管理旨在提高营销总部、分支机构或渠道伙伴、销售终端等渠道环节的管理水平和配送能力，加强对流转在渠道当中的信息的动态控制和分析。传统的渠道成员间的信息管理主要依靠一些传统手段，例如人工建立渠道成员档案，通过邮寄、电话等方式进行联络等。随着信息技术的发展和渠道管理信息化水平的提高，渠道成员间的信息管理也更多地依赖电子信息方式。

渠道信息管理工作主要是通过渠道信息系统来完成的。渠道信息系统既可以是企业信息化中的一部分，也可以是独立的信息系统。营销总部、分支机构或渠道伙伴、销售终端等渠道环节的信息管理是渠道信息管理的主要工作。

### 1. 营销总部渠道信息系统管理

营销总部主要处理分销渠道体系跨领域的往来业务，并对各分支机构的业务运作状况进行监控和分析，从而统筹其分销体系的物流、资金流以及信息流，以达到整体管控的目的。它是连接进、销、存各系统的桥梁和纽带，负责总部与分支机构信息的交换处理，为从前台到后台、从总部到分支机构，从订货、补货计划制订到商品内部调拨分配，从移动下单到商品出库、货款收回、财务记账等提供解决方案。其包括的功能模块如下：

(1) 销售管理：实现客户档案、销售合同、销售报价等销售基础数据的设置，完成销售业务，包括销售单、发货、补货、退货、样品试用管理，并提供销售台账查询。

(2) 促销管理：实现一系列销售的市场行为，包括促销计划维护、促销费用维护、折扣管理。

(3) 库存管理：完成库房日常库存作业并管理各分支机构和分销商的库存，包括入库、出库、盘点、库房初始化、库存台账、分布式库存管理。

(4) 采购管理：支持规范的日常采购业务，包括供应商档案、采购报价、采购申请、采购合同、采购计划、采购单、返厂。

(5) 配送管理：合理安排、管理企业配送资源，明确各配送过程的指标。包括车辆动态管理、货物配载管理、派车计划、行车日志管理、配送事故管理、货物交接管理。

(6) 客户资信管理：合理评估、维护客户综合品质并在业务中严格加以控制，主要包括信用等级维护、信用指标维护、欠款查询、坏账处理。

(7) 应收处理：完成企业销售业务的应收款管理，包括期初数据录入、现金单、收/付款单、应收票据、核销处理、销售记账、账龄分析、应收款预警。

(8) 应付处理：完成企业采购业务的应付款管理，包括期初数据录入、收/付交款单、应付票据、核销处理、采购记账、账龄分析。

(9) 售后服务：提供服务记录、跟踪，包括消费者投诉、客户服务维护、重点客户管理。

(10) 系统管理：包括系统登录，系统用户管理，系统用户组管理，操作日志维护和查询，数据备份与恢复，界面操作权限管理，数据访问权限管理，信息/单据授权访问管理，数据上传、下发和同步管理等。

(11) 基本资料维护：如单据编码维护、商品类别编码维护、商品编码维护、单位维护、部门人员编码维护、税种维护、系统开关量设置、库房资料(库房、货区货位)维护等。

(12) 综合查询统计：提供通用的查询和汇总信息，满足客户任意的需求组合。

(13) 决策支持：提供企业领导层决策的准确分析数据，包括供应商供货品质分析、客户信誉分析、客户销量月对比分析、地区销量月对比分析、客户销额月对比分析、地区销额月对比分析、地区销量销额分析、客户销售排名、商品销售排名、业务员销售排名、部门销售排名、地区销售排名、客户欠款分析、缺货月对比分析、报废品月对比分析、地区销售排名表、企业商品销售排名表、企业商品类别销售排名表等。

营销总部管理系统既适合于下设多级营销机构(利用分支机构、代理商等实现商品销售的渠道分销企业，如企业集团、销售公司等)，也适合于百货商场、超市、连锁店、专卖店等中小型连锁配送企业。

### 2. 分销商系统管理

分销商系统管理的业务体现在如下方面：

(1) 实现集团分销数据的即时传输。

(2) 实现购销双方业务单据的自动转换。

(3) 上报数据管理——设定需要各业务处理系统上报的数据范围与内容。

(4) 下发数据管理——设定需要集团统一设定、修改，然后下发给各业务处理系统的数据范围与内容，并在设定的时间内将这些数据自动下发到相应的业务处理系统内。

### 3. 门店系统管理

门店系统管理主要应用于零售柜台、连锁店、专卖店等。它为零售收银柜台提供方便、快捷的录单、收银以及商品盘点功能，并和整体商业后台、总账财务系统实现无缝衔接，能自动将零售单转换为后台的销售单据，参与核算和统计分析。

销售管理：进行客户档案等基础数据的设置，完成销售业务，包括对销售单、要货、退货和返厂的管理，并提供销售台账查询。

促销管理：实现一系列销售的市场行为，包括促销计划维护、促销费用维护、折扣管理。

库存管理：完成库房日常作业并管理各分支机构和分销商的库存控制，包括入库、出库、盘点、调拨、库房初始化。

售后服务：提供服务记录、跟踪，包括消费者投诉、客户服务维护、重点客户管理。

系统管理：包括系统登录、系统用户管理、系统用户组管理、操作日志维护和查询、数据备份与恢复、界面操作权限管理、数据访问权限管理、信息/单据授权访问管理、数据上传和下载及同步管理等。

## 8.2.4 渠道成员间信息管理技术

### 1. 电子数据交换

电子数据交换(EDI，electric data interchange)，是一种利用计算机进行商务处理的新方法，它是将贸易、运输、保险、银行和海关等行业的信息，用一种国际公认的标准格式，通过计算机通信网络，使各有关部门、公司和企业之间进行数据交换和处理，并完成以贸易为中心的全部业务过程。

EDI 不是用户间的简单的数据交换系统，EDI 用户需要按照国际通用的消息格式发送消息，接收方也需要按照国际统一规定的语法规则，对消息进行处理，并引起其他相关系统的 EDI 综合处理，减少差错，提高效率。

例如，有一个工厂采用了 EDI 系统，它通过计算机通信网络接收到来自用户的一笔 EDI 方式的订货单，工厂的 EDI 系统随即检查订货单是否符合要求和工厂是否接收订货，然后向用户回送确认信息。工厂的 EDI 系统根据订货单的要求检查库存，如果需要则向相关的零部件和配套设备生产商发出 EDI 订货单；向铁路、海运、航空等部门预订车辆、舱位和集装箱；以 EDI 方式与保险公司和海关联系，申请保险手续和办理出口手续；向用户开 EDI 发票；同银行以 EDI 方式结算账目等。从订货、库存检查与零部件订货，办理相关手续及签发发货票等全部过程都由计算机自动完成，既快速又准确。EDI 实现过程就是用户将相关数据从自己的计算机信息系统传送到有关交易方的计算机信息系统的过程。

### 2. 条形码

EAN 商品条形码亦称通用商品条形码，由国际物品编码协会制定，通用于世界各地，是目前国际上使用最广泛的一种商品条形码。我国目前在国内推行使用的也是这种商品条形码。EAN 商品条形码分为 EAN-13(标准版)和 EAN-8(缩短版)两种。

EAN-13 通用商品条形码一般由前缀部分、生产商代码、商品代码和校验码组成。商品条形码中的前缀码是用来标识国家或地区的代码，赋码权在国际物品编码协会，如 00—09 代表美国、加拿大，45—49 代表日本，690—692 代表中国大陆，471 代表我国台湾地区，489代表我国香港特区。生产商代码的赋权在各个国家或地区的物品编码组织，我国由国家物品编码中心赋予生产商代码。商品代码是用来标识商品的代码，赋码权由产品生产企业自己行使，生产企业按照规定条件自己决定在自己的何种商品上使用哪些阿拉伯数字为商品条形码。商品条形码最后用1位校验码来校验商品条形码中左起第1—12数字代码的正确性。

商品条形码的编码遵循唯一性原则，以保证商品条形码在全世界范围内不重复，即一个商品项目只能有一个代码，或者说一个代码只能标识一种商品项目。不同规格、不同包装、不同品种、不同价格、不同颜色的商品只能使用不同的商品代码。

### 3．POS系统

POS系统即销售时点信息系统，是指通过自动读取设备(如收银机)在销售商品时直接读取商品销售信息(如商品名、单价、销售数量、销售时间、销售店铺、购买顾客等)，并通过通信网络和计算机系统传送至有关部门进行分析加工以提高经营效率的系统。POS系统最早应用于零售业，以后逐渐扩展至其他如金融、旅馆等服务行业，利用POS系统的范围也从企业内部扩展到整个供应链。目前，国内的POS系统有两种类型：

一种是商业应用的POS系统(point of sales)，称为销售点实时系统，它是由电子收款机和计算机联机构成的商店前台网络系统。该系统对商店零售柜台的所有交易信息进行加工整理，实时跟踪，并对信息进行处理。

另一种POS系统(electronic fund transfer point of sales system)，称为销售点电子转账服务作业系统。它是由银行设置在商业网点或特约商户的信用卡授权终端机和银行计算机系统通过公用数据交换网联机构成的电子转账服务系统。它的功能是供持卡人在销售点购物或消费，通过电子转账系统直接扣账或信用记账的服务。

POS系统的特征有：

1) 单品管理、职工管理和顾客管理

零售业的单品管理是指对店铺陈列展示销售的商品以单个商品为单位进行销售跟踪和管理的方法。由于POS信息即时准确地反映了单个商品的销售信息，因此POS系统的应用使高效率的单品管理成为可能。职工管理是指通过POS终端机上的计时器的记录，依据每个职工的出勤状况、销售状况(以月、周、日甚至时间段为单位)进行考核管理。顾客管理是指在顾客购买商品结账时，通过收银机自动读取零售商发行的顾客ID(身份标识)卡或顾客信用卡来把握每个顾客的购买品种和购买额，从而对顾客进行分类管理。

2) 自动读取销售时点的信息

在顾客购买商品结账时POS系统通过扫描读数仪自动读取商品条形码标签或OCR标签上的信息，在销售商品的同时获得实时(real time)的销售信息是POS系统的最大特征。

3) 信息的集中管理

在各个POS终端获得的销售时点信息以在线联结方式汇总到企业总部，与其他部门发送的有关信息一起由总部的信息系统加以集中并进行分析加工，如把握畅销商品和滞销商品以及新商品的销售倾向，对商品的销售量和销售价格、销售量和销售时间之间的相关关系进行分析，对商品店铺陈列方式、促销方法、促销期间、竞争商品的影响进行相关分析等。

4) 连接供应链的有力工具

供应链参与各方合作的主要领域之一是信息共享，而销售时点信息是企业经营中最重要的信息之一，通过它能及时把握顾客的需要信息，供应链的参与各方可以利用销售时点信息并结合其他的信息来制定企业的经营计划和市场营销计划。目前，领先的零售商正在与生产商共同开发一个整合的物流系统(整合预测和库存补充系统)，该系统不仅分享 POS 信息，而且一起联合进行市场预测，分享预测信息。

## 本章小结

渠道物流，一般简称物流，是指为了实现顾客满意，并提高企业收益，生产商通过提高经营重要资源的时间、物流质量、备货、信息等服务品质，从原材料的调拨开始到商品的生产以及最终消费者的商品、服务流动的经济活动过程。它有广义和狭义之分。广义物流是指与生产商相关的整个物流系统，包括采购物流、生产物流和销售物流。狭义物流仅指销售物流，即分销渠道物流，是生产商的产品向消费者的流转。渠道物流的具体内容包括渠道订单管理、渠道运输管理、渠道配送管理和渠道库存管理四个方面的内容。

渠道订单管理包括订单准备、订单传递、订单登录、按订单订货、订单处理状态跟踪等活动过程。

渠道运输管理是指对产品从生产者手中到中间商手中再至消费者手中的运送过程的管理，即对商品在配送过程中空间位置变动情况进行的管理。渠道运输管理的工作主要包括设计与规划运输任务、选择合适的运输方式和运输企业、运输的组织与控制三方面的内容。

渠道配送是指在经济合理范围内，根据用户要求，对物品进行拣选、加工、包装、分割、组配等作业，并按时送达指定地点的物流活动。根据渠道配送的基本作业流程，可将配送管理分为进货入库管理、在库保管管理、加工管理、理货管理和配货管理。

渠道库存管理是为了及时满足顾客要求，避免发生缺货或延期交货现象，对暂时处于闲置状态的成品进行的管理活动。传统的库存管理技术主要有重点分类法(ABC 法)和经济批量模型法(EOQ)。现代库存管理技术主要有材料需求计划、准时生产方式和企业资源计划、快速反应和效率型顾客响应等方法。

分销渠道信息是指在一定时间和条件下经过加工整理，反映企业市场营销渠道及其运作方面的消息、情报、资料、数据等。依据信息的来源，可将渠道信息分为外部信息和内部信息。外部信息包括市场环境信息、消费者及其购买行为信息、消费需求信息、价格信息、竞争者信息和促销信息等；内部信息包括生产信息、经营信息、物流信息和合作伙伴间信息等。依据信息的类型，可将渠道信息分为市场信息、客户信息、渠道成员间信息和物流信息。

渠道信息系统由企业内部报告系统、情报系统、调研系统和分析系统构成。营销总部、分支机构或渠道伙伴、销售终端等渠道环节的信息管理是渠道信息管理的主要工作。渠道成员间信息管理技术主要有电子数据交换(EDI)、条形码、POS 系统。

## 关键术语

| | | |
|---|---|---|
| 分销渠道物流 | 渠道订单 | 渠道运输 |
| 渠道配送 | 渠道库存 | 渠道信息 |
| 客户信息 | 电子数据交换 | 条形码 |

## 思考题

1. 渠道物流包括哪些具体内容?
2. 简述渠道运输管理的流程。
3. 渠道库存管理的方法有哪些?
4. 渠道信息系统通常包括哪些功能模块?
5. 渠道成员间信息管理技术有哪些?

## 参考文献

[1] 朱道立，龚国华，罗齐. 物流和供应链管理[M]. 上海：复旦大学出版社，2001.
[2] 冷志杰. 配送管理[M]. 重庆：重庆大学出版社，2009.
[3] 张广玲，邬金涛. 分销渠道管理[M]. 武汉：武汉大学出版社，2005.
[4] 胡春. 市场营销渠道管理[M]. 北京：清华大学出版社，北京交通大学出版社，2006.
[5] 常永胜. 营销渠道：理论与实务[M]. 北京：电子工业出版社，2009.

## 案例研讨

### 西安杨森渠道信息管理系统成功案例

成立于 1985 年的西安杨森制药有限公司，是美国强生公司在华最大的子公司，也是中国最大的合资制药企业。总部设在北京，生产基地位于西安，在华员工超过 2000 人。公司业务包括生产和销售高质量的药品，产品主要涉及胃肠病学、神经精神学、变态反应学、疼痛管理学、抗感染、生物制剂和肿瘤等领域；此外，公司还致力于提供与健康相关的服务及开展大众健康教育。

**存在问题**

西安杨森的产品主要分 OTC(非处方药)和 RX(处方药)两类。OTC 产品主要通过遍布全国的经销网络经各层经销商进入药店、医院；RX 产品主要通过推动医院从经销商处采购促进购买。不管是哪种分销方式，经销商为主的中间渠道、大型连锁药店及各种诊所为主的渠道终端、重点医院为主的大型客户，这三类客户管理得好坏都对销售的结果有至关重要的影响。

随着杨森产品线的丰富，市场区域不断扩张，销售信息的管理越来越成为管理的重要问题，尤其近年来随着医药市场的发展和国家医药政策的开放，医药行业的竞争愈演愈烈，新的竞争环境对杨森的管理提出了更高要求。

**目前西安杨森的销售做法**

西安杨森将经销商分为一级和二级，由专门的商业队伍管理，主要通过协议进行业务关系和销售任务的维护。渠道终端中的大型终端和其余的广阔市场(分散在中小城市或乡镇未开发或未完全开发的市场)由广阔市场管理队伍维护；重点医院由专门的医院销售队伍维护。这几类队伍的业务重点有所区别，考核的方式有所不同，但业务是有交叉的，所以各队伍分别取得的用于管理的销售数据也是互有交叉但又不完整。

**需要解决的问题**

西安杨森认为，想要提高对各类客户的管理水平，快速有效地寻找市场并做出反馈，提高公司的销售业绩，保持行业内领先的竞争力，需要解决以下问题：

(1) 如何加强对经销商的规范，防止或减少非杨森渠道的经销商交易；

(2) 如何加强和经销商的数据交流，为经销商销售管理和返利管理提供依据；

(3) 如何解决大量广阔市场的销售数据的管理和收集分析，提高管理的可行性；

(4) 如何管理医院的购进数据，进而分析经销商的选择和产品的覆盖组合以及在替代品中的竞争力；

(5) 如何解决管理分析时各队伍的销售数据和分析语言的不一致；

(6) 如何整合各队伍销售和考核的信息数据，节省重复劳动的成本，提高管理效率。

**解决方案**

解决这些问题，要求杨森必须建立一套能集成现有各销售层次和环节的、有良好扩展性的一体化管理系统，能将企业内外部资源有机结合起来，提高企业的市场竞争力，帮助企业适应动态的、变化的、复杂的市场环境。

1.西安杨森渠道信息化管理系统的建设目标

在西安杨森系统选型和实施过程中，制定了清晰的系统建设目标：

(1) 通过分步实施打造一个和渠道客户沟通的平台，能够对所有渠道客户进行信息收集和管理，包括销售、库存、进货等数据；

(2) 在商业数据管理应用中增加新的业务管理模式，对签约渠道客户进行 EDI 方式收集数据；

(3) 对大数据量的各种业务类型数据提供灵活的报表分析及系统订阅和邮件分发等功能；

(4) 能够整合现有多个销售信息管理系统，并和相应的后台 ERP 等系统进行接口；

(5) 能够快速实施成熟产品应用；

(6) 有良好的扩展性和先进的整体架构，降低业务扩展的总体技术成本。

2. 西安杨森渠道信息化管理系统的解决方案

2005 年 12 月，美国寰通商务科技有限公司(以下简称“寰通科技”)的渠道客户信息管理平台在西安杨森三期项目的成功交付标志着杨森公司历时两年的加强销售渠道信息管理的推广工作全面展开。

西安杨森渠道信息管理系统解决方案是寰通科技整体解决方案的组成部分，寰通科技提供的解决方案的指导思想是以公司的价值链为基础，系统整合链条各个环节。整体解决方案如下：

(1) 建立基于价值链传递的后台 ERP 系统。通过该系统进行零售商协同商务管理、直控分销渠道管理、渠道终端管理、销售队伍有效性管理等管理模块的有效运作，公司实现了与上游分销商、下游顾客之间形成无时间滞后的连接。

(2) 强调对公司的费用、促销、物流和服务进行整合管理。

西安杨森渠道信息管理系统解决方案系统提供如下功能：

(1) 数据发送功能，是指支持各种商业合作伙伴以各种方式提交数据的方法和技术，包含电子邮件、页面数据上载和客户端批量处理上载三种方法。

(2) 数据转换功能，是指在获得原始数据文件后对数据的格式和内容进行转换，并将数据存入业务管理系统。

(3) 数据清理功能，是指按照业务规则对不同业务数据进行针对性的清理，并将处理完的数据转为可用来分析的正式数据。

(4) 报表和查询功能，是指将数据从业务管理系统转入报表系统，并提供报表工具、查询和分析功能。

(5) 消息通知功能，是指与经销商和内部销售人员的沟通平台，将数据处理的状态及时反馈给相关人员，包括邮件报表分发等功能。

(6) 系统管理和监控功能，是指对数据处理的全过程进行管理和监控。

**效果评价**

西安杨森渠道信息管理系统已经在西安杨森渠道商业信息方面得到全面应用。从应用的效果上看，在以下方面取得了显著成效：

(1) 大幅扩大应用范围。现在该系统可以管理 1400 家各级经销商、3 万家市场终端、2000 多家重点医院。

(2) 实现快捷管理控制。通过多种数据收集处理功能，快速有效处理大量数据，每月处理的数据量在 70 万~80 万。

(3) 实现业务整合和优化。该系统统一了各销售队伍的沟通数据基础和分析基础，为销售队伍的考核和渠道的返利提供准确依据和控制手段。

(4) 使信息透明化。该系统可以及时、准确和完整地进行数据的分析，并自动分发给相关部门；该系统整合了原有的多个销售信息系统，并和后台 ERP 等相关系统接口集成；该系统减少了数据维护次数，节约成本。

(5) 统一管理销售、库存、购进数据。该系统整合处理进销存数据，从多角度对渠道各节点的业务进行规范管理，防止数据不真实。

(6) 分析和决策。多种灵活分析功能，为市场开拓、渠道组合、产品竞争力分析等提供依据。

资料来源：张建华，《管理信息系统》，中国电力出版社，2010 年版。

## 案例思考题

西安杨森的案例对生产商渠道信息管理系统有何启示？

# 第9章　分销渠道扁平化

## 学习目标

★了解分销渠道扁平化的含义

★明确分销渠道扁平化的成因

★了解分销渠道扁平化的利与弊

★掌握分销渠道扁平化的模式与选择

★了解分销渠道扁平化的发展趋势

## 引　例

### 扁平化渠道成就九阳豆浆机

2009 年豆浆机城市市场销量已达 2 千万台，市场零售额接近 90 亿元。而九阳在豆浆机领域的市场份额达到 73.5%(见《2009 年豆浆机行业发展报告》)，在料理机、榨汁机、电磁炉、开水煲、电压力煲五类小家电市场位居细分市场前三。2009 年 4 月 20 日，九阳市值 151.92 亿元，超过家电老大青岛海尔同日 143.22 亿元的身价。

九阳之所以能获得如此之高的市场占有率、增长率、利润率，得益于公司强大的产品研发、技术创新能力，以及品牌影响力和营销渠道的扩大。其中，它拥有的渠道优势，也是其飞速发展的关键原因。

与其他家电类生产商按地域划分的多层销售渠道不同，九阳的分销渠道为二级结构，不设二级经销商，不仅保证了对所有零售商货源供应最直接、最有效率且一视同仁的支持，而且给经销商留下了足够的赢利空间。因此，经销商与九阳合作的意愿较强，关系稳固。上市以后，公司更是加大了渠道下沉、终端再造的力度。目前，九阳在全国有 500 个经销商，通过这些经销商，在全国各地建立了 20000 多个零售终端、2000 多个售后服务网点及各类“豆浆生活馆”1000 多家，覆盖了中国除港、澳、台这三个地区以外的所有省份。九阳还与包括家乐福、沃尔玛、国美、苏宁、五星在内的一些关键连锁渠道直接合作沟通，建立了长期战略合作关系。其中，苏宁、国美的进驻率达到或接近100%。九阳拥有的庞大渠道销售体系，除了覆盖210个中心城市外，其渠道还下沉到2000多个县级城市。“连雪域高原西藏拉萨的藏民们都可以在当地买到九阳豆浆机。”九阳电器相关负责人说。

这种扁平化的二级结构，不但降低了流通环节费用，为九阳和经销商留足了利润空间，还充分调动了经销商的积极性，并通过统一管理加快了商品周转率；而且，牢固了九阳的终端控制权，使得九阳不像其他家电企业一样，很容易被几个较大的一级代理商绑架。2008年，九阳前五名客户的销售总量只占公司销售总额的4.94%。这样大大提高了九阳在与经销商博弈中的强势地位，提高了其议价能力，即使经销商主动离开或业绩太差被淘汰，也不会对公司整体销售造成大的影响。对于一个利润高达43%的豆浆机产品，经销商在严格规范的约束下，也很少觊觎其他市场，把更多的精力投入到了自身区域的深挖上。

(资料来源：编者根据相关资料整理而成)

以电子信息技术为代表的第三次科技革命极大地改变了世界的面貌，也使得企业的营销环境发生了深刻变化，作为企业营销过程中的关键环节，分销渠道也必然要做出相应的调整，以应对新经济环境的挑战。当前一个明显的趋势就是企业分销渠道从传统的“金字塔”式的高耸结构逐渐趋向于扁平化结构。渠道扁平化是相对于原有的高耸型渠道结构而言的，其具体的表现形式是产品或服务从制造企业到最终消费者的距离缩短、层级减少，但扁平化的实质并非是简单地减少某一个销售环节，而是要对原有的渠道系统进行优化，剔除其中没有增值的环节，使渠道系统从供应链向价值链转变。

## 9.1 渠道扁平化概述

### 9.1.1 渠道扁平化的含义

所谓渠道扁平化，就是通过缩减分销渠道中不增值的环节或增值很少的环节，以降低渠道成本，实现生产商与最终消费者的近距离接触，实现企业利润最大化目标，并有效地回避渠道风险，从而实现企业经营的良性发展。实际上，渠道扁平化就是优化分销渠道层级的过程。

### 9.1.2 分销渠道扁平化的动因

任何事物的产生发展都是受其背后的动因所驱动的，营销渠道结构的变化也不例外，但是营销渠道之所以呈现出扁平化的趋势，是多种动因综合作用的结果。

#### 1. 成本效益的变化导致渠道扁平化

渠道成本是指产品从生产商传递到最终顾客的过程中各个环节发生的各项成本的总和，渠道效益则是指渠道的采用给消费者和生产商带来的价值。根据巴克林的渠道总成本理论，渠道结构设计要达到的目标是渠道总成本最低。渠道总成本由向最终用户传递商品的成本($C_s$)和用户的商品持有成本($C_k$)组成，前者由生产商和渠道中介成员承担，后者由最终用户承担，而前者又可以分解为运输成本($C_1$)、仓储成本($C_2$)、信息成本($C_3$)

等，所以渠道总成本 $TC=C_s+C_k=\sum C_i+C_k$。在设计渠道结构时还应该考虑渠道的效益，渠道的效益包括:批量拆分($R_1$)、空间便利($R_2$)、客户等待时间减少($R_3$)、花色品种($R_4$)、服务质量($R_5$)、信息沟通($R_6$)，即渠道总效益 $TR=\sum R_i$。

传统经济背景下，高耸型的渠道结构的成本项均低于扁平型渠道。其运输成本较低是因为可以享受大批量运输带来的单位运输成本的下降；由于在多层级的渠道结构下，客户可以购买到更小批量的产品，所以其持有成本较低；由于技术的限制，直接与最终客户进行信息沟通的成本远远高于通过较多的中间环节进行沟通的方式；由于层级较多，可以分担很大部分存货功能，使得生产商不必准备太多存货，而如果生产商直接供应最终用户，则必须备有大量存货方可；通过对各种成本的综合考察可知，高耸型渠道在传统经济背景下的总成本要小于扁平化渠道。

然而，在今天的营销环境中，经济、技术环境都发生了巨大的变化。具备高度专业化的第三方物流的发展扁平化渠道的运输成本相对较低，直接向最终消费者传递商品的费用大大低于通过传统的渠道层层传递的方式，同时由于零售终端巨型化的趋势，使得生产商不必向数量巨大的小规模终端供货，也使其运输成本大幅度下降；扁平化渠道结构还因为柔性生产、JIT(实时生产系统)等新的生产方式以及 MRPII(制造资源计划)、ERP(企业资源计划)等新的管理工具的使用使得生产商快速响应消费者的能力大大提高，从而节省了大笔的仓储费用；网络技术的迅猛发展也使得生产商直接与消费者进行信息沟通的成本远远低于通过中间渠道进行信息沟通的传统方式的成本。因而，扁平化渠道结构的总成本要远远低于高耸型渠道结构。

从以上分析可以看出，传统的分销渠道已经不适应低成本分销的需要。在传统分销渠道结构中，渠道线狭窄细长。一般从生产商到终端至少需要 2 至 3 个环节，即总代理→一级经销商→二级经销商→零售终端→消费者。这一模式极大地削弱了产品信息传递和分销的速度，增加了分销成本。由于渠道对产品毛利的层层截留，导致零售终端在最后的分销环节中需承担来自市场各方面的巨大压力。产品成本的升高，无形中提高了产品的终端售价。然而，在自由成熟的市场中，消费者在产品的价格、品牌和品质上的选择性加大，致使产品在终端的分销中竞争功能被削弱。这种情况，不仅是生产商不愿意看到的，更是广大零售终端商所不愿看到的。部分企业开始凭借自身的财力和渠道经验，组建起自己的分销网络。例如，联想对其经销商实行特许经营，把渠道成员纳入到自己的规范和控制之下。

### 2．为获取顾客需求信息促使渠道扁平化

要想获得更大的顾客群就必须了解顾客的需求，这就产生了接近顾客的需要。在传统的分销渠道结构中，企业与消费者之间隔着很多层的分销环节，往往脱离了消费者。在发展初期阶段，市场竞争尚不激烈，不需要过多地去了解消费者需求，加上企业由于实力与资源的有限性，利用传统分销商的网络资源进行产品推广，是一种理性选择。但在市场竞争激烈的今天，这种渠道模式一方面会导致企业无法及时获得准确的消费者需求信息，不能有效地满足消费者的需求，这就很难达到争取更多顾客群的目的；另一方面也使得靠近最终消费者的渠道成员在多数情况下与生产商竞争博弈时居于优势地位，从而更有可能滥用权力，损害生产商利益来获得自身更大利益的策略。在这种情况下，

为了避免渠道成员的机会主义行为，生产商就会加强对渠道的控制力。

传统的分销模式仍旧是“搬箱子”式，生产商从原料供应商那里得到生产资料后加工成产品。然后，其产品由分销链的第一环——物流配送中心，负责送到某一特定范围进行销售。在独家代理之后又分流到分销链的第二环——各区域的分销商，由其负责各大区域的销售工作。在各区域的分销商下游，又分布着分销链的第三环——众多的零售商，由他们销售给最终用户。这种模式已经没有多少潜力可挖，终端商为避免上述狭长的渠道分销模式，纷纷直接与上游生产商联系合作，这与生产商的想法一拍即合，这就导致扁平化的分销渠道模式的出现。渠道扁平化是分销渠道模式的一个递进，是市场发展趋势的必然。

### 3. 信息技术推动渠道扁平化

20 世纪末期信息技术的迅猛发展，特别是网络技术迅速渗透到日常生活和商务活动的每个角落，使得分销渠道扁平化完全具备了技术上的可行性和可操作性。从某种意义上说，文化、经济的原因是渠道扁平化的需要者，而信息技术的进步则是其使能者。信息技术特别是网络技术对渠道扁平化的推动作用主要体现在以下几个方面:

(1) 网络技术在商业中的广泛应用，在很大程度上颠覆了此前采用多层次高耸型结构渠道的经济学依据。在采用网络技术前后，构成渠道总成本的各项分成本在两种渠道结构下的相对数量发生了戏剧性的逆转，从而使得在网络技术大量使用的今天，扁平化渠道结构的总成本普遍具有相对意义上的经济性。

(2) 网络技术的迅速发展还给企业带来了许多新的营销运作模式，比如网上直销、目录营销等。在传统经济条件下，所有商品必须通过营销渠道层层传递至消费者，而在信息技术蓬勃发展的今天，很多商品可以数字化，通过网络从生产商直接传递给最终用户，比如音乐、图书、软件等。另外一些商品不能数字化，但通过信息技术的采用可以省略掉或是大大减少原来由渠道成员承担的部分职能，戴尔公司正是通过其强大的信息技术开创了“信息代替存货”的直接营销模式。

(3) 网络技术还大大地改变了人们获取信息、传递信息的方式。传统经济条件下，消费者获取商品信息的方式主要是通过渠道终端或承担信息传播职能的各种辅助性渠道成员，如电视广告、杂志、报纸等。但在今天，网络技术的发展使得其可获得性和可操作性大大提高，因而作为当前和未来数十年消费中坚力量的中青年消费者普遍乐意采用这一全新的信息获取方式。其结果是消费者可以通过网络与生产商直接联系，获得感兴趣的信息，传统渠道成员的信息功能就被极大削弱甚至完全摒弃，这同样会导致渠道成员的数目和层级减少。

### 4. 当前消费文化的变迁影响渠道扁平化

在当前的消费文化中，消费者越来越追求特立独行，标新立异，对产品的个性化要求越来越高，要求生产商除了提供品质优良的产品和服务外，还要能够满足消费者的个性化需求。要达到这一目标，生产商至少需要满足两个前提：一个是要充分掌握消费者的需求信息；另一个是产品从大批量标准化生产转向小规模个性化定制甚至单个定制的能力。后者已经或者说正在通过技术手段和管理方法的创新加以实现，而前者的实现更为复杂，除了手段和方法的改进外，还要涉及理念的革新等，但是关键之处在于缩短与消费者之间的距离，这必然要求渠道层级的精简，即要求有一个扁平化的渠道结构。

由于需求的多样化和个性化，以及消费者选择的多样性，当前消费者行为一个值得注意的变化趋势是不确定性的增加和顾客承诺的减弱。这意味着企业理所当然认为的忠诚顾客，很可能在一夜之间转投竞争者门下；因此，企业需要时刻关注顾客的一举一动，及时地调整应对措施。根据统计资料显示，获得一个新顾客的成本是保持一个老顾客的5倍，只要每年顾客的流失率降低5%～10%，公司的利润便可增加25%～75%。过多的渠道层级显然无法满足企业密切监控顾客的需要，所以，对大多数为顾客流失所困扰的企业来说，渠道扁平化是一个势在必行的选择。

### 5. 全新客户关系推动渠道扁平化

由于分销商与顾客存在密切而频繁的接触，只有使分销商充分理解企业的营销战略与策略，他们才有可能协助生产商加强与顾客之间的沟通，建立顾客对于生产商的忠诚，并且通过分销商建立顾客信任，传达信息和提高顾客满意度。分销商全面、高标准的服务，往往能使顾客产生额外的利益和好感，从而改善生产商与顾客的关系，增强企业的竞争优势。

当然，在传统渠道模式下，中间商在分销渠道中也发挥过重要作用，包括促进生产商扩大生产和销售、协调生产与需求之间的矛盾、方便消费者购买商品等。但是，从根本上讲，生产商与分销商之间的利益关系是相互对立的。改善传统渠道下的对立关系，使双方从利益个体转变为利益统一体，是所有明智企业的必然选择。当初格力与国美决裂之后毅然走向自建渠道之路，在很多业界人士对其前景颇为担忧的时候，格力的销售额不仅没有下降，反而保持了30%的年增长率。这得益于格力公司在每个省和当地经销商合资建立了销售公司，建立生产商股份合作制。这种模式不仅使各地经销商之间化敌为友，而且也使生产商与各地经销商之间建立了友好的合作伙伴关系。

### 6. 以超市、大卖场、专卖店为代表的现代新兴渠道助力渠道扁平化

近年来一些以超市、大卖场、专卖店为代表的现代新兴渠道在国内商业流通领域强劲地发展，渠道扁平化也就依托这些新兴渠道扩张发展。2003年以来，家电连锁在终端数量上迅速上升。国美的门店经过新建、并购和扩张之后，2008年的总门店数量达到了1100家。而根据2008年第一季度的财务报表显示，苏宁在全国106个地级以上城市拥有连锁店620家，并以每年150家的速度新开自建门店。庞大的家电连锁帝国几乎占据了国内一、二级市场80%左右的市场份额，致使生产商不得不与之开展合作。

## 9.1.3 分销渠道扁平化的利与弊

### 1. 分销渠道扁平化的有利影响

传统的分销渠道一般包括一级批发商(或区域总代理)、二级批发商(也有一些企业有三级批发商)和零售终端等多个层次，而且层次越低，渠道越宽。这种“金字塔”式的传统渠道结构，到了供过于求、竞争激烈的市场营销环境下，存在着许多不可克服的缺点，如生产商难以有效地控制分销渠道；多层结构阻碍了分销效率的提高，且臃肿的渠道不利于形成产品的价格竞争优势；单向式、多层次的流通使信息不能得到准确、及时的反馈；生产商的销售政策得不到有效的执行落实。

可见，传统分销渠道越来越不适应现代的市场需求，而对传统渠道进行扁平化可以弥补传统渠道的缺陷。一般来说，对传统渠道进行扁平化改造后会产生如下有利影响：

(1) 信息流通顺畅且快速的渠道更有利于形成产品的价格竞争优势。

传统的渠道层次多，信息在进行层层传递时，很有可能出现失真或是不准确、遗漏的现象，而且多层的代理使信息的传递速度慢，当生产商取得信息时，可能已经失去了时效性，使竞争者的市场行为和顾客的新需求不能很快反馈给生产商，从而错过市场机会。实现扁平化，其形式就是将三级或多级营销体系，改为生产商直接面对卖场的两级体系，取消扮演转运站角色的分销体系。经销商的需求会立即到达公司，并由公司直接与该经销商进行相关的货物流转，使货物的中转时间大大缩短。留给分销商的利润空间减少了，成本减少了，价格优势便十分明显。扁平化结构的分销渠道通过过渡层次的减少，改善了企业和消费者的利益，增加了品质保证；同时也有利于企业把握消费者需求，进而提高经济效益。

(2) 降低成本，扩大利润空间。

渠道扁平化的良好构建，能够更好地整合各种渠道资源，减少渠道费用，提高效率，从而扩大企业的利润，甚至可以把一部分利润让利给广大的消费者。美的集团通过渠道整合，公司费用率出现大幅下降，2010 年一季度，公司期间费用率降低 3.92 个百分点至 12.50%。随着渠道规模效应的逐步加强，预计未来公司费用率仍有小幅下降空间。

(3) 掌握终端。

传统渠道的生产商因中间隔着几个销售环节而无法准确地了解终端市场，收集来的信息也缺乏准确性、时效性。而渠道扁平化不是摒弃经销商而是更加重视终端，利用生产商的优势弥补代理商的劣势，通过对终端的精耕细作，更多地巩固网络，企业也可以和终端直接沟通，对产品的市场反应和消费者的需求也能快速回馈到生产商，这样就增强了企业的主动性，促使企业了解市场真实信息，更好地满足消费者的需求。营销理论的核心思想是以消费者为中心，企业能够借助渠道扁平化在终端大量细而密的销售网点与消费者作直接、互动的沟通，及时掌握市场的各种动态信息，并积极转化为企业产品研发改革和调整营销战略的动力，反过来更好地指导企业实实在在地满足消费者多方面的需求。传统的多级渠道销售体系，生产企业只有隔着多层经销商和零售商来接触消费者，市场动态信息收集、传递、沟通的及时性和质量可想而知。而目前中国的渠道成员出于对自己利益的考虑，对消费者的服务往往达不到生产企业的要求，满足消费者更高的需求多半是一句空话。

(4) 有效控制渠道。

在传统渠道结构中，生产商缺乏对代理商的控制能力，因为代理商的实力无法实现生产商的营销意愿或者代理商对市场有自己的一套处理办法，生产商的营销策略往往执行到终端就变了样，甚至完全弃之不用，生产商根本无法对市场进行直接操控。而渠道扁平化可以有效地控制分销渠道，控制和驾驭经销商，并管理和服务经销商。市场发展到今天，已经由以产品为中心的分销渠道模式向以用户为中心的分销渠道模式转变，各个生产商的分销渠道趋于扁平化和网络化，在被“压扁”的分销链上，企业对于渠道的控制力无疑增强了。这不仅有利于进行深度分销，在终端大大促进销售，对经销商提供了支持，同时也有利于控制和驾驭经销商。

(5) 提高了渠道管理水平。

传统渠道的管理协调工作很困难。生产商为了保证其产品在市场上有价格优势，必须为每一层级的分销商制定一个合理的价格和利润分配方案；同时生产商还要因地制宜，针对不同的地区和不同层级的代理商，制定不同的销售政策和计划，以满足不同地区的消费者和代理商的要求。而渠道扁平化有利于使生产商的销售政策得到有效的贯彻落实，可以解决以往各级经销商层级过多、容易对上级代理商的中间“盘剥”产生不满情绪，而引发销售积极性下降等一系列渠道冲突问题，对于终端直接管理，促使公司的整体战略与市场管理更为有效。

(6) 大大降低各种不确定性风险。

物流供应链的复杂性导致每个分销环节都潜伏着不少风险，过多的分销层级大大增加资金积压和囤货的风险。如果其中一家公司出现了问题，就可能产生连锁反应，影响到供应链上多家公司。传统的渠道物流成本高，每个层级的渠道成员都必须储备一定量的存货，以保证货源不脱销，这就使存货成本过高。而且由于层级多，产品运输费用就高。扁平化后的分销渠道不仅解决了上述问题，还可以节省中间环节的物流开支，降低产品的附加成本和产品受损的风险。所以，对生产商来说，缩短渠道环节，使物流渠道扁平化，降低与所有分销环节相关联的风险是一种必然的趋势。

### 2. 分销渠道扁平化的不利影响

虽然渠道扁平化有利于弥补传统渠道的缺陷，但在一定程度上也会产生一些不利影响，具体体现在以下方面。

(1) 企业成本投入加大。

这个成本是指企业建立自己的品牌渠道和规范企业的成本。从长远来说，这也是企业发展的基础，但对一些中小企业来说，这可能是不承受之痛。有些行业的企业在当地市场拥有一定的渠道资源，可以获取丰厚的回报。而渠道扁平化不但削减了这块利润，还需要更多资金来提升企业的综合素质，企业要自掏腰包，组建新的营销网络。即便是在自有网络中，企业也支付数量庞大的一线员工的工资、奖金等其他各项开支。

(2) 管理水平限制。

渠道扁平化策略，要求企业具有较高的管理能力。因为它增加生产商直接控制的渠道商数量，使生产商对渠道的管理工作量增加，管理难度加大。而且，企业压缩代理商环节，并不等于取消代理商提供给终端的服务，反而是加强，这就要企业内部增加各职能部门的人手，以面对更加尖锐的市场问题，同时还要满足区域差异巨大的市场需求。所以说，渠道扁平化需要更多的管理成本，用来弥补砍掉分销商的空白。

(3) 市场危机系数增大。

生产商在采取扁平化渠道策略后，选择的代理商可能不能将销售网络覆盖整个区域，也可能由于代理商过多，造成串货等事件的发生。由于自建渠道是一个环环紧扣的系统，当某一个环节出现问题时，很可能出现多米诺骨牌效应。而原本的代理经销因为各个代理商是独立的，所以当某一个出现问题时可以及时抛弃，不会影响到全局，还可以与生产商利益共享、风险共担。因为大部分经销商都是先付款再提货，或者以房产进行抵押，即便有拖欠期限，企业也可随时去讨债。当经销商破产、倒闭时，企业还可以以货抵债，从而可以及时、有效地防范风险。

(4) 缺乏地域认知能力。

在原本的代理经销渠道中，代理商与本区域终端长期合作，并保持良好的互利关系，对招商、促销以及客户关系都比较了解，遇到问题时也能及时、妥善处理，而且代理商十分了解所代理区域的人民的生活习惯与文化风俗，有利于对人员进行管理以及掌握消费需求。这些隐形资源是生产商所无法直接掌握的，在如此广阔的国内市场，取消当地土生土长的经销商而新增一些市场人员，在短期内，这些市场人员是无法积累区域市场运作经验的，也就无法很好地掌握和控制终端。

(5) 损害形象，增加竞争对手。

多年以来，生产商和经销商之间已经形成一种相濡以沫的关系。在实行扁平化后，必会伤了这份和气，不能保证经销商不会在此做些手脚，以损害企业的形象，因为在大多数用户眼中，经销商几乎已经成为生产商在区域市场的代言人。同时被企业取替的分销商很有可能进行后项一体化，成为企业的竞争对手，而这个竞争对手，对企业了解深入，给企业必然带来很大的威胁。

## 9.1.4 渠道扁平化存在的主要问题

### 1. 在渠道扁平化发展的问题上仍然存在较大的理念错误

(1) 妄图一步到位。部分生产商在渠道发展的过程中存在“一步到位”的思想，即为了达到目标，而不顾结果，或者是没有经过对相关的影响因素进行综合分析。以前有的电脑企业为了扁平化而将总代理一次性地砍掉，而其自有的新渠道体系尚未建立，对于其销售造成了长期的不良影响。

(2) 只重形式不重实质。形式主义是一些生产商所容易出现的另外一个问题。有的只注重扁平的形式，而不注重实质，结果其渠道扁平化的效果是“该扁的不扁，不该扁的扁了”，渠道扁平化的效果适得其反。有的则不注重自身产品与服务的特点，引入新渠道的过程中，发展了不适合自身的增值渠道，结果双方难以达到共赢的效果。

(3) 目标不明确。目标不明确是生产商出现种种问题的一个重要根源。目标不明确往往表现为目标定位的不合适、不明白、不准确；无论是以提升渠道的销售能力、服务能力为目的，还是以提高渠道的整体竞争力为目的，或以提高渠道运作效率为目标，这些目标都不明确，对渠道改善过程的把握不当成为企业在渠道扁平化过程所必须关注的一个根本问题。

### 2. 自身实力不够

渠道扁平化既是适应市场发展的需要，又是那些实力型企业生存和发展的必然选择。但是，对于占国内企业绝大多数的中小企业而言，渠道扁平化在短期内很难实现。渠道扁平化要求企业最大限度地向消费终端靠近，需要大量细而密的网点。但目前大部分企业拥有的网络资源都比较少，一些区域性企业在本地的终端尚不能全面开花，更谈不上健全的全国性网络。由于自身实力不足，渠道扁平化还很难落到实处。

### 3. 与新兴渠道存在较大矛盾

近年来一些以超市、大卖场、专卖店为代表的现代新兴渠道在国内商业流通领域发展强劲，虽然渠道扁平化可依托新兴渠道而实施和扩张，但生产企业和新兴渠道的合作并不完全像想象中那样顺利和理想。

(1) 新兴渠道的市场份额还较小，对部分企业的吸引力不足。虽然新兴渠道这些年的发展势头很猛，但是在短期内，这些渠道还不能在全国占据垄断位置。即便国内物流发展最迅猛、市场容量最大的北京、上海、广东等发达地区，新兴渠道所占市场份额也不到一半。中西部地区，新兴渠道所占比重更小。特别是随着市场竞争的激烈，许多生产企业已经将市场的重心转移到二、三级市场和广大的农村市场，而新兴渠道势力还没能扩展到这些地区。

(2) 进入新兴渠道的高成本，使许多企业望而却步。生产商进入新兴渠道卖场，不仅要给新兴渠道一定的利润返点，而且随时要交纳名目繁多的店庆费、入场费、广告费等。特别是这些新兴渠道相互之间打价格战时，不仅要求生产商的产品配合降价促销，甚至在打完价格战之后，还找生产商要补贴。此外，许多生产商为了抢夺市场，相互压价，争相讨好大的渠道商，这更加强了这些渠道商的话语霸权。一些生产商不堪重负，完全撤出新兴卖场的事件时有发生。

#### 4．扁平化过程中忽视了传统渠道的作用

中国市场广阔，没有哪种营销渠道模式能够主导全国市场。各地分销商一般对当地用户的购买行为和市场形态比较熟悉，并且拥有一批基本客户，能够迅速帮助生产商打开当地市场；同时，分销商对本地客户的资信情况和投资环境更为了解，可以帮助生产商规范交易和减少经营风险；此外，通过分销商可以减少自设销售网络所必需的高昂费用，能够对消费者提出的服务要求迅速响应。因此，对大多数企业来说，传统的带有中间商的分销体系还不能取消。在广大的中国市场，生产商必须明智地和一些当地的渠道商合作，巧妙地借用当地渠道商的力量，借力打力。

## 9.2 分销渠道扁平化模式与选择

### 9.2.1 渠道扁平化模式

根据层级数量，渠道的扁平化模式可以分为零层(直销)渠道模式、一层渠道模式和副一层渠道模式。其中一层渠道模式，是当前仍在发展的且最为典型的扁平渠道模式。

#### 1．零层次渠道模式——直销模式

直销是扁平化渠道的极端模式，就是指产品从生产商到消费者手中所有权只发生一次转移，即生产商把产品“递给”消费者的这一次转移。也就是产品在流通过程中不经过中间批发商，也没有零售商，而是由生产商组织自己的销售队伍，直接将产品销售给消费者的销售方式。目前采用这种模式的有海尔家电、西门子、伊莱克斯及海信家电等品牌。其一般做法是一级市场设立分销机构，直接面对当地市场的零售商；二级市场或设立分销机构或派驻业务员，直接面对二、三级市场的零售商或三、四级市场的专卖店，所有零售商均直接从生产商进货。生产商直接面对消费者，没有任何分销商参与，因此是一种纯扁平化的渠道。其渠道关系如图 9-1 所示。

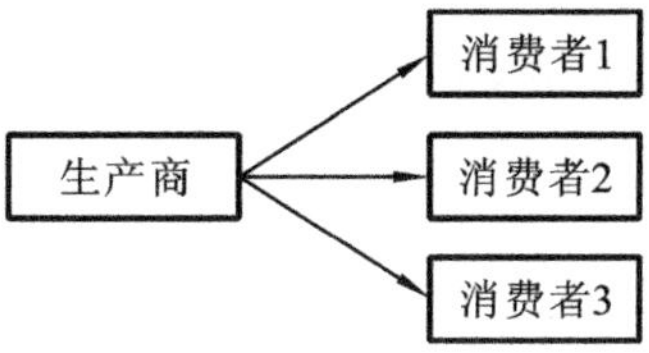


图 9-1　零层渠道结构图

直销模式的优点在于取消了中间流通环节，降低了分销渠道的成本，生产商真正拥有了自己的零售网络资源，有利于对零售终端的控制与管理，如信息反馈及时，市场灵敏度高，能较好地控制零售价格，有效地防止串货现象的发生等；拉近了生产商与零售商的距离，更加贴近市场，双方容易沟通和协调。

但直销模式同样存在着不可避免的缺陷。原来由中间商承担的分销网络开发、销售、促销、仓储、融资和运输等分销职能，现在全部由生产商独自承担，这无疑增加了生产商对资金的负担，且对技术和人员管理等提出了更高的要求。由于交易分散，资金回笼慢，生产商要承担库存成本的风险；零售商进货零散，货物的配送极不方便，特别在交通不便地区，运输成本极其高；生产商直接面对零售终端，所投入的人力成本大大提高。因而企业应及时加强直供分销模式的建设与管理。

直接销售又可分为单层次直销、直复式营销和多层次直销。

1) 单层次直销

所谓单层次直销，是最古老的销售方式之一，由销售人员从生产商处直接提货，然后即刻卖给消费者，也就是由生产商直接到消费者。中国传统的前店后厂就是这种销售方式的传统模式。

2) 直复式营销

直复式营销(direct marketing)，又被称作“直接营销、直效营销、直效行销”。美国直复式营销协会(AOMA)对其定义为“一种为了在任何地方产生可度量的反应或达成交易而使用多种广告媒体，或者多种广告媒体相互作用的市场营销体系。”直复式营销的特点表现在互动性、要通过一种或多种广告媒体、不受地域的限制。大家耳熟能详的戴尔公司就是通过直复式营销树立了其在行业中的优势。

(1) 网络营销渠道。

网络营销是目前发展速度最快的一种直复式营销渠道，它同时兼具渠道、促销、电子交易、互动顾客服务以及市场信息收集、分析与提供等多种功能。应用互联网提供可利用的产品和服务，以便使用计算机或其他能够适用技术手段的目标市场通过电子手段进行和完成交易活动。实践中，通过网络直复营销销售的产品首先必须是方便订购的。其次，网络直销产品易于运输，风险相对较小。最后，低值产品不适合做网络直销，由于其单位销售价格低廉，一般不具备赢利性，而以同样的直销投入销售价值高的产品往往会获得更大的回报。

(2) 电话分销渠道。

电话分销是指销售人员通过电话直接向消费者销售商品的方式，目前已经成为一种主要的销售方式。据有关资料显示，在电话营销发展迅速的美国，每分钟有数百人回应电视商业广告直拨800免费电话，美国每年电话销售的总额达1000多亿美元。在我国，电话作为一种方便、快捷、经济的现代化通信工具，早已得到普及，将来电话销售也会有良好的发展前景。

(3) 电视分销渠道。

电视分销渠道主要是指销售人员利用电视媒介直接向顾客销售其产品的渠道。销售商购买电视广告时间，通常为60秒到120秒，这样可以有说服力地介绍产品。戴尔媒体推销金萨水果刀的广告便是一个好例子。这个广告做了7年，卖了300万把水果刀，价值达4000万美元。在中国，电视直销行业收入在40亿元以上，尤其是橡果国际以远超过10亿元人民币的年收入成为国内电视购物行业的领跑者。2004年，好记星在橡果国际的支持下疯狂销售了65万台，销售额近6亿元。可见，电视渠道是有良好发展前景的。

通过电视渠道销售产品需要道德和法律的约束。商家往往受利润驱使突破商业道德底线，产品的虚假夸大宣传、质量问题、不完善的售后服务，使得电视直销越来越像"电视骗销"。"信誉危机"曾使中国的电视购物元气大伤，电视直销企业数量从原有的1000多家锐减到300家左右。电视销售的发展需要商家自觉遵守商业道德，需要电视台加大广告监控力度，更需要政府部门加强立法和监管。只有这样才能确保电视销售渠道的健康发展。

(4) 邮购分销渠道。

邮购分销是指企业将商品目录、广告函件、传单或插页广告等邮寄给潜在顾客，顾客如有需要，可把邮来的订单填妥寄回，并汇去所需款项(或由银行转账)，企业接到订单和款项后即将商品邮寄给顾客。

(5) 直接邮件分销渠道。

该方式是指销售人员将广告信息印刷成信件或者宣传品，利用企业自己建立的客户数据库或从邮寄名单经纪人事务所购买的邮寄名单，以指名方式将邮件送到家中或公司。

(6) 上门销售渠道。

该方式是指销售人员直接到家庭或公司访问促销，通过帮助或说服等手段，促使顾客采取购买行为的活动过程。化妆品、日用品、图书、报纸、食品、保健药品等商品可采取这种方式促销。推销人员可以携带资料、样品等上门，取得顾客订单后，再送货上门。

(7) 展示销售。

展示销售是指在没有特定销售场所的情况下，直销企业临时租用展览会场、办公大楼或旅店、广场的一角来展示本公司的商品，并在现场即时销售。采用这种销售方式的企业为吸引顾客，往往事前利用广告宣传单、海报及其他传播媒介来预告销售的时间、地点等。

(8) 自动售货机。

自动售货机在第二次世界大战以后得到迅猛发展，至今使用电脑技术的自动售卖机已经被用在很多产品的销售上，如食品、香烟、软饮料、糖果、胶卷、报纸和热饮料等产品。同时，售货机被广泛安置在车站、机场、工厂、办公室、大型零售商店、加油站、街道等地方。

自动售货机向顾客提供 24 小时售货、自我服务和无须搬运产品等便利条件。由于要经常给相当分散的零售点补充存货、机器常遭破坏、失窃率高等原因，自动售货的成本很高，因此，其销售产品的价格往往比零售店要高 15%～20%。对顾客来说，也要偶尔面对诸如机器损坏、存货告罄以及无法退货等问题。

3) 多层次直销

多层次直销，也称为传销，是现代最主要的直销方式，也是人们争议最大的一种销售方式。在国外，很多学者是把直销与传销等同起来的。从我国的实际情况来看，应该把二者区别开来。传销，1945 年诞生于美国，销售人员不但推销产品，也通过推荐新的业务员来扩大销售队伍。它运用市场倍增学的原理，完成市场倍增、时间倍增、效益倍增三个方面的倍增。直销行业有各种不同的组织结构与奖励制度，为直销商提供了独立创业的机会。消费者在消费产品的同时可以累积自己经营的资格，进而拥有经营权。其他诸如取消中间环节、供需见面、质量价格公开公平、无三角债等都是符合所有人利益的。因而，这种销售方式能在一些发达国家受到广泛的欢迎。

20 世纪 90 年代，传销传入我国，当时市场秩序还不规范，政府对于该新事物还没有明确的态度和具体的监管措施，社会大众对于公司的正规性也缺乏辨别力，导致多层次直销(传销)在中国进入了无序阶段。国内企业迅速发展，市场已扩展到全国各地，甚至有些偏远山区都可以见到多层次直销产品，市场秩序极度混乱，许多正规的多层次直销公司深受其害。因此，政府开始进行大规模干预，集中力量整顿和治理，但因为没及时借鉴国外的立法和监管经验，以及对新事物的发展预见不够，一直处于“事后救火员”的角色。

1998 年 4 月，国务院下发通知，要求原传销企业全部转型为传统的批发、零售方式。许多规范的多层次直销企业为了长远考虑，开始了艰难的转型阶段，纷纷根据其自身的企业文化、经营特点选择相适应的经营方式。如安利(中国)在转型后选择了“店铺加雇佣推销员”的模式。雅芳公司则选择了与其在美国国内截然不同的销售方式，开始致力于批零销售的经营。但是在转型阶段里，变相传销的名目却越来越多，政府对多层次直销业的态度较之先前更为成熟，对合法多层次直销和非法传销有所区分，在全面查禁中并未全部取缔，而是既保留合法的企业，又对变相传销继续进行严厉打击。

### 2. 一层渠道模式

一层渠道模式可以分为零售商分销模式和直供分销渠道模式。

1) 零售商分销模式

零售商分销模式可以用图 9-2 来表示，生产商将产品分销给零售商，通过零售商直接将产品卖到消费者手中。这种渠道模式的优点在于容易控制，能准备、及时、全面地获得信息，利润空间大，具有价格优势。但这种模式对物流、资金流以及服务水平等方面要求很高，比较适合于市场范围在较小区域的企业。

2) 直供分销渠道模式

对于业务范围区域较广的生产商来说直供分销渠道模式则更加适合，如图 9-3 所示。

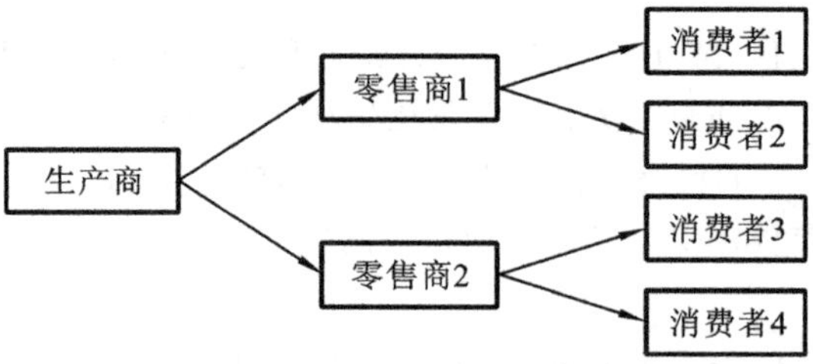


图 9-2　零售商分销模式

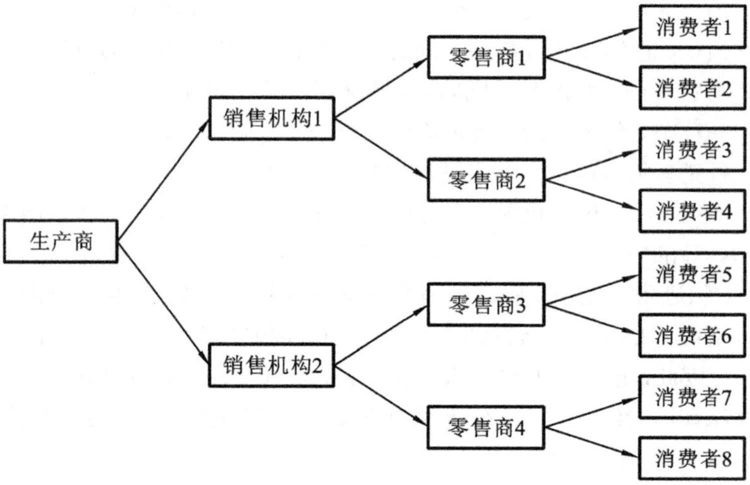


图 9-3　直供分销渠道模式图

销售机构按地区业务的情况来设立，负责物流、仓储、市场调研、结算、回款、售后服务等职能。销售机构的种类可以是办事处，也可以是生产商的销售分公司、子公司。销售机构的多少与销售机构模式的确定要根据市场因素、产品因素、公司因素、中间商因素、环境因素和行为因素来确定。海尔在国内采取的就是该种渠道模式，它在全国设有 42 个工贸公司，每个工贸公司负责区域内的物流、仓储、市场调研、结算、市场开拓和售后服务等。

### 3．副一层渠道模式——第三方服务渠道模式

生产商和消费者之间的联系纽带是通过第三方，第三方只涉及信息流的流通，而不存在商品流的流通，所以此处的第三方类似中介的角色，不能单独作为一个层次来研究，故称之为副一层渠道模式，如图 9-4，用虚线框来表示。

第三方服务提供商独立于供需双方，与生产商和消费者之间没有上下游的价值关系和组织上的直属关系。随着市场经济不断完善和行业逐步细分，第三方服务正在飞速发展。实际上，这个第三方平台是按实际销售收入向生产商提取一定比例的服务费，这与一般以收取高级会员会费作为网站主要赢利点的电子商务网站截然不同，此系统存在时间顺序，即第三方平台先汇集厂、商信息，然后生产商再直接联系。

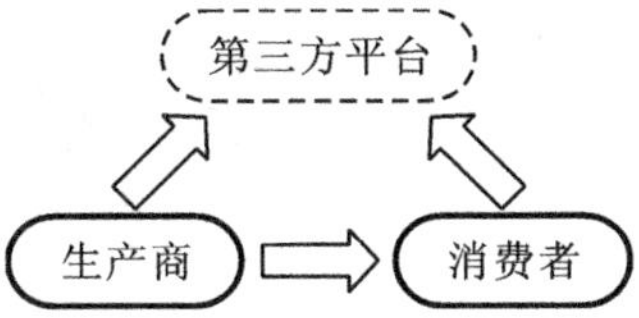


图 9-4 第三方服务渠道模式

副一层渠道模式的优势是，对于生产商来说，既能把营销的环节零化，为企业最大限度地节省销售成本，又能直接了解消费者需求，使产品与服务更贴近用户；对消费者来说，健全的网络销售平台让他们有了充分的选择，也改善了以往客户面对生产商咨询的尴尬局面，为他们带来购物环境和成本上双重优惠的同时，也能充分表达自己的需求。

## 9.2.2 渠道扁平化模式的选择

渠道扁平化模式的选择主要包括新建渠道的扁平化选择和对原有渠道模式的扁平化变革两种。

### 1. 新建渠道模式的扁平化选择

新建渠道的扁平化是指企业在成立初期，企业的人、财、物等各种资源因企业实力较弱而显得极为稀缺。此时，企业的渠道建设不可能太长，企业完全可采取人员推广的方式来开拓市场，这时，企业根据自身的情况建立扁平化的渠道对产品进行分销。

### 2. 原有渠道模式的扁平化变革

对原有渠道进行扁平化变革，是指在原有渠道模式的基础上，通过缩减渠道成员或对生产商与分销商之间的职能进行重新分配与整合，提高市场运作效率，提升生产商的控制权力的渠道改革。按照其改革的程度划分，可以分为渐进式扁平化和突变式扁平化两种类型。

1) 渐进式扁平化

渐进式扁平化，是指保留原来的分销渠道，从生产商的利益出发，对渠道成员职能进行重新分配与整合，取消分销商的部分职能，加强与终端零售商的接触和控制，逐渐培育生产商的渠道管理能力，并且在时机成熟时，撤销多余的分销商的一种渠道变革模式。

以生产商—代理商—零售商—消费者的渠道变革为例，如图 9-5 所示，从其结构看前后变化。

2) 突变式扁平化

突变式扁平化，是指放弃原来的渠道结构，通过外包或由生产商自己承担原来渠道所承担的职能，重新设计新渠道的一种渠道改革模式。以生产商—代理商—零售商—消费者的渠道变革为例，从其结构看，前后变化如图 9-6 所示。

图 9-6 表明，生产商的渠道由二层变成了一层，从表面上看，只是层次的变化，但是这种变化同时伴随着渠道职能在生产商与零售商以及渠道辅助机构之间的转移。

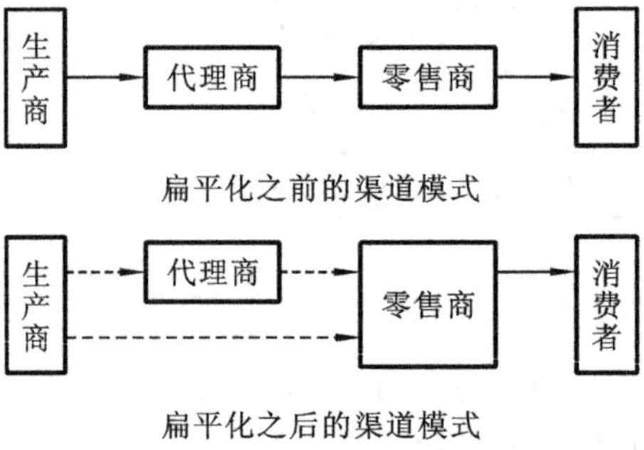


图 9-5 渐进式渠道扁平化模式图

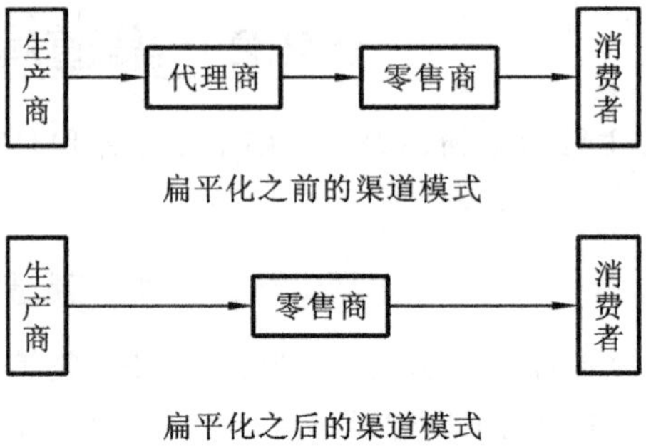


图 9-6 突变式渠道扁平化模式图

突变式扁平化是一种比较激进的做法，风险较大，对于没有渠道管理经验的生产商来说，这种方法可能难度过大，因此，对企业原有的管理能力是一种考验。这种变革方法的高要求不仅仅在于人才方面，而且对企业本身的实力要求也相当高。容易受到中间商的抵触和反对，引发较大的渠道冲突。另一个问题是企业原有的渠道可能被竞争对手轻而易举地获得，而且如果这种改革不成功，企业在重建原有渠道时的成本也很大。这种方法的好处在于能够一步到位，减少了渐进式扁平化中与原有渠道成员之间的大量的协调工作。同时，对于企业培养长期的竞争力来说，具有重要的意义。

## 9.2.3 渠道扁平化的发展趋势

渠道扁平化是分销渠道发展的趋势，但企业渠道扁平化的目标方向不是唯一的、固定的，而是多向的、可变的。企业由于经营的产品不同，有的要从传统多层“金字塔”式的渠道体系走向更为扁平的渠道，其终极目标可能是纯扁平渠道(生产商——一层渠道——消费者)，或者是直销渠道(生产商——消费者)，如图 9-7 所示。而其转变的轨迹可能是从多层立体向扁平化发展，也可能是从直销渠道向纯扁平化渠道发展。总之，不同企业具体的发展策略是由渠道扁平化的目标所确定的。

渠道扁平化的形式并非只有一种，其发展的轨迹更不会一成不变，不同行业、不同企业都可能摸索出适合自身的发展道路。对于管理软件企业来讲，由于市场需求的特点是向个性化与综合应用化发展的，专业合作渠道将发挥重大作用，其终极模式将是定位

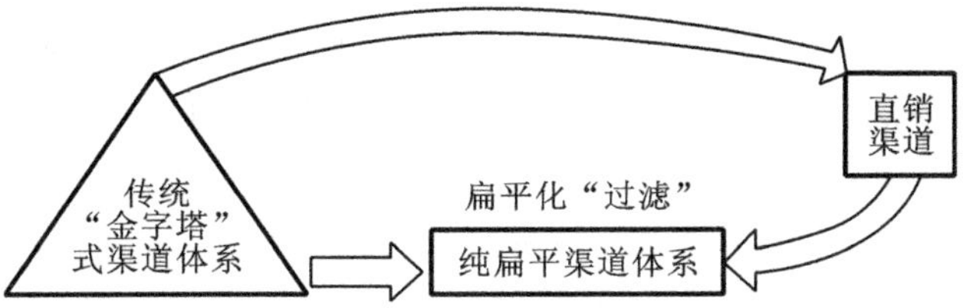


图 9-7　渠道扁平化趋势

于纯扁平化渠道体系的，而且将定位于增值型的渠道。而对于计算机硬件生产商而言，同样由于需求的相对复杂化和个性化，解决方案化，加之市场发展的需要，纯扁平化渠道不失为一种很好的选择，直销将只能是部分生产商的选择，或成为其补充渠道形式。而对于激烈竞争的通信行业的企业讲，建立相对完善的渠道销售体系，选择适合于自身情况的多层立体化的扁平渠道体系将是一个发展趋势。

对于单个企业而言，其扁平化的轨迹和模式多种多样；但从当前渠道扁平化发展的态势来看，其发展方向将包含以下几点。

演变方向之一：传统渠道层级的压缩。

市场竞争的推动，一方面是使生产商主动调整自身渠道的取向，主动将中间渠道压扁。主要表现为：取消总代理，发展区域代理；取消分销商，发展连锁经销专卖店；发展行业代理商；发展 OEM 销售等。

演变方向之二：商场与专卖渠道的加入。

近年来一些以超市、大卖场、专卖店为代表的现代新兴渠道在国内商业流通领域强劲发展，给企业渠道扁平化的发展带来新的机会与挑战。

演变方向之三：直销渠道，尤其是网络分销渠道的发展。

在各种直销渠道方式中，戴尔所采用的直销模式是当前主要生产商渠道所要参考的对象之一，而其他的靠品牌自有产权专卖店销售，或是产品展示店等进行销售则是相当多的现有生产商可以选用的渠道。尤其需要指出的是，网络分销渠道近些年来发展十分迅速，引起了很多企业的重视。

## 本章小结

分销渠道扁平化，就是通过缩减分销渠道中不增值的环节或增值很少的环节，以降低渠道成本，实现生产商与最终消费者的近距离接触，实现企业利润最大化目标，并有效地回避渠道风险，从而实现企业经营的良性发展。实际上，渠道扁平化就是优化分销渠道层级过程。渠道扁平化是一种趋势，是一种对于渠道的结构整合与优化。

渠道扁平化的出现有其必然性。成本效益的变化、获取顾客需求信息的需要、当前消费者消费文化的变迁以及全球客户关系等因素推动了渠道扁平化趋势；信息技术的发展使渠道扁平化成为可能；以超市、大卖场、专卖店等现代新兴渠道助力渠道扁平化。

渠道扁平化可以弥补传统渠道的许多缺陷。首先，层次结构的减少有利于信息畅通和效率提高，且顺畅的渠道更有利于形成产品的价格竞争优势。其次，可以降低分销成本，扩大利润空间。第三，更容易掌握终端，增强企业对市场的主动性，了解市场真实信息，更好地满足消费者的需求。第四，生产商可以有效地控制分销渠道，控制和驾驭经销商，管理和服务经销商。第五，可提高生产商的渠道管理水平。最后，可以大大降低各种不确定性风险。

渠道扁平化已经得到了大量企业的支持和拥护，他们争先对其渠道进行扁平化改造，但在实践中存在如下问题：首先，在渠道扁平化发展的问题上仍然存在较大的错误理念，其中包括妄图一步到位、只重形式不重实质和目标不明确等；第二，不顾身实力，盲目进行渠道改造；第三，与新兴渠道存在较大矛盾；第四，盲目地砍去传统经销渠道，忽视传统渠道的作用。

根据层级数量，渠道的扁平化模式可以分为零层(直销)渠道模式、一层渠道模式和副一层渠道模式。渠道扁平化是分销渠道发展的趋势，但企业渠道扁平化的目标方向不是唯一的、固定的，而是多向的、可变的，不同企业具体的发展策略是由渠道扁平化的目标所确定的。对于单个企业而言，其扁平化的轨迹和模式多种多样，但从当前渠道扁平化发展的态势来看，其发展方向将包含以下几点：传统渠道层级的压缩、商场与专卖渠道的加入、直销渠道，尤其是网络分销渠道的迅速发展。

## 关键术语

| | | |
|---|---|---|
| 渠道扁平化 | 零层渠道模式 | 直销渠道模式 |
| 一层渠道模式 | 副一层渠道模式 | 直复式营销模式 |

## 思考题

1. 何谓渠道扁平化？
2. 渠道扁平化的原因有哪些？
3. 渠道扁平化利与弊体现在哪些方面？
4. 渠道扁平化的模式有哪些？请具体进行解释。
5. 请你描述一下渠道扁平化的发展趋势以及你对渠道扁平化的理解。

## 参考文献

[1] 张广玲，邬金涛. 分销渠道管理[M]. 武汉：武汉大学出版社，2005.
[2] 李先国. 分销渠道决策与管理[M]. 北京：清华大学出版社，北京交通大学出版社，2009.
[3] 林艺，孙习祥，陈长生. 扁平化是企业销售渠道创新之路[J]. 武汉理工大学学报，2004(12).
[4] 戚译，王颗越. 营销渠道扁平化发展动因及其理论阐释[J]. 商业经济与管理，2005(2).

## 案例研讨

### 莫将渠道扁平化当成了借口

G 公司走品牌路线时就制定了渠道扁平化的渠道策略。G 公司从行业特点、市场环境、利润分配等多个方面制定了一份非常“漂亮”的《代理商手册》用于大区经理开拓市场。公司上下统一的口号是:“公司直供代理;代理直控终端;终端直接服务于消费者!”

G 公司在全国有 126 家代理商,江苏 11 家、山东 12 家、四川从省代到 3 家再到发展为 12 家、浙江 8 家、河北 1 家、广西 1 家(实际上也是 2 家,柳州地区被划分出去)、云南 1 家、贵州 1 家、河南 12 家……在这 126 家代理商中,云南、贵州、广西、河北、厦门五个地区占了全国市场近一半的销售额,而像江苏、浙江、山东等重要省份占的销售份额一直不理想。从 G 公司的代理商经营状况不难看出:市场环境好、市场潜力大的江浙地区,由于代理商都是地级代理,分得太细反而市场不理想;而西南地区等 GDP 低的省份由于实行了省代制度反而做得更好。

G 公司有的代理商同时代理多个品牌,特别是同行的竞争品牌,给企业长期的品牌战略带来不利的影响。代理商在多个企业的“照顾”下极易养成急功近利的行为,长此以往企业也易出台短期的、单纯地打压竞争品牌的政策,而不是出于维护消费者、市场利益的政策。G 公司山西的一位代理商就曾经说过:我们与公司不像是合作关系,更像是一种最简单、最原始的贸易行为!

渠道的扁平化,必然带来代理商数量的增加,代理商的增加会使 G 公司的管理难度加大,管理 31 个客户与管理 126 个客户的工作强度与工作量是绝对不一样。代理商数量的增加也将引起管理人员相应的增加,企业组织机构及人员设置不断的扩大又在很多方面考验一个企业的管理、协调能力,如团队精神强不强?如果人员增加了没有合作精神那将是非常致命的。公司能否有一种良好的文化氛围以带动员工的团队合作?种种的问题给企业带来更多的管理上的压力。

对于代理商,G 公司虽然在渠道扁平化的口号下给了一个利润分配最大化的“好处”,但对于自身,要完成企业制定的任务,必将开发更多的网点,这样网络宽度及深度都将提高,随之带来的市场维护成本也将提高,如果不能很好地协调就会出现资金、人员等方面的压力。如 G 公司杭嘉湖地区代理,大卖场操作不良,由于品牌不强势,一再地被大卖场压榨资源。代理商只有把重心放在传统渠道中,于是增开了好多乡镇市场,由于卖场占压了很大的资金而影响了对市场维护的投入,导致终端销售不稳定,质量很差,2006 年淡季,迫于企业压力,代理商亲自下市场,自己开着越野车跑了三天,共出货 66 台,其中只有 8 台现款,退回旧/淘汰型号 13 台,汽车加油 600 元。抛开人力、时间等成本不算,在一台机器不到 20 元毛利的情况下光单台机器油钱的成本就近 10 块钱,可想而知成本的压力有多大。

代理商的增加、代理区域的缩小,为串货提供了有利条件。同时,还存在跨区域操作问题,如浙江地区某超市 H,全省有 13 个店,各分店的进场必须在杭州总店谈判,而 G 公司全省有 8 家代理商,5 家代理商的区域内有 H 超市的分店,H 超市的 13 个店中杭州总店生意好,杭州的 3 个分店生意一般,温州分店生意好,金华分店生意差……那么涉及该超市的进场、促销费用、进驻方案等一系列问题怎么解决和协调就是一个很大问题。

当G公司这条品牌路线实施了三年后，越来越经不住考验，公司从上到下也慢慢地怀疑此路线是否正确？G公司老板就曾多次在大区经理会议上指出，浙江市场再做不好的话可考虑找省级代理。在江浙等沿海GDP较高的几个省份G公司面临的问题是：找地区代理人家吃不饱，客户代理的项目多对G公司的产品重视度不高；找省级代理，有实力的人家对这种还不是真正意义上的一线品牌根本就看不上，而看得上的面对全省的市场自身的实力又吃不消。“渠道扁平化”最终也显示出了问题。品牌路线走了三年，三年间在几个重要省份的代理商一直在开发、撤换“忙”不停！在这项基本战略路线下连代理商都不稳定还在鼓吹“渠道扁平化”，倒不如说是G公司在一些重要的省份找不到合适的省级代理而只能找地级代理的一种托词、一个借口罢了。

而同行的A品牌是后起之秀，面对市场问题时及时地进行渠道调整和重组，最终在浙江、山东等地的市场盖过了G公司。A公司在浙江市场上原来的代理模式是：公司→省代(杭州)→二级代理→零售商。迫于市场压力A公司对这种模式做了调整，将温州、台州两地级市划为一个区域在温州设一个代理，由代理商直供温州、台州两地的零售终端；金、丽、衢三地级市划为一个地区在金华设一个代理，由金华代理商直供三地的零售终端；剩下的地区保持杭州省代理名义，由杭州代理在宁波、嘉兴等地设二级代理，再由二级代理直供零售终端。这种模式相对于原来的渠道也算是渠道扁平化了。结果也证明这种模式比以前的更有利于市场。

(资料来源：黄和荣，《莫将渠道扁平化当成了借口》，载《现代家电》2008年第8期，有删减)

## 案例思考题

1. G公司的渠道扁平化给企业带来了哪些问题？
2. A公司与G公司在渠道扁平化过程中有什么不同？

# 第 10 章　网络分销渠道

★掌握网络分销渠道的基本含义、功能与类型

★了解网络分销渠道的优势与劣势

★掌握网络分销渠道管理的内容

★理解网络中间商存在的必要性

★熟悉网络中间商的基本常见类型

## 引　　例

### 戴尔的网络直销模式

今天，戴尔公司是世界上最大的电脑直销商，也是全球发展最快的第二大电脑制造商。在过去的几年里，戴尔的销售额平均年增长 53%，这个速度是竞争对手的 2 倍，是行业平均水平的 5 倍。戴尔每年的利润增长率高达 89%。这一事实使对戴尔一度怀疑观望的竞争对手也开始匆忙模仿并建立起自己的直销体系，因为这就是戴尔成功的秘密。戴尔的直销模式分为以下三个步骤：

第一阶段——订货。顾客可以访问戴尔公司网站，只需在戴尔的网站上点击“买一台戴尔”按钮，顾客就可以用电子方式设计定制化的计算机系统并且确定价格；然后点击“购买”按钮，就可以发出订单，并可选择网上支付方式。顾客还可以拨打 800 免费电话向销售小姐咨询戴尔的产品和服务，也可以对产品功能提出特殊的要求进行定制。

第二阶段——生产。当顾客的订单传送到生产部门后，所需的零部件清单也就自动产生，并将零部件备齐通过传送带送到装配线上。组装人员将零部件组装成计算机，然后用戴尔特制的测试软件进行测试，通过测试的产品送到包装车间，包装后装入相应的卡车运送给顾客。

第三阶段——发运。戴尔与专业的第三方物流公司如大海国际货运、联邦快递、美国联合包裹运送公司签订了代理合同，由这些第三方物流公司负责戴尔产品的运送。货物一旦发出，戴尔的网上系统会给顾客发送一个电子邮件予以通知。

这种直销模式的特点是：产品定制化、低价格、快速配送和完善的顾客服务。

(1) 顾客可以根据自己的特殊需要，定制他们想要的计算机。这种一对一的生产方式和

销售方式，最大限度地满足了每个顾客的需求。

(2) 厂家直销的产品不经过中间商层层转卖，所以产品零售价中不包含中间商的销售成本和利润，使顾客在价格上能获得最大优惠。直销模式还使戴尔能直接根据顾客的订单进行生产，所以仓库中几乎没有存货，这就避免了产成品卖不出去的风险，进一步降低了经营成本，使戴尔可以用更低的价格去回馈顾客。

(3) 顾客在下达订单后3～5天内，计算机就可以送货到家。对比之下，康柏电脑由于需通过经销商销售，完成这个过程需要35天。

今天，竞争对手再也不敢小视戴尔了，成功就是铁律，不容争辩。在建立直销模式的过程中，迈克尔·戴尔自己也积聚了超过165亿美元的个人财富。

随着信息技术的发展，特别是随着基于Web的电子商务技术的突飞猛进，传统分销渠道受到了极大的影响，某些领域、行业的分销渠道受到了网络的巨大冲击。出现了许多直接面向消费者的网上商店，如全球最大的网上书店亚马逊网上书店，中国也出现了当当网上书店、时代珠峰网络商业街等网上零售业态；一些制造企业，也积极建设自己的企业站点，进行网上直销业务，比如美国的戴尔电脑公司、中国的海尔集团。因此，作为企业的渠道管理人员有必要去了解网络分销渠道。

## 10.1 网络分销渠道概述

### 10.1.1 网络分销渠道的含义

网络分销渠道是指通过互联网平台将产品或服务转移到消费者手中的具体通道或路径。它有狭义和广义之分。狭义的网络分销渠道是指生产者借助计算机、网络软硬件技术创建网络平台，并在依靠这个平台将产品或服务从生产者转移到消费者手中的过程中，能够实现分销渠道所涉及的商流、物流、资金流、信息流等功能的传递目的。广义的网络分销渠道包括分销过程中的各个环节，都从不同程度使用网络及管理系统，并促使分销过程中商流、物流、资金流、信息流等功能的实现。

从定义中可以看出，网络分销渠道和传统分销渠道一样，是为企业的产品或服务的销售服务而采用的渠道模式，最终目的都是争夺市场抢夺消费者，实现企业的各种市场经营目标。但是网络分销渠道在渠道结构、渠道基础等方面与传统分销渠道有明显的区别。

在渠道结构上，传统分销渠道的结构是线性的，体现为一种有流动方向的线性通道；而网络分销渠道是网状的，呈现出以互联网站点为中心，向周围发散式的渠道结构模式。企业传统分销渠道的决策更多考虑批发商、零售商、代理商等中间商的选择，以及渠道的冲突、地域的限制等要素；而网络分销渠道的决策更多考虑的是银行、安全认证机构、物流配送等合作伙伴的选择，以及网络的适用性、安全性等要素。

在渠道的基础上，传统分销渠道依靠各种各样的市场中介组织，具有现实的可见性；网络分销渠道依靠计算机、网络软硬件技术，具有网络的虚拟性。

小资料

## 网络经济的 10 个典型特征

(1) 降低成本。在过去 25 年里，电子数据处理和通信成本以难以想象的幅度下降。在经济发展史上，这种成本下降速度是最快的，也是最持久的，而与此同时，技术又使效率爆炸般地提高。这种情况在那些在此之前不可能实现自动化的领域里成为可能，而且为这些部门提供了帮助。这对企业和国民经济来说有着重要的意义。自动化使生产率大幅度提高，出现了创造价值、协调分工的新形式、新产品和新市场。

(2) 非物质化和数字化。电子基础设施是网络经济的基础。电子基础设施在加速从物质到数字 Bit 的转换，而且越来越使原来那些人所共知的用于生产和销售的战略规则失效。有形地提高效率的过程正在变成虚拟的。越来越多的产品的组成部分可以用数字来显示。其结果是减少了对空间、仓储以及运输的需求。传统的生产流程和方法失去了意义。对所有从事经济活动的人来说扩大了自由选择投资环境的余地。

(3) 新型的专业化和分工。在企业内部的劳动组织和企业之间的分工方面可以看到两个相反的发展趋势。传统的生产实行了自动化，轻而易举地就能获取信息使企业内部的分工明显减少。万维网扩大了市场，从而也使专业化的机会增加。因此，企业必须把精力集中在能够创造价值的特殊环节上。企业之间的分工在增加。

(4) 合作与联网合作。出于战略方面的考虑改变看法是必要的。同时，战略聚焦比过去更集中、范围更广。更集中，是指人们在竞争中把精力集中在自己的核心业务上。范围更广，是指通过这种战略使同伙伴们的合作变得越来越重要。在以因特网为基础的创造价值的过程中，合作、结盟和灵活的网上联系(即使竞争者之间有网上联系的也并不罕见)越来越成为一个重要的战略组成部分。

(5) 规模经济和范围经济。最先建立数字产品和基础设施(软件、系统或者媒体)的费用很大。而任何一种仿造或者利用别人的成果所需要的额外开支就少多了。新的规模经济便由此而生，通常，只有在经济取得明显增长的情况下才会出现规模经济。因此，目前许多企业的合并和接管现象是完全可以让人理解的。此外，估计许多小型的、专业化的企业也会越来越多，例如提供技术和人员服务的企业。它们可以通过因特网在某些范围取得更多赢利，因为通过有关的合作关系可以轻而易举地、灵活地发掘新的潜力。

(6) 网络影响和标准。联网和数字化要求，把在信息、通信和销售结构方面存在的各种关系、礼仪以及程序都协调一致起来。鉴于网络所产生的间接和直接影响，网络的吸引力越来越大。联网的人越多，上网者就越能迅速地得到大量信息。要想做到这一点，那么在开发新市场、联系顾客方面就得制定出标准。在做出战略考虑时，这些问题越来越重要，而且对许多上网企业来说也是有力的监督。

(7) 新的价格和收益模式。把有关产品或者研究成果的重大信息向网民做相关介绍并非易事，主要是因为消费者往往对花钱买数字产品毫无兴趣或者兴趣不大。因此，实际的、直接的价格不能引起人们对研究成果的注意，不能达到开发新市场的目的，从而也无法争取到顾客。因此，在因特网上采取间接的价格模式很重要。在“自由定价”的价格战略指导下，第一步是通过赠送某种产品的做法在尽可能短的时间内向网民提供信息。第二步通过广告、优惠的办法来取得收益。

(8) 顾客的新作用。由于增加了市场的透明度，相互之间的联系方便多了，所以因特网经济使顾客有了新的权利。在因特网上从事拍卖，不断有新的研究成果出现在拍卖会上，顾客可以表示出自己的愿望，或者一开始就说出自己的最高买价。

(9) 与顾客的关系。对企业来说，直接或者单独与顾客交往显得越来越重要了。采取有利于单独同顾客建立联系、推销产品的一些手段是必要的。因特网可以在这方面提供帮助，通过有目的地增加对优惠顾客的介绍，从而与顾客建立起新的关系。

(10) 企业家的新作用。数字化创造财富的办法为企业提供了各种各样的新的机会。新的创业时代开始了，它可以与19世纪末出现的淘金热相比。当时提出的问题，现在仍然具有重要意义。

(资料来源：德国《法兰克福汇报》，2000年6月13日)

## 10.1.2 网络分销渠道的特征

如同蒸汽机的发明引发了工业革命一样，今天的计算机网络技术正在引发一场新的经济革命，网络与经济运行的结合带来了巨大的经济利益，对市场及其要素产生了深刻的影响，对每个企业来说既是机遇也是挑战。与传统分销渠道相比，网络分销渠道具有以下特征。

### 1. 范围的广泛性

互联网打破了地域和国界的限制，使全球市场的整合成为现实，产品的销售渠道扩展到了更广阔的全球市场，而非局限于局部区域市场。网络分销渠道是一种基于电子商务的贸易，比传统分销渠道更加高效，特别是信息商品的流通更是快捷，它几乎消除了距离的障碍。一方面，互联网大大拉近了人们之间的距离，方便了人们的生活。另一方面，生产商可以向全世界传播其产品信息，在世界范围内寻找顾客。而且，作为一种新型的渠道沟通，互联网的全球性特点克服了交易双方在地域和时间上的巨大差异，向全球扩张更为高效，能快速地实现跨国经营。瑞士一家生产火车模型的小企业只有15名员工，其中有6人就专门负责外出参展等事宜，并且利用网络开展营销，这家企业的火车模型占据了世界市场份额的40%。

### 2. 沟通的互动性

信息的不对称，往往是造成营销渠道阻塞的一个重要原因，而信息沟通的不畅通则是其实质。传统营销强调的4P营销组合和现代营销追求的4Cs(consumer、cost、communication、convenience)中都没有实现消费者与企业之间的全程的信息沟通，产品信息和需求信息之间的沟通缺乏一个桥梁。网络分销渠道打破了信息的不对称，为交易双方提供了一个交互式的贸易平台，使双方可以快速反馈各种信息，低成本向消费者提供定制化服务，实现与消费者之间的互动，即一对一营销，满足消费者的个性化需求。

### 3．交易的高效性

网络分销渠道的引入，为企业大规模定制化制造提供了可能。没有网络渠道，靠过去的电话接单，实行大规模定制化是不可能的。思科(Cisco)公司通过在网上发布技术文件，并为客户提供在网上了解其订单情况的渠道，同时加快用户反馈的速度，无形中提高了用户忠诚度。1998 年 11 月，英特尔(Intel)耗时 12 个月完成了基于网络的客户订购系统。至 1999 年，其在线营业额迅速攀升至每月 10 亿美元。万瑞数据 2010 年的调查研究表明，顾客选择网络购物的一个重要原因是其便利性。消费者在网上购物可以不受时空限制，随时购买。而且，网上商品丰富，购买程序简单。随着第三方物流的快速发展，网络购物可以便捷地实现直接送货上门。

### 4．低分销成本

万瑞数据《2010 中国互联网用户网络购物行为及满意度调查报告》显示网络购物“价格便宜”观念深入人心：七成以上的消费者因“价格便宜”选择网购。从理论上讲，网络渠道可以降低销售及分销的成本，因为它在执行分销任务时比传统渠道更有效率。

(1) 利用网络分销渠道可以降低市场管理成本。

借助于系统平台，分销企业可以轻松管理渠道和下级代理商，并及时向代理商和客户提供相关的产品更新、价格变化、促销等信息，以及销售统计和报表等，相比传统的分销渠道，可以显著地降低市场管理成本。

(2) 建立营销渠道可以显著降低企业的营销成本。

一方面，降低了材料等费用。产品特征、公司简介等信息都存储在网络里，可供顾客随时查询；所有的营销材料都可直接在线上更新，无需反复，从而可以大大节省打印、包装、存储、交通等费用。另一方面，可以节省广告宣传费用。与传统的广告相比，无论是在宣传范围的广度还是宣传内容的深度方面，网络广告均具有优越性。此外，可以降低调研费。在产品销售过程中，往往需要进行广泛的市场调查。互联网的运用，既为作市场调查提供了全球性的空间，也降低了调查的各种费用。而且，在提高售后服务效率的同时也大大降低了运作成本。

(3) 利用网络分销渠道可以降低企业的库存成本。

传统的企业，压低进货成本，需要靠大量进货，这不仅会带来相当大的资金压力和经营风险，而且商品的库存也会耗费大量人力和财力。一个完全信息化的企业，甚至可以做到“零库存”。使用网络分销渠道后，企业可以把存货集中一处，与分散在各个零售网点相比，可以显著降低运货成本；企业可以对销售进行实时追踪，并从客户那里获得即时的反馈，因此能够更为有效地管理库存，提高货物的周转率，从而使企业的库存成本得以降低。

(4) 利用网络分销渠道可以降低流通成本。

在传统的分销渠道中，商品需要经过多个中间环节才能够送到最终消费者手中，这些中间环节必然要耗费大量的物资资源和时间投入。在网络分销渠道中，互联网将全球的生产者和客户或者消费者联系在一起，交易双方空间上的距离消失了，交易者可以在网上解决从收集信息、签订合同到支付的整个过程。电子分销使交易过程中所需要的信息流、商流、资金流在网上一次性完成，流通时间大大缩短，流通成本也大大降低。

## 10.1.3 网络分销渠道的功能

网络分销渠道主要指的是借助于互联网将产品或服务转移到消费者手中的所有中间环节，它涉及信息沟通、资金转移和产品转移等。在功能上，网络分销渠道同传统分销渠道一样，也具备传统分销渠道的功能。不同之处在于，网络分销渠道是借助互联网将产品从生产者转移到消费者：一方面它要为消费者提供产品信息；另一方面，在消费者选择产品后完成交易。因此，一个完善的网络分销渠道应有三大功能：订货、结算和配送。

### 1. 订货功能

网络分销渠道要能够为顾客提供产品信息，使顾客可以通过网络直接定购所想要的商品。许多企业，特别是与计算机相关的行业，在这方面发展得很快。如美国的戴尔公司提供的网上订货系统每天的销售额就达到3000万美元，占公司总收入的60 %以上；我国的联想电脑公司在其开通网上订货系统的当天，订货额就高达8500万元。随着互联网的发展，一些中小企业也陆续发展网上订货系统。以往，汉王产品销售网络分布在全国各大中心城市，分公司或代理与总公司间的业务往来靠电话和传真。如今，汉王在互联网上建立的电子商务系统基本上取代了传统的手段。

### 2. 结算功能

不同的消费者在购买商品后，往往需要以不同的方式付款，因此企业应提供多种结算方式满足消费者不同的结算需要。目前，国外流行的结算方式有：信用卡、网络货币、网上划款等。以往，我国的银行业还不是很发达，特别是一般消费者都没有开通信用卡支付服务项目，因此使用信用卡付款的人不是很多，网上支付也相对滞后。但近年来，随着互联网的进一步普及、银行业的发展和人们信用度的提高，网上支付正成为重要的付款形式。目前国内在线支付服务主要有三大类，一是由五大商业银行提供的网关支付服务，比如银联，金融背景与业务熟悉是这类支付平台的最大优势；第二类是依托大型B2C、C2C网站的支付工具，比如支付宝就属于这种非独立性的寄生形式；第三类是第三方支付平台，具有网上支付、电话支付、移动支付等多种支付手段的特点，独立第三方支付平台与银行之间形成了微妙的互补关系，为各类电子商务网站、个人用户提供全面、安全、便捷及经济的服务。

### 3. 配送功能

一般来说，产品可分为有形产品和无形产品。无形产品如软件、音乐及其他一些服务等可以直接通过网上进行配送，因此实体配送一般涉及的是有形产品，只有有形产品才涉及运输和仓储问题。国外已形成了专业的配送公司，如著名的美国联邦快递公司，它的业务覆盖全球，实现全球快速的传递服务，以至于从事网上直销的戴尔公司将美国国内的配送业务都交给它完成。国外网上商店发展较为迅速的一个原因就是它们有良好的专业配送服务体系作为支撑。我国物流行业的快速发展，也大大推动了是我国网络营销的飞快发展。

除了上述功能外，网络分销渠道还应具有如下功能：①信息沟通功能。企业通过网络向消费者提供产品的种类、价格、性能等信息，同时发现潜在的需求者；利用分销渠道建立与用户或消费者联系的各种网络，畅通产、销、用户之间的感情，更好地树立企业的形象。 ②促销功能。充分利用网络分销渠道直接与消费者接触的有利条件，提供和传播有关产品富有说服力的、吸引消费者的沟通材料。③调研功能。企业利用网络分销渠道系统，开展各种类型的调研活动，以了解目标市场需求的发展趋势、竞争对手的营销策略的变化等。

### 10.1.4 我国网络分销渠道的现状

随着互联网的兴起，网络分销已被许多企业应用。我国网络分销起步较晚，直到 1996 年才开始被我国企业尝试。据报道：山东农民首次在国际互联网上开设“网上花店”，年收入达到 950 万元，客户遍及全国各地，但是公司没有一名推销人员；1997 年，小天鹅集团利用互联网向国际上多家洗衣机生产企业发布合作生产洗碗机的信息，通过网上洽谈，确定了阿里斯顿作为合作伙伴，签订了 980 万元的合同；海尔在 1997 年将 3000 台冷藏冷冻设备销售到爱尔兰。

近年来，我国的网络分销发展非常迅速。根据中国商务部、中国互联网信息中心等相关数据统计，截至 2012 年 12 月底，我国网民规模达 5.64 亿，远远超过美国网民数，成为世界第一。我国互联网普及率为 42.1%。我国互联网使用表现出的商业化程度也迅速提高，使用网上支付、网络购物和网上银行的人越来越多。据中国电子商务研究中心 2013 年 3 月发布的《2012 年度中国电子商务市场数据监测报告》，截至 2012 年底，中国电子商务市场交易规模达 7.8 万亿元，同比增长 30.83%。其中，B2B 电子商务交易额达 6.25 万亿元，同比增长 27%，网络零售市场交易规模达 13205 亿元，同比增长 64.7%……

尽管网络分销取得了不容置疑的成绩，但是，无论从网络营销环境，还是企业自身方面，网络分销渠道还存在许多问题。

#### 1. 国内宏观环境对网络分销渠道的限制

国内宏观环境对网络分销的发展具有很大的制约，具体体现在以下方面。

1) *互联网基础设施建设滞后且不平衡*

网络带宽及速度较低，反应速度较慢，网络运行质量不稳定等现象普遍存在，而且上网费用过高(按绝对价格计算，我国人均收入不过美国的 1/20，但上网的费用是美国人的 20 倍)。低水平的网络设施与高水平的收费限制了用户大规模上网，束缚了网络市场的健康发展。尽管我国网民数已经成为全球第一，但中国互联网发展、普及和应用存在区域和城乡发展不平衡问题。受经济发展、教育和社会整体信息化水平等因素的制约，中国互联网呈现东部发展快、西部发展慢，城市普及率高、乡村普及率低的特点。有数据显示，截至 2009 年底，东部地区互联网普及率为 40.0%，西部地区为 21.5%；城市网民占网民总数的 72.2%，农村网民占 27.8%。弥合地区之间、城乡之间的“数字鸿沟”，中国还需要付出艰苦努力。

2) 物流配送体系不健全

互联网在信息流方面有得天独厚的优势，企业发展网络营销的难点，不在互联网内而在互联网外。企业过分强调了信息流、电子化等技术性很强的新生事物，而忽视了网络营销最根本的出发点和归宿——物流。物流企业既要把虚拟商店的货物送到顾客手中，还要从生产企业及时进货入库。物流企业成为代表生产企业和供应商对用户的最集中、最广泛的实物供应者，成为供应链的协调者。可见，物流是发展网络营销的基础和先决条件。目前，困扰我国网络营销发展的物流配送问题还很多，如商品配送成本高、商品仓储费用高、配送渠道不完善等，因此，在未来很长一段时间内，物流配送体系还有待健全。

3) 网上支付缺乏技术和法律的支持

目前，我国在网络购物、网络侵权等方面产生了一些纠纷，而许多商务活动缺乏相关法律依据，对网络犯罪和处罚也没有实施细则。现在依然缺乏电子合同法、网上信息管制等多个法律法规，网络购物大多只单纯建立在企业诚信的基础之上。网上支付有别于中国传统的消费模式，使消费者在接受时有一定的心理压力。一是对网上支付的安全性表示怀疑，主要体现在担心泄漏个人隐私和错误操作对自己造成不必要的损失；二是担心个人账号等信息被人利用盗取，从而造成严重损失等。

### 2. 网络分销渠道的微观环境限制

1) 网络营销战略层次较低

一方面，许多企业仍然将分销目光局限在实体市场，没有充分意识到网络对赢得企业未来竞争优势的必要性与紧迫性。据中国电子商务研究中心发布的《2010 年度中国电子商务市场数据监测报告》，中小企业受到自身管理水平、资金和人才等因素的制约，电子商务发展水平相对于大企业明显滞后。只有 9%左右的中小企业实施了电子商务。而在大型企业中，通过电子商务进行采购、销售的比例已分别达到 30%和 27%。另一方面，网络营销的地区发展也不平衡，东南沿海地区发展远优于中西部地区。据中国电子商务研究中心最新数据显示，目前国内电子商务服务企业主要分布在长三角、珠三角一带以及北京、上海等经济较为发达的省市。中西部地区由于基础设施等条件较为落后，所以电子商务的发展也较为缓慢。此外，企业自身信息化建设水平还处于较低层次。

2) 网络还没得到充分利用

网络营销水平不高。目前，企业仅把网络仅当成一种快捷、价廉的通信方式，作为一种新的信息传播媒体。而网络调研、网络分销、网络新产品开发、网络服务等核心的网络营销活动，还处于实践摸索阶段，更谈不上网上直接销售和网上营销集成。

小资料 **你必须知道的十大网络分销渠道**

1. C2C 渠道：淘宝(C2C 及淘宝商城)、拍拍(C2C 及 B2C 渠道)、有啊商城。

目前对很多传统企业来说，做电子商务就是在淘宝开店，销量也绝大部分来源于淘宝。但对于传统大型企业来说，从长远看，淘宝只能作为一个销售渠道，不能作为唯一的渠道，必须发展全方位渠道，争取未来的主动权。

2. B2C 商城渠道：如当当网、亚马逊中国等。

渠道情况：它们在线上渠道的地位相当于线下的沃尔玛、家乐福。2009 年，中国前十名的 B2C 商城大多开始转入百货商城，大多数商品品类都卖，正在建立其他品类商品供应链，这就给传统企业进入 B2C 渠道提供了机会。

3. CPS(商品推广解决方案，commodity promotion solution)渠道：包括第三方 CPS 平台及自营 CPS 平台。如 yiqifa、linktech、唯一、成果网。

渠道情况：目前电子商务比较主流且固定的渠道推广就是 CPS 模式，通过推广产生有效的订单后进行比例分成。这是一种零风险的实效营销方式：如果网站不能为广告主的网站带来销售额，就不用广告主支付任何广告费用。

4. 银行商城渠道：招行、工行、交行、建行等网上商城。

渠道情况：中国大部分银行商城及信用卡商城都建设有 B2C 平台，银行网上商城这个渠道价值非常大，银行拥有大量网银支付的用户。

5. 网上支付渠道：腾讯财付通商城、支付宝商城、第三方支付渠道如快钱、环迅等。

这些第三方支付平台拥有庞大的用户量，这些已经开通网上支付手段的用户，基本都有网购经验，是精准的网购人群。这些平台也希望企业使用其支付手段做大资金流。

6. 门户商城渠道：腾讯 QQ 会员商城、腾讯返利商城、新浪商城、搜狐商城、网易购物返现商城等。

渠道情况：中国的主流门户都有自己的 B2C 商城，虽然它们都没有发力。门户商城的交易量也还暂时不大，但门户的影响力及庞大用户量是不可小觑的。

7. 积分商城渠道：平安万里通商城、网易邮箱积分商城、携程特约商户等。

渠道情况：现在很多有庞大用户量的机构，都建有自己的积分体系，并将这个积分和电子商务结合。在积分体系商城中，平安万里通是做得最极致的，将自己的 4000 万用户的积分变成一个商城，从平安万里通的入口可以直接购买其他 B2C 平台的商品如 1 号店及红孩子等商品。

8. 运营商渠道：中国移动商城、中国联通积分商城、中国电信商城。

渠道价值：随着移动互联网兴起及移动支付的普及，这个渠道的战略意义会越来越大，属于提前占位的策略。

9. 购物搜索渠道：聪明点、返利网、易购网、特价王、askyaya。

渠道价值：由于这些购物搜索用户都是购买用户，其价值大于一般娱乐性信息网站，成为成熟网购人群的入口之一。

10. 网站导航渠道：hao123/265/114la 购物频道。

(资料来源：龚文祥，《销售与市场·渠道版》，2010，有删节)

## 10.2 网络分销渠道的类型

从目前网络分销的具体实践来看，许多企业采用了多种形式的网络分销渠道。根据企业是否直接接触最终顾客，可将网络分销渠道分为直接和间接两大类。网络直接渠道是指通过互联网企业直接面对最终顾客；间接渠道则是指公司通过网络中间商向网民销售产品。根据是否自建网络平台，直接渠道又可以划分为官方网上商城和利用第三方电子商务平台两类。各类互联网渠道如图 10-1 所示。

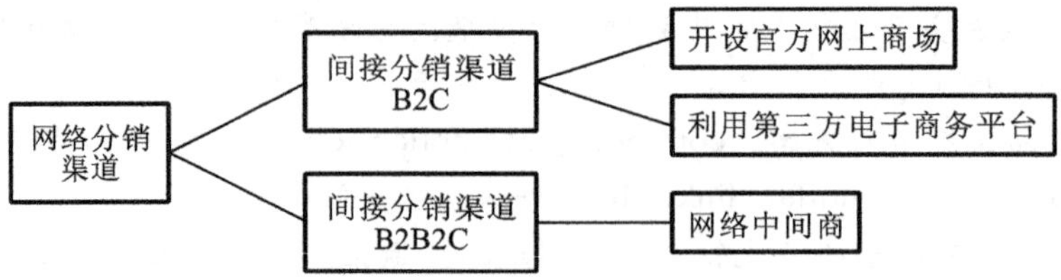


图 10-1 网络分销渠道的类型

## 10.2.1 网络直接分销渠道

### 1. 含义

网络直接分销渠道，即网络直销，是指企业借助联机网络、计算机通信和数字交互式媒体而不通过其他中间商，直接将产品销售给消费者的分销渠道。如图 10-2 所示，网络直销渠道与传统的直销渠道一样，都没有分销中间商的介入，产品直接从生产商转移到最终消费者或用户。戴尔公司就是这种网络直接营销渠道的典范。在网络直接分销渠道中，虽然不使用批发商、零售商等中间商分销产品，但这些传统的中间商由过去环节的中坚力量变为提供服务的中介机构，如提供货物运输配送服务的专业配送公司，提供货款收支的网上银行，提供产品信息发布和网站建设的 IPS(入侵防御系统)及网络商务服务商等。

图 10-2 网络直接分销渠道

### 2. 网络直接分销渠道的优缺点

网络直接分销渠道具有很多优点：①使生产商直接与消费者接触，企业可以直接从顾客那里搜集到真实的第一手资料，合理安排生产进程，使产品适销对路。②使信息沟通双向化。利用互联网的交互特征，网络直接分销渠道使过去单向的信息沟通变成了双向信息沟通，增强了生产商与消费者的直接联系。③可以提供更加便捷的相关服务，如网上支付服务、网上售后和技术支持等。④网络直销大大减少了过去传统分销中的流通环节，免除了支付给中间商的费用，有效地降低了成本。生产者可以根据顾客的订单按需生产，做到零库存管理。同时网上直销还可以减少过去依靠推销员上门推销的昂贵的销售费用，最大限度控制营销成本。

网络直接分销渠道固然有其很多优势，但认为它可以取代传统分销渠道，甚至网络间接分销渠道的观点是片面的，因为网络直销有其固有缺点。互联网确实使企业有可能直接面对所有顾客，但这仅仅只是一种可能。由于越来越多的企业建立自己的网页并从事网上销售，这样使得用户无所适从。面对数以亿计的网站，很难一个个去访问有关企业的主要网页，尤其是一些中小企业，其网页很少有人光顾，只有那些真正有特色的网站才会有访问者，直接销售可以多一些，但绝不是全部。互联网给企业带来的更为现实的问题是“赢者通吃”。要解决这个问题，需要尽快建立高水准的专门服务于商务活动的网络信息服务中心。但这对于一般的企业来说难度较大，在国外绝大多数的企业还都是委托专门的网络信息服务机构，如美国的邓白氏、日本的帝国数据库等发布信息，企业利用有关信息与客户联系，直接销售产品。

### 3. 网络直接分销渠道的分类

(1) 生产企业自己建网站推介并销售产品。

这种网络直销企业自己建站的优点是可以建立形式多样信息丰富的网页，直接面对消费者，能更吸引顾客的眼球，可以在发布产品信息的同时宣传企业文化，凡客诚品采用此种模式。

(2) 企业委托信息服务商发布产品信息。

企业利用有关信息与客户联系，直接销售产品，虽然在这一过程中有信息服务商参加，但主要的销售活动仍然是在买卖双方之间完成的。这种方式的优点是信息服务商本来就具有一定的流量，而且信息服务商提供产品信息的搜索功能，所以能提高点击率，信息服务商提供网络中介跟交易中介，能保护消费者和企业之间的利益。

(3) 混合模式，生产企业自己既建有网站又在信息服务商发布产品信息。

通过信息服务商的平台吸引客户，然后运用网站超链接的形式将客户引入自己的网站，这种形式结合了前两种形式的优点，因此，越来越多的中小企业开始采用这种形式。

## 10.2.2 网络间接分销渠道

### 1. 网络间接分销渠道的含义

网络间接分销渠道是指生产商通过融入互联网技术后的中间商把产品销售给消费者的分销渠道。网络间接分销渠道中的中间机构，有别于传统的中间商，它融合了互联网技术，由此提高了中间商的交易效率、专门化程度和规模经济效益，可以称之为电子中间商。见图 10-3。

图 10-3 网络间接分销渠道

与传统中间商一样，电子中间商起着连接生产者和消费者的桥梁作用，帮助消费者进行购买决策和满足要求，帮助生产者掌握产品销售状况，降低生产者为达成与消费者交易的成本费用。

### 2. 网络间接分销渠道的优劣势

与网络直接分销渠道及传统分销渠道相比，网络间接分销渠道具有以下优势。

第一，简化了市场交易过程。这与传统间接分销渠道作用相似，网络间接分销渠道也可以减少社会总交易次数，简化交易过程，从而可以节约交易成本。

第二，规模化订货。与传统分销渠道相比，网络间接分销渠道能以最短的渠道销售商品，减少中间加价，满足顾客对商品价格的要求。同时，这种渠道能够通过计算机自动撮合功能，组织产品的批量订货，满足生产商对规模经济的要求。

第三，简化信息收集过程。专业的网络中间商通过互联网可以覆盖全国，甚至全世界，可以帮助生产商方便快捷地找到目标市场，迅速达成交易，提高市场占有率。

但是网络间接分销渠道也有其缺点。企业不与顾客直接接触，难以在第一时间了解顾客需求变化，电子中间商的出现，导致企业需要较高的渠道协调能力和交易成本，最为突出的问题是网络渠道和传统实体渠道的冲突。

### 3. 电子中间商类型

基于网络提供信息服务中介功能的电子中间商主要包括以下几种类型：

(1) 目录服务。提供信息服务的，如目录化的搜索站点(Yahoo)。

(2) 搜索服务。与目录不同，搜索站点为用户提供基于关键词的检索服务，站点利用大型数据库分类存储各种站点和页面内容。

(3) 虚拟商业街。虚拟商业街是指在一个网站内连接两个或更多的商业网站。如我国的新浪网开设的电子商务服务中，就提供网上专卖店面的出租服务。

(4) 网上出版。由于网络信息传输即时而且具有交互性，网络出版 Web 站点可以提供大量有趣和有用的信息给消费者。

(5) 虚拟零售店(网上商店)。虚拟零售店不同于虚拟商业街，虚拟零售店拥有自己的货物清单并直接销售给消费者。通常这些虚拟零售店是专业性的，定位于某类产品，它们直接从生产商进货，然后折扣销售给消费者。

(6) 网站评估。 消费者在访问生产者网站时，由于内容、站点繁多，往往显得束手无策，不知该访问哪一个站点。提供站点评估的站点，可以帮助消费者根据以往数据和评估等级， 选择合适站点访问。

(7) 电子支付。电子商务要求能在网络上交易的同时，实现买方和卖方之间的授权支付。许多中介服务网站对各种电子支付手段提供支持，并对每笔交易收取一定佣金以维持运转。

(8) 虚拟交易市场和交换网络。虚拟交易市场提供一个场所，任何只要符合条件的产品都可以在虚拟市场站点内进行展示和销售，消费者可以在站点中任意选择和购买，站点主持者收取一定的管理费用。当人们交换产品或服务时，实行等价交换，而不用现金，交换网络就可以提供以货易货的虚拟市场。

(9) 智能代理。智能代理可以根据消费者偏好和要求预先为用户自动进行初次搜索，软件在搜索时还可以根据用户的喜好和别人的搜索经验自动学习优化搜索标准。

## 10.2.3 网络双渠道

所谓网络双渠道，是指企业同时使用网络直接销售渠道和网络间接销售渠道。

在现实中，很多企业并不单纯依靠网络直接分销渠道或者网络间接分销渠道来销售产品，而是采用多种渠道分销产品。有些企业采用网络双渠道，即同时使用网络直接分销渠道和网络间接分销渠道，以达到销售量最大的目标。这也是目前很多开展网络营销的企业所采用的渠道方式。

在买方市场条件下，通过两条渠道销售产品比通过一条渠道更容易实现“市场渗透”，以达到销售量最大的目的。这是生产企业网络营销渠道的最佳策略，在西方众多企业的网络营销活动中是最常见的方法。在现代化大生产和市场经济条件下，企业在网络营销活动中除了自己建立网站外，　大部分都是积极利用网络间接销售渠道销售自己的产品，通过中介商的信息服务、广告服务和撮合服务，扩大企业的影响，开拓企业产品的销售空间，降低销售成本。从百丽的网络分销渠道的销售结果来看，加盟渠道、CPS 及 SEM(搜索引擎营销)渠道、淘宝渠道、B2C 分销渠道的销售额均超过了其官网的直销渠道。企业除了自己建网站网上直销外，还可以与外经贸部政府网站(MOFTEC)链接，其宣传作用不可估量，不仅可以覆盖全国，而且可以传播到全世界。(见图 10-4)

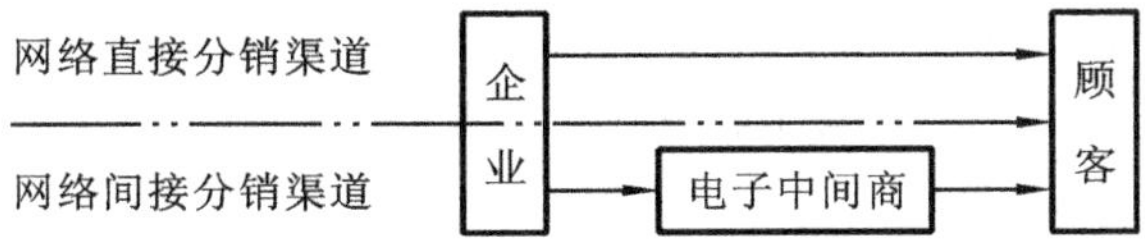


图 10-4　网络双渠道

# 10.3　网络分销渠道管理

## 10.3.1　网络分销渠道中存在的问题

网络分销的运作需要以成熟的市场机制、信用服务体系、物流配送体系为基础。但由于目前网络分销在我国的发展还受到诸如经营观念、消费观念、市场运作机制、服务体系、企业及个人的信用水平与能力、金融服务手段、网络环境等众多因素的制约，网络分销在我国还处于发展的初级阶段。现阶段，网络分销中存在诸多问题。

### 1. 网络分销渠道的引进引发了新的渠道冲突

生产商利用网络渠道销售产品，会与传统渠道中的渠道成员在较大的范围内争夺顾客，生产商把握不好现实销售和网络销售的平衡点，就会冲击现有的销售体系，威胁原有的分销伙伴利益。这种威胁主要体现在跨区销售、网络低价冲击，以及信息平台发布的市场信息不一致。这就会使分销商利润受损，导致分销商对企业产生不信任，对分销产品失去信心，甚至拒绝销售。另外，无论动机如何，当生产商建立其网络销售渠道时，传统渠道中的成员通常会认为网络渠道是在争夺本来属于他们的生意，挤压他们的生存空间。导致这种现象出现的原因主要在于企业分销策略设计的缺陷。企业开发网络销售渠道，就必然会产生与现有渠道的关系问题。出于降低风险和削弱中间商控制权的考虑，生产商在构建自己的渠道模式时一般都追求多元化和扁平化。而在这种渠道结构中，各种渠道成员的角色定位不清晰，特别是网络销售与传统渠道分工不明确，就会引起冲突，导致两种渠道之间相互影响，进而两败俱伤。国际上，IBM 公司在 1998 年引入网络渠道后，由于传统经销商的报复，IBM 当年上半年收入下降 24%。

引进网络分销渠道除了会引发与传统渠道的冲突外，引进的网络分销渠道内部也存在冲突。一般来说，这种类型的网络渠道冲突可分为 4 种，即水平冲突、交互冲突、垂直冲突和多渠道冲突。水平冲突发生在渠道中同类型中间商之间；交互冲突发生在不同类型中间商之间；垂直冲突发生在不同层次的渠道成员之间，如生产商和中间商之间的冲突；多渠道冲突则发生在不同渠道之间。

渠道冲突是目前制约企业网络渠道发展的最大因素，也是许多企业感到棘手的问题。总体来说，新的渠道冲突主要表现为以下几种形式：

(1) 生产商在原有传统分销渠道基础上引入网络分销渠道时，会造成传统渠道与网络分销渠道在价格和争夺顾客等方面的激烈冲突。

(2) 在生产商选择多个网络分销商销售产品时，由于没有了时间和地理区域上的限制，各分销商可能同时面对仅有的网上客户，从而引发冲突，为了扩大销售，分销商会削价销售，使大家的利润都降低。

(3) 不同的中间商对价格政策、折扣体系和奖励政策的满意度不同。

(4) 生产商要求中间商执行某些特定的服务、促销活动及信息收集和反馈工作时，中间商没有真正执行。

(5) 生产商同时开展网络直销和间接销售时，它的直销活动可能会对中间商造成影响，造成生产者与中间层次之间的冲突。

### 2. 信息交流难以给消费者带来真实感

从理论上讲，绝大多数的产品以及服务都可以通过互联网销售，但在实际操作中却存在很大的问题。互联网的全球性、及时性、互动性弥补不了它作为营销信息渠道的致命弱点——缺乏真实感。所谓“眼见为实”，在传统交易过程中，消费者可以在销售现场充分调动各种感官进行购物体验：买食品可以先尝后买，买衣服可以试穿，买家电可以试用。然而，在网络销售中，顾客看不到、摸不到、感觉不到、闻不到，更不能试用某些产品。进一步说，商店的购物氛围也是消费者购物体验的一部分，网络销售的虚拟性不能让消费者感受到这种氛围。网络渠道的缺点导致了很多消费者的渠道机会主义行为——线下体验，网上购买。这种机会主义行为源于网络销售的弊端，也造成了更多的网络销售问题，如传统渠道与网络渠道的冲突。

### 3. 网络拥挤和信息混乱问题

随着互联网的普及，成千上万的各类企业，包括生产商、经销商和零售商都建立了自己的网站。这些网站的数目不断扩大，网民数增长过快，已经导致 IP 地址不够用，这将严重影响网民上网速度。为此，美国最大的电信运营商——美国电话电报公司正在制订征收“网络拥挤费”的计划，开发一种“两级互联网服务”系统。另外，信息爆炸让消费者无所适从：新闻信息飞速增加，娱乐信息急剧攀升，广告信息铺天盖地，科技信息飞速递增，个人接受严重“超载”。网络销售商于是费尽心机地让消费者了解自己的产品，以至于一些知名的网络公司花费巨额的销售佣金和广告费，争取成为各大高速网站、搜索引擎以及主页上的在线服务提供者。奥巴马 2008 年的总统竞选活动支出了 1600 多万美元的在线广告费，谷歌无可厚非是此次广告活动的赢家，大约赚取了 750 万美元的广告收入，占其在线广告支出的 45%。

### 4. 物流发展相对滞后

网络营销通过减少中间环节降低了成本，从而能提供更多的价格优惠。但若处理不好物流，可能会使节约的成本不足以弥补送货费用。对于无形商品(如软件、音乐、在线服务)的物流，可以直接通过互联网完成。对大多数有形商品来说，仓库、存货、库存采购、订单处理、包装运输等并不会因为顾客用互联网取代电话或邮件而消失。现在企业采用的物流主要有三种形式：通过邮政系统、自建配送体系和借助第三方的物流企业。

#### 5. 安全和诚信问题严重

与传统交易的一手交钱一手交货不同，网络交易的交货和付款在时间和空间上是分离的，这就导致了人们对网络交易安全和诚信问题的担忧。美国电子支付技术供应商 Cyber Source 曾指出，超过 40%的英国人由于担心安全问题而拒绝网上购物。在我国，新浪网的一次有近 2 万人次参与的在线调查表明，超过六成的被调查者认为网上购物的安全和网上商品的质量问题是阻碍他们网上购物的主要原因。网上交易的安全问题主要体现在以下方面。①顾客个人信息安全问题。网上购物时，顾客需要填写各种个人信息，比如信用卡号和密码。由于网络的开放性，这些个人信息存在被非法截取和非法利用的可能。另外，顾客将个人身份信息、购物习惯信息传给商家，可能被商家掌握和非法利用。②网络购物与传统的卖场购物不同，由于没有实体店面的费用，所以网络产品的价格往往比较便宜，性价比较高。但也因为没有店面，在网上购物时常常出现水货、假货、产品无法保修、诈骗等情况。基于这些考虑，消费者一般对网上交易心存顾虑。

#### 6. 对个人及社会动机的忽视

网络销售作为一种新兴的分销渠道，不能完全满足消费者的购物需求。企业应该认识到消费者购买产品并不光是为了买东西，买东西的欲望只是个人及社会一系列购物动机的一部分。个人购物动机包括：扮演购物角色的需要，从常规的日常生活中寻求乐趣的需要，寻求自我满足的需要，了解最新流行趋势的需要，生物行为及感官刺激的需要。社会购物动机包括积累家庭以外的社会经验，和有相同兴趣的人群交流，相同群体的吸引力，权力、地位以及一些客户对于讨价还价的兴趣，然而网络难以满足这些需求。

### 10.3.2 设计网络分销渠道应考虑的因素

以互联网作为支撑的网络分销渠道同样也应具备传统分销渠道的功能。它一方面要为消费者提供产品信息，让消费者进行选择；另一方面，在消费者选定产品后能完成交易手续，当然交钱和交货在时间上可以分离。同时，网络的分销渠道又有着与传统分销渠道不同的特点、构成要素和结构。因此，企业在设计网络分销渠道时必须慎重考虑以下因素。

#### 1. 产品因素

企业在设计网络分销渠道时，首先要分析产品的属性与特点，确定该产品是否适合在网上销售以及需要什么样的网络分销体系。

在分析产品因素时主要考虑以下 6 点：①产品的性质；②产品的时尚性；③产品的标准化程度和服务；④产品价值大小；⑤产品的流通特点；⑥产品市场寿命周期。按照以上标准可以看出，有很多行业的产品可以通过网络分销来实现，这些行业所涉及的产品一般需求量巨大、易于网上分销，主要包括以下种类。

(1) 软件行业：企业购销、人事管理、存货管理、客户关系管理、财务管理等软件。如信息、软件产品可以实现在线配送、在线培训和服务，减少了营销成本，是最适合网上销售的。

(2) 有形商品销售：电脑、家电、通信产品等。这类产品因为本身价格较高，它的配送费用在成本中占的比例小，因而适合网上销售。

(3) 数字化产品：音乐、电影、游戏、书籍等。

(4) 服务：旅游、宾馆、民航订票等。

(5) 金融业务：银行、股票、保险等。

(6) 其他还包括广告业务、交通、通信、卫生服务、教育等行业。

各种产品的自然属性、用途等各不相同。有些产品易于数字化，可以直接通过互联网传输，如大多数无形产品和服务，从而脱离对传统配送渠道的依赖。但对大多数有形产品，还必须依靠传统渠道来实现货物的空间转移，所以不是所有的产品都适合进行网上销售。如果供应者一味地打破原有的经营体系，越过所有的分销商，直接与经销商和最终用户打交道，会给自己增加额外的负担，到头来不仅没有节约成本，还可能在售后服务、培训体系等方面也做得不好。

### 2. 企业自身实力

企业的自身实力主要是指企业的资金实力和技术实力。对于一个企业来说，建立一个网站或者创立自己的主页并不会耗费多少资金，关键在于企业是否有相应的专业技术来维持网站的经营。如果企业技术实力很雄厚，开办自己的网站可以更好地为本企业服务；如果实力有限，则利用网络中间商来开展业务对企业来说更为实际。小企业一般直接分销，大企业拥有独立的分销体系，其分销体系的长短因产品、市场情况而定，也可以采取多环节或多种分销渠道。

### 3. 目标市场

企业在设计营销渠道时不可能不考虑目标消费者的特性。如果目标消费者与网络接触得比较紧密，企业的产品信息通过网络可以及时到达目标受众，那么，企业就应该充分利用网络渠道；如果目标消费者难以与网络接触，则要以传统的营销渠道为主，不能一味追求时髦而不考虑实际的情况。

### 4. 渠道成员

在建立网络间接营销渠道时，必须考虑中间商的成本、信用、覆盖、特色、连续性等五个方面的因素。这五个方面的因素可以称为网络间接营销的五大关键因素，也称为“5C” 因素：

(1) 成本(cost)。它是指使用中间商信息服务时的支出。这种支出可分为两类：一类是在中间商网络服务站建立主页的费用；另一类是维持正常运行时的费用。在两类费用中，维持费用是主要的、经常的，不同的中间商之间有较大的差别。

(2) 信用(credit)。它是指网络信息服务商所具有的信用程度的大小。由于建立网络服务站所需的投资较少，信息服务商如雨后春笋般地出现。目前，我国还没有权威性的认证机构对这些服务商进行认证。因此，在选择中间商时应注意他们的信用程度。

(3) 覆盖(coverage)。它是指网络宣传所能够波及的地区和人数，即网络站点所能影响的市场区域。对于企业来讲，站点覆盖并非越广越好，而是要看市场覆盖面是否合理、有效，是否能够最终给企业带来经济效益。

(4) 特色(character)。每一个网络站点都要受到中间商规模、财力、文化素质、服务态度、工作精神的影响，在设计、更新过程中会表现出各自不同的特色，因而具有不同的访问群(即消费者群)。因此，企业应当研究这些消费者的特点、购买渠道和购买频率，为选择相应的网络商务交易中间商打下良好的基础。

(5) 连续性(continuity)。网络发展的实践证明，网络站点的寿命有长有短。如果一个企业想使网络营销持续稳定地运行，那么就必须选择具有连续性的网络站点，这样，才能在用户或消费者中建立品牌信誉、服务信誉。

## 10.3.3 网络分销渠道的管理

### 1. 对网络经销商的管理

许多适用于实体经销商的政策都可以灵活应用于网络经销商管理。这些方式包括：①对网络经销商的资质进行严格筛选，制定相应的细则标准，提高网络经销商的进入门槛，保证企业能够招募到合格的经销商，推动企业长期发展；②制定详细的网络经销商管理条例，明确企业和网络经销商各自承担的职责、义务，同时明确对网络经销商的奖励和惩罚措施；③企业对网络经销商进行相应的支持，帮助其提高销售绩效。同时，网络经销商也可以和企业共同举办促销、推广活动，扩大影响。按照以往渠道研究的成果，企业在管理互联网渠道中所使用的方式可以归纳为不同类型权力的使用。明确的合同、奖惩条例等可以归纳为强制性权力的应用，而对网络经销商的支持和帮助等，则可以归纳为非强制性权力的使用。由此可见，尽管互联网渠道和传统渠道具有不同的特征，但是都可以通过恰当地使用权力来保障渠道的良好运作。

### 2. 企业内部职能部门间的协调

互联网渠道中，网络经销商及最终顾客对企业在配送速度等服务方面具有较高的要求。对顾客而言，利用网络购物，看中的是网上购物的便利性，同时也希望在下单之后能够尽快拿到所购买的商品。考虑到顾客的需求，企业内部及其与其他利益相关者之间就更需要紧密的协同合作，即企业必须具备较高的协调能力。有时企业仅调整了一个小小的业务流程，就可以大大缩短配送时间。可见，在利用互联网渠道的过程中，企业可以通过改变业务流程、增加部门间沟通等方式来提高协调能力，进而提高响应顾客需求的速度。

### 3. 渠道冲突管理

1) 互联网环境下渠道冲突的表现形式

在电子商务已经如火如荼的今天，有些企业迟迟不开展电子商务的一个最为重要的原因在于，他们还没有想清楚如何解决互联网渠道与其他传统渠道冲突的问题。网络分销渠道出现后，渠道冲突出现了新的形式，存在网络分销渠道与传统渠道之间的冲突和网络分销渠道内部之间的冲突。其中最突出的冲突是网络渠道与传统渠道之间的冲突，这种渠道冲突主要表现在对产品的争夺以及对顾客的争夺上。

首先，虽然利用互联网渠道能够提升企业绩效，但是传统企业一般都建立了庞大的销售网络，考虑到以往投入的成本以及这一销售网络带来的收益，企业都会尽力照顾传统渠道的利益，如在产品的分配上优先考虑传统渠道的需求。

其次，由于传统实体渠道和互联网渠道面对的客户群有较大的重叠性，由互联网渠道带来的销量上升必然会影响到原有实体渠道的销售。

最后，由互联网特性带来的价格冲击也是两类渠道冲突激烈的原因之一。互联网渠道销售的商品由于不存在或者相对较低的物流和仓储成本，也无须负担昂贵的营销成本，导致同样产品在网上售卖的价格比实体零售店的要便宜。来自淘宝的数据显示，同样的商品在线上和线下渠道存在20%～30%的差价，20%的差价足以让线下实体渠道产业链产生很大的动荡。

2) 产生渠道冲突的原因

在传统分销渠道的基础上引入网络分销渠道时，引发渠道冲突有其客观和主观原因。

(1) 客观原因。

一是传统实体渠道的抵制态度。当在传统分销渠道系统的基础上引入网络分销渠道时，传统实体分销渠道成员出于对自身利益的维护，尤其是担心网络分销渠道成员在不远的将来会取代自己的位置，因此，难免会对网络分销渠道抱有敌意。传统中间商的不合作直接就导致了两种分销渠道系统的冲突，使企业在引入网络分销渠道时左右为难。如国际PC巨头IBM、康柏具有强大的线下分销网络，但为对抗戴尔，模仿其网上直销模式，成效很不理想。因为康柏引入直销模式时，经销商把这看作是康柏准备“单干”的开始，强烈表示不满，以致康柏陷入两难境地。在IBM引入直销模式时，发生了与分销系统强大的摩擦，最后不得不为分销商提供账面补偿。

二是渠道之间的争夺。企业的资金、人力、产品等资源都是有限的，引入网络分销渠道必然会侵占原来对传统分销渠道的资料供给。与此同时，当两种渠道在同一市场上争夺同一客户群时，必然会产生激烈竞争，引发利益冲突，最终使企业的网络营销效果大打折扣。

三是缺乏经验借鉴及自身能力有限。目前国内没有成熟的解决传统渠道与网络渠道的模式可以借鉴。众多企业未能摸索到适合自己行业、产品等要求的渠道整合模式，而且由于自身渠道管理能力低下、多渠道运作经验不足，也未能掌握新旧渠道在各自目标、经营特点以及市场定位上的差异，以及如何根据渠道差异使用恰当的定价、促销、宣传及服务手段。不恰当的渠道策略可能导致更严重冲突产生或是恶化冲突，反而影响现有渠道的稳定性。

(2) 主观原因。

一是生产商整合渠道能力不足。在传统分销渠道的基础上引入网络分销渠道时，生产商必须合理设计渠道关系、协调渠道成员行为以避免冲突。但在实际中，许多企业的渠道管理能力低下、多渠道运作经验不足，还未能通过差异化使新旧渠道实现区隔，也不熟悉如何根据不同渠道差异使用恰当的定价、促销、宣传及服务手段，渠道整合能力不足，因此导致了甚至恶化了渠道冲突。

二是对冲突的消极态度。不少生产商认为新渠道引入仅仅是存量转移，并认为如果网络销售不能给企业整体销售带来增量，那么，网络渠道仅仅是线下销售到线上的存量转移，而且还会冲击线下销售，并加大渠道管理的难度，与其这样还不如对传统渠道精耕细作，而消极对待网络分销渠道。

3) 互联网环境下渠道冲突的解决途径

如何减少网络渠道与传统实体渠道直接的利益冲突、强化两者的互补效应，是企业亟须解决的问题。

(1) 渠道差异化。

渠道差异化是企业解决上述问题的可行途径之一。渠道差异化体现在许多方面，首先，企业可以在两类渠道中销售不同类别的产品。其次，在资源能力许可的前提下，企业也可以针对不同的渠道类型推出专供产品，以尽可能吸引更多的顾客群体。最后，在产品差异化的前提下，服务也可以差异化。通过这一方法，可以让网络经销商销售的产品与一般产品具有明显的差异，而后改变产品价格，保证网络经销商的利益。同时对最终顾客而言，这种做法可以增强所购买产品的个性化程度，能够更好满足顾客的个性化需求。

(2) 善用互联网渠道的媒体属性。

由于互联网渠道除了传统的渠道属性外，还带有相当程度的媒体属性。企业大可不必畏惧对实体渠道的冲击而放弃互联网渠道，完全可以有效地利用互联网渠道的媒体属性打好媒体牌，迅速提升企业的品牌，通过网络营销传播来带动实体渠道的销售。最后还可以通过让实体渠道分享网络营销甜头的方式化解两类渠道间的冲突。生产商可以通过自建 B2C 官方网站的形式，以生产商的高度面向全国的消费者，打破地域区隔，让原有的线下渠道加盟商全部成为这个官方 Shopping Mall 的体系内的有机组成部分。在网络购物的环境逐渐成熟的情况下，可以适当引导用户到线下下单，总部商城根据加盟商的推荐订单给予返利，通过这种方式解决实体渠道商不愿意甚至抵触网上销售的顽疾。

(3) 整合网络渠道和传统渠道。

两种营销渠道各有优势，为两者相互融合提供了机会。企业可以建立一种混合型的营销渠道，这样企业一方面能够增加市场覆盖面，另一方面能够降低销售成本，并且能够进行定制销售。例如，在网上定购商品并且在附近最便利的零售点获得该商品的能力；向附近的零售点退还网上定购商品的能力；依据所有在线和离线交易获得折扣的权力。在此给出三种减弱中间商对网络销售排斥态度的方案。第一，在互联网上出售不同的品牌或不同型号的商品；第二，某地区的客户在网上购买的商品也可视为该地区销售代表的业绩，并给予更多的佣金以缓冲网络销售的负面影响；第三，在网站上受理订单但是由零售商送货和收款。

应用案例 **佐丹奴的网络分销渠道管理**

佐丹奴依托强大的后台 ERP、CRM、供应链平台，发展网络分销渠道，线上线下良性互动。佐丹奴的网店没有库存，所有的库存都在它的实体店及其仓库里，因此高效的供应链系统可以使得网店的配送流程更加流畅。线上网店利用更多的资金和品牌推广度，发展更多的网民来购买产品，充当了信息流和资金流角色。当网店收到订单后，CRM 管理系统会根据提交信息人所在区域的地理位置，将送货单下发到最近的实体专卖店发货。线下实体专卖店就近配送，可以节省大笔的物流费用，充当了物流角色，并获取一定返点。

可以说，依托于强大的IT信息化系统，佐丹奴实现了线上网店与线下实体专卖店之间的分工协作、利益共享，线上销售与线下物流无缝对接、良性互动的运营范例。网店与各个实体店之间已经缔结为联销体，双方已经消除了关于销售区域冲突和销售价格冲突这两大难题，形成了长久高效的利益共同体，实现对于各个销售区域和各类消费人群的深度覆盖。可以说，网店真正发挥了对于线下实体专卖店的补充销售渠道作用。

(资料来源：包文青，《网络渠道探险手册》，载《商界》(评论)，2009年第9期)

### 4. 与第三方电子商务公司间的关系管理

假货对公司业绩的冲击力是巨大的，但单纯依靠一个企业来遏制假货，显然是不现实，也是不可能的，此时就需要公司与网络购物平台等其他组织合作。在实体渠道中，企业可以依赖工商管理部门来打击假货。在互联网渠道中，由于网络的虚拟性以及广泛的传播性，打击假货的工作变得更为严峻。在这种情况下，与专业网络购物平台等电子商务公司间的合作变得尤为重要。对于专业的网络购物平台而言，一个充斥着假货的网络商城也不利于网络购物平台的健康发展，所以它同样具有打击假货的意愿。在双方共同利益的推动下，企业与网络购物平台共同合作，通过制定详细的保障条款，能够更有效地遏制假货的冲击。

此外，诸如淘宝等电子商务平台具有极高的人气，每天有众多网民会访问这些公司的网站。与这些公司间的良好合作可以保障公司网店的访问量，保障网上销售业绩。同时，淘宝等电子商务公司还提供了各种软件，可以追踪各个网店的销售量，为公司以后的销售策略提供建议。

### 5. 网络分销渠道的安全管理

针对网络分销渠道中存在的安全问题，生产商可以从以下几个方面加强安全管理。

(1) 货款安全问题。

针对货款安全问题，生产商可以通过引入网络支付中介机构和实施网络实名制来解决。首先，引入网络支付中介后，顾客的货款先行支付到中介机构，然后中介机构向网络中间商发出发货要求。顾客收到产品后，根据产品是否符合要求来进行确认，由中介机构将货款支付给卖方。其次，还可以通过网络实名制解决货款安全问题。网络实名制后，无论是卖方，还是买方，都必须实名登录，从制度上减少了顾客受到网络诈骗的可能性。

(2) 信用卡和账号安全问题。

针对信用卡和账号安全问题，生产企业可以采用很多的先进技术来预防和避免。信用卡和账号出现问题的主要原因是病毒、木马程序和黑客的攻击。因此，只要能防备这些攻击，就可以最大限度地保证信用卡和账号安全。常用的技术手段有通过使用安全性较高的网络操作系统并进行必要的安全配置，关闭一些不常用却存在安全隐患的应用，对一些关键性文件的使用权限进行严格限制，加强口令的使用，及时给系统打补丁等，以满足系统安全需求。通过使用加密技术、个人数字签名技术保障交易过程信息传递的安全性，有效防止被第三方非法截取和利用等等。

(3) 个人信息安全问题。

针对个人信息安全，可通过相关技术与制度进行解决。例如，为防止交易过程中泄露个人信息而采用电子现金技术。电子现金就是一种匿名的电子支付手段，用银行加密签字后的序列数字作为现金符号，使用时无需顾客签名，因此可以保证交易中个人信息不被泄露。同时，针对一些不良商家的非法出售个人信息的情况，应由国家出台一些相关政策，对违反规定的商家给予严厉处罚。

### 6. 网络分销渠道的物流管理

1) 物流管理的必要性

第一，物流是网络营销发展的必备条件。网络分销是各参与方之间以电子的方式借助网络这一媒介完成的各种业务交易行为。每笔成功的交易都须具备三个基本的要素，即物流、信息流和资金流，其中，物流是基础，信息是桥梁，资金是目的。每天在全球范围内发生着数以百万计的商业交易，每笔交易的背后都伴随着物流和信息流，贸易伙伴需要这些信息以便对产品进行发送、跟踪、分拣、接收、存储、提货以及包装等。在信息化高度发展的网络营销时代，物流与信息的相互配合变得越来越重要，在分销渠道管理中必然要用到越来越多的现代物流技术。合理化、现代化的物流，通过降低费用，从而降低分销成本、优化库存结构、减少资金占用、缩短生产周期，保障现代化生产的高效进行。相反，缺少现代化的物流，生产将难以顺利进行，无论网络营销是多么便捷的贸易方式，仍将是无米之炊。

第二，物流是实现网络营销的保证。在网络营销交易过程中，消费者通过网上购物，完成了商品所有权的转移过程，即商流过程。但网络营销的活动并未就此结束，只有商品或服务真正转移到消费者手中，即只有通过物流过程，商务活动才得以终结。因此，在整个网络营销的交易过程中，物流实际上是以商流的后续者和服务者的姿态出现的，是实现网络营销的保证。没有现代化的物流技术，无论网络营销采用多么便捷的形式，商品生产和交换都难以顺利进行。

2) 物流管理的主要内容

物流是网络分销渠道中必不可少的环节，在互联网环境下，渠道物流管理包括订货系统管理、库存与订单管理、物流配送管理三个方面的内容。

(1) 订货系统管理。

在设计网上订货系统时要注意以下几点。产品页面上附有订单以方便顾客操作。产品页面上不仅要提供关于产品性能、使用的信息，还要给出产品的价格、库存、订货量等外围信息。还应让顾客知道收货的大致时间，对公司有关运货政策执行统一标准。提供不同类型的运货方式供顾客自主选择。让顾客选择不同类型的运货方式时，一定要包括运货及相关的税收信息等。

在订货信息的管理方面要重视顾客订单信息的保存和管理。订货信息能为市场分析、促销、客户关系管理提供依据，在顾客允许的情况下尽量更多地获取顾客信息。要把客户的信息视为机密，特别要保护好信用卡和其他财务信息，也要保护好客户姓名、地址、电话、购物习惯以及所收集的其他数据。如果要将数据用于内部研究和推销，应让客户知晓，并且在把数据发布给第三方之前，要请求客户准许。因为客户的信任对企业至关重要。

(2) 库存与订单管理。

在订单付款后，企业接下来要将产品传递给顾客。对于一些无形产品，如软件、图像、数据、音乐等，可以通过网络传送给客户；对于有形物品，就需要通过传统的运送方式。货物运送过程中要避免未能送达的情况，因为这将严重影响企业在客户心中的信誉和形象。出现货物未能送达的原因很多，例如：库存不足或尚未到货，自己的供应商发货时出现问题，订单被忽略或丢失，包裹运送过程中丢失等。为避免这种情况发生，必须做好如下两项工作：一是库存跟踪。建立库存数据库，与站点之间直接连接，通过记录表跟踪所销售的产品，可以大致了解产品的需求状况，因此适时地补充和减少库存，这样可以使库存大体维持在能够满足需求的水平，而不需要花费巨大的库存维护费用。二是订单跟踪。创建订单信息的数据库，快速提供订单及其状态的信息。

(3) 物流配送管理。

通常情况下，物流配送有自营物流模式和第三方物流模式。至于选择哪种模式，由企业根据顾客的地区分布、销售商品的品种、配送细节、物流成本、物流企业发展状况等来综合确定。相对来说，第三方物流模式在网络分销渠道中比较常见。不管选择哪种物流模式，企业都需要对物流配送进行管理，提高物流配送效率，减少失误。要实现物流配送管理的目标，就需要对物流体系进行信息化、网络化、自动化和智能化、整体化和系统化改造。

第一，信息化是网络营销物流的核心。网络营销的核心是信息化，这个信息化不仅体现在选择商品及电子支付上，也充分体现在物流的整个过程中。物流信息的表示、传递、存储及使用等方面与传统物流过程相比较有革命性的变化。这种变化可以概括为物流信息表达的数字化，物流信息收集的自动化，物流信息处理的电子化及计算机化，物流信息传递的标准化和实时化，物流信息存储的数据库化，物流信息管理的系统化，物流信息查询的个性化等。显然网络营销中的物流是与电子化信息流密不可分的。

第二，网络化是网络营销物流的基础。物流的网络化包含两层含义，一是物流信息的网络化，即物流信息传送、存储的网络化，包括物流配送中心与供应商或生产商的信息传递与存储要通过计算机网络，另外与上下游顾客之间的信息传输与储存也要通过计算机网络；二是组织的网络化，也就是所谓的企业内部网，即信息技术，特别是网络技术在企业内部管理中的应用，通常由企业内部网络系统与企业管理信息系统两部分构成。

第三，自动化和智能化是网络营销物流的双翼。自动化的外在表现是无人化，效果是省力化，同时还可提高劳动生产率、扩大物流作业能力、减少物流作业差错等。自动化的基础是信息化，其核心是人机一体化。自动化的设施很多，包括自动分拣系统、自动存取系统、条码/语音/射频自动识别系统等，很多发达国家已将这些设施普遍用于物流作业流程中，而我国由于物流业起步较晚，发展水平低，自动化的普及还需要相当长的时间。智能化是物流的一种最高层次的应用，物流作业过程中大量的运筹和决策都需要借助于大量的知识才能解决，物流的智能化涉及很多的技术难题，国际上已经有比较成熟的研究成果，为提高物流的现代化水平，物流的智能化已成为网络营销物流发展的一个新趋势。

第四，整体化和系统化是网络营销物流的最终目标。网络营销物流应是信息流、货币流、物流的整合体。网络营销作为数字化生存方式，代表未来的贸易方式、消费方式和服务方式，因此要求整体生态环境要完善，要求打破原有行业的传统格局，发展建设以商品代理和配送为主要特征，物流、信息流、商流有机结合的社会化物流配送中心，建立网络营销物流体系。这个体系的建设，不仅仅是一两个企业的事情，即使是实力雄厚的跨国大公司，完全依靠自己的力量建设覆盖全球的配送网络也是不现实的或是低效率的。

## 本章小结

网络分销渠道主要指的是借助于互联网进行的将产品或服务转移到消费者手中的所有中间环节。与传统营销渠道对比分析，网络分销渠道具有以下特征：范围的广泛性、沟通的互动性、交易的高效性和低分销成本。一个完善的网络分销渠道应有三大功能：订货、结算和配送。

我国网络分销渠道起步较晚，发展较快，受到网络分销环境和企业自身方面因素的制约。国内的市场环境对网上分销的发展具有很大的制约，主要表现在：我国互联网设施建设仍有许多问题，物流配送体系不健全，网上支付缺乏技术和法律的支持。从企业自身方面看，目前存在下列问题：网络营销战略层次较低，网络还没得到充分利用。

网络分销渠道大体可以分为三类，即网络直接分销渠道、网络间接分销和网络双渠道。网络直接分销渠道即网络直销，是指企业借助联机网络、计算机通信和数字交互式媒体而不通过其他中间商，将网络技术的特点和直销的优势巧妙地结合起来进行商品销售，直接实现营销目标的网络渠道。网络间接分销渠道是指生产者通过融入互联网技术后的中间商机构将产品销售给消费者的分销渠道。网络双渠道是指企业同时使用网络直接销售渠道和网络间接销售渠道。

网络分销渠道并非十全十美，自身存在很多问题，如网络分销渠道的引进引发了新的渠道冲突、信息交流上难以给消费者带来真实感、网络拥挤和信息混乱、物流发展滞后、安全和诚信问题、对个人及社会动机的忽视等。在建立网络分销渠道时，应考虑如下因素：产品特性、企业自身实力、目标市场和渠道成员。企业还必须加强网络分销渠道的管理，有效管理渠道冲突，进行安全管理，抓好订货系统、库存、订单和配送管理，使网络渠道正常地运转。

## 关键术语

网络分销渠道　　网络直接分销渠道　　网络间接分销渠道
网络双渠道　　网络中间商

## 思考题

1. 网络分销渠道的基本特征是什么？与传统分销渠道相比，它有哪些不同？
2. 网络分销渠道具备什么功能？你熟悉的网络分销渠道有哪些？
3. 简述网络分销渠道冲突的表现及管理。
4. 我国网络分销渠道的发展应注意哪些问题？请为我国网络分销渠道发展提出建议。

## 参考文献

[1] 张广玲，邬金涛. 分销渠道管理[M]. 武汉：武汉大学出版社，2005.
[2] 王方华，奚俊芳. 营销渠道[M]. 上海：上海交通大学出版社，2005.
[3] 苗月新. 营销渠道概论[M]. 北京：清华大学出版社，2007.
[4] 胡春. 市场营销渠道管理[M]. 北京：清华大学出版社，北京交通大学出版社，2006.
[5] 罗森布洛姆. 营销渠道——管理的视野[M]. 7版. 宋华，等，译. 北京：中国人民大学出版社，2006.

## 案例研讨

### 百丽跨渠道经营的“树状”策略

作为“中国鞋王”、在中国开有10000间地面店的线下“渠道之王”的百丽，目前其电子商务策略与业绩在业界也处于领先地位，百丽的电子商务渠道策略及网络分销体系具备典型的行业借鉴意义与价值。

百丽的渠道策略规划和一般B2C企业不同，他们一开始就是用传统渠道思路来规划自己的电子商务渠道体系，并且进入电子商务领域之前就已经长远地规划了跨渠道的经营策略，并以“跨渠道经营”的思路来规划其整个新媒体的经营策略。这符合百丽一贯的“渠道为王”的经营风格。

根据百丽前期的渠道实践经验，目前阶段将实体店捆绑网店的渠道模式操作难度很大，这与时尚行业的快速变动、季节性、商品的非标准化、动态库存等因素有关。网上下单，实体店配货送货，这看起来很美的渠道模式，至今中国还没有一个成熟的解决方案。由于时尚商品的供应链是动态的，实体店与网站结合会导致网站的缺货率很高，用户体验不好。

基于这个实践经验与判断，百丽电子商务走了一个线上渠道和线下实体店面渠道分开经营的渠道之路，而将电子商务渠道思路集中在线上跨渠道、全网的销售发展。

线上渠道策略首先要考虑的是商品策略，百丽的线上商品策略是按照“二八原则”来规划的，即线下商品中，最畅销的商品款式，结合网络客户需求，经过改良开发后在互联网上专门销售。而线下库存丰富的商品，由于商品库存等有保证，是目前互联网上重点销售的商品品类。此外百丽为了解决线上线下渠道冲突问题，整合台湾网络营销团队与设计师，精心打造了百丽网络专有品牌茵奈尔，这样既借助了集团传统的研发和生产匹配电子商务的产品优势，也不对传统渠道产生冲击。

百丽的线上渠道策略可以用树状策略来形容。

树根是传统供应链这块，包括各类鞋的传统资源，如商品生产、设计、门店等，还包括各地的分公司。百丽的电子商务是植根于百丽传统业务这块的。百丽的线下渠道体系是采用区域性分公司操作的模式，因为消费习惯的南北差异等原因，各地分公司有很大的经营自主权，以便商品及渠道体系更能满足当地需要。百丽的电子商务和各地分公司形成了联动的策略。

树冠是百丽的分销系统，这个平台由百丽公司历时1年多打造，解决百丽整个线上渠道体系的支持问题，包含了百丽电子商务商品流、资金流、物流等全方位解决方案。

树枝就是百丽电子商务发展的渠道体系，包括各类加盟商及渠道商和自营体系，随着业务的扩大，像树枝一样不断壮大并开花结果。

目前，百丽包括如下网络销售体系：

(1) 自有 B2C 商城：包括网络自营和网络加盟。其中百丽官方购物网为淘秀网。

(2) 专业网络商城：包括 C2C 商城和淘宝 B2C 商城，目前 C2C 加盟店有 100 多家，很多淘宝卖家做到了每月销售超过 30 万元的业绩。百丽的 B2C 的加盟商有亚马逊中国、走秀网、红孩子及乐淘族等知名商城。

此外，2010 年百丽也将淘秀网 CPS 及 SEM 作为销售渠道来重点发展，CPS 可以覆盖到成千上万的个人站长来分销，而 SEM 不再是做广告思路，而是一个直接可以带来订单的销售渠道。

百丽互联网渠道体系包括渠道规划、渠道拓展、渠道支持及渠道管控，渠道规划在 2008 年进入电子商务领域已经做好，并已经发展了几百家渠道，还在不断扩大，目标是和线下一样，建立众多网络销售渠道店体系，让每一个上网的人都能看到百丽官方网站(网店)。

对于渠道支持，百丽也高瞻远瞩地花了 1 年半的时间来建设渠道支持系统。若没有系统支持，支撑 1000 个网络分销商，财务结算就需要几十人，且效率很低。这个系统是当时行业内最先进、最适合传统企业进入电子商务的网络分销支持系统。

此外，由于百丽产品在网上有假货出现，百丽对未来的电子商务渠道也实行了巡查制度，对线上渠道商的价格、产品、客服等进行严格管控。

(资料来源：龚文祥，《百丽跨渠道经营的“树状”策略》，载中国营销传播网，2010 年)

## 案例思考题

1. 根据案例分析百丽营销渠道设计的特点。
2. 百丽是如何解决网络分销渠道与传统分销渠道的冲突的?

# 网络增值服务使用说明

## 教师使用流程

1. 登录网址：http://rwsk.hustp.com/

2. 审核通过后，您可以在网站使用以下功能：

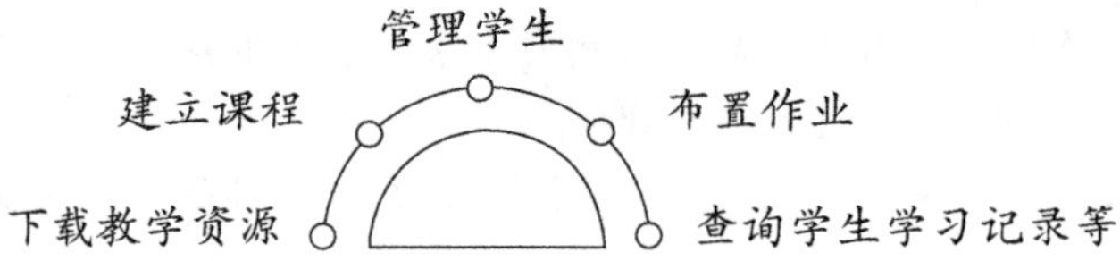


## 学生使用流程

1. PC端学员操作步骤

（1）登录网址：http://rwsk.hustp.com/

（2）查看课程资源

如有学习码，请在个人中心学习码验证中先验证，再进行操作。

2. 查看课程资源

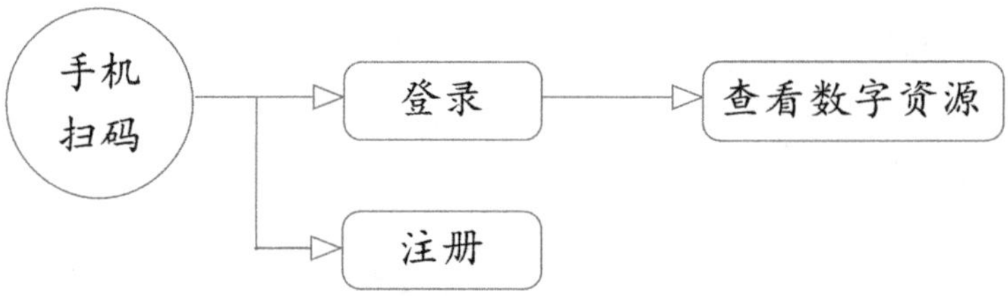